De la inimă spre cer
Călin Kasper

De la inimă spre cer
Copyright © 2014 Călin Kasper

ISBN: 978-606-8504-14-8
Blog: calinkasper.editura-virtuala.ro
Facebook: www.facebook.com/calin.kasper

Servicii editoriale: Editura Virtuală
www.editura-virtuala.ro
Tel./Fax: 0755335237/0318178309
E-mail: office@editura-virtuala.ro

Redactor: Cătălin Badea-Gheracostea
Tehnoredactor: Mihaela Sipoş
Coperta: Mihail Moldoveanu

Descrierea CIP a Bibliotecii Naţionale a României
Kasper, Călin
   De la inimă spre cer / Călin Kasper. - Botoşani :
Editura Virtuală, 2014
   ISBN 978-606-8504-14-8

821.135.1-31

CĂLIN KASPER

DE LA INIMĂ SPRE CER

ROMAN

Editura Virtuală

2014

„Neamurile au un destin ascuns în Dumnezeu. Când își urmează destinul, au apărarea lui Dumnezeu. Când și-l trădează, să se gătească de pedeapsă."

Părintele Arsenie Boca

I. MEMORII ŞI AMINTIRI

1 Bătrânețe, haine grele!

Era sfârșit de noiembrie și la noi, la Sâmbăta de Sus, venise deja frigul. Nu era zăpadă, dar Negoiul și Moldoveanul primiseră peste noapte căciuli albe. Știam asta fără să privesc culmile munților, după cum se înăsprise și se răcise aerul. În duminica aceea de 28 noiembrie 2010 am ieșit ca de obicei, dis-de-dimineață, să dau la cele două oi câte un braț de fân. Mă mai mișc și eu, ca moșnegii, cât oi mai putea, pe aici prin curte, dar mai departe nu mă duc. Nu mă mai țin curelele. Anul ăsta am împlinit 90 de ani.

M-am bărbierit cu mână tremurândă, încât mi-am făcut câteva crestături pe care le-am lipit cu bucățele de hârtie, apoi m-am îmbrăcat cu hainele mele cele mai bune, alea de înmormântare.

Dac-aș fi putut, m-aș fi dus la biserică, dar singur și fără ajutor nu mă mai încumet, iar de vecini, deși mă am cu toată lumea bine, nu-mi place să mă rog. Fiecare are treburile și necazurile lui, nu le stă lor gândul la un boșorog ca mine. Știu că mi-am mâncat de mult mălaiul și dacă e să fiu drept, poate am mai ciupit și din traista altora, săracii, care s-au dus de tineri. Așa că după ce m-am bărbierit prost și îmbrăcat bine, m-am dus în camera cea bună, m-am rugat Domnului și am aprins trei lumânări. Pentru morți, pentru vii și alta pentru Părintele Arsenie cel Sfânt.

Arsenie Boca

2 Doară-i de la Dumnezeu!

Când o apărut printre noi, eram un flăcăiaș de vreo douăzeci de ani căruia abia-i dădeau tuleiele. Nici n-am știut pe cine iau în căruță, când am oprit caii și l-am întrebat unde mere[1]. În fața noastră se vedeau deja primele case din Drăguș iar Părintele, care venise de la gara din Viștea de Jos, bătuse deja vreo cinci kilometri cu chiciorul. Era asudat și însetat și i-am dat să bea din ulcior, unde aveam apă de izvor curată ca lacrima și încă rece.

L-am privit cum o dus vasul la gură și nefiind învățat să bea din el, o parte din apă i s-o scurs în barba deasă, de preot tânăr. Și-o șters-o c-o mânecă, apoi mi-o mulțămit.

– No, păi nu-i de ce, Părinte, că doră-i de la Dumnezo!

Abia când s-o urcat lângă mine m-au izbit ochii lui, albastru-luminoși, plini de ceva cum nu mai văzusem la nimeni până atunci. Voia să ajungă la Mănăstirea Sâmbăta și, deși n-aveam drum până acolo, l-am dus totuși, fiindcă părintele avea un geamantan parcă plin cu pietre de moară și nu m-am îndurat să-l las în drum. Abia după un timp am aflat cine este, dar n-am povestit nimănui că eu am fost primul din sat care l-o cunoscut.

A doua oară l-am întâlnit la Mănăstire, unde venisem și eu cu câțiva consăteni să dăm o mână de ajutor la lucrările de reparații pe care le pornise Părintele. Curtea mănăstirii era plină de bușteni pe care ne-am apucat să-i cioplim, după cum ne-o îndrumat diaconul Serafim, fiindcă Părintele era plecat la Făgăraș cu treburi.

Pe la amiază, un sătean din Șinca pe nume Gheorghe, împiedicându-se de un ciot ce-i stătea în cale și pălindu-se[2]

---

[1] a mere (ardelenism) = a merge.

[2] a păli (ardelenism) = a lovi.

rău, s-o apucat să înjure de dumnezei, de paști și de anafură. Doar noi cei care ne aflam în preajmă i-am auzit blăstămățiiile și afuriseniile.

Cătră sară iaca apare și Părintele, venind de la treburile lui, plin de colb și obosit tare. De la poartă s-o îndreptat oblu spre ciotul de care s-o poticnit Gheorghe, s-o uitat la lemn, apoi o vint[1] spre noi și ațintindu-și o privire aspră asupra vinovatului, i-o spus:

– Ce-ai avut tu cu lemnul ăla Gheorghe, de-a trebuit să-l înjuri așa de cumplit? Oare fost-a el de vină, ori tu?

Toți cei de față am înmărmurit. Cum de aflase și de unde-i știa numele? Iar Gheorghe s-o făcut alb ca varul și n-o mai putut scoate niciun cuvânt.

A treia oară l-am întâlnit în primăvara lui 1941, de Paști. Se strânsese puhoi de lume la Mănăstirea Sâmbăta, pentru că deja se dusese vestea Părintelui în tot Ardealul și veneau la el mulți bolnavi, schilavi, îndrăciți, sau cu beteșuguri de tot felul. Fără să apuci să-i spui o vorbă, el știa cine ești, cum te numești, ce necazuri te aduc la el, dar și ce păcate ai.

În Sfânta zi de Paști mă aflam în biserică, prăpădit de tot de postul aspru pe care-l ținusem anul acela, cu gândul că voi fi luat în curând în armată iar războiul bătea deja la ușă. Când o apărut Părintele în odăjdii albe, încins cu un chimir lat din *chele*, toate privirile s-au îndreptat cătră el. Dar în loc să înceapă Sfânta Slujbă din Duminica Paștelui, o rugat mai întâi pe toți cei care n-au ținut Postul Mare, să iasă din biserică. Cum nimeni nici n-o clipit, părintele o repetat rugămintea, dar nici de data asta nu s-o văzut nici cea mai mică mișcare printre enoriași. Văzând că nimeni nu-l ascultă, Părintele Arsenie i-o cătat cu privirea și i-o arătat cu degetul pe rând, pe toți aceia care nu postiseră și care, cu capetele plecate, o

---

[1] o vint (ardelenism) = a venit

trebuit să se îndrepte spre ieșirea din biserică. Toată suflarea omenească o amuțit, parcă nimeni nu mai cuteza nici să respire, doar din când în când câte un suschin de femeie mai tulbura liniștea ce se lăsase.

3 Strategia de-a rămâne-n viață

Când am fost încorporat, pe la mijlocul lunii mai 1941, s-o hotărât ca din regimentul nostru să fie aleși mai mulți militari, care să fie instruiți ca vânători de tancuri și blindate. Am fost supuși de instructorii germani, timp de o lună, la pregătiri atât de grele, încât am făcut spume la gură. Am fugit pe munți cu echipamentul de război în cârcă și cu masca de gaze pe figură, de am crezut că o să crape inima în noi, am sărit șanțuri, am trecut prin garduri cu sârmă ghimpată, ne-am târât prin tranșee pline cu apă, am dormit sub cerul liber pe ploi torențiale! Din vreo șase sute de soldați, am fost aleși doar zece! Și printre aceștia, am fost eu și cu Dorelu, prietenul meu din copilărie, cu care am păscut oile pe islaz la Sâmbăta.

Ne-au prezentat apoi la școala din Făgăraș, tehnica militară cea mai modernă, am exersat cu mine magnetice pe care – sărind pe tanc din mers – le lipeam de turelă din lateral, ca să nu fim văzuți de echipaj și împușcați. Am învățat cum să tragem cu brandurile și cu tunurile, cu mitralierele și cu pistoalele automate, să aruncăm grenade, am făcut chiar exerciții de lupte cu cuțitele și cu baionetele ca la 1877! Tot ce am deprins acolo mi-o folosit și dacă acum mai sunt în viață, asta se datorează lui Dumnezeu drăguțul, dar și acelor instructori germani plini de zel și disciplină, de la chipiu până-n carâmbul cizmelor!

Când am plecat militar, am avut pregătită o strategie de supraviețuire testată deja de două generații. Aceasta o fost moștenire de familie, formată aproape de-a lungul unui secol și care o pornit de la moșu' Iosif. El o fost soldat în garda imperială la Viena și o luptat contra turcilor la 1877 în Serbia. Tatăl meu, Gheorghe Bichiș, o fost între 1914 și 1918 cu regimentul 33 infanterie austriac în Italia, Muntenegru, Serbia și Rusia. Amândoi s-au întors acasă fără nicio zgârietură.

Iar strategia lor de a ține de viață, o fost să rămâie simpli soldați. Nici eu n-am vrut să mă las înaintat în grad, după povețele moșului și tatălui. Tata spunea deseori că dacă ești soldat, ai doar grija ta, dar dacă te faci *serjent*, ai și grija altora. Iar eu am văzut cu ochii mei că dacă erai cu grade, atrăgeai mai ușor atenția dușmanului asupră-ți, decât ca simplu răcan.

Rușii aveau lunetiști buni care se cățărau prin copaci și de acolo, în liniște, vânau mai ales gradații, ca să dezorganizeze trupele. După un timp, cei de pe linia întâi n-au mai purtat grade pe umeri, dar asta nu i-o ajutat, pentru ca lunetiștii îi recunoșteau după comportament.

Unul dintre locotenenți, nici nu-i mai știu numele – c-am avut tare mulți – m-o bătut mult la cap, dar eu nu și nu și iarăși nu! Am ținut-o pe-a mea.

Tare se mai temea locotenentul ăla de moarte! Mereu se păzea de obuze și de gloanțe, căuta totdeauna să stea la adăpost, la loc ferit. Într-o zi o fost chemat să meargă de pe linia întâi până în sat, la comandament. Venise și o căruță după el, dar nu s-o urcat lângă cel de pe capră, fiindcă știa că rușii trag mai degrab' în vehicule decât în oameni. N-o pornit căruța ghine, cu locotenentul – ținând distanța – după ea, că am și auzit șuier de obuz. M-am trântit la pământ, dar obuzul o trecut peste capul meu, lovind căruța în plin, rupând-o în patru și omorând caii. Cel de pe capră o fost aruncat de suflul exploziei la marginea drumului, l-am văzut cum dădea din picioare prin aer ca și cum voia să fugă, nu știa săracul ce e cu el.

A căzut în picioare și cum o atins pământul, s-o și repezit la locotenent să-l ridice de jos, fiindcă pe ăla îl lovise o schijă la cap. Căzuse pe spate, cu fața în sus și cu ochii larg deschiși, privind cerul. Când i-o ridicat capul să vadă de rană, o rămas cu creierii bietului om în mână: schija îi luase toată partea dinspre ceafă a capului, omorându-l pe loc.

De asta eu, în toți cei patru ani de război, nu m-am gândit la moarte, convins că de soartă nu te poți feri. Asta mi-o dat o stare de liniște, pe care ceilalți or luat-o drept *coraj*. Mare lucru-i când toți își pierd capul, când panica creează debandadă, tu să poți să-ți ții sângele rece și să nu te iei după ceilalți, care fug ca oile drept în gura lupului.

Fiindcă războiul este și el o ciudățenie, o lume cu curu-n sus, în care aproape totul este atât de anapoda, încât dreapta judecată nu mai este în stare să te scoată la liman. Doar norocul, Dumnezeu și instinctul te mai pot ajuta să scapi teafăr.

4 Pe ei și pe mama lor!

Eu și cu Dorelu am avut chiar de la început nenorocul să fim atacați de nemți, aliații noștri. Eram în Basarabia pe la Suruceni, aproape de linia întâi. Pornisem din țară cu batalionul nostru și tocmai ne răsfirasem pe companii și plutoane, să intrăm în dispozitiv. Atunci am primit botezul focului! Ne-au confundat cu rușii, datorită vestoanelor noastre asemănătoare, de culoare kaki. Trântiți la pământ, ne întrebam cum de pot fi așa zevzeci încât, văzându-ne că venim din spatele liniilor, să le treacă prin cap c-am fi duşmani şi să deschidă focul asupra noastră!

În drum spre front trecuserăm prin oraşe, unde vedeam pe înserat ofiţeri nemţi, tare fercheşi, cu cizmele lustruite lună, stând la câte o terasă cu o bere în faţă, privindu-ne ironici sau chiar dispreţuitori pe noi, soldaţii români, fiindcă arătam într-adevăr ca nişte dezertori. Iar în picioare armata română îi echipase pe unii dintre noi, în loc de bocanci sau cizme, cu opinci, de parcă erau coborâţi direct de pe columna lui Traian! Dar aliaţii noştri, cu tot dispreţul, măcar culoarea şi forma hainelor noastre militare trebuiau s-o memoreze!

De multe ori Dorelu, care începuse să-i iubească tare, îmi şoptea printre dinţi, aruncând spre ei priviri ucigătoare: „Ilarie, ce-aş mai trage-o ţâră[1]-n ei! Atunci aş vrea eu să le văz coloarea ochilor!" Eu tăceam, dar iată că venise momentul:

– Dorelu *mieu*, pe ei şi pe mama lor!

Dorelu avea un aruncător Brandt de 60 mm în dotare, pe care-l mânuia cu o neîntrecută măiestrie. Avea o precizie la trageri, de-i uimise pe toţi instructorii germani, care nu-şi putuseră închipui că un soldat român neinstruit, poate dovedi o asemenea îndemânare chiar de la primele trageri la poligonul de la Cincu.

Ori era vorba de trageri indirecte, ori directe asupra duşmanului, Dorelu punea ghiulele parcă cu mâna, de i-o lăsat pe instructorii de la Făgăraş cu gura căscată! Reuşea să tragă douăsprezece lovituri pe minut cu precizie absolută, reglând direcţia tragerii după ochi, fără să consulte tabelele nemţilor, cu unghiuri şi distanţe. Chiar şi eu, care ştiam ce-i poate şoricul, l-am întrebat odată, căzut în admiraţie, cum face, de nicio lovitură de-a lui nu dădea greş! Mi-o răspuns, cu un zâmbet

---

[1] o ţâră (ardelenism) = oleacă, un pic.

şugubăţ, că mânuirea brandului era la el tradiţie lăsată din moşi-strămoşi!

Dorelu şi-o instalat pe loc brănduleţul şi cu câteva lovituri bine plasate, i-o redus pe nemţi la tăcere, distrugându-le toate cuiburile de mitraliere şi omorând şi rănind mai mulţi dintre ei. După acest incident, nemţii ne-au dat nişte banderole galbene să le legăm pe braţul stâng, ca semn de recunoaştere.

La Dalnik am dus lupte grele, într-o zonă plină cu grădini de zarzavat. Erau foarte multe roşii pe care noi le mâncam cu sare şi cu pâine. Dar, după ce-o trecut pe-acolo războiul, curgea pe cărările grădinilor suc de roşii, amestecat cu sânge iar pe haragi, din loc în loc, spânzurau intestine smulse din burţi de ostaş pe care colcăiau deja viermi albi. Puahhh! De atunci mi s-o făcut lehamite şi n-am mai putut mânca roşii mulţi, foarte mulţi ani.

Am purtat cu Dorelu toate luptele din jurul Chişinăului, la Berezina, Dalnik, apoi Odessa, Kerci, Krimsk şi cât o trăit, o fost vai de ruşi şi de mama lor! O dată însă, pe când luptam în Caucaz, l-o sfârtecat un obuz. Trăgeau ruşii cu tunurile de se cutremura pământul, abia am reuşit să-l pun pe o targă, dar de scos din linia întâi nici n-o mai putut fi vorba! Lăsat pe marginea adăpostului individual unde-şi avea brănduleţul, priveam printre lacrimi cum l-au tocat obuzele, cu targă cu tot. După ce ruşii au fost respinşi, nici n-am mai avut pe cine înmormânta. Dorelu fusese făcut una cu pământul!

5 Arsenie, omul lui Dumnezeu

Azi am vrut să ţin post negru, dar o vecină mi-a adus o crăticioară cu ciorbă de fasole, tot de post. I-am dat şi eu o trăistucă cu nuci pentru cozonacii de Crăciun. Voiam să nu mănânc nimic, fiindcă tocmai azi se împlinesc 21 de ani de când Părintele Arsenie a trecut la cei drepți. Era pe 28 noiembrie 1989. Când am auzit c-a murit, chinuit de securiști pentru că prevestise că Ceaușescu nu va prinde Crăciunul, s-a răsucit ceva în mine și am hotărât că musai trebuie să merg și eu la Prislop, la înmormântare. A fost drum lung, dar pe vremea aia eram, la 69 de ani, sprinten ca un ficior! Mi-am luat o desagă cu pită și slană, un dărab de brânză, două-trei cepe și până la Prislop nu m-am mai oprit!

A fost acolo puhoi de lume, deși peste tot pândeau securiștii. Acolo am auzit povestindu-se, că Părintele Arsenie pusese să i se scrie pe cruce, cu 6 luni înainte de-a muri, data nașterii și a morții. Având darul vederii înainte, nu i-a fost greu să știe când va părăsi lumea asta!

Mănânc ciorbă de fasole cu ceapă și un dărab de mămăligă și-mi pică-n farfurie lacrimile, de nu le pot opri. Fiindcă om ca Părintele nu se va mai naște curând! Atunci, la Paștele din 1941, după slujbă, deși nu s-o întors nicio clipă spre mine, mi-o spus, când o ajuns în dreptul meu:

– Ilarie, cine te-a pus pe tine să ții post negru atâta vreme? Știi că n-ai fost departe de moarte? Noroc că ești tânăr și în putere și o să te refaci!

De-atunci, deși țin posturile, nu mai sunt așa de habotnic și dacă se întâmplă – ca azi – să primesc o strachină cu ciorbă, n-o dau la o parte, ci îmi spun că poate chiar Părintele, cu marea lui iubire de oameni, mi-a trimis-o să nu răbd foame, ci să mă bucur și eu de o masă caldă.

În sara când o murit Dorelu, într-o vineri, am scris acasă carte despre moartea-i crâncenă, rugându-i pe ai mei s-o anunțe și pe maica Ioana de cele întâmplate. Dar înainte de-a ajunge scrisoarea, tăt satul știa deja că murise.

În duminica următoare – ca în toate duminicile – au mărs iar la slujbă la Mănăstirea Sâmbăta, mamele și nevestele celor plecați la război. Părintele și-o ținut slujba apoi, fiindcă știa ce așteaptă puhoiul cela de muieri, o trecut încet printre rândurile îngenuncheate, spunând cu vorbă blândă: „Mamă Ioană, să pui o cruce după casă pentru Dorelu. Dar celălalt fiu, de care nu mai știi nimic, se va întoarce teafăr și o să-ți fie sprijin la bătrânețe!" Apoi, mai departe: „Lele Marie, e rănit la spital, dar o să fie lăsat la vatră și va veni acasă cât de curând." Iar apoi, oprindu-se acolo unde era îngenuncheată Natalița, i-o pus mâna pe cap și i-o zâs că „Ilarie e teafăr, se va întoarce și-și va ține vorba! Dar mai e până atunci, va trebui să ai încă multă răbdare!"

Pe toate le știa Părintele, fiindcă pentru sfințenia lui, primise multe daruri de la Maica Sfântă.

6 Eroul satului

Într-o zi de vară, pe când aveam vreo 10 sau 11 ani, cătră sară, m-am oprit în vale să adap oile. Pârâul de munte, năvalnic și cu apă cristalină, părea mai puțin adânc decât era cu-adevărat. Pe puntea de bârne, mai din sus de mine, au apărut câțiva copii, hârjonindu-se. Printre ei era și o fetiță pe care, din nebăgare de samă, unul din ei a împins-o-n apă.

Știam ce putere are pârâul și cu câtă forță te rostogolește la vale printre pietroaie, așa că n-am pregetat și m-am repezit ca s-o scot din vâltoare. Acolo pârâul era mai lat și mai puțin adânc și deși apa mă împingea cu putere, am reușit s-o prind de rochiță și s-o scot la mal. Cu o lună în urmă, Frăția de Cruce de la Liceul „Negru Vodă" din Făgăraș și-o întins tabăra chiar pe izlazul nost' și au făcut acolo mai multe exerciții de prim ajutor în caz de înec, pe care eu le-am urmărit cu multă atenție.

Am prins-o pe copchilă de picioare și am ridicat-o, scuturând puternic ca să-i iasă apa din plămâni. Mai țin minte că era albă la față iar buzele îi erau vinete ca porumbeaua[1]. Dar curând o început să-i curgă apă pe gură și o pornit să respire. Am dat-o în primire copiilor s-o ducă repede acasă iar eu mi-am văzut de oile mele.

După întâmplarea asta, m-o luat și pe mine vâltoarea apelor, pentru că n-am mai fost Ilarie Bichiș, ci am devenit cel ce-o salvase pe Natalița. Nu numai preotul la biserică, învățătorul la școala din sat, dar chiar și la liceul „Negru Vodă" s-o vorbit despre isprava mea. Devenisem un fel de erou local, că aproape începuse să mi se urce la scăfârlie.

Asupra Naliței însă, această întâmplare o avut urmări cu mult mai mari, pentru că în adâncul sufletului ei, eu devenisem cel cu care trebuia ea mai târziu să-și împlinească viața. Ce rost ar mai fi avut salvarea ei, dacă nu pentru a-mi deveni soție? Nu tot așa se întâmpla în poveștile cu Făt Frumos și Ileana Cosânzeana? Și pe măsură ce timpul trecea, convingerea asta a ei devenea tot mai adâncă.

7 Cum dă omul de belea

Cu vreo lună înainte de a pleca în armată și apoi la război, m-o apucat dorul să ies din sat, spre izlazul pe care-mi petrecusem atâția ani cu oile. Voiam să fac o plimbare și prin pădure, cu convingerea că, multă vreme n-o să mai am ocazia să-mi văd locurile copilăriei. Deodată, mi-o ieșit în cale Natalița. Se făcuse o codană frumoasă cu ochi verzi și

---

[1] porumbele (ardelenism) = fructe sălbatice, negre la culoare.

adânci, căreia mulți flăcăi începuseră să-i tragă clopotele. Numai eu, nărodul satului, nu vedeam nimic.

O venit drept spre mine, mi-o luat mâna și mi-o spus că încă nu mi-o mulțumit pentru faptul că o salvasem de la înec. Apoi, sprintenă ca o șopârlă, s-o repezit și mi-o tras un pupoi apăsat pe buze, după care o dispărut în fugă, înainte ca eu să mă fi dezmeticit din uluială.

Noaptea însă n-am putut dormi, m-am gândit numai la ea și atunci, în noaptea aceea, mi-au căzut solzii de pe ochi și am înțeles că Natalița mă iubea încă de când o scosesem din bulboana pârâului. Și începând de-a doua zi, cât am mai fost pe-acasă, am fost tot timpul împreună. Am fost uimit că satul nu s-o arătat mirat de prietenia noastră, așa, pe nepusă masă. Mi s-o părut că toți erau *la corent* cu sentimentele Naliței pentru mine, doar eu habar nu avusesem de nimic. Nu degeaba se spune că „Nu știe bărbatul, ce știe tot satul."

În ultima noapte Natalița o dormit cu mine în fânul șurii noastre, dându-mi de înțeles că, din drag pentru mine, nu s-ar fi împotrivit, dacă aș fi vrut să fie a mea. Dar eu n-am vrut, i-am spus că țin prea mult la ea ca să fac o asemenea faptă, înainte de a o lua de nevastă. Dar, dacă va da Dumnezeu și mă voi întoarce sănătos, atunci va fi a mea pentru totdeauna!

A doua zi de dimineață am plecat spre Făgăraș, apoi după nici două luni, am pornit spre frontul din Răsărit.

8 Un om plin de coraj!

Aș fi avut deci motive temeinice să mă feresc de moarte, cum făcuse locotenentul cel cu creierii scurși în țărână, dar de unde să știi ce gânduri are și pe unde vine ea? Într-o zi am primit o dată cu prânzul, câte un pahar de palincă. Vine sergentul la mine, care era de pe la Mihăieștii de Argeș, unde țuica nu-i așa de tare ca palinca, și-mi zice:

– Măi Ilarie, cum ai dat tu paharul ăla pe gât, că eu nici la buze nu-l pot duce de tare ce este?

– Păi dacă nu poți, dă-mi-l mie, să-ți arăt cum!

Peste câteva minute, un alt camarad îmi dă și paharul lui, pe care-l dau peste cap fără multe vorbe. După asta, apare locotenentul și ne spune că în fața noastră este o viroagă prin care, noapte de noapte se infiltrau rușii, ajungând târâș atât de aproape de liniile noastre, încât aruncau cu ouă[1] direct în tranșee. Se hotărâse să plantăm acolo o rețea de sârmă ghimpată. Deja o căruță adusese stâlpii, de unde o echipă trebuia să-i ia și în cea mai mare liniște, urma să sape pentru fiecare o groapă și să-i planteze la vreo cincizeci de metri în fața liniilor noastre.

M-am anunțat imediat volintir, mi-am înșfăcat stâlpii și am pornit înainte, ca să îndeplinesc misiunea. După mine au mai venit câțiva, dar se pare că eu aveam cel mai mare *coraj*! Am pus deci parii jos, dar din grabă, uitasem să-mi iau lopata. Atunci am luat unul și am vrut să-l înfig în pământ, dar pământul era acolo mai tare ca piatra. Cu alt par am început să-l bat pe celălalt în cap, ca să-l înfig unde trebuia. Când m-am uitat îndărăpt, i-am văzut pe ceilalți cum fugeau ca potârnichile! Misiunea trebuia îndeplinită în cea mai mare liniște, iar eu băteam cu parul de vuia toată vâlceaua. Desigur că m-au auzit și bolșevicii.

Imediat au pornit patru soldați ruși spre locul unde mă aflam. Nu i-am văzut nici eu pe ei și nici ei pe mine, dar i-am auzit cum foșgăiau prin iarbă. Și atunci m-am repezit în tranșeele noastre și am cerut o pușcă să mă duc să-i prind pe ruși! Ăia – așa inconștienți cum erau – mi-au dat și m-am întors la

____

[1] ouă = grenade, în limbaj de front

locul unde-i bănuiam ascunși. Doi se îndepărtaseră, dar alți doi se aflau chiar în fața mea. Am tras cu arma peste locul unde se pitulaseră, ca să-i sperii și am strigat „Predaiski celavec!" ca să fie clar că nu-mi ardea de glume. Nu știu ce-au crezut ăia – poate că eram acolo o companie – dar s-au ridicat și au pornit spre mine, cu mâinile ridicate. I-am cotrobăit mai întâi prin buzunări de *ouă*, să nu tragă vreunul siguranța pe ascuns și grenada să ne omoare pe toți trei! Apoi, i-am dus plocon la ai noștri, la batalion, ca prizonieri de război. Pentru fapta asta, cică de vitejie, am fost decorat cu „Bărbăție și credință", clasa a III-a.

Normal ar fi fost, pentru faptul că periclitasem viața camarazilor mei cu nesăbuință, – încălcând ordine clare și neîndeplinind misiunea – să fiu dat pe mâna Curții Marțiale. Dar în loc de sentința capitală, am fost decorat! Sucit mai este și războiul!

9 Prizonierele mele

Atât de sucit încât, dacă ești slab de virtute, te sucești și tu, ca o frunză uscată! Nemții, când prindeau prizonieri, după ce-i interogau, ni-i dădeau nouă, să-i ducem în pădure și să-i împușcăm. De la noi, un țigan de pe la Buzău se ocupa cu trebușoara asta. Cred că cel puțin un pluton de prizonieri o executat, până ce i-o venit rândul și lui. La un bombardament îndrăcit de artilerie rusească, fiindcă decât să-și sape un adăpost o stat să-și răsucească o mahorcă, – luată de pe la bieții prizonieri pe care-i buzunărea după ce-i împușca – i-o străpuns o schijă rătăcită pieptul. Am fost obligați să ne retragem și, deși s-o rugat de noi să nu-l lăsăm acolo, niciunul nu l-am ascultat, pentru că toți îl consideram un criminal. Dacă n-o murit de la schija aia, l-au executat rușii, pentru că ei împușcau pe toți prizonierii neapți de muncă.

După asta, am preluat eu sarcina de a mă ocupa de prizonieri. Prima dată am avut parte de patru femei. Au fost prinse pe când însoțeau un transport de alimente. Le-am luat și pe când le duceam spre pădure, am auzit că vorbeau românește. Le-am dus până la marginea unei râpi și apoi le-am spus:

– De aici încolo, să vă ajute Dumnezeu cu mila lui. Să nu vă speriați când veți auzi în urmă împușcături, pentru că eu o să trag o rafală în aer!

Trei au luat-o la fugă, dar a patra s-o uitat la mine cu o privire, care mi-o adus aminte de Natalița, apoi m-o sărutat pe buze și s-o dus și ea după celelalte. Așa de tare m-am zăpăcit, că era cât pe ce să uit de nenorocita aia de rafală!

10 Câteodată e bine să-ți faci de cap!

Din 1943 – după nimicirea armatelor generalului Paulus la Stalingrad – cumpăna războiului o început să se încline tot mai mult spre ruși. De ofensivă nici nu mai putea fi vorba, noi și nemții fiind obligați să ne retragem pas cu pas, până ce am ajuns în 1944, de unde am plecat în 1941.

Pe la începutul lui mai, apăram la Sevastopol, printre ziduri și dărâmături, aeroportul. Se pornise evacuarea puhoiului de români și de nemți cu avioanele și pe mare, sub loviturile artileriei și aviației rusești, care nu încetau nicio clipă. Eram acolo o baterie de patru tunuri Schneider de pe vremea bunicii, din 1897, dar pe care le puteam folosi cu mult succes atât contra avioanelor, cât și a tancurilor.

Dar iată că vine ordinul de evacuare, dar numai pentru servanții de la trei tunuri, o grupă trebuia să rămână ca să-i țină-n loc pe ruşi, până ce avioanele de pe aeroport îşi vor putea lua zborul. Fiindcă nimeni nu voia să rămână, sergenţii de la fiecare baterie au tras la sorţi cine să se sacrifice. Şi printre sacrificaţi – că nu putea fi nicidecum altfel – o trebuit să fiu şi eu.

Ne-au făcut o căpiţă de ghiulele lângă noi, ne-au dat lăzi întregi cu muniţie şi am fost sfătuiţi să tragem câte două lovituri, apoi să mişcăm ţeava tunului câteva grade la stânga şi apoi la dreapta ca să dăm impresia că trage o baterie întreagă. Dar noi nu scoteam niciun cuvânt, de amărâţi ce eram!

Apoi ne-au lăsat singuri. Eram 12 oameni şi parcă se prăbuşise cerul pe noi! Dar, după vreo 20 de minute, i-am spus sergentului că eu m-am hotărât să plec la aeroport. Ori cu tunul nostru, ori fără, tot aia o fi, aşa că cel mai bun lucru pe care puteam să-l facem, era să mergem la aeroport şi să ne îmbarcăm şi noi, cât mai puteau zbura avioane.

Toţi am fost pe-un gând, chiar şi sergentul, aşa că am tras cu disperare vreo 10 minute, de-am înroşit ţeava tunului. Ne-am îndreptat apoi cu toţii spre aeroport. Ajunşi acolo, am pornit spre cel mai apropiat avion. Când am fost lângă el, s-o deschis uşa, de parcă tocmai pe noi ne-ar fi aşteptat şi un membru al echipajului ne-o pus să descărcăm lăzile cu muniţie şi materiale, ca să ne poată apoi lua pe noi. Am descărcat în doi timpi şi trei mişcări avionul, când un proiectil rusesc o căzut pe pista de decolare între avioane, producând panică.

Atunci pilotul ne-o dat semnalul de îmbarcare, o mai luat alţi treisprezece inşi care erau şi ei pe acolo şi am decolat cum am putut de repede, spre patrie. După nici trei ore am ajuns în comuna Carol I, în Dobrogea. Aici ne-au fost date documente şi am primit concediu o lună întreagă! Din acea clipă, n-am mai avut alt gând, decât să ajung cât mai repede acasă!

11 Acasă

Drumul până la Sâmbăta cu trenul o durat două zile, dar care mi s-au părut mai lungi decât cei trei ani de război de până atunci. La Făgăraș am ajuns după miezul nopții, dar de acolo trenul nu s-o mai clintit. Treceau mereu trenuri de marfă încărcate pentru front, așa că nimeni nu știa dacă și când se va urni spre Sibiu.

N-am mai avut răbdare să aștept și am pornit-o pe jos, cei cincisprezece kilometri până acasă părându-mi-se, la douășpatru de ani, floare la ureche! Începuse să se crape de ziuă, când am intrat în sat. Nici n-am ajuns bine pe ulița noastră, că mi-au și ieșit înainte mama și tata, cu lacrimile șiroindu-le pe obraji. Băietanii, care tocmai porniseră cu oile, m-au văzut și-au fugit într-un suflet ca să le spună alor mei, cu câteva minute mai devreme, că soseam.

N-am apucat bine să-i strâng în brațe că iat-o și pe Natalița, venind cu sufletul la gură, să-mi iasă în întâmpinare. Dar, când m-o văzut, n-o mai avut putere să se apropie, o pufnit-o și pe ea plânsul. Am intrat în casă, dar în curând s-o adunat o jumătate de sat la noi. Toți voiau să mă vadă, să afle noutăți de pe front, dar mai ales să mă întrebe, dacă nu mai știam ceva despre alți flăcăi din sat, aflați și ei la război. Mulți însă muriseră sau căzuseră prizonieri la ruși, la Stalingrad! În Caucaz, nu fusese cu mine de pe la noi decât Dorelu...

Cel mai greu mi-o fost când o apărut maica Ioana. Voia să afle de la mine cum murise fiul ei. I-am povestit cum o fost, cum cădeau obuzele ca ploaia peste noi, cum l-am pus pe targă și cum n-am putut să-l scot din linia întâi, ca să-i pot face măcar un mormânt cu o cruce la cap...

Plângeam şi povesteam, cum cel mai bun prieten al meu murise ca un câne, fără ca eu să pot face ceva pentru el! Au început atunci să plângă de mila noastră toţi din casă, mai târziu şi cei din curte, pe urmă poate chiar tot satul.

12 Numai voi nu m-ascultaţi!

Am pus ceva în gură şi m-am lungit pe pat, vegheat de Nataliţa care n-o mai vrut să se urnească de lângă mine. De atunci, casa noastră o devenit şi a ei.

Primul drum pe care l-am făcut o fost la Mănăstire. Voiam ca părintele să facă o slujbă pentru Dorelu, dar doream să-l rog să ne şi cunune. Nu l-am găsit însă, urma să vină mai pe seară, sau poate chiar în noaptea aceea, nu ştia nimeni. M-am pus, dacă tot trebuia să aştept, să dau o mână de ajutor la măturat prin curte, tăiat şi adus lemne la bucătărie, muls oile...

Am muncit toată ziua, cu o bucurie şi o plăcere ce nu o mai simţisem de mult. Şi mirosul acela al pajiştilor înflorite, ţârâitul greierilor prin iarbă pe înserat, gustul apei, curată şi rece, sau al laptelui proaspăt muls! Seara am mâncat împreună cu alţi flăcăi, stând roată în jurul focului, pe pajiştea de lângă Mănăstire, eu prăjindu-mi în vârful unei nuiele şi o bucată de slănină. De câte ori, în Crimeea şi Caucaz, nu visasem bucăţi de slănină prăjită la foc! Apoi, călugărul care ne însoţea, ne-o povestit de Părintele Arsenie:

„Într-o noapte n-am putut să adorm, că era lună plină. Şi după ce m-am foit în zadar în aşternuturi şi m-am întors de pe-o parte pe cealaltă, m-am îmbrăcat şi am ieşit înspre păduricea din spatele Mănăstirii. Era lumină, de vedeai aproape ca ziua. Deodată, îl văd pe Părintele! Stătea lângă o namilă de urs și-l mângâia între urechi și pe sub bot. Când m-a văzut, mi-a spus cu repros:

– „De mine și fiarele pădurii ascultă, numai voi nu m-ascultați! Va veni o vreme când veți vrea, dar nu veți mai avea de cine!"

13 BĂDIȚĂ, CRED C-AM SĂ MOR!

Sara târziu, o apărut și Părintele Arsenie. S-o dus la găleată și o băut o cană cu apă. Apoi, luând o lingură de miere, m-o căutat din ochi și m-o întrebat zâmbind:

– No, Ilarie, așa că bună-i slănina prăjită pe jar?

Apoi, fără să mă lase să-i spun de ce venisem, mi-o zis că slujbă de pomenire pentru Dorelu făcuse deja, dar de cununat nu mă poate cununa decât în iunie! După care, m-o îndemnat să plec acasă, fiindcă Natalița e tare îngrijorată! Miratu-m-am de asta, pentru că la plecare îi spusesem că s-ar putea să rămân peste noapte la Mănăstire. Îmi era dor de o noapte liniștită, să dorm cu ferestrele deschise, prin care să intre cântecul a mii de greieri, nu să dorm iepurește, cu urechea ciulită la explozii, împușcături, zgomote de motoare de avion sau huruitul de tanc. Dar de ce Părintele îmi vorbise tăios, ca unui străin, în timp ce mie îmi clocotea inima în piept de marea dragoste ce i-o purtam?

Am pornit deci spre casă, nedumerit, neîmpăcat, chiar furios. De asta făceam și niște pași mari, de parcă eram în marș forțat prin Caucaz, încât am ajuns să parcurg cei câțiva kilometri până în sat mai repede decât de obicei. Mai întâi, voiam să trec pe la casa Nataliței, să văd ce-o fi cu ea. Când m-am apropiat însă, am simțit o agitație neobișnuită. Vecinii ieşiseră la poartă şi discutau între ei, iar în curtea lor era multă lume adunată.

Am aflat că fratele mai mare al Nataliţei, Ştefan, cel care o împinsese din greşeală cu mulţi ani în urmă în apă, plecase la pădure să aducă un car cu lemne. La întoarcere, carul s-o răsturnat şi un trunchi de fag l-o prins sub el. Oamenii l-au adus acasă, l-au pus pe pat, dar lui nu-i merea bine deloc. Mi-am făcut loc printre cei strânşi în casă şi am ajuns la patul pe care zăcea. Când l-am prins de mână, m-o recunoscut şi mi-o zis:

– Bădiţă, cred c-am să mor! Nu-mi mai simt picioarele deloc!

– Ba n-ai să mori, Ştefane, fiindcă eu am de făcut nuntă cu Nataliţa, nu avem timp de înmormântări!

Aşa mi-o spus el mereu, *bădiţă*, şi parcă de fiecare dată simţeam când ne întâlneam, că-mi poartă o dragoste de frate. Şi eu ţineam mult la el şi atunci când am văzut că nu-i a bine, am fugit acasă, am luat căruţa cu cai, am umplut-o cu fân, am pus şi nişte pături deasupra, ceva merinde şi m-am întors cât am putut de repede la el.

L-am pus cu mare grijă în căruţă şi l-am dus la spital, la Făgăraş. Cu mine am luat-o doar pe Nataliţa. Acolo l-au luat doctorii în primire şi l-au pus în ghips, pentru că avea coloana fracturată. Am stat cu el la spital mai bine de două săptămâni, eu şi cu Nataliţa veghindu-l cu rândul.

Apoi ni l-au dat acasă. Mai erau vreo câteva zile până la sfârşitul lunii mai şi noi, cei doi miri, eram mai prăpădiţi decât *bădiţa*. Noi eram ca nişte umbre, el se îngrăşase! Dar slavă Domnului că l-am dus chiar în seara aceea la spital. Dacă mai aşteptam, i s-ar fi putut rupe măduva spinării şi ar fi murit de bună seamă.

După ce-am ajuns acasă, am dormit amândoi o zi şi-o noapte ca doi prunci. Mie îmi trecuse de mult supărarea pe

Părintele Arsenie. De atunci, n-am mai avut pentru el în suflet
decât o nemărginită evlavie. Când m-o văzut iar la Mănăstire,
o strigat de departe:

– Mă Ilarie, mai ești tu supărat ca văcarul pe sat?

14 ȘTEFAN CEL FERICIT

După ce ne-o cununat Părintele la Mănăstire, ne-am adu-
nat la noi, rudele apropiate, câțiva vecini și vreo doi-trei pre-
tini. Satul era în doliu, vremurile tulburi, nu era vreme de
nuntă cu chiuituri, lăutari și pocnituri din bici.

După ce-am petrecut cu toții la mine acasă vreo câteva ore,
m-o lovit deodată un gând. Am trecut la bucătărie, unde Na-
talița ajuta la umplerea străchinilor cu mâncare și i-am spus că
am de făcut ceva foarte *urjent*. Noi, cu bucuria noastră, uita-
sem de Ștefan. Toată familia lui era la noi, iar el săracul, prins
în carapacea lui de ghips, stătea singur în pat, uitat de toți. Am
luat un ulcioraș cu supă de pui, o strachină cu sarmale, o bu-
cată de mămăligă și o sticlă de vin și am plecat singur la Ștefan.
Natalița o rămas să aibă grijă de nuntași.

Când am intrat în cameră era întuneric, dar el nu dormea.
M-o recunoscut fără să mă vadă, după mărs:

– Bădiță, ce cauți tu aici, în loc să petreci și să te veselești?

Eu am scăpărat un chibrit și am aprins lampa cu petrol.
Apoi, ridicând fitilul mai sus, ne-am putut vedea la față.
M-am așezat pe marginea patului și mi-am pregătit lingura,
ca să-l hrănesc.

– Nu se cade, Ștefan, ca noi să petrecem, iar tu aici să stai
singur, copleșit de tristețe!

Mi-o refuzat lingura pe care i-o întinsesem, ridicând din
sprâncene:

– Copleșit de tristețe? Ilarie, tu nu știi, dar asta este cea mai fericită zi din viața mea! Ani de zile am visat-o pe Natalița căzând de pe punte, luată și rostogolită de ape, fără ca eu să-i pot sări în ajutor! Începuse să-mi fie frică să mai adorm, că iar o s-o visez moartă! Când mă trezeam uneori noaptea, ud tot de o sudoare rece, mă ridicam din pat și mă duceam la ea și-i puneam mâna în dreptul nărilor. Abia când simțeam că respiră, mă mai linișteam.

Înapoi în pat, mă rugam Domnului pentru că a salvat-o de la moarte, apoi mă rugam și pentru tine, să-ți ajute și ție și să te ferească de rele! Zile în șir m-am rugat, pe când păzeam oile, spunând într-una rugăciunea inimii! Dar azi când v-ați luat, am înțeles că, deși eu am împins-o în apă, asta a fost voia Domnului, ca tu s-o readuci la viață! Știi tu, Ilarie, că eu îți sunt îndatorat până peste cap? Tu ne-ai salvat, pe mine și pe Natalița azi, a doua oară?

– Ce vrei să spui, că dacă n-o luam pe Natalița de soție, s-ar fi întâmplat o nenorocire? Am întrebat, scuturat de un fior.

Dar Ștefan n-o mai scos nicio vorbă, o deschis doar gura, iar eu i-am dat cu lingura supa de pui în care pluteau tăiețeii, într-o tăcere deplină.

15 Un om norocos

Concediul meu se apropia de sfârșit, dar între timp Natalița devenise a mea și asta pentru mine era cea mai mare fericire, la care visasem timp de trei ani. Iată că visul mi se împlinise! Natalița stătea pe prispă, cu toate hainele mele militare în jurul ei și le cârpea. Eu mă cuibărisem cu capul în poala ei și neavând astâmpăr și mișcându-mă mereu, o împiedicam să împungă cu acul unde-ar fi dorit, ceea ce o nemulțumea, dar numai pe jumătate.

Deodată o simt speriată:

– Ilarie, uită-te la boneta ta. Are o gaură de glonț. Ai fi putut să fii un om mort!

Mă ridic într-un cot ca s-o privesc și-i spun:

– Da, Natalița mea, puteam, dar m-o păzit Dumnezeu și Părintele Arsenie!

De glonțul ăla, de-mi sfredeli boneta, știam. Asta o fost când am agățat-o de-o cracă, ca să-mi pui afurisita aia de cască pe cap.

Aveam niște căști olandeze *în dotare* care mie îmi cădea peste ochi mereu, mai ales după reculul dat de glonț. Iar când ploua, avea așa o formă căcăcioasă, că toată apa ce-o aduna, mi-o trimitea după gât, până ce-o simțeam gâlgâind până-n bocanci. Dar n-am ținut-o mult, c-am primit una nemțească, ce nu se clintea de pe cap! Iar ZB-ul ăla cu cinci gloanțe, l-am schimbat cu un automat rusesc, cu încărcător cu 71 de gloanțe, atunci când am găurit un ofițer sovietic ce-mi ieșise-n cale. Tot atunci m-am pricopsit și cu un pistol TT, cu opt gloanțe cu toc de piele, cu ajutorul căruia am scăpat cu viață de câteva ori, când s-au încins lupte corp la corp.

Biata Natalița, o mai avut de cusut o gaură pe la poalele mantalei și alta mai mare, de schijă, care o trecut prin cuta pe care o face mantaua în dreptul greabănului, între omoplați. Și cu toate astea, am scăpat de fiecare dată fără să fiu rănit!

16 GREU E SĂ FII OM

Când am fost ultima dată la Mănăstire, înainte de-a pleca iar la război, după slujbă, am vrut să-i sărut mâna Părintelui, așa cum făceau și alți flăcăi. Dar Părintele pe mine m-o oprit. Apoi mi-o șoptit, așa, ca să auzim doar noi doi:

– Noi o să ne mai vedem, Ilarie!

Deci cei care-i sărutau mâna, după ce-i miruia Părintele, erau condamnați să nu se mai întoarcă? Bieții flăcăi! Ce bine că nu-și cunoșteau viitorul! Dar Părintele, săracul, ce mare pacoste pe capul lui, să știe viitorul tuturor și chiar și pe-al lui! Dar el, fiind așa aproape de Dumnezeu, desigur că înțelegea viața și moartea cu totul altfel decât noi! Pentru el, greutățile vieții erau date spre îndreptarea și iertarea păcatelor, moartea era o liberare și apropiere de cele sfinte, el vedea în tot ce se întâmpla în lumea asta trecătoare, mâna și înțelepciunea lui Dumnezeu. De asta poate că nu era o pacoste, ci un motiv de fericire! Tare aș fi vrut ca Părintele să fie fericit și pe lumea asta! Dar el era mereu supărat, din cauza păcatelor pe care le făceau oamenii. Era foarte aspru cu păcatul. De asta l-au și poreclit cei certați de el, „Biciul lui Dumnezeu".

Mie, când am dat să mă îndepărtez, nu mi-o dat niciun sfat, doar mi-o spus așa:

– Mă Ilarie, știi tu care-i cel mai greu lucru la război? Să rămâi om! Cine poate asta, va avea mare bucurie de la Dumnezeu!

17 Proclamația puțoiului

Pe data de 10 iunie 1944 am lăsat în spate satul, pe Natalița și pe ai mei cu ochii înlăcrimați, m-am urcat în căruța unui vecin care mergea la Făgăraș și dus am fost! Cine știe când voi mai veni înapoi, dacă voi mai veni! Gândeam eu atunci, în timp ce-mi frământam boneta, fără nicio noimă, între mâini.

Am fost trimis pe front în zona Podul Ilioaiei - Târgu Frumos, unde nu am dus lupte, frontul stabilizându-se în Moldova de Nord încă din primăvara lui 1944. În perioada aceasta, am suportat însă un bombardament sovietic de o intensitate de neînchipuit, tot pământul zguduindu-se, ca la cutremur. Pe data de 23 august 1944, seara târziu, ne-am strâns cu toții în jurul celor de la transmisiuni, care ne-au înlesnit și nouă să ascultăm proclamația regelui Mihai la radio:

„Români,

Un nou guvern de uniune națională a fost însărcinat să aducă la îndeplinire voința hotărâtă a țării de a încheia pacea cu Națiunile Unite. România a acceptat armistițiul oferit de Uniunea Sovietică, Marea Britanie și Statele Unite ale Americii. Din acest moment încetează lupta și orice act de ostilitate împotriva armatei sovietice, precum și starea de război cu Marea Britanie și Statele Unite. Primiți pe soldații acestor armate cu încredere...

Noul guvern înseamnă începutul unei ere noi, în care drepturile și libertățile tuturor cetățenilor țării sunt garantate și vor fi respectate. Alături de armatele aliate și cu ajutorul lor, mobilizând toate forțele națiunii, vom trece hotarele impuse prin actul nedrept de la Viena, pentru a elibera pământul Transilvaniei noastre de sub ocupația străină...“

Regele n-o spus însă niciun cuvânt despre Basarabia și Bucovina, și nici despre Cadrilater! Nu o suflat nicio vorbuliță despre șeful statului de până atunci, care era și comandantul armatei, Ion Antonescu! Ce s-o întâmplat cu el? Fiind țăran de la munte și ardelean pe deasupra, nu am avut niciodată încredere în conducătorii noștri, fie ei regi, mareșali, generali, locotenenți, căpitani sau sergenți. Totdeauna i-am privit ca pe niște reprezentanți ai unei puteri care avea interesele ei proprii, cel mai adesea diferite de-ale noastre, oamenii simpli.

Din pricina asta, analizam atent fiecare situație nouă de care mă loveam, privind-o de fiecare dată cu toată neîncrederea. Tot așa am procedat și atunci. Antonescu, comandantul armatei române dispăruse dintr-o dată, fără să ni se spună clar ce s-o întâmplat cu el. Apoi acest Mihai, un puțoi de copchil care n-avea de unde să aibă prea multă minte și nici nu-i țiuiseră gloanțele pe la urechi, ca să aibă măcar experiența războiului, ne-o spus că de-acum ne vom face frate cu... rusul! După ce le-am provocat atâtea distrugeri, le-am omorât atâția oameni, or să asculte soldații ruși, cu ochii roșii de băutură, de proclamația puțoiului?

Apoi eu, Ilarion Bichiș, de ce-am luptat trei ani contra lor? Pentru ce-am luptat, mama ei de lume și de viață, dacă nu ca să ne reîntregim țara? Ori dacă trebuia să ne facem frate cu „dracul", era clar că vom mai vedea Basarabia și Bucovina când ne-om vedea ceafa! Da, Ilarie, ai luptat degeaba, ca un prost, dar n-ai fost singur, au fost milioane de alți proști care au fost împinși ca și tine să-și lase casa, treburile, rostul, ca să lupte și mulți să și moară, pentru ce? Puțoiul o uitat să ne-o spună!

M-am uitat la cei din jurul meu și am rămas fără grai. Cei mai mulți se bucurau, sperau că războiul s-o terminat, se pregăteau chiar să-i primească pe ruși cu pâine și sare! Și cu foarte, foarte multă încredere! Și în timp ce cei mai mulți au format grupulețe și s-au pus la discuții, eu m-am dus într-o poiană din apropiere să-mi pun ordine printre gânduri și să văd încotro s-o apuc.

18 ÎN LOC DE CAZACIOC

Puțini oameni s-au bucurat de încredere totală din partea mea, de-a lungul vieții: Natalița, Ștefan, părinții mei, Dorelu!

Dar omul în care am crezut toată viața, cu toată puterea sufletul meu, a fost Părintele Arsenie Boca. În el am văzut mereu pe Omul lui Dumnezeu. Iar el, fiind un piculeț de sfânt, avea darul vederii înainte, iar profețiile lui s-au adeverit întotdeauna.

Era în vara anului 1940 când, după o zi de muncă sub conducerea Părintelui, ne-am adunat pe pajiștea de lângă mănăstire în jurul unui foc, să stăm de vorbă. Urma să dormim acolo, apoi a doua zi să ne continuăm munca la construcția chiliilor. Deodată o apărut Părintele. S-o pus și el lângă noi și cum discuțiile s-au întrerupt deîndată ce l-am văzut, Părintele o început să ne povestească niște lucruri, parcă desprinse din Apocalipsă:

– Mi-e tare milă de voi, măi flăcăi, fiindcă nu va trece mult și va veni un război lung și greu peste țara asta și multe jertfe vor trebui făcute. Și când războiul se va termina și toți vor aștepta să fie iar pace, nu va mai trece mult și vor intra *secera și ciocanul* în țară. Vă vor lua pământurile, vă vor aduce la sapă de lemn, nici lingurile nu vor mai fi ale voastre! Vor stăpâni peste țară, aproape 50 de ani! Și când Dumnezeu nu-i va mai răbda și va dispare steaua cu cinci colțuri, va veni în locul ei cea cu șase, steaua anarhiei, care va fi cea mai rea dintre toate... Necuratul va lua mințile conducătorilor, până și unii din capii bisericii se vor lăsa cumpărați! Vor veni vremuri de mucenicie! Iar când nu vor mai fi hotare între țări, când se vor înmulți religiile, când oamenii vor avea libertatea să facă ce vor, atunci să vă pregătiți de judecata cea mare!

Aducându-mi aminte de spusele Părintelui, am înțeles că nu mai avea niciun rost să stau pe front. Așa că i-am lăsat pe alții să joace cu rușii cazaciocul, mi-am luat soarta în mâini și profitând de debandada care se crease, am plecat de unul singur spre sud, chiar în noaptea aceea, ca să nu mă prindă rușii din urmă. Era încă întuneric când, la marginea satului Strunga, un ofițer german, un Untersturmführer, se chinuia să pornească o motocicletă. Fiindcă neamțul rupea un pic de română și eu oleacă de germană, i-am spus că dacă vrea, pot să-l împing. El o îndreptat atunci motocicleta spre Târgu Frumos, dar eu l-am sfătuit să nu pornească într-acolo, deoarece românii au dat mâna cu rușii și desigur că-l vor împușca, dacă-l prind.

El nu știa nimic de discursul regelui și nici de „armistițiul" cu Stalin, așa că m-o privit cu neîncredere. Dacă l-am văzut nehotărât, am dat să plec, dar m-o strigat din urmă și m-o întrebat ce am de gând. I-am spus că dacă e vorba să merg singur, cobor până la Focșani și apoi trec muntele, la Brașov. Dacă însă mergem împreună, putem scurta drumul pe Valea Oituzului și de acolo să trecem munții, în Ardeal. Eu îl voi apăra de români, el să mă apere de unguri, când vom ajunge în teritoriul cedat. Până se vor alege apele, voi ajunge la Brașov și de acolo, acasă la ai mei. Apoi, voi mai vedea eu!

O scos o hartă, o privit-o câteva minute, apoi s-o învoit. Am împins amândoi motocicleta și spre bucuria noastră, o pornit. După ce-am trecut de Miclăușeni, am văzut într-un șanț un camion al armatei române răsturnat, plin cu efecte militare. L-am bătut pe neamț pe spate, să oprească. Din camionul abandonat mi-am ales o uniformă, albituri, șosete și o pereche nouă de bocanci, de mai mare dragul.

Apoi ne-am continuat drumul, trecând de Bacău și Onești, unde am luat-o spre dreapta, spre Ardeal. După Bogdănești, motorul motocicletei s-o oprit, așa că am fost nevoiți, cu tot regretul, s-o abandonăm. Am trecut apoi, mai cu câte o căruță, mai pe jos, prin satele Oituz și Poiana Sărată. Nu după mult timp, am început să urcăm pe munte. Prinzându-ne noaptea, am dormit în pădure, înveliți în foi de cort.

A doua zi am ajuns la Brețcu, de unde am luat trenul, care ne-o dus la Sfântu Gheorghe. Aici, neamțul a întâlnit o unitate de-a lui, dar n-o uitat nici de mine. M-o dat în grija unui șofer care m-o dus până lângă Bod, unde erau cantonate unități românești, care apărau cele două antene de radio. De aici am ajuns la Brașov. Era în 25 august, dar deruta și dezordinea erau încă mari. Noaptea următoare am ajuns acasă fără să mă întrebe nimeni de ordinul de serviciu, sau de permisie.

19 Sa fii om e lucru mare

După vreo zece zile, când s-au mai limpezit lucrurile și am devenit aliați oficiali cu rușii, m-am prezentat la Făgăraș, la comandament, să mă informez pe unde se afla regimentul meu. Am fost trimis la Oradea, ca să-mi ajung unitatea din urmă. Asupra orașului plutea un fum gros, orașul fusese bombardat puternic cu o zi înainte, pentru că unele clădiri mai fumegau. Fusese un bombardament al aviației americane, care o distrus strada dinspre Cluj, o fabrică de spirt, podul de peste Criș și o ucis 180 de civili. Orașul o fost eliberat apoi de trupele române.

După Oradea, am pornit în direcția Debrecen, care fusese deja luat de ai noștri, oprindu-ne în Hajdúböszörmény. Aici am fost cazați în curtea unui judecător, om înalt și foarte prezentabil. Judecătorul avea o fată care tocmai terminase liceul și familiei ei îi era teamă c-or s-o violeze rușii, așa cum pățise o verișoară de-a ei, care locuia peste drum.

Noaptea, fata judecătorului dormea în pivniță împreună cu noi, soldații români. Cât am stat acolo, aproape o săptămână, nici nu ne-am atins de mâncarea trimisă de la trenul regimentului. Familia judecătorului, recunoscătoare, ne-o răsfățat zi de zi cu mâncare gătită, la care mai adăuga și două sticle de vin. Le-au dat lacrimile, când ne-au văzut că ne pregăteam de plecare.

20 Steaua cu cinci colțuri își arată colții

Tot pe atunci, pe lângă Debrecen, au fost prinși șapte prizonieri care trebuiau predați armatei sovietice. Rușii însă nu se mai osteneau nici ei să-i ducă la centrele de predare, ci îi împușcau pe prizonieri în prima pădurice. Vorbind cu ei, am aflat că erau de pe lângă Oradea. Le-am spus că atunci când vom ajunge la un lan de porumb, s-o ia la fugă, că eu mă voi face că privesc în altă parte. Și așa au procedat și ei, și eu.

Eram deja încredințat că România va cădea în ghearele bolșevicilor, după spusa Părintelui. Primele semne apăruseră deja. La comanda regimentului nostru se cuibărise un consilier rus, care lua toate deciziile, comandanții noștri fiind doar executanți. Iar noi, trupa, devenisem executanții executanților. Nu degeaba ne împingeau pe noi acolo unde era mai greu, iar când ne-am retras o dată dintr-un sat de furia nemților, un ofițer rus ne-o pus kalașnikovul în piept și ne-o ordonat: „Hazad!" Adică să mergem înapoi! Ne-am întors, ce era să facem, și, de frica rusului, am cucerit satul înapoi!

Atacul orașului Zvolen l-am dat cot la cot cu sovieticii. După ce orașul o căzut, rușii nu ne-au lăsat să intrăm în oraș cu ei, noi o trebuit să-l ocolim pe dreapta. Rușii au dat în Zvolen peste o mare fabrică de alcool. Acolo s-au îmbătat, dar mulți dintre ei nu s-au mai trezit din beție, fiindcă au băut alcool metilic. S-o zvonit că ar fi fost vreo 300. Dacă am fi mers alături de ei, ar fi fost victime și printre români.

Eu însă, n-aş fi băut. După ce prinsesem o dată *coraj* şi-am văzut ce-o ieşit, am mai băut doar la nunta mea un pahar de palincă cu nuntaşii şi unul de vin cu Ştefan. În rest, nicio picătură!

În Cehoslovacia am mai dat lupte grele la Trencin, în incinta unei uzine, unde se încuibaseră nemţii. Noi am cucerit fabrica, apoi au venit ruşii, s-o jefuiască. Mă aciuasem într-o încăpere la etaj, unde fusese mai înainte birourile direcţiunii. Tocmai mă descălţasem, ca să-mi repar un bocanc a cărui talpă se desprinsese, când au intrat peste mine nişte ruşi beţi. Am fost luat prin surprindere, încât n-am mai avut timp să fug. Am rămas unde eram, dar ei nu mi-au dat nicio atenţie, fiindcă erau cu ochii după furat. Au descoperit repede o casă de bani, pe care eu nici n-o văzusem. Ca din pământ, o apărut un rus cu un baros, cu care o început să izbească anapoda casa de bani. După ce-o obosit, rusul o aruncat barosul în mijlocul camerei.

Atunci m-am ridicat de la locul meu, am luat barosul, l-am întors cu muchia ascuţită şi am dat două lovituri, bine ţintite, în balamale, care s-au frânt. Uşa o căzut apoi de la sine, pe duşumea. Ruşii au rămas foarte impresionaţi de felul în care am acţionat, bătându-mă pe umăr şi spunându-mi „haraşo rumânski" şi oferindu-mi bani. Dar mie nu-mi trebuiau bani, aşa că am arătat spre bocancii mei, care erau ferfeniţă.

M-au dus atunci la un depozit german, de unde mi-am ales o pereche de bocanci Gebirgsjäger, aşa cum privisem deseori, cu jind, la vânătorii de munte germani. Cu bocancii aceia am făcut apoi tot restul războiului, fără să mi se descoasă nici măcar o cusătură.

21 Cercul se închide

Mai departe, nu ne-au mai lăsat rușii să înaintăm, ca să nu ajungă și românii pe teritoriul Germaniei, să rămânem stat învins. Asta a fost tactica rusească, prin care Stalin a păstrat Basarabia și Bucovina, rupte samavolnic din trupul țării încă din 1940.

Și ca cercul să se închidă[1], am terminat războiul cum l-am început. În conflict cu aliații. În Brno, ultimul oraș unde am

---

[1] cercul se închide = Simbolul șarpelui Uroboros. Uroboros este denumirea șarpelui mitologic care-și înghite coada, formând din trupul lui un cerc. Acesta este motivul pentru care cercul este simbolul încheierii unui ciclu, care se termină acolo unde începe. Uroboros este expresia a unei legi divine, care are legătură cu armonia lumii și înțelepciunea cu care ea a fost făcută. Acesta este motivul pentru care Uroboros se regăsește în toate fenomenele ciclice, dar și în lucrările și în destinul oamenilor. Într-un interviu dat de marele dirijor Sergiu Celibidache unui ziarist german, fiind întrebat dacă simfoniile lui Anton Bruckner au sfârșitul cuprins în începutul lor, acesta a ținut să precizeze că toate lucrările muzicale de valoare, indiferent de cine au fost compuse, trebuie să sfârșească așa cum au început. Simfonia a III-a *Eroica* lui Beethoven și *Nocturna op. 9 nr. 2* a lui Chopin sunt două lucrări muzicale care dovedesc că Celibidache știa ce vorbea. În viața mea, Uroboros și-a manifestat prezența când am terminat războiul așa cum l-am început, adică luptându-mă pe viață și pe moarte nu cu dușmanii, ci cu aliații. Dar și toată viața omului stă sub pecetea șarpelui mitologic fiindcă, nu-i așa, din neant am venit și în neant ne vom întoarce. Acestă determinare a destinului omenesc, care se straduiește din răsputeri să respecte simbolistica Uroboros, se regăsește descrisă literar în cel mai frumos basm românesc: *Tinerețe fară bătrânețe și viață fară de moarte*. Nu i se potrivește unui muritor viața veșnică, el trebuie să revină la origini, ca să i se poată închide cercul existenței. Atunci când un fenomen este ciclic, Uroboros poate ajuta la descoperirea adevărului. Știind că Antonescu a căzut printr-o trădare,

mai dus lupte cu nemții, mergând printre niște case aproape ruinate, am dat peste doi ruși beți, violând o femeie. Când m-au văzut, au dus mâna spre arme, dar eu aveam pistolul-mitralieră mult mai la îndemână. Am fost nevoit să-i ciuruiesc. Din fericire, nu erau prin împrejurimi alții, așa că fapta mea o rămas nedescoperită. Aș fi fost executat pe loc!

Din Cehoslovacia, am plecat spre țară în iunie 1945 și am mers numai pe jos, fiindcă trenurile erau toate pline cu ruși, iar cele de marfă cărau, unul după altul, prada de război capturată din Germania. Cei care au încercat să se agațe de tampoane, au fost împușcați fără somație. Am ajuns la Cluj exact de 23 August 1945, la defilare. Când am intrat în oraș, dinspre Oradea, am fost atacați cu foc de arme și au murit vreo 15 sau 20 dintre ai noștri. Erau bande maghiare, care au tras în noi. Eu am scăpat ca prin minune. Tocmai când îmi ridicam boneta ca să-mi șterg sudoarea de pe frunte, un glonț mi-o făcut încă o gaură în ea.

22 Mort de cinșpe mii de ori

După câteva zile, o dat Dumnezeu să ajung acasă! Mare bucurie am avut, când mi-am văzut fetița în brațele lui Ștefan, care se plimba cu ea prin curte. Avea deja șase luni Lia, draga de ea! Ștefan își revenise, după ce o stat în ghips o jumătate de an. Acum putea să meargă, dar urmele lăsate de accident nu

---

am căutat trădarea prin care el a ajuns la putere. Așa am descoperit că i-a trădat pe legionari. Și, folosindu-ne de reversul cazului de mai sus, se pot trage concluzii referitoare la viitor. Știind că regele Carol I a ajuns pe tron cu ajutorul unei trădări, prin trădarea lui Antonescu de către regele Mihai, cercul a fost închis. Deci viitorul casei regale a României a fost pecetluit, ea nu va mai juca niciun rol de-acum înainte în istoria noastră.

s-au șters toată viața. Natalița se mai împlinise, nu mai arăta ca o fetișcană, acum era femeie în toată firea, cu bărbat și cu copil. Și ce ușor ar fi putut să fie femeie în toată firea, dar numai cu copil!

La comisariatul unde m-am prezentat să mi se facă demobilizarea, m-au întrebat dacă am fost decorat. Am spus că nu, așa că decorația „Bărbăție și Credință" nu mi-au trecut-o la dosar. Era o veche obișnuință, căpătată după ce ne-am făcut frate cu rusul, fiindcă ei împușcau pe oricine purta decorații germane sau românești, de pe vremea când luptam contra lor. Am spus apoi că am rămas soldat, nefiind ridicat în grad. Căpitanul de la eliberări livrete o dat numai din cap, pe când scria, că o priceput. Apoi, trântind un tampon cu sugativă peste cerneala încă umedă a livretului, mi-o spus că am pe inventar încă din 1941, de pe vremea când eram instruiți la Făgăraș, o pereche de izmene nepredate. O trebuit s-o plătesc, altfel n-o vrut să-mi dea livretul.

Deci, după patru ani de război, după atâtea necazuri și suferințe, o trebuit tot eu să plătesc patriei recunoscătoare, o pereche de izmene, pe care nici nu cred c-am văzut-o vreodată! La ce să-mi fi trebuit izmene vara? Bănuiam că vre-un magazioner necinstit mi-o trecut perechea aia pe inventar, ca să-și acopere niște lipsuri. Dar, vorba căpitanului, când mi-o înmânat livretul:

– Câți oare n-au avut norocul dumitale, soldat! În loc să mulțumești proniei că ai scăpat întreg, tu te mai târgui pe-o izmană?

Avea mare dreptate căpitanul! Puteam muri în fiecare zi, de cel puțin zece ori, în zece feluri diferite! Și au fost mai bine de patru ani de război! Deci, făcând socoteala, aș fi putut fi mort de vreo cinșpe mii de ori! Mama mă-si! Eu țin bine minte doar două cazuri. O dată, în Caucaz, o venit peste noi o ploaie torenţială, de-o transformat lunca în care ne aflam în mlaştină. Ce-am mai afurisit eu atunci ploaia aia, care ne-o pătruns până la oase! Ei, şi n-o stat bine ploaia, că au început obuzele ruseşti să cadă în jurul nostru, cu nemiluita. Cădeau drept pe noi! Pleşcăiau în mâl atât de aproape, încât ne-au acoperit cu noroi, dar, spre norocul nostru, n-o explodat niciunul! Parcă era bostănărie câmpul ăla, după ce s-o terminat atacul!

Dar cel mai aproape de moarte am fost în zona Târgu Frumos, la un atac cu katiuşe, de-am crezut că vom muri cu toţii. O rachetă de-a lor o explodat aproape de mine, stârnind un nor de praf. Cum orbecăiam prin praful acela, explodează o nouă rachetă şi simt în spate o izbitură, de parcă m-o pocnit un cal cu copita. Am căzut jos şi nu m-am mai putut ridica. Am stat acolo câteva ore, până ce-au venit sanitarii să mă ridice. Atunci am văzut că o cizmă, cu un picior retezat în ea, o fost aruncată de explozie drept în spatele meu. Am tuşit după lovitura aia vreo două luni. Iar noada curului o fost atât de umflată, încât n-am mai putut sta nici în fund şi-o trebuit să dorm pe burtă multă vreme. Dar cea mai mare pedeapsă era, când îmi venea să râd sau să tuşesc. Atunci mă luau nişte dureri de spate, de-mi ţâşneau lacrimile. Trebuia să fiu cu mare grijă când tuşeam, dar şi la ce se povestea în jurul meu!

23 Luat la întrebări

Iaca sună telefonul! E desigur Natalia, fata noastră care trăieşte la Făgăraş. Vrea să vadă dacă n-am murit. Înşfac receptorul, abia trăgându-mi sufletul. Fusesem în curte şi ca să urc cele trei trepte până la uşă, mi-a trebuit o veşnicie.

– Măi tată, de ce vorbeşti prostii? Eu cred că vom muri noi înaintea ta! Dar ia spune, nu vrei să vii să stai la noi? Eu și așa gătesc, ai mânca și tu o ciorbă caldă, la noi e cald, ai avea și cu cine sta de vorbă!

Dar eu, chiar de aia nu mă duc! Că dacă m-aș duce, mi-e frică că m-aș înmuia. Aici aduc lemne, fac focul, curăț soba de cenușă și o duc afară, mă îngrijesc de hrana mea și a oilor. Mai am și trei găini, că altfel ar fi curtea pustie de tot. Bivolițe nu mai am de mult, am rămas doar cu grajdul gol și cu amintirea. Dar important este că mă mișc. Mai scap eu câte o beșină din mers, dar nu mă las. Dacă m-aș lăsa, gata aș fi! Și ce plăcut e uneori gândul să te lași! Aș ajunge mai repede lângă Natalița mea, acolo unde mi-e de mult locul! Dar nu mă lasă Părintele! Cum să abandonez lupta eu, care n-am cedat niciodată ?

Păi dacă te lași, e ca un piculeț de sinucidere, iar să-ți iei viața, e mare păcat! Apoi, nici n-aș mai avea curajul să mă gândesc la Părintele și să-i cer ajutor, așa cum o fac în fiecare zi! Și el, Părintele, cum ne-a ajutat de fiecare dată, când am fost la greu!

Stând eu cu receptorul la urechea aia cu care auzeam mai bine și ascultând-o pe Natalia care nu mai sfârșea cu dădăceala, mi-a trecut deodată un gând prin minte:

– Lia dragă, în ce an a fost mama la Prislop, la Părintele Arsenie, pentru tine?

– În 1959. Dar ce-ți veni?

– Iaca nu mai eram sigur când a fost.

24 Parintele Arsenie ne ajută din nou

Pe atunci eram la Aiud, după ce fusesem bătut la tălpi, la Securitatea din Făgăraș, cercetat și pus să dau declarații cu fapte pe care nici nu mi-o trecut prin cap să le recunosc. Mi-au făcut proces, terminat cu o condamnare la zece ani. Motivul? Pentru că fusesem *o țâră* legionar, simpatizasem oleacă cu luptătorii din munți și n-am vrut nici mort să intru în gospodăria colectivă, sfătuind și pe alții să n-o facă. Adică uneltisem contra regimului de democrație populară, instigasem contra ordinii sociale, încercasem să provoc răzvrătire, colaborasem cu dușmanii poporului și sabotasem republica populară, ceea ce mi-a adus cu sine condamnarea. M-am și mirat că mi-au dat așa de puțin, pentru atât de multe capete de acuzare. Au fost cazuri când unii au primit 15 ani doar pentru că au cântat „Sfântă tinerețe legionară". Pe mine puseseră ei ochii mai de mult dar, fiindcă Ștefan mă anunța de fiecare dată când voiau să mă înhațe, avusesem mereu timp să dispar. Dar până la urmă au pus laba pe mine și m-au potcovit cum nu se putea mai rău.

Deci eu – acolo, nevasta acasă cu doi copii și unul în burtă. Noroc cu Ștefan, care a ajutat-o pe Natalița cu tot ce i-a stat în putință. Și multe necazuri a mai îndurat și el, săracul! Lia intrase la liceul „Radu Negru" din Făgăraș, învăța bine, era prima din clasa ei, când secretarul de partid al școlii a chemat-o la cancelarie și i-a spus că nu mai are ce căuta în școala lor fiindcă tatăl ei, un dușman înrăit al poporului, este deținut politic iar puilor de viperă ca ea ar trebui să li se zdrobească capul cu un bolovan, nu să fie primiți în școli, acolo unde e loc numai pentru fiii devotați ai clasei muncitoare.

Lia a plâns tot drumul de la Făgăraș la Sâmbăta în căruța unui vecin, care fusese la târg și o culesese de pe drum. Visul ei de a deveni educatoare se spulberase! Natalița, însă, nu și-a pierdut cumpătul. Și fiindcă știa ce era în sufletul fetei, i-a spus să stea liniștită și să nu se piardă cu firea, pentru că ea se va duce la Prislop la Părintele, care le va ajuta. Și-a făcut pregătirile, seara s-a urcat în tren, iar a doua zi de dimineață, bătea deja la porțile mănăstirii.

I-a dus Părintelui un sfeter[1] împletit din lână de mâinile ei, ca să nu sufere de frig iarna, un burduf de brânză de oaie și niște slană d-aia d-a noastră. Știa ea că de slană părintele nu se va atinge, că el ținea mai tot timpul post, dar la mănăstire nu era numai el, mai erau și alții care trebuiau să mănânce.

La poartă, spre mirarea ei, o aștepta chiar Părintele! N-a lăsat-o să scoată nici măcar un cuvințel!

– Mă, nu e timp de vorbă! Tu trebuie să te întorci imediat înapoi, fiindcă dacă te grăbești, la Silvașul de Sus te va lua o căruță și te va duce drept la gara din Hațeg. Pe drum, veți întâlni o mașină a Securității. Să nu te pierzi cu firea, ci să-i privești drept în ochi, altminteri te vor aresta. În tren, vei întâlni un om care te va ajuta. Și acum, dă-mi pomelnicul de la năcăjita aia, că-i trimis cu mare credință și multă nefericire.

Natalița, în zăpăceala ce-a cuprins-o, a uitat de scrisoare. La noi, trăia din mila satului o femeie tare amărâtă, cocoșată și cu un defect de vorbire, că nu putea oricine s-o-nțeleagă. Naturiței îi era milă de ea și o ajuta de fiecare dată cu de-ale gurii, cu o haină, sau chiar o adăpostea peste noapte. O chema Năstuca Mușina, un nume la fel de strâmb ca și ea, săraca. Satul însă o cunoștea sub numele de Tuca Babii.

Femeia asta aflase, nu se știe cum, că Natalița se pregătea să meargă la Părintele. A venit la ea cu lacrimi în ochi și a rugat-o să-i dea Părintelui un pomelnic. În plic Tuca Babii pusese și o sută de lei. Natalița a vrut să ia numai pomelnicul, rugând-o să păstreze banii, fiindcă pentru ea banii aceia erau tare mulți! Va pune de la ea o sută, i-a spus, dar Tuca Babii nu s-a învoit nici în ruptul capului.

– Ăștia sunt banii văduvei sărace din Scripturi! a mai adăugat Părintele. Suta asta de lei e mai prețioasă decât un munte de aur! Du-te și spune-i că pe lumea asta va mai avea parte de

---

[1] sfeter sau laibăr (ardelenisme) = jerseu, pulover

multe necazuri și nenorociri, dar pe lumea cealaltă se va în-
tâlni cu mine, după cum tânjește de multă vreme! Și acum,
trebuie să pleci!

Natalița s-a grăbit cum a putut, ca să străbată cei trei ki-
lometri până la Silvașu de Sus și într-adevăr, de acolo a luat-o
o căruță care a dus-o chiar la gara din Hațeg. Pe drum, într-o
curbă, trasă în afara drumului, au văzut o mașină care stați-
ona. Din mașină, perechi de ochi i-au observat pe toți cei din
căruță, dar Natalița nu s-a ferit de priviri, ci le-a înfruntat cu
curaj și astfel și-a putut continua drumul până la gară.

În tren, a tot așteptat să apară omul Părintelui, dar acesta
nu s-a ivit până la Sibiu și nici după aceea. Mai avea dor câteva
stații până acasă, când a apucat-o disperarea și-a bufnit-o plân-
sul. Cum va da ea ochii cu fata și ce-i va zice? Copila aia, că
și așa era destul de firavă, putea din supărare să dea în boală
grea sau chiar... Doamne ferește! Își alungă gândul negru și
începu să se roage la Părintele. Trenul pornise deja din Avrig,
când lângă ea s-a așezat cineva, care a întrebat-o de ce plânge
cu atâta amar. Ea i-a povestit necazul ei, dar curând a trebuit
să se pregătească să coboare, fiindcă stația următoare era Viș-
tea de Jos.

Atunci omul i-a spus că și el ar avea nevoie de ajutor:
trebuia neapărat să ajungă la Sâmbăta, la Mănăstire, dar fără
să fie văzut. Dacă ea poate să-l ajute, o va ajuta și el. Au co-
borât amândoi iar când Natalița l-a recunoscut pe Ștefan în
stație așteptând-o, a podidit-o iar plânsul. „Părinte Arsenie!
Iartă-mă că m-am îndoit de tine!" Și-a mai spus ea în gând, în
timp ce se urcau în căruță.

Ștefan l-a ajutat pe omul din tren să ajungă la mănăstire,
apoi l-a dus înapoi la gară. Acela avea o funcție importantă
în aparatul de partid al regiunii Stalin și a ajutat-o apoi pe Lia
să urmeze liceul, mai întâi în Orașul Stalin, fostul Brașov.

Acolo a fost prima la învățătură din clasa ei. Cu asemenea rezultate la școală, dar mai ales cu protecția omului Părintelui, fata a revenit anul următor la liceul „Negru Vodă" din Făgăraș, unde de atunci încolo n-a mai îndrăznit nimeni să-i mai facă greutăți.

25 Nu mai ia pistolul foc

Ștefan, după ce s-a răsturnat carul pe el, a suferit mult. S-a vindecat el cumva, dar a rămas lipsit de putere și cu mari dureri de spate. Aș putea spune că după aceea nici n-a mai fost om întreg. De asta nu s-a însurat, deși ar fi putut. Dar el nu voia să fie la mila nimănui. Apoi, lângă noi, cu mine patru ani la război și șase la închisoare, el a fost cel care a ajutat-o pe Natalița la treburile casei și la creșterea copiilor. Ștefan le-a fost ca un adevărat tată la toți trei: Lia, Ilarie și Ștefan.

Pe el l-au cunoscut copiii de tată și l-au iubit tot așa de mult, precum îi iubea și el. Îmi aduc aminte că, în vara lui ,64, când au fost eliberați deținuții politici, am ajuns și eu acasă. Am fost așteptat la gară de toată familia și când m-a văzut cel mic, Ștefan, care s-a născut după arestarea mea, o trăgea pe Natalița de fustă și o tot întreba: „Ăsta e tăticul meu?" fără ca nimeni să-l bage în seamă. Iar eu nici nu aflasem până atunci că mai aveam un copil! Asta mi-au făcut mie comuniștii! Dar parcă numai mie?

După accident, Ștefan devenise și mai credincios, iar în cele șase luni cât a stat în ghips, a făcut neîncetat rugăciunea inimii. Când a început iar a merge, s-a dus la Părintele, la Mănăstire, pentru spovedanie. Părintele ținea mult la el, îi dădea sfaturi și l-a ajutat să se înalțe tot mai sus, prin credință.

La un moment dat, au ajuns chiar să comunice cu ajutorul gândului.

Așa se face că el a știut când să vină după Natalița la gară, s-o aștepte. El însă putea cu mult mai mult. Astfel, cam peste un an, într-o dimineață, Natalița l-a găsit adâncit în rugăciune. Se ruga pentru Tuca Babii. Întrebându-l cu mirare de ce tocmai pentru ea, i-a spus că Tuca Babii fusese omorâtă de o bandă de hoți chiar în noaptea aceea și că era rugămintea Părintelui să se roage și el pentru sufletul ei.

Părintele ne-a vorbit o dată despre Împărăția lui Dumnezeu și despre anumite situații, care apar când dracul își face prea tare mendrele. Atunci Dumnezeu, printre alte mijloace, alege oameni potriviți, cărora le dă misiuni, ca să pună stavilă acțiunilor necuratului. De cele mai multe ori, aleșii aceștia nu află niciodată că au îndeplinit o misiune cerească. Și eu am avut una, de care nu mi-aș fi dat seama, dacă nu se petrecea cu mine ceva ce mi-a deschis ochii!

Era în iarna lui 1954, an cu zăpadă cât casa! În munții Făgărașului, luptătorii care se opuneau regimului comunist, erau izolați de satele de unde se aprovizionau și o duceau tare greu. Atunci Ștefan mi-o zis, că cineva trebuie să meargă până la ei și să le ducă provizii, dar și altele precum albituri, săpun, chibrituri, sulfamidă, spirt medicinal, feșe, vată...

Eu am înțeles pe dată că era dorința Părintelui, așa că ziua următoare am făcut pregătiri. Natalița o copt mai multe pâini, slănină și brânză aveam, slavă Domnului! Trebuia să dau o fugă și până la Viștea la Olimpiu Borzea, ca să-mi dea medicamentele pe care le procurase medicul Burlacu, apoi urma să pornesc, neînarmat, la drum. Ștefan accentuase cuvântul *neînarmat* de mai multe ori, dar eu m-am făcut că nu aud. Cum era să merg neînarmat? Aveam încă pistolul rusesc din război, pe care l-am luat cu mine.

Mi-am luat schiurile și am mers prin pădure, o noapte și o zi. Era senin, dar și un frig de crăpau pietrele! Pădurea însă era neasemuit de frumoasă, cu brazii încărcați de zăpadă, cu stelele licărind, printre coroane golașe, de arbori falnici. Ziua o ieșit soarele, care o înmuiat zăpada de pe crengile copacilor. Brazii au început să se scuture de cojocul alb, ca și cum voiau să se dezmorțească după frigul nopții. Spre după-masă, am ajuns la locul unde luptătorii din grupa Gavrilă Ogoranu își aveau bordeiul pentru iernat. Din bordei o ieșit doar Ion Gavrilă, cel ce era cunoscut sub numele de Moșu, deoarece era foarte cumpătat și înțelept. Ceilalți nu s-au arătat, ca să nu-i văd. Moșu instituise măsuri foarte stricte de păstrare a secretului, privind acțiunile și intențiile luptătorilor din munți, de asta considerase că nu e nevoie să se arate decât el, ca să preia ce le adusesem.

Moșu a fost conducătorul unei grupe care a luptat contra comuniștilor, ascunzându-se în Munții Făgărașului. Or fost activi de prin 1949 până prin 1956. Apoi toată grupa a fost prinsă pe rând, printr-un lanț de trădări, doar el a rezistat singur, încă douăzeci de ani. Abia în anul 1976 au pus securiștii laba pe el. Dar fiindcă numele lui ajunsese pe lista secretarului de stat american Kissinger și a președintelui Nixon, predată lui Ceaușescu când au fost în vizită la București, acesta a fost nevoit să-l cruțe.

Noi ne cunoșteam încă din școală, fiindcă el fusese o vreme șeful Frăției de Cruce din liceul „Negru Vodă". În iarna aceea ajunseseră la ananghie, pentru că securitatea le descoperise un depozit de alimente, iar ursul le mâncase tot ce adunaseră pentru iarnă, într-o peșteră. Scăpat de desagii care-mi rupseseră umerii, am luat-o înapoi. O fost cu mult mai ușor la întoarcere, la vale, așa că am ajuns încă pe lumină la marginea pădurii. Aici m-am oprit, fiindcă peste pășune voiam să trec după lăsatul întunericului, ca să nu fiu văzut. Așa că m-am pus să îmbuc ceva, că mă ajunsese foamea și pe mine.

Deodată, aud cucuveaua scoțând țipete ascuțite. Cucuvelele au un auz la fel de bun ca al liliecilor, încât nu putea intra nimeni în pădure, fără ca ele să nu simtă și să nu dea de veste. M-am oprit din mestecat și am ciulit urechea. Pe cărarea spre cabana Bâlea, pe care o degajaseră de zăpadă militarii, am zărit silueta unui pădurar din zona noastră, care se pusese de vreo câțiva ani în slujba Securității. Pe lângă că cunoștea bine munții, știa să se strecoare ca o pisică prin grădinile oamenilor, prin șuri, uneori chiar prin copaci, de unde pândea și trăgea cu urechea. Din cauza lui, multe familii care aveau legături cu luptătorii din munți au suferit necazuri mari: arestări și condamnări, anchete și bătăi la tălpi cu bastonul, mame și soții curentate cu magnetoul electric, ca să spună tot ce știau și ce nu știau despre cei din munți.

„N-o să mai apuci tu, Iudă, să-ți dai raportul la Securitate!“ mi-am spus, în timp ce am armat pistolul. Mi-am căutat o poziție mai bună, de unde puteam să-l trimit direct la taică-său cel împielițat. Eram chiar la marginea potecii, după niște tufe de alun, ascuns în întunericul pădurii, pe burtă. Îl vedeam bine cum venea pe drum, cu hainele lui verzi ce contrastau cu albul zăpezii.

Când mi-o căzut bine, am îndreptat pistolul spre el și am apăsat pe trăgaci. În loc de pocnetul cunoscut, am auzit doar clinchetul ușor al percutorului, zgâriind capsa cartușului. Dar acesta nu o luat foc. Măi, să fie! Așa ceva nu mi s-o întâmplat în tot timpul războiului! Am tras închizătorul ca să scot glonțul buclucaș, dar capsa cartușului se desprinsese și toată pulberea se revărsase, blocând mecanismul de tragere.

Pistolul nu mai putea fi folosit, până ce nu-l demontam piesă cu piesă, ca să-l curăţ şi să-l ung. Şi atunci de-abia am înţeles. Din motive necunoscute minţii mele mărginite, omul acela trebuia să rămâie în viaţă!

26 Am îmbătrânit şi nu mai pot

Fusesem deci în misiune cerească, fiindcă numai Dumnezeu putea să-l scape pe netrebnicul acela de la moarte. Când m-am întâlnit mai apoi la Mănăstire cu Părintele Arsenie, m-o fulgerat cu privirea, apoi m-o întrebat dacă *am îmbătrânit şi nu mai pot*!

Era o poveste veche. Curând după ce Părintele apăruse la Sâmbăta, într-o seară la horă, m-au rugat băieţii să le cânt ceva. Aveam voce bună şi atunci, fiindcă ştiam ce aşteptau de la mine, le-am cântat:

> *„Am îmbătrânit şi nu mai pot,*
> *Nu mai ia pistolul foc!*
> *Şi l-am dat la o vecină,*
> *Să-l cureţe de rugină! ...“*

Chiar atunci o trecut Părintele pe drumul spre Mănăstire şi m-o auzit. Deşi cântecul făcea aluzie la cu totul altceva iar de atunci trecuseră aproape paişpe ani, nu uitase întâmplarea şi fiindcă erau mulţi gură-cască prin preajmă, mi-o vorbit în aşa fel încât, bătând şaua, să priceapă numai iapa!

L-am întrebat altă dată de ce e nevoie ca aceşti luptători tineri să se sacrifice, dacă lupta e deja pierdută şi steaua cu cinci colţuri va domni aproape cincizeci de ani peste noi? Mi-o răspuns tăios, aproape supărat:

– De asta, mă, ca să nu fie o sută!

Mi-o zis apoi că nicio jertfă, nicio suferinţă, nicio acţiune nu sunt fără rost, chiar dacă asta nu se vede imediat, sau nu se va vedea niciodată aici, pe pământ. Dar undeva, acolo unde niciun fir de iarbă nu creşte fără ştirea cuiva, toate faptele astea se trec pe răboj şi cu cât paharul de ticăloşii se va umple mai repede, cu atât mai devreme va fi comunismul izgonit de la putere. De asta niciun sacrificiu nu e inutil!

Iar dacă cartuşul acela ar fi explodat, probabil că aş fi fost prins şi executat ca duşman al poporului, fiindcă în urma pădurarului, la o distanţă nu prea mare, venea un pluton de securişti. Porniseră cu toţii în misiune. Dar după nu mult timp, când vremea s-o înmuiat spre primăvară, pădurarul acela, însoţit de doi turişti, au fost surprinşi spre cabana Bâlea de o avalanşă. Leşurile lor le-o găsit prin mai un ciobănaş, ciugulite până la os de vulturi. Doar pistoalele-mitralieră ale *turiştilor* scăpaseră de clonţul păsărilor, roşii de rugină şi cu lemnul patului umflat de umezeală.

27 CASCA OLANDEZĂ

Dar să nu uit să zic cum o fost de-am scăpat de casca olandeză. Eram în Caucaz, ruşii ne împuşcaseră curierul şi atunci am mers eu la comandament ca să iau scrisorile pentru compania noastră. Am plecat pe jos şi la întoarcere m-o prins o drăguţă de ploaie, d-aia scurtă dar deasă, de-o preschimbat în câteva minute drumul într-o baltă. Până la ai mei mai aveam de urcat un piept de munte abrupt, de care trebuia să trec. Aici am dat de un neamţ cu o căruţă de-aia de-a lor, făcută sănătos, prinsă zdravăn cu buloane de fier, ca să nu se descio-căleze pe drumurile Rusiei. Era trasă de patru cai. Roţile erau de lemn cu spițe și cu cerc de fier, iar în spatele căruței era prinsă o roată de rezervă. Adică nemții, cu mintea lor ordonată, puseseră a cincea roată la căruță!

Neamțul aducea muniție și efecte militare spre linia întâi, dar acolo, la pintenul acela de deal, s-o poticnit. Văzusem după urme că încercase de două ori să urce, dar, pe la jumătate, caii obosiți erau biruiți de greutate și au fost târâți iarăși devale, la poale. Când am apărut eu, se pregătea să urce încă o dată.

Văzând cum stau lucrurile, am luat un bolovan de pe marginea drumului și m-am dat la spatele căruței. Când caii n-au mai putut și căruța era gata s-o pornească iar la vale, am potrivit iute bolovanul sub roata din spate. Văzând ce făcusem, mi-o spus cu prietenie „Gut-gut!" Apoi, după ce caii au prins iar puteri, au urcat și ultima parte a dealului. Chiar în vârf, drumurile ni se despărțeau: eu o luam înainte, el trebuia s-o cotească spre stânga, spre ai lui.

Neamțul văzuse că casca îmi alunecase de câteva ori peste ochi și că toată apa de pe ea îmi cursese pe spate, udându-mi vestonul. Înainte să ne despărțim, s-o dus la căruță și mi-o adus o cască germană. Zâmbind, m-o rugat să mi-o pui pe cap. Mi s-o potrivit ca turnată. Neamțul era furier vechi și știuse din priviri cât de mare îmi era căpățâna!

28 Păcate grele

Deși mă consider un om cu frica lui Dumnezeu, am păcate care atârnă greu, fiindcă au pierit destui oameni de mâna mea! Fără să mai socotesc și victimele colaterale, de care nu am nici acum habar. Îmi aduc aminte totuși că o dată aș fi putut să iau, fără să vreau, viața unor ființe nevinovate. Era prin 1943 în Caucaz, cădeau sergenții și locotenenții ca muștele, fiind vânați cu sânge rece de lunetiștii ruși, ascunși prin copaci.

Într-o dimineață, văd o pereche de ciori învârtindu-se agitată și croncănind cu disperare pe deasupra unui arbore, aflat la marginea pădurii. Se comportau aidoma ciorilor de la noi când, copil fiind, mă cățăram prin copaci ca să le privesc puișorii golași, abia ieșiți din ou.

– Ce-o fi cu păsările alea? Întreabă locotenentul, singurul care mai rămăsese viu printre noi. Era de pe la oraș cred, fiindcă nu știa nici măcar că „păsările alea" erau două ciori.

– Do'n l'ent, las' că vă arăt eu minteni ce-o fi cu ele!

Îmi scot automatul de pe umăr și trag o rafală în crengile arborelui, unde bănuiam că s-ar fi putut adăposti vreun nenorocit de lunetist. Și într-adevăr, din copac pică un rus, împușcat drept în frunte, din nimereală. Am fost pe moment profund marcat de întâmplarea asta, fiindcă mă simțeam cu conștiința încărcată.

Totuși, faptele mi-au confirmat că mă tulburasem degeaba, fiindcă nu comisesem o nouă crimă. Imediat ce ecourile rafalei mele s-au stins, ciorile s-au liniștit, coborând prin frunziș și cotrobăind mulțumite printre crenguțe, acolo unde desigur erau așteptate de puișorii nerăbdători. Croncănitul lor drăgăstos, în timp ce-și deșertau hrana în gușile nesătule ale puilor, m-o convins că aceștia scăpaseră neatinși de gloanțele mele. Mare e puterea lui Dumnezeu!

29 La Aiud

La pușcăria din Aiud, – temniță mare și temută încă de pe vremea Mariei Tereza, construită mai ales pentru iobagii români – am ajuns cam nepregătit. Lumea aceea n-am înțeles-o imediat. Nu semăna deloc cu ce-am trăit în război. Pe front eram oameni liberi, care se puteau apăra fie cu arma, fie cu fuga. În închisoare nu aveam nici arme, nici unde fugi. Eram în plină furtună, fără niciun adăpost! Regimul penitenciar era foarte aspru. Nu aveam dreptul la pachete, la vorbitor, la scrisori. Nu știam dacă ai noștri mai trăiau, iar ei – dacă noi n-am murit.

Eram treziți la cinci dimineața și până suna stingerea, la zece, nu aveam voie să ne lungim pe priciuri și nici să privim spre ferestrele oblonite. Sufeream de foame, iar iarna, la izolare și uneori chiar în celule, nu se făcea foc. Umezeala, șobolanii, mucegaiul erau tovarășii noștri. Nu eram scoși la plimbare și nu vedeam cerul cu săptămânile, iar celor bolnavi li se refuza tratamentul medical. Chiar și apa era dată cu picătura, aveam dreptul la 32 de linguri de apă pe zi, pentru băut și spălat.

Atunci am priceput cu adevărat, ce înseamnă să fii văduvit de tot ce-ți era mai drag pe lumea asta. Îmi lipseau copiii, Natalița, Ștefan, oamenii de omenie din sat. Îmi era dor de cerul albastru și de aerul curat din Munții Făgărașului, de apa rece din fântână.

Am fost ținut mai întâi o săptămână singur, apoi am trecut în corpul central cu patru etaje, numit Celular. Când am fost împins în celula în care nu prea mă îndemna inima să intru, m-o izbit mirosul greu de trupuri omenești, de urină și fecale, de umezeală și mucegai. Am dat ziua-bună, apoi mi-am luat în primire priciul, pe care urma să dorm de atunci încolo, zece ani. Erau mulți deținuți în celulă și m-am bucurat că nu voi fi singur. M-au întrebat cine sunt, de unde vin, câți ani de condamnare am și dacă sunt legionar. Le-am spus că am fost doar simpatizant, dar cum procuratura poporului nu se încurca cu mărunțișuri, unul din capetele de acuzare o fost și acela.

Discuția s-o întrerupt, când s-au auzit zgomote pe coridor. Unul s-o repezit la ușă, ca să privească printr-o găurică făcută cu un cui, să afle ce se petrece. Era adus de la arest Învățătorul, unul dintre deținuții din celula noastră. L-au adus doi gardieni de subțiori, fiindcă nu se mai putea ține pe picioare. Fusese ținut 14 zile într-o celulă fără încălzire, în plină iarnă. Singur, la izolare, cum spuneam noi, în clădirea separată de Celular numită Zarcă, unde primea turtoiul și zeama de varză acră doar a treia zi, după două zile de post negru. Au sărit câțiva să-l ajute, i-au pus pături în spinare, l-au încurajat cu vorbe calde. Eu stăteam stingher și străin, uimit de ceea ce vedeam. Asta era legea ajutorului legionar în acțiune, despre care auzisem, dar n-o trăisem încă pe viu. Mi s-o făcut piele de găină!

Când o venit hrana, jumătate din turta mea i-am dat-o lui, să se întremeze. Săracul, nici nu putea să mai țină lingura în mână, o fost hrănit de ceilalți. Era începutul lui februarie 1959 și nici celula noastră nu era încălzită. Printr-un ochi de geam deschis, dar cu obloanele albastre ale ferestrelor veșnic închise, ca să nu putem privi afară, se strecura aerul înghețat, acoperind cu promoroacă zăbrelele de fier. În fiecare dimineață, gardianul de serviciu cânta la țambal, bătându-le cu un ciocan cu coadă lungă, ca să le verifice soliditatea. Foamea, frigul, întunericul și disperarea, erau cei mai mari dușmani ai deținutului de la Aiud. Desigur, afară de administrația închisorii.

În seara aceea am stat mult în cumpănă ce să fac, dar apoi m-am hotărât. Înainte de culcare, mi-am scos laibărul fără mâneci pe care-l purtam pe sub zeghe și i l-am dat Învățătorului. Spre mirarea mea, nici n-o vrut să audă. Zicea că nu poate primi un dar atât de prețios, de care și eu voi avea curând nevoie. I-am spus că eu sunt crescut la munte, învățat cu frigul și apoi mai am încă un strat de slană pe mine, care nu s-o topit de tot, în timpul lunilor petrecute în arestul de la Făgăraş şi la Securitatea din Sibiu. Lăibărelul era de lână toarsă de Natalița, împletit de mâinile ei. Mi-o părut rău după el, dar m-am bucurat totodată că am putut face un bine unui semen al meu. L-au ajutat ceilalți să-l îmbrace, învârtindu-l aproape de două ori în jurul trupului lui slăbit. Şi fiind mai scund ca mine, îi acoperea şi rinichii, organele cele mai expuse la frig, după plămâni.

La ora zece când s-o dat stingerea, urcat pe prici, am adormit imediat, cu conştiinţa împăcată şi *cu inima bună*. N-am mai apucat să mă rog, aşa cum făcusem până atunci, când am fost singur. Dar atunci mi-o fost ruşine să mă rog de faţă cu ceilalți. Am vrut s-o fac înainte de-a adormi, dar m-am prăbuşit într-un somnul greu şi fără vise, care m-o cuprins şi m-o ţinut strâns în braţele lui până la cinci dimineaţa, când o sunat deşteptarea.

30 ACADEMIA DE LA AIUD

Eu mi-s ţăran, aşa cum au fost toţi ai mei, de când ne ştim pe-acest pământ. Deşi am urmat liceul, nu mi-am dorit mai mult, iar oraşul nu m-o atras niciodată. Şi nici să urmez o şcoală superioară. Dar la Aiud, la 40 de ani, aveam să învăţ la una din cele mai înalte universităţi posibile. Timp de aproape şase ani! Am avut profesori extraordinari, cu mult mai buni ca politrucii din universităţile muncitoreşti de *afară*, unde profesorii erau aleşi după origine şi după dosar.

Seara, când *vijilenţa* celor ce ne păzeau nu mai era aşa severă şi nu ne mai spionau la fiecare cinci minute prin vizetă, ne strângeam pe cercuşoare în celule, în jurul unui magistru sau expert şi învăţam fiecare, ce ne atrăgea sau ce se putea. Cei ce mai sperau că vor veni americanii, își strâmbau gura învățând engleza, cei care lăsaseră la intrare orice speranță, italiana. Unii, pe lângă preotul Ioan sau părintele Dumitru Stăniloaie, se împărtășeau din învățăturile Sfinților Părinți și ale Filocaliei.

Cei din jurul lui George Manu învățau fizică atomică, iar niște ghinioniști, fiindcă în celulă cu ei se afla doar un chimist care știa tabelul lui Mendeleev pe de rost, l-au învățat cu toții, cu grupele, subgrupele, denumirile și masa atomică. Câțiva de pe lângă un apicultor, au deprins arta creșterii albinelor, un alt cercușor pătrundea în tainele sanscritei, iar alții ciocăneau cu degetul de mama focului în fundul gamelei, exersând alfabetul Morse, sub îndrumare legionară. Aceștia, având tradiția pușcăriilor încă de pe vremea Ducăi Gheorghe, deveniseră cu timpul adevărați maeștri.

Degetele mele butucănoase erau așa de sprintene, de parcă erau degerate, așa că alfabetul Morse nu s-o lipit de mine chiar de la început, așa cum s-o lipit de alții, care duruiau din dește cu înverșunare, de parcă cădea grindina pe acoperișuri de tablă. De fapt, nu aveam eu prea mare îndemn de la inimă să mai învăț ceva. Credeam că știu destul ca să-mi ar ogorul, să prășesc sau să rânesc grajdul vitelor și cotețul porcilor.

În schimb, Învățătorul era tobă de carte. Fusese student al lui Nae Ionescu. Puțea de *dăștept* iar specialitatea lui de bază era logica și psihologia, discipline care nu prea aveau legătură una cu alta. Pe lângă asta știa literatură, istorie, filozofie – unde se simțea ca peștele în apă. Pe deasupra mai vorbea și franceza la perfecție, încât aș fi putut pe lângă el, dacă la asta mi-ar fi stat devla, să iau vreo trei sau patru licențe.

Căpătând pentru mine o slăbiciune aparte, mi-o propus să mă învețe câte ceva din ce știa el. Mai întâi o *țâră* de logică – căpătase pentru cuvântul acesta o adevărată slăbiciune – și un piculeț de psihologie. În viitor, va fi mare nevoie de cunoștințe în aceste domenii ca să putem, zicea el, alege grâul curat de neghină, adică adevărul de minciună. Eu însă, nu prea-i împărtășeam pe atunci entuziasmul, pentru că – credeam eu – aveam o minte bine așezată, care o fost în stare până atunci să separe destul de mulțumitor *grâul de neghină,* chiar și fără logică și psihologie.

Într-o zi, Învățătorul mi-o luat mâna stângă și mi-o citit în palma mea butucănoasă și plină de bătături, cu degete ca și cucuruzii brazilor, viitorul. O stat mult să deslușească secretele vieții mele din liniile vieții și a inimii, m-o privit de mai multe ori, parcă mirându-se, apoi mi-o spus:

– Ilarie, tu vei ajunge să vezi cu ochii tăi, ceea ce puțini dintre noi vor mai apuca să vadă: disparíția comunismului din România! Dar să nu crezi că va fi mare scofală! O să fie prilej de poticnire pentru toți! Vor veni vremuri grele, pline de dezorientare. Ziarele vor dezinforma și manipula oamenii, radioul îi va minți și îndobitoci, dezamăgirea și delăsarea vor cuprinde toate straturile sociale, afară de hoții de la conducerea țării, care vor fi mai răi decât Carol al II-lea și toată camarila lui. Atunci va veni vremea ca spiritul legionar să se trezească! Va trebui încă de pe acum, ca fiecare dintre noi să deschidă ochii mari și să memoreze tot ce vede, ca să lase după el o mărturisire scrisă, așa cum ne-a învățat Căpitanul. Iar logica și psihologia vor fi de mare ajutor, ca mărturia noastră să fie realistă și cutremurătoare.

Pledoaria lui nu prea m-o convins, deși m-am bucurat că mi-o prezis o viață lungă și mai ales că, voi apuca să văd sfârșitul comunismului din România. Dar pentru asta, mai trebuia să suferim și să așteptăm încă mulți ani.

31 Triumful zecimalei a treia

Învățătorul era un povestitor desăvârșit. Pe mine cu asta m-o gătat[1]. Puteam sta să-l ascult, fără să clipesc, ore în șir. La noi, el era șeful celulei, recunoscut de toți. Avea și autoritatea ce-o dă vârsta. Eu eram cu zece ani mai tânăr iar multora dintre noi le-ar fi putut fi chiar tată. Ne strângeam în jurul lui, ca puii lângă *clocă*, când venea vremea poveștilor. Mai povesteam și noi, dar el trebuia să ne spună zilnic măcar o povestioară, altfel nu puteam adormi. Odată, și-o început povestea cam așa:

– Multă vreme oamenii de știință au crezut că aerul pe care-l respirăm este format doar din oxigen și azot. Dacă dintr-un recipient plin cu aer scoatem oxigenul – și-au spus învățații – ar trebui să rămână doar azotul pur. Așa au și procedat: analizând densitatea azotului rezidual, i-au găsit densitatea de 0,968. Dar, deoarece s-a obținut azot pur prin alte procedee, se știa deja că densitatea lui era doar de 0,967. Măsurătorile au fost refăcute de mai multe ori, până ce chimiștii s-au convins că rezultatul era corect. Deci, i-a spuneți-mi voi acum, zise Învățătorul către noi, de unde ar fi putut proveni diferența?

– Aerul probabil, conținea praf sau vapori de apă, a spus unul.

– Nu, dar judecata aceasta se află pe drumul cel bun!

N-am știut până la urmă niciunul răspunsul, așa că el o fost cel ce ne-o spus că era vorba într-adevăr de anumite impurități care falsificaseră rezultatul, dar nu praf sau apă, ci erau gazele rare argon, kripton, neon și xenon. Pentru acest motiv, povestea de mai sus se numește *Triumful zecimalei a treia*. O judecată logică simplă, zicea el, o dus la o descoperire atât de importantă. Apoi o continuat:

---

[1] gătat (ardelenism) = terminat

„Raționamentul s-a bazat pe o judecată, denumită în matematică și logică *Reducerea la absurd*. Deși denumirea este ciudată, metoda este simplă. În exemplul de mai sus, oamenii de știință au presupus că afirmația *Aerul este format numai din oxigen și azot* este adevărată. După cum s-a văzut, această presupunere a dus la o concluzie falsă. Sau cu alte cuvinte, absurdă. Dar, încă din antichitate se știa că: *Dacă o ipoteză presupusă adevărată, duce la o concluzie falsă, înseamnă că însăși ipoteza este falsă.*

Axioma aceasta, ca orice axiomă, nu poate fi demonstrată, ea este doar o presupunere obținută prin iluminare. Un singur caz în care ea n-ar fi valabilă, ar prăbuși-o definitiv, ca mincinoasă. Și totuși, de mii și mii de ani, nimeni n-a putut-o infirma, pentru că ea este *Principiul Universal* al lumii noastre, este *Coloana Infinită* a ei. Dumnezeu, când a început să facă lumea, încă din ziua întâi, a poruncit să se facă lumină. Deci, de la Începuturi, lumina a fost despărțită de întuneric și adevărul de minciună, prin voia Celui de Sus.

Ce s-ar întâmpla, dacă o ipoteză falsă ar conduce la o concluzie adevărată? Ar însemna că minciuna este mama adevărului și adevărul și minciuna ar locui împreună, sub același acoperiș. Atunci s-ar prăbuși coloana care susține cerul de deasupra noastră, adevărul s-ar contopi cu minciuna, dracii ar juca tarantela cu îngerașii iar noi, oamenii, care nici așa nu putem deosebi adevărul de minciună – când stau despărțite precum a stat Marea Roșie în fața toiagului lui Moise – am fi pierduți cu totul.

Omul, care este în mic o reflectare a universului, are și el, pe lângă coloană vertebrală, o coloană a infinitului spirituală care, bazându-se pe adevăr, îl face să iasă din noroi și să se înalțe spre cer.

Reeducarea, pe care zbirii noștri vor să ne-o administreze ca pe o otravă, nu este altceva decât încercarea lor de a ne distruge această coloană, care se bazează pe demnitatea omenească și pe credința în Dumnezeu, deci pe Adevăr. Nu uitați că cea mai mică cedare, surpă în noi o cărămidă din acest edificiu dumnezeiesc, încovoindu-ne tot mai mult și îndreptându-ne privirea de la cerul cel albastru, la tina noastră cea de toate zilele. O dată cu ochii în pământ, zborul spre înălțimi nu va mai fi posibil."

32 Reeducarea

Mintea diabolică a comuniștilor a inventat un mecanism prin care doreau să distrugă tot ce omul are mai prețios: demnitatea. Principiul a pornit de la un pedagog sovietic, Makarenko. Acest pedagog de școală nouă, fiind directorul unei case de corecție cu delincvenți minori, a conceput o strategie prin care copiii mai mari făceau reeducarea celor mai mici în colectiv, sub supravegherea pedagogului.

Comuniștii au preluat acest concept, l-au transformat după chipul și asemănarea lor și l-au implantat mai întâi în gulagurile sovietice. Apoi, l-au adus și în România, unde l-au experimentat mai întâi în pușcăria de la Pitești. Aici, câțiva pușcăriași reeducați de anchetatori au fost puși ca să se ocupe de restul deținuților.

Eugen Țurcanu a fost cel mai crud dintre ei. Echipa lui, introdusă în celule de administrația pușcăriei sub masca reeducării, a comis orori și crime, a terorizat și schingiuit oameni, i-a redus la ultima expresie a ființei, aceea de animal. Bătăile din celule nu mai conteneau, deținuții cei mai credincioși au fost puși în noaptea de înviere să-și bea urina și să-și mănânce excrementele, cântând: „Beți, acesta este sângele meu, luați, mâncați, acesta este trupul meu."

Des folosite erau bătaia la ficat sau cu nuiaua la testicule, smulgerea unghiilor, strivirea degetelor în ușă, scoaterea dinților, statul într-un picior cu o raniță de 40 de kilograme în spate, introducerea deținuților cu capul în tineta cu excremente. Altora li se dădea să bea un litru de zeamă acră de varză sau castraveți, foarte sărată și apoi erau lăsați să se usuce de sete. Uneori călăii formau piramide din trupurile deținuților, puse unul peste altul, peste care se urcau Țurcanu și ai lui și dansând un dans satanic, loveau cu ciomegele unde nimereau. Iar ca o culme a rafinamentului, Țurcanu avea în arsenal un număr propriu, denumit „Figura Leului". Se așeza *ghinișor* lângă victima întinsă pe prici și o sugruma lent, până când deținutul își pierdea cunoștința.

Reeducarea de la Pitești a durat din 6 decembrie 1949 până prin septembrie 1951. În această perioadă au murit din pricina schingiuirilor 11 deținuți. Au fost atât de puțini pentru că echipa lui Țurcanu considera moartea unui deținut ca pe o lipsă de profesionalism. Ei voiau să chinuie, ca să distrugă moralul și conștiința deținuților. Grija lor cea mai mare era ca nimeni să nu scape. Deținuții erau atât de bine supravegheați, încât nici sinuciderea nu era posibilă.

Încheiată cu succes la Pitești, reeducarea a fost introdusă în toate pușcăriile din România: la Gherla, Aiud, Ocnele Mari, Peninsula și Târgu Ocna. La Gherla, sub oblăduirea ministrului de interne Teohari Georgescu, i-a dat mână liberă colonelului Czeller, care l-a adus acolo pe însuși Țurcanu. Aici au fost omorâți prin tortură Ion Fluieraș de către deținuții Hentes și Rek Ludovic. Iar Aurelian Pană, de același Rek Ludovic ajutat de Dan Diaca.

Cadavrul lui Aurelian Pană, avocat și fost ministru, a fost așezat într-o ladă prea mică pentru el, picioarele rămânându-i afară. Cu această ocazie s-a făcut remarcat Goiciu, proaspăt adus de Czeller la Gherla. Aflând că Pană nu încăpea în acel nenorocit de sicriu, a dat ordin să-i fie tăiate picioarele!

La Peninsula au fost uciși Dumitrache și doctorul Simionescu de către echipa lui Bogdănescu Ion, venită tot de la Pitești. Dar, s-a reușit printr-o minune ca informații despre aceste crime și despre reeducare să ajungă în Turcia. Acestea au fost aduse la cunoștința lumii întregi de către Radio Ankara.

Șocul resimțit de regimul comunist a fost puternic, mai ales că în jurul reeducării, Securitatea ținuse cel mai strict secret. Toți erau convinși că nu va răsufla nimic. Dar dacă totuși s-a aflat, au trebuit luate măsuri. Țurcanu și 21 de tovarăși de-ai lui au fost arestați, judecați, condamnați și apoi 16 dintre ei executați. Patru din cei șase rămași au fost ulterior exterminați în secția specială de la Jilava, denumită Casimca. Czeller se va sinucide, sau *avea să fie sinucis* de Securitate, nu se cunoaște încă adevărul.

Din luna septembrie 1949, timp de un an de zile, au murit de foame 625 de deținuți numai în penitenciarul Aiud. Aceștia au fost duși la Râpa Robilor, unde au fost îngropați noaptea, fără lumânare și fără preot, în gropi comune, de nu li se mai știe azi mormântul, lângă alți frați de-ai lor, morți din cauza bolilor, a reeducării, degerați de frig în Zarcă sau morți de disperare.

33 Povestea struțului

Într-una din serile următoare am avut parte de altă poveste a celui pe care-l numeam cu respect și dragoste Învățătorul nostru:

– O dată, am avut prilejul să observ un prunc de un an, care se afla în brațele părintelui său. Copilul avea la gât o bavețică, așa cum au pruncii, ca să nu se mânjească atunci când li se dă grișul cu lingurița. Tatăl, având chef de joacă, îl întreabă pe prunc: Unde te-ai ascuns, măi Vasilică? Și atunci Vasilică, ca să devină invizibil, și-a întors bavețica peste față, acoperindu-și ochii. Apoi tatăl exclamă: Arată-te, Vasilică! Și acesta, neîntârziat, trage bavețica jos, vesel ne-voie mare că a ieșit la vedere ca puiul din ou. Jocul acesta s-a repetat de câteva ori. Ce puteți spune despre această poves-tioară, camarazi?

Unul o zis că Vasilică credea că dacă el își acoperă ochii și nu-și vede tatăl, nici acesta nu-l vede pe el, ceea ce în cazul respectiv era fals. (În matematică dacă a x b=c, atunci și b x a=c, fără nicio condiționare. Proprietatea asta se numește comutativitate.) Era de fapt povestea strutului care-și ascunde capul în nisip, ca să scape de dușmani. Concluzia logică trasă de noi a fost, că Vasilică ajunsese din punct de vedere al dez-voltării gândirii la nivelul unui strut adult.

Am râs cu toții, doar Învățătorul numai o zâmbit, dar cam strâmb. Totuși, afară de spusele camaradului nostru, n-am mai fost în stare să exprimăm o altă idee. Cel mult am bălmăjit câte o frântură de frază. Învățătorul și-o luat bucata de sticlă unsă cu săpun și o scris pe ea cu un cui:

$$F(v) = \text{Vasilică vede pe tata}$$
$$F(t) = \text{Tata vede pe Vasilică}$$

apoi o zis:

– F(v) și F(t) sunt în povestioara de mai sus două funcții logice independente, fiindcă dacă tata vede pe Vasilică sau nu, asta nu are nicio legătură cu faptul că Vasilică îl vede sau nu pe tatăl lui, punându-și sau scoțându-și bavețica de pe față. Să presupunem acum că tata se află într-o parte a camerei, iar

Vasilică în alta și între ei se poate pune sau lua un paravan mobil. Ce se întâmplă în acest caz?

– Este clar că acum F(v) și F(t) sunt în corelație, am spus eu. Când F(v) este adevărată, este și F(t), iar când prima este falsă, este falsă și a doua. Deci adevărul naște doar adevăr și minciuna doar minciună, lăsând temelia lumii noastre neatinsă!

– Da Ilarie, ai dreptate. Și mai ești pe deasupra și un bun observator. Dar acum poate să ne spună cineva ce greșeală logică a făcut Vasilică?

N-am prea știut niciunul din noi cum să dăm o explicație, dar Învățătorul ne-o luat-o înainte, afirmând că, de fapt, Vasilică n-o făcut nicio greșeală logică. După fețele noastre mălăiețe o înțeles că nu prea credeam în afirmația lui, evident fiind că Vasilică apreciase greșit situația. Dar explicația o fost următoarea:

„Ce s-ar fi întâmplat dacă bavețica lui Vasilică ar fi fost atât de mare, încât să-l poată acoperi complet iar el, să fi avut îndemânarea să se ascundă sub ea? Atunci ar fi dispărut vederii tatălui său, situația fiind identică din punct de vedere logic cu cea cu paravanul mobil.

Acest prunc de un an, neavând experiența vieții, nu avea de unde să știe nici dimensiunile corpului său și nici ale bavețelei atârnate de gât, informații ce se culeg prin simțuri, dacă mintea e pregătită să le primească și să le interpreteze. Deci, ținând cont de puținele lui cunoștințele pe care le-a putut dobândi până în acel moment, raționamentul lui Vasilică a fost uimitor de corect. El n-a făcut o greșeală logică, ci una, hai să-i spunem psihologică, fiindcă n-a putut corela mental dimensiunea corpului său cu cea a bavețelei. Acesta a fost un exemplu de împletire a logicii cu psihologia, ceea ce dovedește că aceste două științe în viața de zi cu zi nu sunt chiar atât de îndepărtate cum cred unii.“

Și terminând ce avea de spus, m-o sfredelit cu privirea, încât m-o bătut gândul că și el poate citi gândurile omului, ca și Părintele Arsenie. M-am culcat tulburat, muncit de multe întrebări. În somn, mintea mea o frământat necontenit povestea lui Vasilică, a doua zi de dimineață trezindu-mă mort de oboseală și cu brațele atât de înclestate, încât de-abia le-am putut întinde. Asta din pricină că toată noaptea am împins la paravanul mobil din camera lui Vasilică, supravegheat de doi caralii cu bastoane. Unul era postat lângă un perete, iar celălalt la peretele opus, eu pendulând între ei.

Cum ajungeam lângă unul, eram lovit în cap ca să pornesc spre celălalt și tot așa, fără odihnă, am tras ca vita-n jug, ferindu-mi cum puteam capul de ploaia de lovituri. Când mă loveau, unul spunea: „Mai vrei, Ilarie, psihologie?“ Iar celălalt zicea: „Ține, ca să te saturi de logică!“ Când m-am trezit, am mulțumit Maicii Domnului că totul a fost doar un vis și de atunci n-am mai omis să mă rog nu numai seara, ci și ziua. Devenisem foarte zgârcit cu vorbele, de parcă mă hotărâsem să respect *Legea Tăcerii*. Totodată m-am decis să urmez sfaturile și îndrumările Învățătorului cu toată puterea sufletului meu, de parcă mă temeam să nu calc *Legea Disciplinei*.

34 Cămașa verde

La unul din cursurile de logică din serile următoare, Învățătorul ne-o vorbit despre conținutul și sfera noțiunilor iar mai apoi, la urmă, despre inversiunea judecăților. Ne-o explicat mai întâi despre ce era vorba, apoi ne-o dat niște exemple cu inversiuni logice nepermise, precum „Orice boxer are nasul turtit. Dar nu orice om cu nasul turtit este boxer.“ Când mi-o venit mie rândul să dau un exemplu, am spus:

„Orice *lejionar* adevărat poartă cu mândrie cămașa verde. Dar nu oricine poartă o cămașă verde, este *lejionar*".

Toți din cercușorul nostru au făcut ochii mari. Învățătorul, zâmbind, mi-o spus, imitându-mă, ca să mă dezbare de graiul ardelenesc și pe care, din clipa aceea, nici nu l-am mai folosit:

– „Mă' Ilarie, cum Dumnezooo d-ai înșălat tu vijilența *Tribunalului poporului*, de ți-ooo dat numa' zăce ani? Păi tu nu ești numa' o țâră lejionar, tu ești mai lejionar decât noi toți la un loc!"

Era desigur doar o glumă, dar când am ieșit din pușcărie, gluma s-a cam adeverit. Ca să vadă toată lumea că eram absolvent al „Academiei de la Aiud", am început să port ca sămn[1] distinctiv numai cămăși verzi, spre ciuda primarului, polițaiului, secretarului de partid din comună și a altor cucuvele comuniste. M-au chemat și la Securitate la Făgăraș pentru asta. M-am dus tot în cămașă verde, fiindcă dacă nu mă duceam așa, aș fi recunoscut că purtatul cămășii verzi are la mine o semnificație aparte. Și apoi, nici nu mai aveam altele.

M-au primit într-un birou la comitetul raional de partid toți mai marii orașului, cu șeful securității în frunte, care a deschis vorba cu:

– Tovarășe Biriș...

Dar i-am tăiat-o scurt!

– Domnule comandant, ați făcut și dumneavoastră pușcărie politică de mă considerați tovarăș cu dumneavoastră?

Toată comisia a încremenit la o așa nerușinare. Ei erau obișnuiți să intri la ei cu căciula în mână, lingând podelele, nu să le arăți că în tine, în ciuda Aiudului, coloana ta infinită

---

[1] sămn = expresie des folosită de scriitorul Paul Goma în amintirile lui din închisoare, delimitând spațiul concentrațional și din punct de vedere lingvistic.

a rămas intactă. Secretarul comitetului de partid a simțit atunci nevoia să-mi răspundă:

– Domnule Biriș, partidul nostru a greșit *fundamental*, atunci când a arătat clemență față de banditii înrăiți din pușcării, pe care i-a eliberat în 1964.

– Da, domnule secretar, aveți mare dreptate, atunci partidul dumneavoastră a scrântit-o *fundamental* de tot! Ar fi trebuit să ne ucidă pe toți, zdrobindu-ne țeasta cu bara de fier, așa cum i-a făcut lui Lucrețiu Pătrășcanu!

S-a lăsat atunci o tăcere mormântală. Era vară, tocmai intrase un bărzăun mare și verde pe fereastra larg deschisă, bâzâind înnebunit vreo câteva secunde, până a găsit iar drumul înapoi, spre libertate. M-am gândit o clipă dacă voi avea și eu norocul muscoiului, să pot ieși nearestat din vizuina aceea. Slaba mea nădejde era că deja spusesem unor săteni *de mare încredere* că am fost chemat la securitate, la Făgăraș. Așa că eram sigur că deja știa tot satul unde plecasem eu, în dimineața aceea. Nu era mare lucru, dar fiindcă ei știau că satul știe, s-au ferit să agite apele. Dar, după cum îi mâncau palmele, m-ar fi arestat cu dragă inimă.

Atunci, unul pe care nu-l știu nici azi cine era, m-a întrebat de ce port cămașă verde. I-am răspuns că nu știam că este verde, eu credeam că este kaki, așa cum poartă brațul înarmat al patriei, soldații forțelor noastre armate. Apoi am continuat:

– Tot cămăși asemănătoare la culoare poartă pădurarii și, după cum puteți singuri constata, chiar și șeful Securității din Făgăraș. (Nenorocitul îmbrăcase în acea dimineață, din nebăgare de seamă, o cămașă verde-kaki ce semăna perfect cu cea de legionar.) Pe dânsul de ce nu-l întrebați de ce poartă cămașă verde?

Când am apărut în capul satului, polițaiul avea să mă întrebe – *foarte mirat că mă vede venind* – cum a fost.

– Cum să fie, măi Ioane, iaca m-a chemat șăful securității să-mi interzică să mai port cămașa verde fiindcă a mea era mai frumoasă ca a lui!

Și, fluierând melodia „Plânge printre ramuri luna", am pornit spre casă, lăsându-l pe bietul Ion în mijlocul drumului, ca să se mai mire încă o dată.

35 Un om de treabă

Altă dată am avut cu Învățătorul o discuție mai aparte. Mi-a spus că am fost pus sub observație pe o perioadă lungă de timp și s-au convins cu toții că mă comport ca un legionar adevărat. „Biblia noastră este *Cărticica șefului de cuib*. Este o carte fundamentală, de o bogăție de idei cum numai învățătura lui Hristos o mai are. Este cartea noastră de căpătâi." Zicea Învățătorul. El a predat-o studenților de atâtea ori, încât a învățat-o pe de rost.

– Am să-ți scriu în fiecare zi pe o bucată de sticlă, câte un fragment pe care tu Ilarie, am să te rog să-l citești. Nu e nevoie să memorezi textul, ci doar să iei cunoștință de conținut. Apoi, acolo unde ai întrebări, mi le poți pune când dorești.

La Aiud abia, în pușcărie, m-am pătruns de înțelepciunea Cărticelei. Până am terminat, a durat câteva luni. Apoi, într-o seară, am depus Legământul. Așa am intrat în rândul „Cuibului" pe care-l conducea Învățătorul. Iar în jurul lui – numai oameni unul și unul. De asta conducerea închisorii era cu ochii pe noi, iar gardienii, de frica politrucilor, erau cu noi mai aspri decât cu alții. Și totuși, Învățătorul ne-a povestit că la ultima lui ședere la Zarcă, unul dintre gardieni îi strecura zilnic un codru de pâine prin vizetă.

Învățătorul, cu lacrimi în ochi, știind ce risca omul acela de omenie, l-a rugat să-i spună cum îl cheamă, dar gardianul i-a răspuns că nu are importanță. Îl roagă doar să nu uite că are acasă patru copii. Pe acel gardian l-am știut cu toții, cei din cuibul nostru și de fiecare dată când avea de-a face cu noi, îi șopteam să fie mai dur, să ne mai dea câte-o scatoalcă sau câte-o cizmă, ca să-l vadă superiorii că și el poate fi rău, dar ne-a spus de fiecare dată cu glas potolit că *nu e nevoie*.

Pe acest om aveam să-l întâlnesc la Sâmbăta de Sus, la Mănăstire, de Sfânta Maria în anul 1971, când venise cu soția în concediu. Era puhoi de lume, așa că i-am luat la noi acasă să înnopteze. Au stat două zile, spre bucuria Nataliței, care s-a întrecut să le facă zilele de concediu cât mai plăcute.

Omul acesta cu suflet bun renunțase la meseria de gardian, după eliberarea deținuților politici din 1964 când, golindu-se pușcăriile, s-au făcut și la ei reduceri de personal. Acum lucra la căile ferate. Își creșteau împreună copiii și erau fericiți. I-am invitat să mai vină pe la noi, dar n-au mai făcut-o niciodată. Uneori mă gândesc cu drag la acel om căruia nu-i știu decât prenumele.

36 O ÎNTREBARE

I-am pus multe întrebări Învățătorului și am avut multe discuții cu el, referitor la *Cărticică*. La ele au participat cu tragere de inimă și alții. Dar cea mai importantă întrebare pe care am pus-o tuturor, a fost una singură:

– Camarazi, am spus, mi-ați făcut cinstea să mă alegeți membru în *Cercușorul* vostru. Mi-ați spus că v-ați convins că respect cele *șase porunci*, că tac, că fac și că ajut. Din Cărțulie, însă, am văzut că membrii Cercușorului trebuie să fie pătrunși de credința în Dumnezeu. Dar pe mine nu m-ați întrebat niciodată nimic despre asta. Nu cumva a fost o scăpare?

– Ilarie, mă bucur că ai pus întrebarea asta, pentru că de mult voiam să-ți spun ceva, dar nu știam cum să fac, să nu te supăr! A completat Învățătorul. Tu crezi că ne-a trebuit multă minte, ca să ne dăm seama ce faci tu când, în colțul tău, stai și cazi pe gânduri? Am putut citi chiar de pe buzele tale *Rugăciunea Inimii* pe care-o spui tu mereu: „Doamne Isuse Cristoase, fiul lui Dumnezeu, miluiește-mă pe mine, păcătosul!“

Atunci abia am aflat că bolborosesc, mișcând din buze când mă rog, ca babele de la biserica noastră din sat.

37 Logică și manipulare

N-a trecut mult timp până ce Învățătorul și-a dat seama că, atunci când ne ținea cursuri de logică, eu înțelegeam cu mare ușurință fondul, fiind capabil să dau pe loc exemple care stârneau zâmbetele și uimirea camarazilor. Dificultatea mea consta mai mult în a învăța denumirea termenilor de specialitate, precum Tertium non datur, Error fundamentalis, Ignoratio elenchi, entimema sau epicherema și altele. Cred că nici dacă învățam sanscrita nu mi s-ar fi împleticit limba mai tare.

Ajunși la tranzitivitate, Învățătorul ne-a explicat că aceasta însemna că dacă a=b și b=c, atunci rezultă că a=c. Adică dacă 4,5 lei=1 euro și 1 euro=1,28 USD, atunci 4,5 lei=1,28 USD. Când Învățătorul și-a îndreptat privirile spre mine, am scos pe loc un exemplu din traistă. Ca de obicei, l-am luat din viața legionară sau având legătură cu ea:

– Regele Carol al II-lea a avut, din 1930 până în 1940, România la picioare. Elena Lupescu, amanta regelui, l-a avut pe Carol al II-lea, din 1925 până la moartea lui, în 1953, la picioare. Aplicând tranzitivitatea, rezultă concluzia că amanta regelui a avut România la picioare, din 1930 până în 1940.

Ajunși aici, Învățătorul ne-a ținut o prelegere despre manipulare. El era de părere că orice manipulare are la bază încălcarea principiilor și legilor logicii, pentru a putea prezenta o concluzie falsă drept adevărată. Apoi, cu ajutorul psihologiei, se creează o atmosferă propice acestei idei false, uneori chiar la nivel de psihoză, pentru ca mase cât mai largi de oameni să accepte aceste minciuni ca adevăruri. Aproape totdeauna în acțiunile de manipulare, logica și psihologia merg mână-n mână. Apoi ne-a mai spus:

– Fac o paranteză să vă zic că am avut o vecină, Coana Frosa. Femeia asta a fost atât de îndobitocită de propaganda comunistă, încât atunci când a fost anunțată moartea lui Stalin la radio, în 1953, plângea cu hohote și se văicărea, de parcă murise taică-său.

Haideți să analizăm acum, cum se poate ajunge la concluzii neadevărate prin aparent inofensiva tranzitivitate. O cale ar fi aceea de a extinde sau muta perioada de timp, în care una din premize are valabilitate. Astfel afirmația că *Elena Lupescu a avut România sub papuc din 1925 până în 1953*, este o concluzie falsă. De asemenea, tranzitivitatea aplicată mecanic poate duce la aberații precum: Un bun creștin crede în existența lui Dumnezeu. Dracul crede și el în existența lui Dumnezeu. Deci dracul este un bun creștin?

38 La Zarcă

Într-o zi, pășind ca o pisică, un gardian a dat buzna peste noi în celulă și ne-a făcut o percheziție la sânge. Cum eu eram lângă Învățător, când îmi scria niște rânduri din „Cărticică" pe bucata de sticlă, n-a mai apucat s-o ascundă. Eu atunci am luat-o fără să fiu văzut. La percheziție m-a găsit cu ea, dar apucasem deja să șterg textul.

– Banditule, o să te trimit la Zarcă pentru asta!

Și la Zarcă am ajuns, la izolare și la post. Greu de tot, dar n-am disperat. M-am bucurat că am putut să iau asupra mea pedeapsa, care ar fi căzut altfel pe capul Învățătorului. Am stat acolo șapte zile.

Mi-am petrecut timpul rugându-mă, dar și rezolvând exerciții de logică, sau lăsând să-mi treacă prin minte unele din convorbirile noastre din celulă. Învățătorul l-a cunoscut pe Corneliu Zelea Codreanu de pe vremea studenției și i-a purtat toată viața o dragoste nemărginită:

– Camarazi, ne spunea, nu puteți să vă imaginați ce fascinație exercita omul acesta asupra celor din jurul lui! Era destul să te privească și simțeai cum crește în tine ceva ce te îndemna să i te alături. Erau un elan și o efervescență pe lângă el, cum n-am văzut și n-am să mai văd vreodată. Nici unul dintre noi n-ar fi ezitat o clipă să-și dea viața pentru Căpitan. Stăteam și-l păzeam totodată, de cei care-i doreau moartea. Dar el ne certa și ne spunea că lui nu-i e frică de moarte. Și nici nu i-a fost, dar el a făcut o mare greșeală. A crezut că dușmanii nu-s mișei. La ei însă mișelia întrecuse orice închipuire.

În jurul lui Codreanu fremăta un câmp magnetic pe care l-au simțit toți cei care l-au cunoscut. Emil Cioran avea să scrie despre Căpitan că „prezența lui era tulburătoare și n-am plecat niciodată de la el, fără să simt acel suflu iremediabil, de răscruce, care însoțește existențele marcate de fatalitate. De ce n-aș mărturisi, că o teamă ciudată mă cuprindea și un fel de entuziasm plin de presimțiri.“

Iar profesorul italian de filozofie, Enola, cel care se întâlnise cu Hitler și-l cunoștea și pe Mussolini, după o întrevedere cu Căpitanul la Casa Verde – care a durat 10 ore – avea să-i mărturisească lui Mircea Eliade, care-i fusese student, că Zelea Codreanu l-a fascinat. „Mussolini și Hitler sunt niște pitici pe lângă Codreanu ăsta al vostru!" mai avea el să spună, copleșit de o profundă admirație.

Iar copiii, ce-l mai iubeau copiii! Nu exista să meargă pe stradă și copilașii să nu-i zâmbească, să nu-i facă semne cu mânuțele, să nu vină spre el, spre disperarea mamelor, bunicuțelor, bonelor, servitoarelor, care vedeau cu ochi îngrijorați cum copilul, fără nicio reținere, pornea pe piciorușe nesigure spre acest om necunoscut, de la care pornea fluidul pe care-l simțeau toți cei aflați în preajma lui, înfiorându-i.

Iată cum a descris un copil maghiar de origine evreiască întâlnirea cu Corneliu Zelea Codreanu la Câmpeni, când Căpitanul a fost în vizită prin Munții Apuseni:

„Mica piață din fața bisericii era plină de țărani îmbrăcați în hainele lor colorate, de duminică. Mulți dintre ei au venit pe jos de la distanțe de zeci de mile. Erau acolo mulți jandarmi din circa de jandarmi din localitate. Chiar prea mulți. Prefectul districtului Turda, așa cum procedează funcționarii unor regimuri ineficiente și corupte, i-a interzis lui Codreanu să vorbească mulțimii, dar nu a declarat ilegală adunarea, deci a cauzat o mică problemă, fără a-i da o lovitură decisivă. Iar mulțimea formată din țărani simpli și săraci tot creștea, până ce curtea bisericii a devenit neîncăpătoare.

Deodată s-a produs o rumoare prin mulțime. Un bărbat chipeș, smead, înalt, îmbrăcat într-un costum alb, românesc, a intrat în curte, călărind un cal alb. S-a apropiat de mine. N-am putut vedea nimic monstruos sau rău în el. Ba chiar dimpotrivă. Zâmbetul său copilăros, sincer, radia asupra mulțimii celor săraci și părea să fie una cu mulțimea și, totodată, în mod misterios, departe de ea. Carisma este un cuvânt nepotrivit pentru a defini forța stranie emanată de acest om. Poate el aparținea pur și simplu pădurilor, munților și furtunilor de pe culmile Carpaților acoperite de zăpadă, sau lacurilor și vânturilor.

Și astfel stătea în mijlocul mulțimii în tăcere. Nu era nevoie să vorbească. Tăcerea sa era elocventă; părea mai puternică decât noi, mai puternică decât ordinul prefectului care i-a interzis să vorbească. O țărancă bătrână și ofilită și-a făcut cruce și ne-a șoptit: „E trimis de Arhanghelul Mihail". Apoi clopotul trist al bisericii se porni să bată și slujba, care preceda întotdeauna adunările legionare, începu.

Impresiile adânci, create în sufletul unui copil, dispar cu greu. De mai mult de un sfert de veac n-am uitat niciodată întâlnirea cu Corneliu Zelea Codreanu."

Nicolas Nagy Talavera, autorul rândurilor de mai sus, a cunoscut fața cea mai oribila a nazismului, fiind deținut la Auschwitz, unde și-a încrucișat pașii cu doctorul Mengele. Apoi, șapte ani a stat în gulagul sovietic. A participat și la Revoluția Maghiară din 1956, deci a avut o experiență de viață cum puțini au reușit să aibă. N-a fost un prinde-muște. Amintirile lui despre Codreanu au deci mare greutate.

39 REPUBLICĂ SAU MONARHIE?

– Ce formă de guvernământ ni se potrivește nouă, românilor, cel mai bine?

– Niciuna! Sau amândouă! a răspuns Învățătorul, cam în doi peri, cum nu-i era obiceiul. Apoi ne-a vorbit în pilde, ca și Hristos:

Ștefan cel Mare a avut, în ultima parte a domniei, mult de furcă cu leșii. Deși erau formal aliați, Ștefan a aflat că regele Poloniei, Albert, care urma să intre în Moldova cu o armata de 60.000 de ostași – dintre care 5 până la 10 mii de cavaleri înzăuați în platoșe de oțel – nu pornise împotriva turcilor, ci căuta ca să-l descăuneze. Ștefan, care avea doar 22.000 de ostași, s-a închis în Cetatea Sucevei. Asediul cetății a durat patru luni, timp în care polonezii au jucat *bătuta pe loc* pe lângă ziduri.

Văzându-și ei nevolnicia, au hotărât să se întoarcă de unde-au venit, dar Ștefan n-a vrut să-i lase, după procedeul descris în *Amintirile* lui Creangă: „Lasă-l măi! L-aș lăsa eu, dar acum nu mă mai lasă el!" Așa că Ștefan, luându-se după ei, a ajuns la Codrii Cosminului înaintea lor. Aici, au pregătit un codru întreg în cinstea înalților oaspeți. Când șirurile dușmane au ajuns unde trebuia, o mică ceată de moldoveni atacă flancurile leșilor doar cu atât avânt, cât să-i ațâțe. Apoi au fugit. Cavaleria cea înzăuată s-a luat după ei, ajungând acolo unde erau așteptați cu mare nerăbdare.

La un semn copacii cei falnici, tăiați pe trei sferturi, au început să se prăbușească peste cărarea pe care venea cavaleria, pe unii strivindu-i, pe alții împiedicându-i să se desfășoare. Apoi au intrat în acțiune ghioagele, bâtele, furcile cu care moldovenii au început măcelul. În această luptă și-a pierdut fiul lui Ștefan un ochi. Când va ajunge la rândul lui domn, va fi cunoscut sub numele de Bogdan cel Chior (nu cel Orb!)

Spre cinstea lui, cu ceapa ochiului scursă, atârnată de orbită și cu fața scăldată în sânge, Bogdan a continuat lupta, urlând ca un leu. Deși *orbit* de două ori, a doua oară de durere, – din care pricină nu prea-și nimerea dușmanii, lovind cu sabia mai mult pe delături – impresia generală pe care a lăsat-o asupra leșilor a fost una grozavă. Astfel că bătălia a fost câștigată cu pierderi neînsemnate, de oastea mică a marelui domn. O dată decimată cavaleria, oștirea poloneză, care totuși rămăsese cu cel puțin 50.000 de oameni, a fost gonită din urmă de moldoveni, care au luat înapoi toată prada de război şi o mulţime de prinşi.

În povestirea a VIII-a din *O samă de cuvinte*, Ion Neculce aminteşte că Ştefan Vodă cel Bun, după luptele din Codrii Cosminului, – ca un bun gospodar ce era – s-a hotărât ca să samene din nou pădurile doborâte din cauza vrăşmaşilor, „cât au pus pe leşi în plug de-au şi arat cu dânşii, de au sămănat ghindă, de au făcut dumbrăvi pentru pomenire, ca să nu să mai acolisască de Moldova: Dumbrava Roşie la Botăşeni şi Dumbrava Roşie la Cotnari şi Dumbrava Roşie mai gios de Roman... Şi aşe vorbăscu oamenii, că când au fost arând cu dânşii, cu leşii, i-au fost împungând cu strămurările, ca pre boi, să tragă. Iar ei se ruga să nu-i împungă, ce să-i bată cu biciuşcile, iar când îi bătea cu biciuşcile, ei să ruga să-i împungă.“

Tot cam aşa e cu republica şi monarhia la romani, ne-a mai spus Învăţătorul, încheindu-şi povestirea cu un zâmbet amar.

Stam în celula Zărcii cu urechile între palme şi *cujetam*. Grozav este şi Învăţătorul ăsta al nostru! Iote-te ce i-a trecut lui prin cap! Adică, atunci când ne bate Dumnezeu cu o stârpitură regală pe tronul ţării, ne legăm speranţele că sub republică ne va fi mai bine. Iar când avem republica înfiptă adânc în coaste, ca un pinten în burta calului, ne bate gândul că monarhia ar fi salvarea. Gânduri şi speranţe deşarte, aşa cum ne-o dovedeşte cu prisosinţă istoria. Cauza răului ne-a arătat-o Căpitanul: clasa politică lacomă şi coruptă, oligarhia!

În acele zile, la Zarcă, am simţit că am devenit unul dintre cei mai înrăiţi legionari.

40 Pupincuriștii

Învățătorul ne-a povestit multe despre Carol al II-lea, a cărui domnie a fost o tragedie pentru țară. Cu toate astea, s-au găsit destui care să-i aducă omagii și laude nemăsurate, ne spunea el adesea.

„Lingușitorii lui Carol, *pupincuriștii*, că tagma asta nu moare niciodată, pretind că *datorită* lui Carol al II-lea, dezvoltarea economică a României a fost fără egal în Europa, comparabilă doar cu evoluția economică a Japoniei din aceeași perioadă de timp. Apoi, tot ei afirmă că o dată cu economia, s-a produs și o înflorire culturală nemaiîntâlnită la noi, de la generația lui Eminescu și Caragiale. Toate acestea s-ar datora numai și tot lui Carol al II-lea. Este foarte adevărat că lui Carol îi plăceau cărțile – inclusiv cele de poker – și a înființat *Fundațiile Regale Carol al II-lea* și *Fundația pentru literatură și artă*, prin care s-au reeditat clasicii literaturii române, dar și literatură contemporană. Acesta este desigur, un merit.

Dar a pune dezvoltarea economică și culturală interbelică pe seama lui Carol, este mult prea mult. Dacă lăudătorii ar fi renunțat la cuvântul *datorită* și ar fi folosit în loc expresia mai modestă *în timpul,* n-aș fi avut nimic de obiectat.

Camarila lui Carol, condusă de *Duduie*, a frânat economia mai mult decât a susținut-o, împiedicând libera concurență, dând contracte pe ochi frumoși unui Malaxa sau unui Auschnitt, patronând afaceri precum Afacerea Skoda, sau dirijând din umbră falimentul băncii Marmorosch-Blank. Pentru evoluția pozitivă a României, Carol are doar o contribuție neglijabilă.

Atunci, ce factori au putut duce la această dezvoltare economică și culturală de excepție? Ea se datorează mai ales, spiritului de disciplină și sacrificiu al celor un milion de legionari, care prin cinste, muncă corectă, abnegație și voluntariat, au contribuit esențial la creșterea și dezvoltarea economiei românești. Iar cultura română a anilor dinaintea celui de-al doilea război mondial e atât de plină de legionari, că dacă te lipsești de ei, rămâi fără cultură!

Nu este deloc întâmplătoare coincidența dintre curba de dezvoltare a mișcării legionare, care a atins apogeul în anul 1938 și dezvoltarea economică a României, care și-a ajuns tot în acel an maximul istoric. După 1938, anul morții Căpitanului, Legiunea, cu cei mai buni oameni ai ei arestați mai întâi în închisori și lagăre și apoi asasinați, a pornit pe o pantă descendentă, ca și economia României. Aceasta dovedește clar că nu Carol, ci *omul nou* și conștiința legionară au fost cauza acestui miracol.

În anul 1940, pe 6 septembrie, regele Carol, Lupeasca și Urdăreanu au trebuit să abdice sub presiunea populară, declanșată de mișcarea legionară. După câteva zile, Generalul Antonescu, noul șef al statului, îl cheamă pe conducătorul Mișcării Legionare, Horia Sima, și-i spune că stadiul lucrărilor agricole din acea toamnă era mult întârziat iar situația pentru anul următor, sumbră. În urma cedărilor teritoriale, țăranii își pierduseră încrederea și nu-i mai îndemna sufletul să iasă la arat. Fusese și un an ploios, apa băltea pe câmp, ceea ce era alt factor de întârziere.

Rugămintea generalului a fost ca Horia Sima să intervină, pentru a mobiliza legionarii de la sate, ca să dea ei înșiși exemplu și să iasă cu plugurile la arat. Trei luni mai târziu, la consiliul din 4 decembrie 1940 Generalul Antonescu, în baza rapoartelor ministerului agriculturii, a anunțat că suprafețele însămânțate, de 2.400.000 hectare, au fost chiar mai mari în unele județe decât cele prevăzute. Recolta agricolă a anului 1941 avea să fie una foarte bună, dar nicio oficialitate n-a menționat contribuția legionarilor la această lucrare importantă pentru țară.

Ce-ar deveni patria asta a noastră, săraca, și pe ce culmi de dezvoltare economică, culturală și socială ar ajunge, dacă ar trăi între hotarele ei măcar zece milioane de legionari, nici nu-mi vine să mă gândesc!"

Cu aceste cuvinte s-a terminat monologul Învățătorului. Ultimele lui cuvinte au fost mai mult șoptite, fiindcă i se pusese deja un nod în gât. În urmă, s-a așternut în celulă o tăcere adâncă.

41 Logica lui Dumnezeu

– Camarazi, ne-a spus Învățătorul într-una din ultimele săptămâni de pușcărie la Aiud, sistemul de numărare binar are doar două cifre: zero și unu, dar e la fel de bun, dacă nu chiar mai bun decât cel cu zece cifre. În acest sistem cifra 2 se scrie 10, cifra 3 e 11, cifra 4 este 100 și tot așa, până la infinit. Acest sistem are și din punct de vedere logic o importanță imensă, fiindcă el cunoaște doar două semne: 0 și 1. Dacă semnului „0" îi atribuim valoarea „Fals" și lui „1" valoarea „Adevărat" ajungem la logica binară, cea care va juca un rol decisiv în tehnologia de calcul a viitorului.

Dar această logică binară este și logica lui Dumnezeu. Hristos ne-a sfătuit ca vorba noastră să fie clară: „da - da" și „nu - nu". Deci da^2 și nu^2. De ce a ridicat Hristos vorbele la pătrat? Ca să le dea mai multe greutate? Poate! Dar el a făcut-o și pentru a sublinia că „da"-ul nostru trebuie să pornească nu numai din minte, dar și din suflet. El nu era duplicitar. În concepția lui Hristos *„Rabi Akiba a jurat, dar s-a gândit, în sufletul său, că acest jurământ nu era valabil"* nu-și găsește loc deloc.

Dacă Dumnezeu folosește această logică binară, ea trebuie să aibă și un sens mai adânc pe lumea asta. Vom face acum împreună un exercițiu, în care vom aplica logica binară. Vrem să ne dumirim dacă, cu ajutorul ei, putem descoperi adevărul. Iată enunțul problemei:

La 13 iunie 1957 s-a comis în Statele Unite o crimă. Un cetățean fără căpătâi, într-un orășel mititel, a descărcat un încărcător întreg în proprietăreasa unui restaurant. Apoi s-a așezat liniștit la locul lui, aruncând pe podea revolverul. A fost arestat la câteva minute, fără a opune nici cea mai mică rezistență. După o săptămână de cercetări, omul a fost pus în libertate.

Voi aveți dreptul să-mi puneți orice întrebare, eu pot să răspund doar prin „da" sau „nu". Vom vedea dacă până la urmă vom reuși să aflăm ce s-a întâmplat! A spus Învățătorul, privindu-ne pe sub sprâncene pe fiecare. Eu nu mai țin minte exact cum au decurs discuțiile, dar pot reface, oarecum din memorie, fluxul întrebărilor:

– Nu cumva omul nostru era un psihopat? (Nu)

– Era, deci, citav[1] la minte? (Da)

– Ori revolverul lui avea gloanțe oarbe și altcineva a împușcat-o pe femeie? (Nu)

– Deci fără niciun dubiu, el a fost criminalul? (Da)

– A fost prin urmare găsit vinovat de crimă? (Da)

– Și cu toate astea n-a fost condamnat? (Nu)

– Procurorul era citav la cap? (râsete. Da)

---

[1] citav (ardelenism) = sănătos, întreg la minte

– Nu cumva crima s-a petrecut în vis? (Nu! Aici învăţătorul i-a aruncat celui care a pus întrebarea o privire crâncenă!)

Unul dintre noi a observat c-am intrat într-o fundătură şi a schimbat tactica, îndreptându-şi atenţia spre „muierea" aceea fiindcă dacă omul era „citav", trebuia să aibă un motiv temeinic de a o împuşca:

– Cel cu pistolul o cunoştea pe femeie? (Da)

– Era nevasta lui? (Nu)

– Ea i-a făcut o nedreptate? (Da)

– A avut mult de suferit? (Da)

– Omul a vrut să se răzbune? (După o mică ezitare a venit răspunsul: Da)

– A fost condamnat din cauza ei? (Da)

– La 20 de ani? (Nu)

– La 30 de ani? (Da)

– Pentru crimă? (Da)

Hopa! Deci omul nostru era recidivist şi ar fi trebuit ca la a doua crimă, să fie condamnat pe viaţă sau chiar la moarte. Iar el, în loc de asta, a fost lăsat liber! Aici era ceva ce mie îmi scăpa. Dar firul întrebărilor a fost reluat de avocatul Pătruţ, cel cu două licenţe şi doctorat la Paris:

– Omul nostru a fost victima unei erori judiciare? (Da)

– A fost condamnat pe nedrept pentru crimă? (Da)

– Cadavrul victimei a fost găsit? (Nu)

– „Muierea" fusese nevasta lui? (Da)

– Ea s-a încurcat cu altul? (Da)

– Iar soţul n-a vrut să divorţeze, fiindcă o mai iubea? (Da-da, veni răspunsul, însoţit de-un zâmbet)

– Şi atunci ea şi-a înscenat propria moarte? (Da)

– Şi a aruncat vina pe soţ? (Da)

– Şi el a fost condamnat la 30 de ani pentru uciderea soţiei? (Da)

Cazul era clarificat, pentru că în orice justiție, afară de cea comunistă, se aplică principiul că pentru aceeași faptă, nu poți fi pedepsit de două ori!

– Uite că ați descurcat firele mai repede decât mă așteptam, ne-a spus Învățătorul, vădit încântat de prestația noastră. Povestea tragică a acestui om a pornit din momentul în care „muierea" a pus în practică un scenariu diabolic. Seara cei doi soți au avut o ceartă cumplită, pe care au remarcat-o și vecinii de peste două străzi. Apoi s-au auzit spargeri, trânteli, lovituri. „Muierea dracului" și-a tăiat degetul mic de la o mână și a împrăștiat sângele ei prin toată locuința. Acest deget l-a aruncat apoi sub un dulap, unde a fost găsit de polițiștii care au cercetat cazul. A mânjit apoi cu sânge portbagajul mașinii soțului ei.

Doar cadavrul „muierii" lipsea, dar fiindcă un martor, care era chiar amantul, l-a văzut pe „criminal" ducând un sac greu spre mașină, s-a presupus că a tranșat corpul în mai multe părți și apoi l-a aruncat în râul din apropiere. Ea și-a schimbat pe urmă identitatea și împreună cu amantul au deschis un restaurant în alt oraș.

„Criminalul" a fost eliberat pe data de 13 iunie 1956 și un an de zile în cap, a umblat fără căpătâi, fiindcă nimeni nu voia să aibă de-a face cu un fost pușcăriaș. A fost nevoit să cerșească, mergând din oraș în oraș, trăind ca vai de capul lui într-o lume străină, care se schimbase în 30 de ani atât de mult, încât n-o mai înțelegea. Din întâmplare, a descoperit-o pe fosta lui soție: după voce, care nu i se schimbase, după o aluniță din colțul stâng al gurii, care nu-i dispăruse și după ciotul degetului mic de la mâna stângă, care la loc nu-i crescuse. Ca să aducă în viața lui chinuită și distrusă un pic de dreptate, n-a găsit alt mijloc de a dovedi că n-a fost criminal, decât printr-o crimă.

Vom ieși și noi curând de aici, camarazi. Vom întâlni „afară" o societate, pe care comuniștii au strâmbat-o după caracterul lor criminal. Nu pe mulți dintre noi, o să ne aștepte cineva drag în pragul casei, cu brațele deschise. O să fim nevoiți să ne ducem crucea de „bandiți" și „dușmani ai poporului" toată viața. Dar crezul nostru, pe care ni l-a insuflat Căpitanul, ne va da tăria de a rezista și de a duce mai departe doctrina legionară, din care noi ne-am făcut crez și de care nu ne vom lepăda niciodată. Niciodată! Pentru nimic în lume!

42 Previziune împlinită

Într-o bună zi, în vara lui 2002, m-am dus la Făgăraș, la Lia. Trecând pe lângă librăria din centru și privind în vitrină, am simțit cum tresar. Acolo era expusă „Logica" profesorului Alexandru Valeriu. Am intrat în librărie și am cumpărat cartea.

Acasă m-am apucat s-o studiez, constatând cu uimire că multe din ceea ce ne povestise Învățătorul, erau luate din acea lucrare. El ne spusese pe la începuturi că sanscrita, apicultura, italiana sau engleza vor putea fi studiate și după ce vom ieși din pușcărie, dar logica nu. Explicația lui era că știința logicii este un instrument puternic, cu care mintea noastră poate găsi adevărul mai ușor. Ori regimurile comuniste și-au făcut din minciună și dezinformare o strategie permanentă. De asta logica era pentru ei ca sarea-n ochi. „Tot timpul cât vor fi la putere comuniștii, logica și psihologia vor fi continuu prigonite." Ne avertiza el.

Nu am găsit niciunde vreo informație despre anul apariției primei ediții a *Logicii* lui Valeriu, dar din prefața cărții, am aflat că ea a fost reeditată de 23 de ori, ultima dată în 1947. Cea de-a 24-a ediție a urmat abia în anul 2000. Lia mi-a spus că în anul 1969 s-a scos logica din programa liceelor, care și așa era facultativă, la alegere cu astronomia.

Victor Petrini, eroul lui Marin Preda din „Cel mai iubit dintre pământeni", după ce iese din pușcărie, se întâlnește cu Vaintrub, fostul lui decan de la facultatea unde fusese asistent. La întrebarea lui Petrini despre noutățile din învățământul superior petrecute în lipsa lui, Vaintrub răspunde: „...s-au mai desființat câteva catedre, de pildă la noi, estetica, logica și psihologia." „Logica era mai de mult scoasă", zisei. „A da, așa e!"

Mai au cuvintele Învățătorului de acum 40 de ani, nevoie de altă confirmare?

Biserica și lumea

43 Biserica Drăgănescu

Cu Învățătorul am rămas prieten și după ce-am scăpat din pușcărie. Eliberați deodată de la Aiud, am călătorit împreună până la Copșa Mică, unde ne-am despărțit. După doi ani m-am trezit cu el la mine. Venise în vizită. Voia să mă vadă, să viziteze Mănăstirea Sâmbăta și să urce pe Munții Făgărașului, despre care spunea că se îndrăgostise în urma poveștilor mele.

Apoi, an de an, venea vara la Sâmbăta măcar câteva zile, la aer curat. Fiindcă bănuiam că aveam microfoane în casă, dormeam în șură, în fân, unde mai mult povesteam întreaga noapte decât dormeam. Așa s-a consolidat prietenia noastră, ce a durat mai bine de treizeci de ani.

După căderea lui Ceaușescu, în 1990, la începutul lunii august, mă invită Învățătorul la București, la el. Eram deja văduv, nici Natalița și nici Ștefan nu mai erau, copiii erau deja aranjați la casele lor, așa că acasă nu mă mai țineau prea multe. Oițele erau la stână, fânul era cosit și pus în șură, așa că m-am pus pe tren și dus am fost. Doamne, ce ne-am mai bucurat! A fost o vreme minunată, cald, soare, cer albastru. Doar căldura sufocantă nu mi-a priit. Și nici apa, deși am băut doar apă de la frigider. Dar cu apa de la Sâmbăta, nici nu se putea compara! Era așa de suspectă la gust, încât, din prudență, am făcut cruce deasupra paharului, înainte de a-l duce la gură. Prietenul meu, care nu mă slăbea din ochi, mi-a spus cu mirare:

– Cum, Ilarie, tu tot mai faci cruce deasupra hranei și a apei, ca la Aiud?

La pușcărie, unul din subiectele mele preferate, despre care povesteam cu mult drag, erau faptele Părintelui Arsenie, parte trăite, multe însă doar auzite. Odată le-am povestit camarazilor despre sfatul Părintelui, care spunea că şi dacă ţi se pune otravă în mâncare, dacă faci semnul crucii deasupra, otrava îşi pierde puterea. Eu făceam semnul crucii peste gamela cu terci şi peste apa pe care o beam cu atâta convingere, încât în curând, toată celula mi-a urmat exemplul. Şi de noi nu s-a legat nici tbc-ul, nici dizenteria şi nici... *celulita*, boala deţinutului subalimentat căruia, datorită avitaminozei, începeau să i se umfle picioarele ca nişte butuci.

Învăţătorul mi-a făcut un program foarte încărcat. Am vizitat o seamă de legionari, care doreau să înfiinţeze din nou „Garda de fier". De înflăcăraţi ce erau, uitaseră cu toţii că eram nişte moşnegi prăpădiţi, de nici protezele nu ne stăteau bine în gură. Eu eram sceptic, fiindcă lipseau două elemente importante: Conducătorul şi legionarii. Cine voia să se apuce de lucrul acesta mare, trebuia să pornească, precum Codreanu, de la educaţie. Nu cu saltul direct în politică, – unde jocurile erau deja făcute şi rolurile distribuite – trebuia început. Era un lucru de durată, pe care noi nu-l vom mai apuca să-l vedem realizat.

Învăţătorul era şi el de părerea mea, voise doar să-mi arate că legionarismul nu murise de tot. De tot nu, dar era un legionarism individual, aşa, ca un sentiment. Dar forţa maselor în mişcare, ca pe vremea lui Codreanu, n-avea cum să mai existe. Am pus deci punct vizitelor şi ne-am dus în Cişmigiu, ca să aruncăm bucăţele de pâine la lebede.

Seara, în timp ce beam împreună un pahar de vin, Învăţătorul mi-a arătat mai multe albume cu fotografii pe care scrisese cu scrisul lui frumos şi ordonat: *Personalităţi legionare*. Înăuntru erau poze de-ale lui Corneliu Codreanu, Moş Zagreb (Ion Codreanu), Moţa şi Marin, Papanace, Doamna Lilica cu fetiţa lor Cătălina în braţe, Horia Sima, Nicolae Petraşcu, Radu Gyr, Mircea Eliade, Nae Ionescu,

Petre Ţuţea, Mircea Vulcănescu, Ion Barbu, Lucian Blaga, Aron Cotruş, Gheorghe Cantacuzino Grănicerul, Sterie Ciumeti, Gheorghe Clime, Nichifor Crainic, Dumitru Stăniloaie, Emil Cioran, Constantin Noica şi foarte mulţi alţii. Doamne, toată floarea intelectualităţii române a anilor 30 a fost legionară!

Am avut totuşi impresia că Învăţătorul îmi ascundea ceva. M-am uitat la el cu atenţie de câteva ori, dar nu mi-a mărturisit nimic. Mi-a spus doar că a doua zi ne vom duce împreună la Drăgănescu, ca să privim picturile de pe pereţii bisericii.

După ce Părintele Arsenie a fost scos abuziv din preoţie, a fost obligat să părăsească mănăstirea Prislop, în anul 1959. A venit la Bucureşti, unde a lucrat la Atelierul de Pictură al Patriarhiei. Din anul 1967 până în anul 1982 a pictat, timp de 15 ani biserica Drăgănescu, care este denumită şi „Capela Sixtină" a ortodoxiei româneşti.

A doua zi am pornit spre Drăgănescu, duşi cu autoturismul de fiul unui legionar, fiindcă şoferii de autobuze erau în grevă. Tot în grevă erau muncitorii de la căile ferate, profesorii, personalul metroului. Toţi cereau măriri de salarii. Era clar că legionarismul nu avea cum să prindă rădăcini în societatea aceea pusă pe căpătuială.

Noi doi stăteam în spate, iar şoferul cu prietena lui în faţă. Cum am părăsit Bucureştiul, Învăţătorul mi-a mărturisit că, în anul 1980, a fost în vizită la Părintele Arsenie, la Drăgănescu. Luase autobuzul 57 care lega Bucureştiul de Mihăieşti, o comună aflată doar la vreo trei kilometri de Drăgănescu. La staţia Bragadiru, s-a urcat în autobuz un ţăran cu două sacoşe, pline cu nişte roşii frumoase de-ţi luau ochii. Se cunoştea bine cu şoferul, fiindcă acesta nu l-a întrebat de bilet. În schimb, i-a cerut să-i dea şi lui câteva roşii. „Măi, tu ai fi fost bun de popă, că numai mână de luat ai!" i-a răspuns ţăranul. Auzind aceasta, un preot care stătea pe un scaun mai în spate, și-a ridicat ochii de pe cartea pe care o citea, ca să-l vadă la față pe cel ce-i ponegrise breasla. Omul, intimidat de privirea preotului, s-a rușinat, spunând doar „Iartă-mă părinte, c-am spus așa prostie."

„Te iert, i-a răspuns preotul cu vorbă blajină, dar mie poți să-mi dai vreo câteva, fiindcă eu chiar am mână de popă!"

– Acest preot glumeț, cu înfățișare ciudată, fiindcă purta ochelari de soare, era chiar Părintele Arsenie. Când am coborât din autobuz, mi-a șoptit să vin la biserică doar peste o oră, fiindcă era urmărit de un om al Securității. M-am dus la el cum m-a sfătuit și fără să-i spun nimic de tine, mi-a zis că ești sănătos și că abia aștepți să ne vedem. Mi-a interzis, însă, să-ți povestesc că ne-am văzut, fiindcă dacă o voi face, va da o nenorocire peste tine, Ilarie. Trebuia să aștept până ce el nu va mai fi. Mi-a arătat atunci o parte din pictura bisericii care era deja terminată, dar în grabă, ca să pot prinde autobuzul de întoarcere. Azi însă, vom privi pictura în tihnă, cu multă atenție, fiindcă vreau să știu ce impresie îți va face.

Eram deja cu palmele transpirate de emoție, când am intrat din zăpușeala de afară, în aerul răcoros din biserică. Iată că azi o să văd fața ascunsă a lunii, mi-am spus. La început n-am prea zărit mare lucru, până ce nu s-au obișnuit ochii cu întunecimea din interior, după lumina orbitoare de afară. Apoi însă, cu ochii măriți de uimire, am privit sutele de portrete de sfinți, apostoli, maici, arhangheli, preoți, mucenici, aranjați în scene biblice sau unele lumești, precum un tânăr care vorbea la telefon. Cu acest Om Sfânt am băut eu apă din același ulcior!

Deodată am simțit că-mi îngheață sângele în vine. M-am apropiat, ca să pot privi mai bine scena și cred că am început să tremur. Învățătorul m-a prins de braț, speriat de reacția mea neașteptată. Mi-a urmărit privirea și mi-a spus că fresca cu pricina purta numele de „Biserica și Lumea", iar cel crucificat cu capul în jos era Apostolul Petru, cel răstignit din porunca lui Nero, împăratul Romei. Dar eu vedeam cu totul altceva.

– Învățătorule, i-am spus, așa am stat și eu la Securitatea din Făgăraș, când am fost bătut la tălpi cu vâna de bou. Probabil că și bietul Părinte Arsenie, în desele popasuri la Securitatea din Făgăraș și din Brașov, a cunoscut tortura asta, de a putut picta atât de realist scena. Tot la fel au fost molestați copiii arestați la grădină de Manciu. Modul ăsta de schingiuire se numește „pus pe rangă". Crăciun, directorul pușcăriei de la Aiud de pe vremea noastră, își începuse ucenicia la Securitatea din Făgăraș și apoi la cea din Brașov. Aici rămăsese în amintirea celor ce-i trecuseră prin mână, ca maestru desăvârșit în a bate la tălpi, fiindcă știa să lovească unde durea mai tare. De pe rangă, direct pe targă. (Eu, la prima lovitură, am simțit durerea nu în talpă, ci în creieri! Iar la a doua lovitură, am leșinat. M-am trezit însă atunci când am fost ars cu țigara sub bărbie.) Dar Arhanghelul acela ce vine dintr-o parte, ce are în mână? am întrebat.

– E probabil Arhanghelul Mihail, cu sabia lui de foc.

– O fi, am spus, dar Arhanghelul Mihail nu se repede cu sabia aiurea, fără să aibă un dușman în fața lui. Dar, în dreptul sabiei nu se afla decât temelia unei cruci pe care, ca arhanghel, nici nu i-ar fi trecut prin cap s-o atace. Deci, ori voia să-și ascută sabia de piatra temeliei, ori făcea exerciții de scrimă, ca să nu-și piardă condiția fizică!

– Și atunci, ce reprezintă sabia aceea de foc? M-a întrebat el, c-o expresie din care am înțeles că avea deja o părere, dar voia s-o afle pe-a mea.

– Aia nu e sabie, ci clădirea Kremlinului, pe care îngerul o smulge din rădăcină, ca pe-o buruiană nefolositoare. E drept că totul este stilizat și o dâră de culoare dă impresia unei gărzi de sabie, dar asta doar ca să nu le treacă securiștilor prin cap că Părintele prorocea căderea comunismului!

Adormirea Maicii Domnului

Apoi atenția mi-a fost atrasă de o frescă intitulată „Adormirea Maicii Domnului". Încadrată de un motiv floral ce deschidea un câmp interior oval, am văzut cinci urme de gloanțe, pictate în partea de sus a frescei. Urmele alea nu aveau ce căuta acolo! În centru, în fața catafalcului, l-am descoperit pe Arhanghelul Mihail, tăind cu sabia lui de foc mâinile cuiva. La arabi, hoților li se tăia mâna dreaptă din prevedere, dar și ca pedeapsă. Ce trebuia însă să comită un om, ca să i se taie ambele mâini? Ori crimă, ori trădare.

Mai apoi, am observat că Maica Domnului avea pe deasupra un lințoliu iar pe dedesubt – se vedea la mâneci – era îmbrăcată cu o zeghe de pușcăriaș. Mai mult, mâinile îi erau prinse în cătuşe, sau poate legate cu funii, iar la gât o dungă roşie putea fi luată drept urma unei sugrumări. La spânzuraţii de o cracă, urma e chiar sub bărbie, dar la strangulaţii pe la spate, ea este la baza gâtului. Apoi, am zărit-o pe doamna Lili cu fetiţa Cătălina, copilul înfiat al familiei Codreanu. Semăna cu una din pozele pe care le văzusem cu o seară înainte, în albumele personalităţilor legionare.

Aici, emoţia mea a devenit atât de mare, încât am căutat sprijin. Am simţit mâna Învăţătorului cum mă susţine. Apoi l-am auzit şoptindu-mi, ca şi cum am fi fost pe-un gând: uite-l şi pe Moţa, ultimul din dreapta, la stânga doamnei Codreanu! Iar în dreapta ei nu putea fi altcineva decât Vasile Marin, cei doi pe care nici moartea nu i-a putut despărţi, atunci când i-a omorât, la porţile Madridului, acelaşi obuz. Uită-te la ochiul drept, care lui Marin îi fugea cam într-o parte. Părintele Arsenie i-a pictat pupila spre exterior, tocmai din această cauză. Iar colea, la căpătâi, stă Cantacuzino Grănicerul, scuturând o cădelniţă.

Deci, pe catafalc nu era Maica Sfântă, ci însuşi Căpitanul Corneliu Zelea Codreanu! Dar ticălosul de trădător cine putea fi? Nu eram prea sigur, dar parcă aducea puţin cu Iorga, iar alegoria cu tăiatul mâinilor voia parcă să spună: Jos labele de pe Căpitan!

Dacă tot ce-am văzut noi acolo la Drăgănescu era adevărat, însemna că Părintele Arsenie era în sufletul lui o *ţâră* legionar! De ce nu? Nu spovedise el nişte luptători din grupul Gavrilă în munţii Făgăraşului şi nu le-a trimis şi nişte merinde, fapt pentru care a fost arestat încă o dată?

După vizita la Drăgănescu, am rămas cu o nemulţumire care mă râcâia pe suflet ca o gheară de găină. Descoperisem că Părintele Arsenie îl pictase pe Codreanu pe un perete al bisericii din comuna Drăgănescu. Putea fi doar o întâmplare?

Nu, pentru că Părintele Arsenie, Om Ales de Dumnezeu, nu făcuse niciodată lucruri lipsite de un sens adânc. De ce să-l picteze pe Corneliu Codreanu și apoi să spună că era Maica Domnului? Se potrivea mai bine să-l picteze în locul lui Isus, într-o *Cină de taină*, înconjurat de ucenici devotați, că avea de unde alege! Nici de o Iudă n-ar fi dus lipsă, că trădători au fost destui în jurul Căpitanului, precum Stelescu sau Vernichescu.

De ce *Adormirea Maicii Domnului* în locul *Cinei cea de taină*? De ce? De ce? Asta era întrebarea care nu-mi mai dădea pace. Ajunsesem deja acasă, scăpasem de apa *viermănoasă* de la București și de căldura înăbușitoare, care nici noaptea nu se ostoia. Scăpasem și de micii vampiri ce sugeau sânge și pe care-i auzeam zumzăind subțirel pe la urechi, pe când mă chinuiam să adorm. Lăsând altora fericirea de a trăi în capitală, care poate aveau pielea mai groasă decât a mea, nădăjduiam că voi scăpa și de gheara de găină, dar încă din tren am simțit că o luasem și pe ea cu mine. Trebuia să găsesc o explicație acestui mister, dacă voiam să-mi regăsesc liniștea.

Într-o zi am citit un articol despre mai multe profeții, la care exista un numitor comun:

Triburile de amerindieni Hopi care trăiesc în sud-vestul Statelor Unite au intrat în atenția etnologilor americani încă de la începutul secolului 20, când au început să apară profețiile pe care șamanii lor le-au făcut, fiind în legătură cu lumea nevăzută. Deja s-au împlinit multe din ele, a mai rămas să se mai împlinească una singură: Omul Alb va construi o casă de locuit în cer și care va suferi un groaznic accident. Apoi va veni Marea Purificare, care se va realiza prin foc.

Evdokia Andreevna Novikova, cunoscută în întreaga Rusie ca maica Nila, a fost o măicuță cu darul prorocirii. Harismele date maicii de Domnul pentru evlavia și credința ei, precum vindecarea bolilor, înțelepciune, vederea-înainte, prorocirea, şi-au găsit confirmarea în multele mărturii rămase de la cei ce au cunoscut-o. Maica Nila spunea deseori că Domnul, în marea lui milă, poate amâna prorocirile, din care cauză unele din ele cărora le-a trecut termenul nu s-au împlinit încă. Dar ele sunt prinse deja în planul divin şi doar rugăciunea poate să le mai întârzie. Să te rogi neîncetat şi să te nevoieşti pentru mântuirea oamenilor, cu gândul la Maica Domnului şi cu *inima curată*, asta trebuie făcut pentru a te mântui, spunea maica Nila.

Ea a prevăzut că va veni peste oameni o foamete cumplită. De asta, spunea ea, fiecare trebuie să cultive pământul, să nu-l lase pârloagă. Foamea îi va face pe oameni să se omoare pentru o bucată de pâine. Va fi război, va mai proroci ea iar viaţa nu va mai avea nicio valoare. Munţi de cadavre vor zace pe pământul pârjolit. Strângeţi flori de tei şi urzici şi cu ceaiul din aceste plante vă veţi ţine zilele.

Atunci mi-am adus aminte de o prorocirea a Părintelui Arsenie, de care aflasem de la alţii: „Mă, va veni o vreme când mulţi dintre cei plecaţi din ţară or vrea să se întoarcă, dar nu vor mai putea, fiindcă România va fi înconjurată de flăcări. Iar într-o noapte, spre ziuă, ne vor ocupa trei state vecine. Dar, peste cei care ne vor ocupa va veni o ploaie de foc".

Deci, Părintele Arsenie a prorocit şi el ca şi ceilalţi: război şi flăcări! În zilele următoare gândurile mi-au frământat mintea şi nu mi-au dat pace. Şi ca de obicei, ceea ce mă preocupa peste zi, visam noaptea. M-am visat din nou în Gara de Nord unde ajunsesem cu doar 15 minute înainte de ora plecării, când Învăţătorul mi-a spus:

– Ilarie, dacă mai vrei să prindem trenul, lasă-mă pe mine să cumpăr bilet!

Urcat în vagon, l-am mai văzut cum mi-a făcut semn, cu pumnul strâns la ureche, să-l sun cum ajung acasă. Apoi, cu o zgâlţâitură, trenul s-a pus în mişcare.

Până la Ploiești a fost zăpușeală. Apoi, spre Câmpina, suprafața plană a Câmpiei Române a început să se încrețească. Pe urmă, creţurile au devenit dealuri, apa Prahovei s-a transformat tot mai mult într-un pârâu de munte, iar înainte de Sinaia s-a făcut chiar răcoare în tren. Călătorii, care până atunci dospeau de căldură, începuseră să zgribulească. Eu însă, înviam din morți. Când cei mai mulți au înțesat partea vagonului dinspre Caraiman ca să vadă Crucea, am ieșit și eu pe culoar. Pe geamuri se turteau deja mai multe năsucuri de copii curioși. Dar Bucegii, înnegurați, nu lăsau privirea să pătrundă până la creste. Atunci în ușa compartimentului vecin a apărut o fetiță care o trăgea de mână pe mama ei, care n-ar fi vrut s-o lase pe culoar:

– O să răcești, Monica, i-a spus ea, îngrijorată.

– Dar vreau și eu să văd Crucea!

Atunci, am luat copila în brațe și-am ținut-o în fața mea, strângând-o la piept ca să nu-i fie frig, ca pe Lia, altădată. Nu se vedea decât o negură care înconjura vârful Caraimanul, unde stătea înfiptă de decenii Crucea victorioasă, înaltă de 28 de metri. Comuniștii au vrut s-o mutileze, să-i taie brațele și să-i pună-n vârf steaua roșie biruitoare, dar nu se știe de ce, n-au reușit. În jurul muntelui vremuia, fiindcă se vedeau și fulgere prin negură. Dar deodată, un freamăt a cuprins micul trupușor din brațele mele:

– Uite Crucea!

Ca și cum Dumnezeu a auzit rugămintea nerostită a copiilor, printr-o spărtură de nori, s-a zărit pentru câteva clipe Crucea, ceea ce pe cei mici i-a făcut nespus de fericiți. Iată cum Crucea, în mijlocul furtunii și fulgerelor de foc, și-a arătat din nou, maiestoasă, puterea. Ridicarea acestui monument pentru cinstirea eroilor neamului fusese visul Mariei, regina României. Crucea, Maria, România! Dar Maria era și numele Maicii Sfinte a lui Hristos, a cărei grădină era România și pe care o păzește de răufăcători! Și atunci s-a făcut lumină și la mine-n vis! Mesajul Părintelui, ascuns în pictura „Adormirea Maicii Domnului" devenise clar: Vă veți putea salva de flăcări și veți supraviețui războaielor dacă veți face din Doctrina Legionară filozofia voastră de viață! Legiunea a fost singura organizație care a fost prigonită de la înființare până azi! Prigoană după prigoană, jertfă după jertfă, martiri după martiri, oasele sfinților închisorilor albind Râpa Robilor de la Aiud! Și totuși, nicio prigoană n-a învins-o! Acesta este motivul pentru care Antihristul se teme de reînvierea Mișcării, ea fiind singura stavilă ce ar putea să-i încurce planurile atunci când se va dezlănțui acea Mare Prigoană, cu chinuri și încercări de neînchipuit.

44 Ultima întâlnire

În 1993, la sfârșitul lunii mai, primesc un telefon de la Învățător. Voia să vină la mine, să petrecem vara împreună. Îi era dor și de Munții Făgărașului. I-am spus că-l primesc cu aceeași bucurie, ca de fiecare dată.

M-am trezit cu el, adus de o mașină. Era ceva neobișnuit, pentru că până atunci venea cu trenul. După ce ne-am îmbrățișat ca doi moșnegi, adică cu lacrimi în ochi, nici n-am apucat să-l întreb dacă personalul căilor ferate era iar în grevă, pentru că șoferul, grăbit să plece înapoi, ridicase deja capota portbagajului, ca să-l golească. Când am văzut cât era de plin, nici n-am mai știut ce să cred. Tot ce era acolo, era pentru mine.

Învățătorul îmi adusese, pe lângă un braț de cărți și dosare cu documente, computerul lui, cu monitor, imprimantă, mouse și tastatură. Nici nu știam atunci pentru ce se ostenise, că mie și telefonul îmi era prea mult, iar la televizor, nu mă mai uitam de doi ani. Dar el nu s-a lăsat impresionat de mutra mea lunguiață. Mi-a spus triumfător, arătând spre computer:

– Ilarie, ăsta este viitorul!

Era așa de înfocat, încât m-am reținut să-l întreb dacă se referea la viitorul nostru. Eu credeam că nu computerul, ci popa și cu crucea erau mai potrivite pentru noi. Dar el venise cu gânduri mari și n-am vrut să-i stric plăcerea. Cum stătea televizorul, putea sta lângă el și computerul, că loc în casă era destul.

Știam că o să mă întrebe dac-am mai continuat cu scrisul, așa cum îi promisesem. Am mai continuat, i-am spus. Chiar cu mult zel, pentru că constatasem că și așa trecutul îmi revenea mereu în minte chiar dacă nu voiam. Dacă vedeam un car cu lemne, îmi apărea în fața ochilor Ștefan, pozele de pe pereți îmi aminteau de Natalița și de copii, bubuiturile și șuieratul rachetelor de Anul Nou – lua-le-ar gaia! – de brandul lui Dorel, clopotele de la biserică, de părintele Arsenie. Când trăgeam câte-o izmană pe mine, de izmana pe care am plătit-o degeaba la comisariatul din Făgăraș. Dacă treceam cu degetul peste ecranul televizorului, – pe care praful stătea așa de gros, încât puteai scrie pe el – îmi aminteam de cioburile de sticlă unse cu săpun de la Aiud, pe care îmi scria Învățătorul fragmente din înțelepciunea lumii. Și orice făceam, auzeam, vedeam, îmi trezeau în minte imagini, întâmplări, sentimente, povești. Sau apăreau oameni care nu mai erau. Și atunci, de multe ori lăcrimam.

Îmi era chiar ciudă pe mine că începusem să plâng din senin, ca o babă pișăcioasă, sau ca un prunc. Vecinul meu însă, atunci când m-a prins o dată cu ochii în lacrimi și-a trebuit să-i povestesc ce e cu mine, m-a îmbărbătat, spunându-mi:

– Lasă, moș Ilarie, că poate fi și mai rău! Socrul meu nu plânge, dar face pe el de toate, mai abitir ca un copil de țâță!

Am remarcat apoi că dacă mă apucam de scris, nu mai plângeam. Aveam uneori doar ochii umezi, dar asta era probabil de la monitor. În același timp mi se ușura sufletul, trăind a doua oară întâmplări trecute. Scriam, re-scriam, ștergeam, mâzgăleam, rupeam foile din caiet, le transcriam apoi într-un caiet nou. Începusem să mă încurc în caiete.

Dar, curând am constatat avantajele computerului. Scriam un capitol, apoi îl salvam pe hard-disk. A doua zi îl reluam, corectam, reformulam, simplificam. Adică îl puricam. Când era gata șlefuit, salvam textul sub un număr crescător, în așa fel încât să fie respectată ordinea dorită de mine. Mai dădeam pagini la imprimantă, când simțeam că textul nu e cum voiam eu și a doua zi corectam pe hârtie cu creionul, până ce nu se mai înțelegea nimic. Dar pe computer nu m-am bazat chiar de tot. Dacă se strica, nu pierdeam totul? Așa că, după ce definitivam mai multe capitole, le treceam frumos, scrise de mână, într-un caiet. Așa eram sigur că nu riscam să se piardă atâta amar de muncă.

După ce am avut internet și am învățat să caut, toată documentarea am făcut-o online. Am citit mii de pagini cu biografii, memorii, articole de ziar, postări, bloguri. Și tot timpul judecam dacă și cât din ce citisem era adevărat. Mare pomană și-a făcut Învățătorul cu mine, cu computerul. Fără el, viața mea ar fi fost mult mai searbădă acum, când nici prieteni nu mai aveam.

Într-o zi am urcat pe munte, la Bâlea-Lac. Învățătorul voia să mai vadă o dată locurile acelea, pe care le călcasem cu piciorul în 1966, când a venit prima dată la mine. Pe atunci Șoseaua Transfăgărășanului nu exista, am urcat pe cărarea pe care era să-l împușc pe nenorocitul acela de pădurar. Dar ultima dată am mers cu mașina. Ajunși la Bâlea-Lac, ne-am urcat pe grohotișul de deasupra cabanei, până ce ni s-a deschis vederea spre tot Ardealul. În stânga depresiunea Sibiului, în față, dealurile spre Agnita și Sighișoara, în dreapta Câmpia Bârsei, până spre Brașov. O frumusețe de nedescris. Iar între Sibiu și Brașov, undeva mai departe, Aiudul, Gherla, Miercurea Ciuc. Alte frumuseți.

Era o zi de vară senină, fără pic de nor. De sus vedeam satele de la poalele munților, apoi mai departe, valea șerpuindă a Oltului, umbrită de sălcii. Iar în zările albăstrii, nu mai distingeam decât atât: Țara Ardealului, scumpă inimii noastre.

– Ilarie, spuse Învățătorul într-un târziu, vezi tu ce țară avem? Aș zice aproape că nici n-o merităm. Iar vecinii noștri – și nu numai ei – de ce n-ar pofti la o așa minune? De asta trebuie să ne organizăm, să ne întărim, ca să ne merităm țara și s-o putem apăra și cu dinții, dacă e nevoie. Regret doar că nu mai sunt în stare să pun și eu umărul la acțiunea asta de ridicare a neamului.

Când am coborât în sat, pe înserat, cu un buchet de flori de câmp în mână, am intrat și în cimitir, la mormântul familiei. Pe crucea de piatră pusesem poza lui Ștefan, a Naталiței, dar și a mea, cu anul nașterii. Data morții o să mi-o treacă ăi de m-or îngropa. Învățătorul mi-a spus că bine am făcut că m-am îngrijit din timpul vieții de locul de veci. Așa a procedat mereu legionarul, fiindcă știa că poartă cămașa morții. Căpitanul, atunci când a construit Casa Verde, cu gândul de a fi o casă pentru legionarii invalizi, a luat în considerare și transformarea ei mai târziu în mausoleu legionar.

Și Învățătorul a avut grijă de asta. Dar el, mi-a spus, va ieși pe un horn, ca să se înalțe cât mai repede spre cer. În vara aceea a fost ultima dată când ne-am văzut. Era bolnav, ajunsese la metastază, dar n-a spus nimic. Am simțit eu un fel de tristețe între noi, dar am pus-o pe seama bătrâneții. Când am primit vestea, bietul meu prieten ieşise deja pe coşul crematoriului, cu o săptămână înainte. De atunci, de fiecare dată când văd fum ieşind pe hornul unei case, îmi aduc aminte de Învăţător. Şi mă apuc cu şi mai multă râvnă de scris.

45 Misiune grea

Misiunea pe care mi-am luat-o, mi s-a părut la început floare la ureche. Ca să scrii după capul tău şi cum îţi vine, nu putea să nu fie o plăcere. Greu este însă să scrii cu răspundere. Una este să scrii baliverne despre Moş Teacă şi cu totul altceva să-l descrii pe Căpitan. Învăţătorul a prevăzut aceste greutăţi şi mi-a venit mereu în ajutor. Cam prin 1991 începusem să adun material despre Horia Sima. Atunci am văzut că istoria este ca macaroanele cu brânză dintr-o oală. Dacă tragi de una, vin toate după ea. Dacă vrei să scrii despre Horia Sima, dai de Antonescu, de Ion Codreanu, de Papanace, apoi de regele Mihai, de 23 August, de luptătorii din munţi, de comunişti şi de câte şi mai câte. Până se goleşte toată cratiţa.

Cum să te orientezi printre atâtea personalităţi, pe care unii le văd rupte din soare, iar alţii ca pe mama dracului? Eram dezorientat, dar Învăţătorul, cu sistemele lui de a alege grâul de neghină mi-a mai dat curaj. A stat două veri pe capul meu şi m-a ajutat decisiv la cartea asta, care mi-a mâncat sufletul.

– Hai să discutăm mai întâi la modul general. Tu, Ilarie, ai văzut mulţi oameni care să fie ticăloşia întruchipată, sau alţii care să fie curaţi ca nişte sfinţi? Îi putem număra pe degete. Cel curat ca lacrima ar fi Părintele Arsenie, celălalt ar putea fi Gheorghe Crăciun, fostul comandant al închisorii Aiud. Dar astea sunt excepţii. În lumea obişnuită, personajele sunt un amestec de alb şi negru, în diferite proporţii. De asta, dacă citeşti despre Antonescu o lucrare, în care autorul îl prezintă pe acesta numai în alb, trebuie să fii atent, pentru că lucrarea aceea este lipsită de obiectivitate. O alta, în care Horia Sima este înfăţişat doar în negru, este cu siguranţă alimentată de ură. Nu spun că asemenea lucrări nu sunt pline de informaţii utile care, filtrate corespunzător, ne pot conduce la adevăr. Dar pentru asta e nevoie de puţin exerciţiu.

Trebuie să urmăreşti stilul. Cel animat de ură, va folosi cuvinte strepezite. Cel care laudă, vorbe zaharisite. Dar oricum s-ar scrie, faptele pot fi reconstituite, dacă ştii din ce unghi a acţionat forţa deformantă. Hai să luăm nişte exemple concrete şi să încercăm să cernem adevărul de fals. În faţa Tribunalului Poporului, unde a fost adus drept criminal de război de comunişti, Mareşalul Antonescu a spus textual: „În ceea ce priveşte aservirea bogăţiilor ţării, mi se aduce pe nedrept această acuzaţie.“

Ce argumente aduce Antonescu în favoarea lui? El spune că la abdicarea lui Carol, au fost găsite la rezervele statului 16 vagoane de aur iar el ar fi lăsat 40 de vagoane. Dar asta nu spune absolut nimic despre buna şi corecta administrare a ţării! De unde să ştim noi, dacă 40 de vagoane de aur înseamnă neapărat că administrarea ţării a fost judicioasă? Poate că alt regim ar fi fost capabil să adune 100 de vagoane.

Horia Sima scrie într-o lucrare de-a lui că Ministrul Reich-ului pentru afacerile economice la Bucureşti, Neubacher, s-a prezentat pe vremea guvernării legionare la ministrul de finanţe, la George Creţianu şi apoi la subsecretarul de stat de la acelaşi minister, Constantin Papanace, cu pretenţia de a devaloriza leul de la 50 lei pentru o marcă, la 60 de lei. Papanace a obiectat că această devalorizare nu era oportună, fiindcă economia ţării suferise mult după pierderile teritoriale şi nu era încă suficient consolidată.

Iar Marele Reich ar fi trebuit să ajute noul aliat să se pună pe picioare, nu să-i îngreuneze și mai mult situația. Generalul Antonescu a aprobat atitudinea de rezistență a ministerului de finanțe și a cerut chiar să nu cedeze pretențiilor germane. Dar, după vizita din 22-24 noiembrie 1940 de la Berlin, Antonescu și-a schimbat radical poziția și a acceptat devalorizarea. Într-o discuție ulterioară cu Horia Sima pe această temă, generalul, privind pe pereți, a motivat decizia prin aceea că altfel nu obținea creditul de 600 de milioane de mărci de la germani.

Dar prin acceptarea devalorizării, creditul se micșorase deja la 500 de milioane! Deci generalul făcuse lui Hitler un cadou de 100 de milioane de mărci din bugetul României! Degeaba caută un fost subaltern al lui Antonescu, George Magherescu, să ne convingă în niște scrieri de-ale lui, de extraordinara demnitate cu care Antonescu s-a prezentat în fața lui Hitler, căruia i-a declarat:

„Arbitrajul mutilant de la Viena a fost dureros simțit de poporul nostru și va trebui să i se dea probă de adevărată prietenie în viitor, pentru ca el să colaboreze fără rezerve cu judecătorii săi.“

Să mă ierte Dumnezeu, dar eu în vorbele acestea nu văd niciun fel de demnitate sau curaj. În afară de a exprima un sentiment și de a cere într-un viitor neprecizat „dovezi de prietenie“, generalul n-a fost capabil să transmită Führerului altceva. Iar după un peșcheș de 100 de milioane de mărci dat ca pe vremuri la Poarta Otomană, a putut și Hitler accepta două-trei vorbe care nu-l angajau oricum la nimic! Iar despre demnitatea Generalului, care declara unor personalități germane încă de la Bistrița, unde era cu domiciliul forțat că „Generalul Antonescu nu poate semna nicio poliță în alb privind bogățiile țării“, mai bine păstrăm tăcere, că prea seamănă cu vorbele altuia, care voia o dată să-și taie o mână.

Generalul Antonescu are meritele lui, mai ales în primul război mondial. În cel de-al doilea însă a făcut greșeli mari, datorită mai ales orgoliului său nemăsurat. Asta l-a și împins să se debaraseze de legionari prin înscenarea rebeliunii, pe care a pus-o apoi pe seama victimelor. Antonescu, ca și Hitler, a subestimat forța legiunii, de care s-au lipsit cu inconștiență, crezându-se destul de puternici ca să-i învingă pe bolșevici. Când și-au dat seama de greșeală, era pentru amândoi prea târziu.

Atunci am dat glas unui gând mai vechi de-al meu.

– Învățătorule, știm cu toții că cel mai mare păcat al creștinului este de a lua viața unui semen. Cum o să putem noi justifica uciderea primilor miniștri Gheorghe Duca și a lui Armand Călinescu? Știi și tu ce bucuros se aruncă pe acest subiect – ca hienele pe hoit – dușmanii Legiunii. Avem nevoie de un argument zdrobitor, ca să le astupăm gura odată pentru totdeauna.

– Ilarie, argumente sunt, slavă Domnului!, destule. De exemplu, le putem spune: „Atunci când o formă de guvernare devine distructivă și nereprezentativă pentru popor, este dreptul poporului s-o modifice sau să o abolească și să instituie un nou guvern a cărui fundament să fie bazat pe asemenea principii și organizat în așa fel încât să le reprezinte siguranța și fericirea.“

– Bine-bine, am replicat, deși fraza exprimă un adevăr, orice anarhist, comunist sau terorist o poate bucuros invoca, ca să-și justifice propriile crime. Nu văd unde ar fi argumentul zdrobitor de care avem noi nevoie.

– Faptul că un terorist poate apela la un argument, nu-i restrânge argumentului valabilitatea la domeniul terorismului. Abolirea oricărei tiranii sau dictaturi nu s-a putut face de cele mai multe ori decât prin vărsare de sânge. Ia spune-mi, dacă puciul contra lui Hitler ar fi reușit, cum ar fi fost puciștii considerați de istorie, criminali sau eroi? Iar argumentul zdrobitor pe care-l aștepți tu se află nu în textul de mai sus, ci în locul de unde provine. Fiindcă el face parte din „Declarația de independență a Statelor Unite", Ilarie! Cu toate astea, gura dușmanilor Legiunii n-o s-o poată astupa decât pământul, dragul meu.

46 Greșeli mari și greșeli mici

Oamenii, spunea Învățătorul, fac de obicei greșeli din cauza egoismului, geloziei, orgoliului nemăsurat și-a urii. Și din cauza oricărui alt sentiment, care întunecă privirea senină și înăbușă inima bună. Posedat de ele, omul urzește planuri întunecate. Când însă prin trecerea timpului sau prin evenimentele ulterioare, sufletul i se curăță de zgură și privirea i se luminează, atunci își dă seama că a mers pe drum greșit și de cele mai multe ori e cuprins de remușcări și de regrete. Atunci abia este dispus să recunoască și să mărturisească adevărurile pe care le știe. Uneori adevărul mai apare și din nebăgare de seamă, când cel nesincer uită ce-a spus și se încurcă în propriile minciuni. Și mai este o cale de a descoperi adevărul. Cu ajutorul șarpelui Uroboros. Același Magherescu scria despre Antonescu, că ar fi fost auzit spunând:

„Mandatul meu trebuia să înceteze imediat după abdicarea regelui Carol al II-lea. Nu a fost posibil deoarece problema legionară se cerea imperios și urgent soluționată."

Horia Sima i-a cerut în repetate rânduri lui Antonescu ca să fie de acord cu organizarea de alegeri, pentru că legionarii voiau să conducă țara democratic, legitimați prin vot popular. Dar Antonescu s-a opus cu îndârjire. El plănuia deja să scape de legionari și să conducă țara singur, numai după capul lui. Nu avea nevoie nici de alegeri, nici de legitimitate, nici de democrație. De asta l-a transformat pe rege într-un om de paie și a instaurat propria lui dictatură, cu propria lui camarilă. Diferența față de Carol a fost că Antonescu nu a fost lacom și camarila lui nu a îndrăznit să fure pe față, ca cea a regelui. Dar de sfori, a tras și ea cât a putut.

Generalul recunoaște deci că, ajuns la putere, voia să rezolve „problema legionară". Asta nu l-a împiedicat să se sprijine pe legionari, până ce a reușit să-și consolideze puterea. Apoi s-a despărțit de ei în modul cel mai perfid: prin trădare. Lipsindu-se de forța uriașă a celor un milion de legionari care s-au îndepărtat de el, s-a lipsit de cei care i-ar fi putut fi cei mai devotați soldați. Atunci a pornit el pe drumul înfrângerii.

Iată ce scrie același Magherescu despre Mareșal, atunci când și-a cerut singur, în fața tribunalului, condamnarea la moarte, dar „nu pentru că a greșit, ca o recunoaștere a vinovăției. Nu. Deoarece el nu a recunoscut că a greșit, ci pentru că a avut nefericirea să fie învins din vina altora."

Tot Magherescu scrie că Antonescu a declarat în fața aceluiași tribunal că el a fost omul care, „fără nume, fără protecție și fără bani, s-a urcat în Stat în locul cel mai înalt de conducere". Dacă el singur a luat toate deciziile în Stat din februarie 1941 până la arestare, cine Dumnezeu putea fi vinovat de pierderea războiului, de moartea atâtor soldați români pentru o cauză pierdută, de atâtea suferințe și pierderi materiale? Magherescu, orbit de marea stimă, respect și probabil dragoste față de fostul lui comandant, nu mai reușește să fie logic, contrazicându-se singur.

Iată caracterizarea lui Antonescu făcută de Horia Sima, unde se vede foarte clar intelectualul fin și mâna sigură a profesorului de logică și psihologie:

„Generalul Antonescu avea cultul propriei lui personalități. Tot ce se întâmpla raporta la sine și judeca în funcție de sine. Nu suferea pe nimeni să-i întunece autoritatea sau gloria. N-am întâlnit în viața mea un om mai lipsit de modestie, mai încrezut în capacitatea și valoarea lui. „Eu am făcut România Mare, domnule Sima și eu voi reface-o în vechile ei hotare!" Pe colaboratorii săi îi aprecia după gradul de servilism și era extrem de sensibil la laudele altora. Cu această structură sufletească bolnăvicioasă, ușor cădea victimă lingușirilor și oamenilor fără scrupule care știau să-i cultive vanitatea.

Întocmai ca regele Carol, țelul lui era să acumuleze în propria-i mână toate puterile statului. Ceea ce-i era insuportabil, era să sufere vre-o limitare în exercițiul puterii. Înțelegerea cu Mișcarea avea pentru el o valoarea provizorie, până ce alte împrejurări îi vor permite să ajungă și șeful legiunii. Egocentrismul său era potențat până la a lua forme de nebunie de boala de care suferea. În perioade de criză, megalomania lui nu mai cunoștea margini. Avea gesturi necontrolate și chiar accese de cruzime. Țipa la oameni, îi dădea afară, umilea și batjocorea pe cei mai apropiați colaboratori...

Medicul îl însoțea în toate călătoriile și îi dădea injecții... Cu mine s-a purtat întotdeauna cuviincios, n-a avut nicio ieșire, probabil pentru că știa că am o forță în spate. Bineînțeles că și eu îl tratam cu cea mai mare atenție, cunoscându-i caracterul irascibil. Prin felul meu blând de a mă purta cu el, nu puțin am contribuit ca să risipesc o mulțime de neînțelegeri și să obțin multe lucruri bune de la el.

Nici formația lui intelectuală nu-l ajuta să-și modereze pretențiile și să fie obiectiv în aprecierea oamenilor și evenimentelor. Avea o mentalitate cazonă. El credea că e suficient să dai ordine, pentru ca Statul să funcționeze bine, exact ca o unitatea militară... Națiunea era o entitate secundară pentru el, era materia socială care umplea cadrul Statului, dar fără drept de a participa la plăsmuirea lui.

Incontestabil, generalul Antonescu era un patriot, dar un patriot care vedea patria pe linie extensivă, teritorială și nu ca expresie a unei națiuni care vrea să-și afirme personalitatea istorică pe acest teritoriu.“

Iată un portret concis, logic, plin de observații psihologice pertinente, fără a-l ponegri pe general, fără a-l ridica în slăvi. Sima scrie cu cumpătare, fără să se lase mânat de sentimente, care sunt desigur negative la adresa generalului. Dar, îi găsește și calități, acolo unde le are, ceea ce ne dovedește că Sima a căutat să judece imparțial personalitatea contradictorie a Generalului, pe care soldații nu l-au poreclit degeaba „câinele roșu“.

Învățătorul mi-a mai făcut o confidență:

– Există mari discuții referitor la rebeliune. Unii spun că ar fi fost legionară, alții că a fost pusă la cale de o coaliție de care Antonescu nu a fost străin. Analizând argumentele aduse de ambele părți, înclin spre ipoteza că rebeliunea a fost a lui Antonescu. Există și argumente psihologice care, pentru mine, au o valoarea imensă. Eugen Cristescu, condamnat la moarte în lotul Antonescu ca apoi pedeapsa să-i fie comutată la închisoare pe viață, avea să-i mărturisească unui coleg de celulă, Gabriel Bălănescu, că înainte cu o oră de a fi executat, Antonescu l-a întrebat: „Ce zici, Cristescule, nu crezi că era mai bine să ne fi înțeles cu tinerii aceia?“

Tinerii aceia erau legionarii. Dar cum ar fi putut Antonescu să se înțeleagă cu un adversar, care tocmai organiza un complot contra lui? Rezultă indirect că el ar fi putut opta pentru înțelegere, dar a preferat rebeliunea și trădarea.

Nistor Chioreanu se referă în memoriile lui la o discuție dintre Antonescu și Petrovicescu, fost ministru de interne în guvernul legionar, dusă pe banca acuzaților, când au stat unul lângă altul, în timpul unor dezbateri:

– Petrovicescule, cu voi, legionarii, am săvârșit o mare greșeală!

– Constatarea vine prea târziu, domnule mareșal, i-a răspuns Petrovicescu. Greșeala nu mai poate fi reparată.

– Din păcate, nu, i-a replicat Antonescu, dar mi-ar plăcea să se știe că mareșalul Antonescu și-a recunoscut greșeala.

47 DOI ȘERPI ÎMBÂRLIGAȚI

– Există un semn astral, – mi-a spus Învățătorul într-o seară, când priveam amândoi cerul pe care răsăreau stelele – care ne arată când o etapă a luat sfârșit, sau când misiunea unei structuri sociale, ale unei familii sau destinul unui om s-au încheiat. Așa cum curcubeul, arc ceresc, arată că ploaia va înceta, tot așa și șarpele Uroboros are în istorie o semnificație simbolică aparte. Există în istoria noastră un nod, numit 23 august. Atunci și-au înnodat doi șerpi Uroboros deodată cozile, anunțând sfârșitul a două lumi diferite.

Unul din șerpi a marcat destinul lui Antonescu. El i-a trădat pe legionari prin rebeliune, devenind conducătorul statului cu puteri nelimitate, dar a căzut tot printr-o trădare, organizată de o altă monstruoasă coaliție, în frunte cu Regele Mihai.

În același timp misiunea Casei de Hohenzollern, pe care deja șarpele Uroboros o pândea de la încoronarea lui Carol I, – cel adus la putere prin trădarea lui Cuza de către Monstruoasa Coaliție – se va încheia tot printr-o trădare, prin arestarea mareșalului Antonescu, la instigarea unui anturaj regal care l-a făcut pe Mihai să ia o decizie poate justificabilă față de Antonescu, dar dezastruoasă pentru România. Mesajul eronat al regelui Mihai către țară a dezarmat România și armata ei, aruncând-o necondiționat în brațele comunismului.

Această trădare avea să însemne pentru Casa regală sfârșitul. O dată încheiată misiunea ei, nu va mai putea reveni niciodată pe tronul țării. Dacă România va mai fi vreodată regat, va găsi altă mlădiță, mai curată, care s-o conducă. Dar deocamdată nu problema regalității nu ne lasă pe noi să dormim, ci educația omului nou. Cu omul nou trebuie început, așa cum a pornit Căpitanul. Cu cele șase legi ale *Cărticelei* și cu pedepsirea exemplară a ciocoilor vechi și noi.

48 Oițele mele

– Învățătorule, i-am spus a doua zi, nu cumva am fost prea aspri cu regele Mihai? El e cam de-o seamă cu mine și gândindu-mă numai ce greu mi-ar veni mie să mă despart de oi, îmi pot închipui ce greu i-a venit lui să se despartă de-un regat!

– Ilarie, dacă ți-e milă de regele Mihai, o să analizăm împreună câteva fapte, care ne vor arăta dacă l-am acuzat pe nedrept ori ba. Tu însă fă bine și nu te mai compara cu el, pentru că deosebirea dintre voi e ca de la cer la pământ! Oile alea de care tot vorbești tu, au fost și sunt ale tale!

Tu cunoști foarte bine textul mesajului pe care regele Mihai l-a dat către țară, fiindcă l-ai ascultat în direct acum aproape

50 de ani, la 23 august 1944. Acolo regele spunea că „*Româ-
nia a acceptat armistițiul oferit de Uniunea Sovietică... Din
acest moment încetează lupta și orice act de ostilitate împotriva
armatei sovietice, precum și starea de război cu Marea Britanie
și Statele Unite. Primiți pe soldații acestor armate cu încre-
dere...*" Se știe acum că acest armistițiu n-a fost semnat de
Uniunea Sovietică decât pe 12 septembrie 1944, timp în care
armatele sovietice au luat prizonieri peste o sută de mii de
ostași români, toată flota, toată aviația, tot ce le-a căzut sub
labe. Iar că soldații ruși s-au comportat în acea perioadă de
aproape trei săptămâni ca într-un sat fără câini, nu e nevoie
să-ți mai amintesc.

Cum să închei un armistițiu, fără să pui nicio condiție?
Sau măcar să-ți treacă prin cap că, pentru a fi valabil, trebuia
și semnat de ambele părți? Tu Ilarie, știi ce ne-a făcut nouă
Antonescu. Noi nu-l mai putem iubi, după ce ne-a trădat și
apoi a înfundat pușcăriile cu noi, ca și Carol al II-lea. Dar asta
nu mă împiedică să spun că Generalul pregătise un armistițiu
bine întocmit și care a fost acceptat de Stalin. Telegrama de
accept a sosit la Snagov pe numele lui Antonescu tocmai pe
23 august, dar el n-a mai apucat s-o citească. El ar fi știut ce
să facă și ce să spună și țării, și rușilor!

Ce condiții pusese Antonescu lui Stalin? Două au fost
importante: Cerea o zonă liberă, prin care armata roșie să nu
treacă și anume Muntenia, Oltenia și Transilvania. Mai ce-
ruse ca rușii să fie de acord să lase nemților 15 zile pentru a
părăsi, de voie sau de nevoie, teritoriul României.

Dacă Antonescu rămânea liber, ar fi fost scăpați peste o
sută de mii de soldați români de prizonierat, țara de jafuri și
prădăciuni, femeile de siluiri, armata de dezonoare. Butii în-
tregi cu vin și damigene cu rachiu ar fi scăpat nedrămuite,

ceasuri de toate felurile ar fi rămas la proprietar, Constantin Tănase ar fi rămas în viață.

Cu ce s-a apărat regele? Cu argumentul folosit și de aliații lui comuniști, că războiul s-a scurtat cu șase luni datorită întoarcerii armelor românești. Dar Ilarie, argumentul rămâne tot atât de valabil și în cazul în care Antonescu ar fi încheiat armistițiul pentru că și el ar fi întors armele, încă mai bine decât a făcut-o Măria Sa. Regele, copil necopt, a fost păcălit de vulpoii din jurul lui, făcându-le jocul. Eu pe Mihai îl înțeleg ca om, dar când e vorba de România, nu pot admite acțiuni negândite, care au avut consecințe dramatice pentru neamul nostru. El prin asta s-a descalificat ca rege, de asta eu îi contest dreptul de a mai reveni vreodată în fruntea țării. Tu Ilarie, ce părere ai?

– Ce-i drept sentința e aspră, dar dacă mă gândesc ce-aș fi făcut eu cu vre-un cioban nepriceput dacă mi-ar fi prăpădit oițele mele dragi, încep să cred că este pe deplin justificată.

49 PREDICA DE PE MUNTE

Pe la începutul lunii august, Învățătorul s-a simțit tare rău. Am vrut să chem un doctor, dar nu m-a lăsat. Mi-a spus că nu e nevoie. M-a rugat doar să-i deschid valiza, din care să-i aduc un obiect împachetat în hârtie. I l-am dat, dar n-a putut să rupă sforicica cu care legase pachetul încă de la București.

– Ilarie, ajută-mă te rog!

Când am tăiat sfoara cu un cuțit, a apărut vechiul meu sfeter de lână, pe care i-l dădusem la Aiud. Era mâncat pe la poale de molii, avea câteva găuri pe care Învățătorul le-a cârpit cum a putut, cu ață de altă culoare, cum a găsit și el în închisoare. Am început amândoi să plângem. Apoi, mi-a spus că în viaţa lui niciun cadou nu l-a întrecut ca valoare sufletească pe cel care, spunea, i-a salvat viaţa. Am stat două zile numai pe lângă el. N-am avut nevoie de mâncare niciunul. Am ţinut post negru amândoi, ca la Zarca Aiudului. Eu şi-aşa ţineam postul Sfintei Mării, lui îi era destul de rău şi nu putea să mănânce nimic.

Am stat în schimb de vorbă. Am vorbit de multe lucruri, dar mai mult despre memoriile mele, despre Legiune şi mai ales, despre Căpitan. Mi-a vorbit despre vizionarul care a fost Codreanu, cum verifica el prin teste psihologice nivelul de conştiinţă la care ajunseseră legionarii lui dragi, cum unele dintre *circulările* date de el sunt adevărate pagini parcă scoase din Evanghelie. I-am adus din valiza lui o tăietură veche de ziar, în care a fost reprodusă cuvântarea lui Codreanu la inaugurarea unei pensiuni legionare la Predeal:

Predeal, 24 Octombrie 1937

Camarazi şi prieteni ai mişcării noastre.

Am deschis acest restaurant la Predeal pentru ca tinerii din Mişcarea Legionară să aibă în a lor stăpânire un picior de pod la cel mai bun aer al României.

Vor şti deci că ceea ce mai înainte pentru ei era o imposibilitate, de azi nu mai este. Vor putea urca aici şi sta cu un preţ redus sau în schimbul serviciilor pe care le vor face.

Îşi vor reface sănătatea sau îşi vor dubla puterile, pentru ca să le pună pe toate în serviciul patriei şi al biruinţei legionare.

Aceste capete de pod se întreţin întotdeauna cu jertfe materiale, de organizaţii, guverne, sau state. Dacă noi însă prin comerţ vom putea realiza şi un cât de mic beneficiu, întreprinderea noastră de astăzi îşi va fi atins şi chiar întrecut scopul propus.

Camarazi și prieteni.

În acest restaurant veți mânca toată lumea la fel, aceleași feluri de mâncare, dar veți plăti după puteri. Între un minim și un maxim fixat de noi, cel sărac va plăti mai puțin, cei mai bogați vor plăti mai mult, după cum sunt retribuiți, după greutățile familiale etc.

Dacă unul va zice: Eu n'am niciun ban – nu va plăti nimic. Pentru că nu e drept ca cineva să moară de foame, ne vom interesa de ce n'are, pentru ca să-l punem la treabă și să-l facem să aibă.

Cine va judeca cât trebuie să plătească un client? El singur, clientul. Atât am judecat că pot, atât cred eu că e drept să plătesc. Judecata lui este fără apel.

Iubiți camarazi,

Un principiu al Justiției spune:

„Nimeni nu poate fi judecător în propria sa cauză".

Răspund: Principiul înjosește omenirea, pentru că îl consideră pe om laș sau hrăpăreț. Așa e omul. Dar eu nu vorbesc de cum este omul, ci de cum poate și trebuie să fie. Într'o omenire înălțată, omul nu numai că poate, dar trebuie să fie propriul său judecător. Omul trebuie să se judece singur, să aibă curajul și loialitatea de a da fiecărui ceea ce este al său, adică de a fi drept. Omul judecător în propria sa cauză, drept și sever cu sine însuși.

La temelia unei țări trebuie să fie omul drept și e bine să începem să facem școală în această direcție. Cu acestea zise, Restaurantul de la Predeal este deschis și toți câți sunteți aici, săraci sau bogați, sunteți invitații noștri la masă.

La ceea ce avem și cât avem.

Corneliu Zelea Codreanu

50 Instaurarea comunismului

– Ilarie, tu știi când s-a instaurat comunismul în România? M-a întrebat Învățătorul o dată, când întinși pe o pătură în grădină, ne încălzeam ciolanele bătrâne la soare. M-am uitat la el, să văd în ce ape se scaldă, dar el nu glumea. Era o întrebare serioasă, după care urma un monolog. Fără să-i răspund, m-am pregătit să-l ascult.

Mi-a spus că comunismul a fost instaurat în urma abdicării regelui Carol al II-lea. Carol, nu Mihai! Atunci când a ajuns la putere guvernul național-legionar al lui Antonescu și Horia Sima. Am ciulit urechile, fiindcă în comunism – mânca-l-ar ciorile! – trăisem, pe legionari i-am cunoscut, dar de comunism legionar nu auzisem de când mama m-a făcut. Iată câteva rânduri luate dintr-o lucrare a lui Horia Sima, care arată din nou câtă dreptate avea Învățătorul, chiar atunci când făcea afirmații greu de crezut:

„La societatea „Mica" stăpânea, până la venirea noastră la conducere, Ion Gigurtu. Politica lui de salarizare a angajaților varia după importanța politică și socială a fiecărui grup. Era extrem de generos cu membrii Consiliului de Administrație, între care figurau de obicei oameni politici, cum era Octavian Goga. Plătea bine cadrul de conducere al întreprinderii, directori și ingineri superiori. Era destul de zgârcit cu micii funcționari, iar pe cei care se trudeau mai mult, pe muncitorii care scormoneau după aurul din mină, îi trata ca pe niște paria, plătindu-i mizerabil.

În timp ce se purta atât de hain cu muncitorii, a lăsat să se construiască pe o înălțime din apropierea Bradului un sanatoriu pentru tuberculoși, vrând să arate grija ce-o poartă muncitorimii. În loc de a le da salarii mai bune, pentru a nu deveni tuberculoși, le oferea camere de spital pentru a-și scuipa plămânii! Gigurtu se prefăcea pe deasupra că este un adept al mișcărilor naționaliste, când în realitate era un trimis al Regelui în mijlocul lor, pentru a le ține sub control, cu ajutorul mijloacelor de care dispunea. În vara anului 1940, și-a dezvăluit adevărata identitate politică: prea supus servitor al Majestății Sale. În criza care a precedat alungarea de pe tron a Regelui Carol, a cerut Generalului Antonescu „să tragă în legionari!".

După cuvântarea mea de la Brașov din 9 Octombrie, în care am denunțat atrocitățile maghiare din Ardealul de Nord, m-am repezit la Brad ca să rezolv la fața locului și problema acestor muncitori și le-am vorbit de pe o tribună improvizată. Am evocat lupta și sacrificiile Căpitanului pentru țara flămândă și goală, le-am explicat concepția lui despre drepturile și datoriile muncitorului și le-am amintit mila ce-o simțea pentru muncitorii care lucrează sub pământ, cărora trebuie să li se facă dreptate înaintea tuturor. Pentru asta am venit și eu în mijlocul lor ca să le aduc vestea cea bună că soarta lor se va schimba sub regimul legionar.

Mă uitam la ei, vreo două mii de oameni. Toți, fără excepție, aveau fețele supte și palide, privirea stinsă și spinările încovoiate înainte de vreme. Erau oameni între 20-40 de ani. La cuvintele mele, n-au răspuns nici cu aplauze și nici măcar cu aprobări din cap. Stăteau închiși în durerea lor. O mulțime apatică, fără interes. Un scepticism ancestral îi povățuia să nu mai creadă în nimeni. Veniseră atâția politicieni, în jurul alegerilor, promițându-le marea cu sarea, încât se îndoiau și de spusele mele.

Dar, de astă dată n-a fost așa. A doua zi li s-a anunțat de direcție urcarea salariilor. Până atunci un muncitor lucrând opt ore sub pământ, primea 45 de lei pe zi. Din acel moment salariile lor s-au dublat, ajungând la 90 de lei pe zi. Nu le venea sa creadă! Proporțional, s-au anunțat îmbunătățiri și pentru micii funcționari care erau cei mai năpăstuiți. M-am informat cu cât ar apăsa ridicările de salarii asupra bugetului întreprinderii. La un beneficiu net anual de 200 milioane... doar 6 milioane! Îi mai rămâneau direcției 194 de milioane anual pentru a le distribui acționarilor și politicienilor.

Un al treilea episod din viața muncitorimii române sub regimul legionar s-a petrecut la minele de cărbuni de la Petroșani. Într-o zi vine la mine la Președinție o delegație a minerilor de pe Valea Jiului, pentru a mă anunța că sunt deciși sa recurgă la grevă dacă nu li se aprobă măririle de salarii cerute de ei.

– Bine, le-am spus. Să vedem despre ce este vorba. Ce cereți?

Îmi expun doleanțele lor. O ridicare de salarii între 8-12 procente, după natura muncii prestate. Cererile lor nu numai că erau rezonabile, ci modeste, în comparație cu salariile mici pe care le primeau.

– Și pentru atâta lucru vreți să declarați grevă?

– Domnule Ministru, altă dată când am încercat să obținem îmbunătățiri și am făcut grevă, am fost împușcați.

– Acum vremurile s-au schimbat, dragii mei. Acum sunteți voi stăpâni pe țară, cu alți români, cu toți românii. A încetat exploatarea. Nu mai e nevoie să faceți grevă. Voi da dispoziții comisarului de românizare ca să vă împlinească îndată cererile, pe baza tabloului pregătit de voi.

Oamenii nu știau cum să-mi mulțumească. Așa ceva nu mai văzuseră.

La Reșița, controlată de Malaxa, la Hunedoara, la uzinele Nădrag, Călan și Titan, în industria petroliferă, prin același procedeu expeditiv, s-a ridicat simțitor nivelul de viață al muncitorului. Într-o vizită la IAR-Brașov, am ascultat cererile muncitorilor, prezentate de o delegație legionară, și l-am rugat pe Popescu-Botoșani, directorul întreprinderii, să le ia imediat în considerare...

Alături de mineri, cei mai nenorociți, cei mai dezavantajați de soartă, erau muncitorii și muncitoarele din fabricile de textile. Sub regimul nostru acești muncitori și-au recăpătat dreptul la viață. Cele mai multe din uzine erau în mâinile evreilor și aceștia nu se interesau decât de câștig, neîngrijindu-se de elementarele condiții de igienă. Localuri mizerabile, neaerisite, în care respirația era îngreunată și de praful și scamele ce se desprindeau din baloturile de lână și bumbac. Muncitorii textiliști erau total la discreția patronilor, care, prin mijloacele lor de corupție, aveau de partea lor, în conflictele ce se iveau, autoritățile Statului, de la jandarm până la așa zișii inspectori de la Ministerul Muncii.

Salariile erau fixate suveran de directorii întreprinderilor, fără posibilitatea vreunei contestații. Pe cât erau de mici aceste salarii, pe atâta se făceau și mai mici în anumite perioade ale anului, când fabrica nu lucra la randamentul maxim, deoarece stocurile fixate fuseseră atinse. Cei ce protestau, erau pur și simplu concediați și familiile lor rămâneau pe drumuri. Sub regimul nostru, aceste scene degradante nu s-au mai întâmplat. Prin măsurile luate, sub supravegherea Ministerului Muncii, s-au realizat îmbunătățiri substanțiale în scara de salarizare, în igiena localurilor, iar urâtele moravuri patronale de odinioară au dispărut.

Cu aceste măsuri, mișcarea a câștigat vertiginos în popularitate, iar comunismul și-a pierdut orice atracție în mase, fiind redus la o expresie inofensivă, a agitatorilor de profesie, înfeudați Rusiei bolșevice. După expulzarea noastră de la putere, Generalul Antonescu și exploatatorii care s-au concentrat în jurul lui ne-au acuzat că prin aceste ridicări substanțiale de salarii, mai ales în industria grea, am bolșevizat țara! Îi durea pe acești domni. În realitate am scăpat țara de bolșevism, ideologia comunistă pierzându-și mediul unde să se implanteze, mizeria maselor populare."

51 Pe marginea prăpastiei

Comunismul întotdeauna a însemnat chin și jale, sărăcie și lipsuri. Carol a lăsat un stat dezorganizat și corupt, visteria goală, vraiște și pârjol. Au venit legionarii, cu „comunismul" lor și au ridicat salariile muncitorilor. Măsura asta probabil că a dezechilibrat bugetul țării și mai mult. A mai dăruit și Generalul lui Hitler 100 de milioane de mărci. Să vedem totuși cum s-au descurcat legionarii cu finanțele țării. Iată un capitol scris de același Horia Sima, un autor pe care Învăță-torul, mai întâi, iar apoi și eu, l-am admirat din tot sufletul. Omul acesta scrie atât de logic și de cuprinzător, că nici nu mai ai nevoie să te documentezi din alte surse. Totul devine clar și frumos organizat, că nici nu mai trebuie să adaugi niciun cuvințel. Eu am prins mare drag să-l citez:

„În trei luni și jumătate de regim legionar s-au realizat mari îmbunătățiri în administrația publică, fapt cu atât mai vrednic de remarcat cu cât am guvernat în împrejurările catastrofale pe care le-am moștenit de la fostul regim. Cu granițele prăbușite, cu o treime din teritoriul național pier-dut, cu sute de mii de refugiați, cu un an agricol sărac, guvernul nostru, într-un timp record, a reușit nu numai să normalizeze situația economică a țării, dar să și prezinte la sfârșitul anului un bilanț excedentar, care întrecea toate așteptările.

Pentru a verifica acest fapt, avem la dispoziție chiar darea de seamă a Generalului Antonescu de la sfârșitul anului 1940, publicată sub numele de „Înfăptuirile guvernului de la 6 Septembrie la 31 Decembrie 1940". Această declarație oficială nu mai lasă niciun dubiu asupra rolului fecund și creator al legionarismului în viața de Stat. Vom extrage din acest document numai acele părti, vom selecționa numai acele realizări sociale și economice, numai acele „înfăptuiri" în care rolul mișcării a fost determinant în progresul realizat.

I. Refacerea agricolă a țarii.

Semănăturile de toamnă s-au realizat pe o suprafață de 2.389.555 hectare, față de numai 1.660.000 în anul 1939. Diferența este enormă, căci înseamnă un spor de 39 la sută. Pregătirea ogoarelor pentru însămânțările de primăvară însumează alte 1.300.000 hectare. Acest rezultat excepțional în agricultură se datorează prefecților legionari și organizațiilor noastre, care aveau ramificații până în ultimul cătun. Cuiburile de legionari i-au îndemnat și încurajat pe țărani să iasă la câmp cu plugurile și să lucreze din toate puterile pentru a nu lăsa niciun petec de pământ necultivat. Fără acest uriaș efort de ultimă oră, țara ar fi căzut pradă foametei în anul viitor.

II. Ridicarea nivelului de trai al muncitorimii.

În darea de seamă a Generalului se recunoaște că salariile muncitorilor s-au mărit sub regimul legionar, după regiuni, între 30 și 70 la sută. Și această „înfăptuire" este opera exclusivă a mișcării. Am arătat în capitolele anterioare cum am intervenit personal la marile întreprinderi pentru protecția muncitorimii și cum, paralel, Vasile Iasinschi, Ministrul Muncii, a fixat o scară de salarizare minimă pentru toate categoriile de lucrători.

III. *Ajutorarea populaţiei evacuate.*

Refugiaţii din Ardealul de Nord, din Bucovina de Nord şi din Basarabia au fost sprijiniţi de Stat în două feluri: prin ajutoare imediate, care li s-au acordat pentru a face faţă primelor nevoi, până vor putea sa-şi înjghebeze o nouă existenţă şi, în continuare, prin plasarea lor în funcţii şi munci corespunzătoare ocupaţiei lor anterioare, fie la Stat fie în întreprinderi particulare fie în agricultură. Pînă la 15 Noiembrie 1940, spune comunicatul, au fost repartizaţi în administraţia Statului cea mai mare parte a slujbaşilor din teritoriile pierdute: 32.231 de preoţi, învăţători şi funcţionari; 427 avocaţi au putut să-şi reia activitatea în diferite barouri, primind prime de aşezare; medicii şi farmaciştii au fost repartizaţi în noi posturi; ţăranilor refugiaţi li s-au pus la dispoziţie pământuri arabile din disponibilităţile Statului; studenţii şi-au găsit locuri în cămine, iar elevii au fost reintegraţi în diverse licee din ţară.

Toate aceste operaţii de aşezare a sutelor de mii de refugiaţi au căzut în sarcina miniştrilor legionari; Corneliu Georgescu, Subsecretar de Stat pentru Colonizare şi Populaţia Evacuată; Vasile Iasinschi, Ministrul Muncii, Sănătăţii şi Ocrotirilor Sociale; Traian Brăileanu, Ministrul Educaţiei Naţionale şi al Cultelor; General Petrovicescu, Ministrul de Interne. Toţi s-au achitat în mod strălucit de misiunea lor, rezolvând repede şi eficace toate problemele refugiaţilor.

IV. *Acţiunea „Ajutorului Legionar".*

Comunicatul face cunoscut că, pentru a uşura viaţa refugiaţilor, „Ajutorul legionar" a înfiinţat cantine cu preţ redus pe lângă fiecare Prefectură. Dar în afară de mesele plătite, „Ajutorul Legionar" a distribuit 500.000 de mese gratuite populaţiei lipsită de mijloace. Graţie mişcării legionare nu mai existau oameni care să moară de foame în România.

V. Exproprierea proprietăților rurale ale evreilor.

Generalul pune în contul „înfăptuirilor" guvernului și exproprierea a 56.430 hectare, a morilor și întreprinderilor forestiere aflate până atunci în stăpânirea evreilor. După cum am arătat mai sus, exproprierea bunurilor rurale evreiești se datorează inițiativei mișcării legionare. O parte a acestor bunuri a servit la reașezarea populației refugiate. Li s-au dat țăranilor pământuri arabile, iar alți refugiați au fost numiți funcționari la morile și întreprinderile forestiere expropriate.

VI. Excedent bugetar de 5.774.000.000.

Cum de s-a ajuns la aceste economii fabuloase într-un timp atât de scurt? Cum de s-a realizat acest miracol economic? Explicația ne-o dă tot comunicatul Generalului. Încasările Statului au crescut considerabil, exact imediat după instaurarea guvernului legionar. Iată cifrele comparative:

Septembrie 1940, s-au încasat 3.502.400.000 lei față de numai 2.768.800.000 lei în luna Septembrie a anului anterior, 1939.

Octombrie 1940, s-au încasat 3.874.260.000 lei față de numai 2.766.000.000 în Octombrie 1939. Și așa mai departe, plusul de încasări menținându-se la aproximativ un miliard de lei în lunile următoare. Am explicat, într-un capitol anterior, de unde a venit acest supliment de încasări în arca Statului.

Excedentul de 5.700.000.000 se mai datorează și severei administrații a banului public sub regimul legionar. Economiile realizate sunt imaginea fidelă a unor miniștri conștienți de răspunderea lor față de Stat.

Pentru toate aceste „înfăptuiri", Generalul n-a avut niciun cuvânt de recunoștință și mulțumire, nici când a publicat această dare de seamă și cu atât mai puțin mai târziu, când s-a despărțit de noi în modul odios în care a făcut-o, atacându-ne pe la spate. Şi-a însuşit aceste realizări ca si cum ar fi fost opera lui exclusivă, ignorând munca şi sacrificiile mişcării. Orice om cu mintea sănătoasă trebuie să se întrebe cum se poate ca o ţară aflată „în convulsiunile anarhiei" sau pe „marginea prăpastiei", după termenul predilect de mai târziu al generalului, să poată prezenta, într-un interval atât de scurt, un bilanţ economic atât de îmbucurător? Trebuie să presupunem că colaborarea mişcării la guvernare a reprezentat un coeficient de muncă intensivă, de sacrificiu zilnic şi de patriotism curat, pentru ca sa poată face acest salt impresionant în economie. Dacă acest ritm de guvernare ar fi continuat, s-ar fi creat din România o oază de prosperitate în Europa, cu toată calamitatea războiului.

În loc de a recunoaşte şi răsplăti munca noastră dezinteresată şi rodnică pentru neam, Generalul Antonescu, după ce a ajuns singurul stăpân al ţării, ne-a copleşit cu cele mai infame acuzaţii, care dovedesc josnicul său caracter. Noi am fost ca nişte soldaţi care am fost trimişi de Şeful Statului pentru a ocupa nişte poziţii economice înaintate, cu scopul de a feri patrimoniul naţional să nu cadă în mâna altor străini. Deşi înzestraţi cu mijloace precare, ne-am făcut datoria cum am putut, fiind convinşi că Generalul Antonescu împărtăşeşte aceleaşi îngrijorări pentru soarta economiei naţionale. Nu ne puteam imagina că mai târziu, renegându-şi propriile lui idei şi decizii, să ne dezavueze şi să ne acuze de săvârşirea unor fapte pe care el însuşi le ordonase. O asemenea mişelie era peste putinţa noastră să concepem. L-a întrecut chiar şi pe Regele Carol, care ne era cel puţin duşman declarat.

Generalul s-a ridicat pe mormintele noastre, ne-a invitat să participăm la laurii victoriei într-o guvernare comună, ne-a solicitat ca sub patronajul său să dăm bătălia de românizare a comerţului şi industriei, pentru ca apoi să facă stânga împrejur şi să apuce un alt drum, desolidarizându-se de noi şi de tot ce-am făcut împreună în domeniul românizării, sub propria lui conducere. Pentru a face pe placul evreilor şi pentru a capta bunăvoinţa Germanilor, ne-a azvârlit în rândurile celei mai josnice speţe de delicvenţi, acuzându-ne de furturi, violenţe şi însuşiri de bunuri străine, deşi ştia prea bine că n-au niciun fundament, cu circumstanţa agravantă că aceste presupuse „delicte" au fost acte care au emanat din tronul propriei lui autorităţi de Şef de Stat.

Această conduită dementă, această lipsă elementară de omenie faţă de nişte colaboratori loiali, nu putea duce decât la catastrofă. Au fost ofensate toate valorile morale şi politice ale naţiei noastre."

– Vreau doar să mai adaug, Ilarie, că legionarii, aflând de arestarea lui Antonescu, au condamnat vehement faptele petrecute la 23 august! Dacă ar fi fost mici la suflet, s-ar fi bucurat de arestarea unuia care ne-a trădat şi prigonit ca şi regele Carol. Dar legionarul priveşte istoria doar prin prisma naţiei şi, indiferent de ce are pe suflet, va respinge întotdeauna trădările de neam. Noi am fost singurii care, începând cu 24 august 1944 până azi, am calificat consecvent actul acela nenorocit drept trădare!

– Iar eu, Învăţătorule, la cinci minute după discursul regelui mi-am dat seama că *ceva e putred în Danemarca* şi m-am hotărât să-mi iau tălpăşiţa din faţa ruşilor!

II. ÎNSEMNĂRI DESPRE OAMENII ALEŞI

1 COPIII CA FLORILE

Pe vremea copilăriei mele, la noi în sat creșteau la fiecare casă patru, cinci sau chiar mai mulți copii. Erau pe la porți buchete de căpșoare, care erau privite de săteni cam ca florile de pe câmp. Dacă se întâlnea cu câte un prunc pe uliță, săteanul nu-l întreba cum îl cheamă, ci al cui este. Dacă i se spunea *al lui Vasile din capul satului*, săteanul era mulțumit, chiar dacă Vasile avea în curtea lui șapte copii. Floarea singură nu conta, doar rădăcina din care provenea. Creșteam deci fără personalitate proprie. Doar mamele ne știau după nume!

La mine, lucrurile s-au schimbat, după ce am salvat-o pe Natalița. Atunci am căpătat identitate proprie. Toți voiau să mă măsoare cu privirea, să mă pipăie. Cordonul ombilical care mă lega de tata la orice identificare sătească dispăruse, nu mai eram pruncul lui Gheorghe. La unșpe ani mă emancipasem, devenisem independent. Chiar și mersul mi se schimbase, începusem să umblu fudul și crăcănat, ca și când n-aș fi dus pe umeri același cap sec.

Dar au fost și aspecte pozitive. Fiindcă intervenția mea a fost o reușită, mai ales datorită Frăției de Cruce de la liceul Radu Negru, m-am trezit cu dorința aprigă de a ajunge elev al acestei școli, oricât de greu mi-ar fi fost. Apoi, a crescut în mine interesul pentru Mișcarea Legionară, despre care am început să mă documentez, citind tot ce-mi cădea sub ochi.

Legionar prea activ n-am putut fi, pentru că ședințele de cuib aveau loc sâmbăta seara, când eu fugeam de la Făgăraș cu sufletul la gură acasă, ca să-i ajut pe ai mei la munca câmpului. Tata, din cauza reumatismului căpătat în război, nu mai putea să-și miște o mână, așa că eu eram cel care coseam (cu coasa, nu cu acul!), depozitam fânul în șură, prășeam cucuruzul și cartofii, adunam recolta și o duceam acasă. Noroc cu vacanțele, altfel nu știu cum aș fi dovedit! Având eu viața împărțită între școală și casă, am putut fi mai mult cu sufletul decât cu trupul alături de Mișcare, fascinat de viața, lupta și personalitatea fără seamăn a Căpitanului.

Salut pe cei ce merg
spre marea biruință
legionară. Corneliu Z Codreanu
1938

Căpitanul

2 Corneliu se întoarce acasă

Când trenul a pornit din halta Creţeşti, Corneliu Codreanu şi-a tras valiza de lemn de deasupra capului şi a pornit spre capătul vagonului. Venea de la Târgovişte, de la liceul militar „Mănăstirea Dealu", unitate de elită a liceelor militare din ţară, unde era elev de patru ani. Împlinise şaptesprezece ani, era subţirel şi înalt iar uniforma de elev cu eghileţi, pantalon cu vipuşcă, veston cu nasturi metalici, centura albă cu pafta şi boneta cu stemă lăsată pe-o ureche, îi dădea un aer marţial, impunând respect celor din jur.

Corneliu se obişnuise deja cu astfel de reacţii, nu le mai lua în seamă. Iar acum, când se apropia de oraşul copilăriei lui, unde-l aşteptau mama şi puzderia de fraţi mai mici, parcă începuse să-l cuprindă nerăbdarea. De când nu-i mai văzuse? De la Crăciun. Iar acum era sfârşit de iunie. Dar iată că locomotiva a început să pufăie, trăgând vagoanele la deal. Încă un pic şi vor intra în pădurea Dobrina, unde s-a jucat de-atâtea ori de-a hoţii şi jandarmii, cu băieţii de pe strada lor, sau cu colegii de şcoală! Iată şi pârâul şi luminişul unde-şi făcuseră colibă! Inima începu să-i bată mai tare. După câteva minute, pădurea a rămas în urmă, deschizându-se ochilor panorama colinelor ce se întindeau până la malul Prutului. Iar jos, la picioarele dealului se zărea oraşul lui drag! Locomotiva a început să coboare serpentinele pe care le făcea calea ferată, mai întâi pe la poalele Lohanului, ca apoi, după mai multe ocolişuri, să poposească în gara Huşi.

A coborât grăbit, fără să privească la cei care aşteptau pe peron, fiindcă el nici nu-şi anunţase sosirea. Tatăl lui era concentrat şi era plecat de-acasă de doi ani iar mama, rămasă singură cu şase copii, avea destule pe cap şi aşa. El era fiul cel mare şi în vacanţa aceea era hotărât să fie sprijinul şi stâlpul casei, în locul tatălui. Pe măsură ce se apropia, îl copleșea emoția întâlnirii. Cât fusese departe de ai lui nu-i fusese dor, dar acum, un nod în gât i s-a pus când a intrat pe strada lor. Ajuns în dreptul casei, a zărit-o pe mama, care împreună cu Silvia, sora lui de paisprezece ani, întindeau rufe pe culme.

L-au zărit amândouă deodată, cum venea spre poartă și s-au repezit să-l întâmpine, Silvia cu ochii în lacrimi iar mama, ștergându-și mâinile ude de poala rochiei, arse de leșie și bătătorite de muncă.

– Dragul mamei, ai ajuns și tu în sfârșit acasă, după atât amar de vreme! Și ce-ai mai crescut!

Silvia, cu sfială, și-a îmbrățișat fratele, de care-i fusese atâta dor! În jurul lor au venit și cei mici, Ion de șapte, Cătălin de cinci și Decebal de trei ani. Toți trei făcuseră ochii mari, nefiind prea siguri dacă venise tata, fratele sau un militar străin de casa lor.

3 Ienăchiță & Co

Văcăreștii au fost un neam de boieri români de viță veche, cultivați și înzestrați cu multă sensibilitate poetică, așa după cum îi arată și numele. Cei mai cunoscuți dintre ei s-au făcut remarcați prin versurile lor bine ticluite. Iancu, căruia i se înmuia inima când îl copleșeau amintirile, a scris poezioare pastelate, cu gust de Bolintineanu:

> *Acolo am eu căscioară*
> *Pe un vârf de delișor*
> *Curge-n vale-i o apșoară*
> *Murmurând încetișor*

Dar are și surprinzătoare sclipiri de fin observator:

Lăsând ale lumei mare
Cinsti, nădejdi și fumuri seci
Amăgiri cu-ncredințare,
Vrăjmași calzi, prieteni reci.

Alt membru al familiei, Alecu, un admirator al frumuseții feminine, o măgulește atât de subtil pe iubita lui, încât ne zăpăcește chiar și pe noi, care n-am cunoscut-o:

Oglinda, când ți-ar arăta
Întreagă, frumusețea ta;
Atunci și tu ca mine
Te-ai închina la tine

Dintr-un asemenea trunchi plin de haruri, n-a mirat pe nimeni când a apărut o aschiuță, Elena, o tânără înzestrată nu numai cu talentul versificației, dar având și o minte scăpărătoare, cu o inteligență remarcabilă. Nu era agresiv de frumoasă, dar avea farmecul ei, cu care cucerea sufletele sensibile din jur. După ce a urmat cursuri de estetică, filozofie și istorie la Sorbona, revine în țară. Istețimea și felul ei distins de a se purta, au impresionat-o pe regina Elisabeta, care o aduce în suita ei. Elena ajunge preferata reginei, mai ales că aveau multe lucruri în comun și nu în ultimul rând, poezia. Regina Elisabeta, cu pseudonimul literar Carmen Sylva, scrisese cam așa:

Se face noapte-n jurul meu!
Eu pier în strângerea clipirii
Bătând din ostenite aripi
Topit de flacăra iubirii.

Iar Elena simțise și ea la fel:

În tot ce-i alb mi-am pus iubirea mea:
Zăpezi și flori plăpânde din livadă,
Dar florile-ncepură a cădea
Și în april nu mai găsești zăpadă.

Pe cât de sensibilă și romantică era regina, pe atât de bolovănos era regele Carol. Nu degeaba purta cizme prusace scorțoase, din piele de bovină. La el nimic nu conta, decât datoria. În ochii lui, doar munca de dimineața până seara era scopul vieții. Era aspru cu el și cu toți din jur și nu-și îngăduia nicio clipă de relaxare. Fiindcă nu avea urmaș la tron, l-a adus pe nepotul lui, Ferdinand Viktor Albert Meinrad de Hohenzollern pe lângă el, ca să-i fie demn urmaș la coroana țării. Ferdinand vine în România în 1889 și își începe ucenicia la aspra școală a unchiului, care va dura două decenii și jumătate. Cu toate astea, rămâne toată viața un timid, va iubi lectura și liniștea din bibliotecă. Cunoștințele lui de botanică erau atât de profunde, încât toți botaniști din București îi știau de frică, iar altă dată, la ruinele Histriei, a lăsat asistența fleașcă atunci când a descifrat, în prezența marelui istoric și arheolog Vasile Pârvan, câteva texte grecești de pe niște coloane aproape șterse de vreme.

Acesta era omul – diamant gata șlefuit – pe care regele Carol s-a străduit un sfert de secol să-l transforme într-un bolovan amorf. Căzut în România ca musca-n lapte, trist și însingurat, umbla fără rost pe coridoarele palatului Peleș, ca o a cincea roată la căruță, stârnind mila reginei, care l-a luat și pe el, copil de suflet, în suita ei. Acolo a cunoscut-o pe Elena Văcărescu. A fost o dragoste fulgerătoare, pe care regina a încurajat-o și a susținut-o pe cât i-a fost cu putință. Tot ea a aranjat logodna secretă a celor doi, în biblioteca castelului. Chiar și Carol la un moment dat, înduioșat de gânguritul celor doi guguștiuci, dar și din calcule politice, ar fi văzut cu ochi buni mezalianța.

Dar politicienii români, îndărătnici și obtuzi, nu și nu! *Că aiasta nu sî poati!* Ori coroana, ori cucoana! Bietului Ferdinand, i s-a dat posibilitatea să aleagă, dar în așa fel încât numai opțiunea coroanei să fie posibilă. Fire delicată, s-a lăsat înfrânt de tagma politicienilor, dar și obligat de simțul datoriei. Din acele clipe, inima lui s-a împietrit și de ea nu s-a mai lipit toată viața, niciun alt chip de femeie.

Avea să se lase căsătorit cu Maria, nepoata reginei Angliei și vară a țarului Rusiei, Alexandru al II-lea. Era o partidă strălucită pentru amândouă familiile, dar dragoste între ea și Ferdinand nu a fost. Maria, negăsind-o la rege, avea s-o caute pe de lături, la supușii lui. Iar Ferdinand, cu Elena în suflet, avea să-și macine tristețile și apoi chiar sănătatea, murind la 62 de ani, când alții, la vârsta asta, abia încep să trăiască.

Acesta este și momentul de vârf al casei regale, pentru că, vorba lui Marin Preda: Unde dragoste nu e, nimic nu e! Cu pustiitul suflet al lui Ferdinand, începe decăderea casei de Hohenzollern în România.

4 Treceți batalioane române Carpații

Era ziua de 15 August 1916, de Sfânta Maria, când Corneliu, abia trezit, tocmai citea un număr vechi din „Neamul Românesc", rămas de la tatăl lui, Ion Codreanu. Părintele lui se afla în zona Oituz, unde aștepta din moment în moment să primească ordinul să treacă Carpații, pentru eliberarea Ardealului. Nu apucase să parcurgă nici prima pagină, când toate clopotele orașului au început să bată în dungă, anunțând începerea războiului de întregire al neamului. După doi ani de neutralitate, România se hotărâse să intre în război de partea Antantei. Corneliu nu-și mai găsea locul, își face planuri, nu mai avea astâmpăr. Simțea în el chemarea:

Ardealul, Ardealul, Ardealul ne cheamă
Nădejdea e numai la noi
Sărută-ți copile părinții și frații
Și-apoi să mergem la război!

După trei zile pleacă să-și caute tatăl, cu gândul să lupte alături de el ca voluntar pentru eliberarea Ardealului. După multe zile, umblând din localitate în localitate, reușește să-i afle regimentul pe valea Oituzului. Ion Zelea Codreanu era comandantul unei companii, iar comandantul lui de regiment era colonelul Piperescu. Acesta, văzându-l pe Corneliu, a refuzat să-l primească ca voluntar, fiindcă era minor. Totuși fiul își urmează părintele și ia parte la lupte. În Munții Gurghiului, deasupra Sovatei, tatăl lui este rănit, dar refuză să fie evacuat, conducându-și cu bravură compania mai departe, în luptele sângeroase, care au urmat la Oituz.

Într-o noapte de octombrie, regimentul, cantonat în munții Brețcului, a primit ordin de luptă. Ofițerii tocmai își inspectau trupele și făceau ultimele pregătiri. Atunci Ion Zelea și-a luat fiul deoparte și i-a spus că, a avut o discuție cu colonelul care, știind că-i așteaptă lupte grele, nu dorea să-și ia asupră-și răspunderea pentru un minor. Apoi, cu inima grea, a mai adăugat că în cazul în care ar muri amândoi, ar lăsa-o pe biata mamă singură acasă, cu șase copii pe cap.

Corneliu a înțeles și a simțit totodată, cât de greu i-a venit tatălui să-l lase singur în pădure, la patruzeci de kilometri de prima gară. A predat carabina, și-a scos cele două cartușiere cu care era încins ca Simon Bolivar, bucuroşi amândoi că noaptea le ascundea lacrimile ce le lunecau pe obraz. În timp ce regimentul s-a pornit la drum, el a rămas singur, îndreptându-se spre vechea frontieră, ca să treacă în Moldova, la Oneşti, de unde putea lua trenul ca să ajungă, după două luni de pribegie, din nou acasă, la Huşi.

Corneliu urmase deja patru ani liceul militar „Mănăstirea Dealul" de lângă Târgovişte şi avea să mai facă încă trei, la Şcoala militară de la Botoşani, unde l-a prins sfârşitul războiului. În vara anului 1919 îşi ia bacalaureatul, iar în toamna aceluiaşi an se înscrie la Facultatea de Drept din Iaşi.

5 PERICOLUL COMUNIST

În Germania, unde suferinţele de pe urma războiului au fost dintre cele mai mari, agitatorii Karl Liebknecht şi Rosa Luxemburg au înfiinţat în 1918 soviete muncitoreşti, cu scopul de a crea un stat bolşevic. Liebknecht era marxist încă din cristelniţă, fiindcă drumul lui în viaţă nu putea fi altul, de vreme ce naşii lui de botez au fost evreii Karl Marx şi Friedrich Engels. Rosa Luxemburg era o evreică poloneză cu convingeri bolşevice, care venise în Germania să-i înveţe pe nemţi ce-i ordinea şi disciplina. Cu greu s-a putut înăbuşi această mişcare, pe care guvernul sovietic a sprijinit-o din toţi rărunchii. Ruşii plănuiau chiar să ocupe Polonia, ca să ajungă la graniţele Germaniei. De aici, ar fi putut învârti cu mai mult spor la mămăliga din ceaunul nemţilor, dar aceştia-vigilenţi – au pus mâna pe făcăleţ înaintea lor. Revoluţia germană a fost înfrântă, iar Liebknecht şi Rosa Luxemburg au fost executaţi, ca nişte trădători.

În Ungaria, alt aventurier de origine evreiască, Béla Kun, căzând prizonier la ruşi în 1916, este preluat şi şcolit de *NKVD*[1] şi apoi trimis în 1918 în Ungaria, ca să pună şi el de-o mămăligă bolşevică. Kun, ajutat de agitatorii şi spionii trimişi de Moscova, reuşeşte să înfiinţeze soviete şi mai apoi chiar să formeze un guvern comunist, – alcătuit aproape în întregime din miniştri de origine evreiască – care a naţionalizat după modelul fratelui mai mare băncile, întreprinderile din industrie şi fermele agricole. A fost înfiinţată chiar şi o Armată Roşie, cu care Béla Kun spera şi în care mulţi unguri vedeau, singura forţă capabilă să păstreze teritoriile fostului Imperiu Habsburgic la care ungurii visau, dar nu aveau nici forţa necesară şi nici legitimitate, acestea fiind locuite majoritar de alte naţionalităţi.

Constantin Pancu

---

[1] *NKVD* = Poliţia politică sovietică

6 Ciuma roşie ameninţă şi România

Ameninţarea ciumei roşii s-a dovedit la fel de periculoasă şi pentru România. Cu toate înfrângerile suferite, bolşevicii au uneltit mai departe cu înfrigurare, căutând să speculeze orice slăbiciune pentru a-şi putea atinge ţelurile. În timp ce o parte din trupele romane au reuşit să înfrângă revoluţia maghiară a lui Kun şi să înlocuiască steagul roşu de pe clădirea parlamentului din Budapesta cu steagul românesc – alături de care un mucalit de soldat român şi-a atârnat opincile – graniţa estică a ţării a trebuit să fie apărată de altă parte a armatei romane, deoarece Lenin dăduse un ultimatul României ca să-i cedeze Basarabia şi Bucovina. El plănuia chiar o invazie, dar luptele interne cu albii şi cu ucrainenii lui Petliura l-au silit să renunţe.

Ce pot bolşevicii s-a văzut în 1917, când Lenin i-a dat dispoziţie evreului Lev Davidovici Bronstein (Lev Troţki) să organizeze activităţi teroriste pe teritoriul României, unde se intenţiona instaurarea unei republici de tip sovietic. Se ştia deja şi cine va fi pus în fruntea acestui guvern bolşevic, după uciderea regelui Ferdinand: Cristian Racovski, Mihai Gheorghiu Bujor, Alecu Constantinescu, Ion Dissescu. Troţki trimite un comando, format din 80 de terorişti conduşi de Simion Rosal, care trebuiau mai întâi să-l asasineze pe generalul Dimitri Scerbacev, comandantul armatei imperiale ruseşti din Moldova. Atentatul eşuează, armata română intervine şi ia gara Socola – unde se baricadaseră teroriştii – cu asalt. Aceştia se predau aproape fără rezistenţă. Rosal va sfârşi executat, cu încă câţiva complici. Ceilalţi soldaţi sunt dezarmaţi şi trimişi – drept pedeapsă –înapoi de unde au venit, în raiul comunist.

Pe acest fond de nesiguranţă şi instabilitate, la Iaşi, valuri întregi de studenţi veniţi din Basarabia, printre care erau mulți evrei, au adus cu ei idei anarhiste, pe care nu numai că le-au răspândit în mediul studențesc, dar s-au și organizat în grupuri care defilau prin centrul orașului strigând „Jos Regele!, Jos Armata!, Trăiască Rusia sovietică!" Isteria bolșevică a cuprins și majoritatea profesorilor ieșeni, care considerau că ideile de dreapta, precum naționalismul sau biserica, erau noțiuni perimate. Profesorul de biologie Paul Bujor de la facultatea din Iași a avut chiar o intervenție în parlamentul României, în care a spus răspicat că pentru el „Lumina vine de la răsărit". Rusia fiind vecinul nostru de la răsărit, era clar ce voia Bujor să spună.

De muncitorime, nici nu mai e nevoie să amintim. Acolo revoluția era deja gata să dea în clocot. Nu se mai lucra aproape de loc, muncitorimea se ținea numai de ședințe, iar cozile de topor distrugeau mașinile și sabotau producția, ca mizeria crescândă să radicalizeze masele de muncitori și să-i împingă pe calea revoluției.

Această stare de spirit l-a îngrozit pe Corneliu Codreanu, care a simțit pericolul sovietizării țării. Studenții de dreapta erau puțini, strânși ca puii de cloșcă în jurul lui Alexandru C. Cuza, decan al Facultății de Drept și profesor de economie politică. Acești studenți erau ironizați, iar mai târziu chiar agresați de masa simpatizanților de stânga, conduși de studentul Lăbușcă de la Litere.

Codreanu intuise că dacă ar fi învins revoluția bolșevică „noi, poporul român, am fi fost exterminați fără milă, uciși sau deportați pe drumurile Siberiei: țarani, muncitori, intelectuali, cu toții de-a valma." Și atunci, s-a hotărât să-și caute aliați. La scurtă vreme după ce a ajuns student la Iași, a făcut cunoștință cu Constantin Pancu, un muncitor de vreo 40 de ani, pe care Codreanu îl descrie ca un om cu cap mare, cu brațe puternice și cu niște pumni ca două baroase. Pancu era un bun cunoscător al mişcării muncitoreşti, român verde, orator cu har, care ştia să spună în puţine cuvinte, esenţialul. De mulţi ani era preşedintele sindicatelor metalurgice. Ca să oprească alunecarea muncitorilor spre bolşevism, Pancu a înfiinţat Garda Conştiinţei Naţionale (GCN). Orice făcea Pancu, era privit de toată lumea cu multă admiraţie. El avea şi o forţă colosală, cu care, încă înainte de primul război mondial, se făcuse cunoscut şi stârnise admiraţia oraşului întreg.

Venise la Iaşi un circ, iar unul dintre cele mai gustate numere consta în înfruntarea unor luptători de diferite naţionalităţi: unguri, români, turci, ruşi. La una din reprezentaţii, după lupte succesive, în care învinşii au fost eliminaţi pe rând, a fost desemnat ca învingător un ungur. Publicul înfierbântat, era în delir. Dar iată că se ridică un spectator şi cere să lupte cu învingătorul. Cererea fiind aprobată de directorul circului, omul îşi leapădă haina şi lupta începe. În scurt timp, ungurul este pus la pământ, în ovaţiile spectatorilor. Învingătorul acela nu era altul decât Constantin Pancu.

GCN a pornit la drum cu Pancu şi Codreanu în frunte, reuşind în scurt timp să polarizeze toate forţele naţionaliste din oraş. GCN organiza întruniri săptămânale, la care numărul participanţilor a crescut năvalnic, de la câţiva rătăciţi care încăpeau într-o cameră, până la zece mii de membri adunaţi în Piaţa Unirii. GCN a avut acţiuni şi în alte oraşe moldovene şi basarabene, formând un zid împotriva bolşevismului, ce se întindea ca râia.

În februarie 1920 zvonurile despre declanşarea unei greve generale au devenit la Iaşi tot mai insistente. Mai apoi se aude că muncitorii de la Regia Monopolurilor au sfărmat tabloul regelui Ferdinand, suind în locul lui tabloul bărbosului Marx, iar pe acoperişul unei hale flutura deja drapelul roşu.

La Regie erau angajați peste o mie de muncitori. Membri GCN care lucrau acolo au fost insultați și loviți.

La auzul acestei vești, comitetul Gărzii s-a adunat la sfat. Cei mai curajoși și plini de inițiativă voiau să trimită o telegramă guvernului, dar Codreanu a propus un plan mai cuminte: să se ia mai bine cu asalt atelierele Regiei, opinie care a fost susținută și de Pancu. Erau vreo sută de oameni care au pornit cu drapelul românesc fluturând, cântând „Deșteaptă-te române". La poarta Regiei au dat peste cap câteva grupuri greviste, apoi Codreanu s-a urcat pe o scară de incendiu și-a înlocuit steagul roșu al revoluției, – pe care-l face ferfeniță – cu steagul tricolor. De-acolo de sus Codreanu, care deprinsese deja de la Pancu arta de a ține un discurs, începe să le vorbească muncitorilor. Apare însă armata și detașamentul Gărzii se retrage cântând. A fost o acțiune rapidă și decisă, care a ridicat popularitatea Gărzii Conștiinței Naționale la cote nebănuite. Dar greva continua totuși fiindcă armata, deși ocupase atelierele, nu era în stare să folosească *mijloacele de producție* ce le stăteau la dispoziție.

Atunci Garda caută și găsește patru sute de muncitori, cu care se repornește producția. După două săptămâni, mulți greviști cer să fie primiți iar la lucru. Greva fusese spartă iar pericolul roșu a fost pe moment înlăturat. Dar, după o lună izbucnește altă grevă la Atelierele CFR Nicolina, cea mai mare întreprindere din oraș, unde munceau peste patru mii de muncitori. După întreruperea activității, greviștii au părăsit atelierele și au ocupat terenul viran din preajma întreprinderii. Imediat și-au făcut apariția agitatorii, în frunte cu conducătorii muncitorimii ieșene, doctorul Ghelerter și aghiotantul său Gheler, care și-au stabilit aici cartierul general.

Garda strânge rândurile și cheamă prin manifeste pe toți românii adevărați în sala Principele Mircea, pentru a doua zi.

Acolo, după ce au vorbit Pancu şi Codreanu, pornesc cu hotărâre spre gară. Câţi puteau fi? Trei sute? Mergeau ca să înfrunte câteva mii de grevişti, care deja erau înarmaţi cu răngi, lanţuri şi bâte. Ajunşi la gară, rechiziţionează un tren şi pornesc. La un moment dat trenul opreşte, cineva schimbă macazul şi trenul intră pufăind în atelierele Nicolina, părăsite de muncitori.

Codreanu ia steagul tricolor şi-l înlocuieşte pe cel roşu, care flutura pe cea mai înaltă hală a fabricii. Izbucnesc uralele celor din curte, în timp ce greviştii de afară, prinzând de veste, urlă agitându-şi răngile şi bâtele şi promit o corecţie sângeroasă îndrăzneţilor. Când Codreanu ajunge jos, Pancu dă ordinul de plecare. La poartă însă mulţimea greviştilor se adunase deja, formând o masă compactă, ameninţătoare. Doctorul Ghelerter ordonă: „Să iasă în faţă Pancu şi Codreanu!" Tonul vocii lui nu prevestea nimic bun.

Câteva secunde, ambele grupări se înfruntă din priviri. Apoi Pancu iese – cu mişcări care dovedeau forţă şi siguranţă – în faţă, Codreanu se postează în stânga iar Mărgărint, un meseriaş dezgheţat, aflat mereu în preajma lui Pancu, la dreapta. Într-o tăcere mormântală, pornesc înainte cu hotărâre, urmaţi la zece metri de ceilalţi gardişti. Deşi ajung aproape să se frece de grevişti, toţi aceştia, ca paralizaţi, nu scot niciun sunet, nu fac niciun gest. Cei trei din faţă merg apăsat, cu capul sus, fără să privească înapoi. Doar la trecerea ultimilor gardişti se aud murmure, dar fără să se producă nici cea mai mică încăierare.

Aşa au reuşit să iasă din încercuire, ca printr-o minune. După nicio oră, Iaşul vuia de noua ispravă reuşită de Garda Conştiinţei Civice, povestea acestei acţiuni nemaiîntâlnite trecând cu repeziciune din gură-n gură, întinzându-se apoi în toată ţara. Mişcarea bolşevică învinsă la Iaşi, nu-şi va mai reveni din hibernare, decât când o vor trezi cu huruitul lor tancurile sovietice, peste douăzeci şi cinci de ani.

7 Carolică cel rău

Nu numai toată curtea regală, dar chiar şi mahalaua aflase că Ileana, al cincilea copil al regelui Ferdinand şi al reginei Maria era un pui de cuc, fiind de fapt al lui Barbu Ştirbey, amantul reginei Maria. Carolică cel rău, fiul cel mai mare al perechii regale nu pierdea nicio ocazie ca să n-o tachineze pe biata Ilenuţa. Privind pe fereastră, îi spunea mefistofelic copilei: „Uite-l pe tac-tu!" Când Ileana se urca pe un scăunel ca să privească şi ea în curte, în loc de Ferdinand îl vedea pe Barbu. Acesta era administratorul domeniilor regale, funcţie pe care o îndeplinea conştiincios şi cu mare tragere de inimă fiindcă-i oferea posibilitatea să apere cu mult devotament onoarea de familist a regelui Ferdinand.

Aceasta a fost prima răzbunare a dragostei neîmpărtăşite a Elenei Văcărescu. Dacă opincii valahe i-a fost interzisă pătrunderea prin uşa din faţă în genealogia de Hohenzollern, ea avea să intre pâş-pâş,– furişându-se şi sărind pârleazul – prin micuţa Ileana.

8 Hai la lupta cea mare!

Pentru Codreanu, victoriile repurtate asupra muncitorilor au avut un gust amar. El nu dorise ca românii să lupte contra românilor! Nu acesta era ţelul lui. *El nu venise la Iaşi ca să dezbine, ci ca să unească!* Multe seri au stat amândoi de vorbă, – Pancu şi Codreanu – privitor la ce trebuia întreprins, ca aceste situaţii să nu se mai repete, cu niciun chip. Amândoi au trecut la elaborarea unor norme, despre cum trebuia condusă mişcarea muncitorească pe viitor, ca şi muncitorul, acest oropsit al soartei, să-şi găsească locul lui în societate. Codreanu şi-a formulat ideile în puţine cuvinte, aşa acum îi dicta felul lui de-a fi:

„Nu-i de-ajuns să învingem comunismul. Trebuie să şi luptăm pentru dreptatea muncitorilor. Au dreptul la pâine şi dreptul la onoare. Trebuie să luptăm în contra partidelor oligarhice, creind organizaţii muncitoreşti naţionale care să-şi poată câştiga dreptatea în cadrul statului, nu în contra statului.

Nu admitem nimănui ca să caute şi să ridice pe pământul românesc alt steag decât acela al istoriei noastre naţionale. Oricâtă dreptate ar putea avea clasa muncitoare, nu-i admitem ca să se ridice peste şi împotriva hotarelor ţării. Nu va admite nimeni ca pentru pâinea ta să pustieşti şi să dai pe mâna unei naţii străine de bancheri şi cămătari, tot ce a agonisit truda de două ori milenară a unui neam de muncitori şi de viteji. Dreptatea ta, în cadrul dreptăţii neamului. Nu se admite ca pentru dreptatea ta să sfarmi în bucăţi dreptatea istorică a naţiei căreia îi apariţii.

Dar nici nu vom admite ca la adăpostul formulelor tricolore, să se instaleze o clasă oligarhică şi tiranică, pe spatele muncitorilor de toate categoriile şi să-i jupoaie literalmente de piele, fluturând prin văzduh necontenit: Patrie - pe care n-o iubesc - Dumnezeu - în care nu cred, - Biserică - în care nu intră niciodată, - şi Armată - pe care o trimit la război cu braţele goale.

Acestea sunt realităţi, care nu pot fi embleme pentru escrocherie politică în mâna unor scamatori imorali.“

Iată şi Crezul lui Pancu, publicat în ziarul *Conştiinţa*, de luni, 20 februarie 1920:

„Cred într-unul şi nedespărţit Stat Român de la Nistru la Tisa, cuprinzătorul tuturor Românilor şi numai al Românilor, iubitor de muncă, cinste şi în frica lui Dumnezeu cu durere de țară și neam. Dătătorul de drepturi egale, civile și politice la bărbați și femei. Protector al familiei, salariind funcționarii și muncitorii pe baza numărului de copii și pe baza muncii depuse, înțelegând cantitatea și calitatea, și într-unul Stat sprijinitor al armoniei sociale prin restrângerea numărului de grade; iar pe deasupra salariului socializând fabricile, proprietatea tuturor muncitorilor, și pământul distribuit tuturor plugarilor.

Repartizarea beneficiilor între patron (stat sau particular) și muncitori. Patronul (particular) pe lângă salarierea muncii sale va primi un procent descrescând proporțional cu mărimea capitalului. Și într-unul Stat asigurător al muncitorilor prin „fondul riscurilor". Întemeietor de depozite de hrană și îmbrăcăminte pentru muncitori și funcționari care organizați în sindicate naționale vor avea reprezentanți în comitetele administrative de pe lângă diferite instituții industriale, agricole și comerciale.

Și într-unul mare și puternic „părinte al muncitorilor" și Rege al țăranilor, Ferdinand, care pentru fericirea României totul a jertfit și care pentru mântuirea noastră una cu poporul s-a făcut. Care în fruntea oștilor de la Mărăști și Mărășești a biruit și care din nou cu dragoste și încredere se uită către ostașii ce-i datorează credință, și care vor găsi în cazărmi o adevărată școală a națiunii, pe care să o treacă în termenul de un an. Într-un tricolor înconjurat cu razele Socialismului Național-creștin, simbol de armonie între frații și surorile României Mari. Într-una Sfântă Biserică Creștină cu Preoți trăind din Evanghelie și care să se jertfească apostolește pentru luminarea celor mulți.

Mărturisesc alegerea miniștrilor de către Cameră, suprimarea Senatului, organizarea poliției rurale, impozitul progresiv pe venit, școli de agricultură și meserii la sate, *cercuşoare* pentru gospodine şi adulţi, aziluri pentru invalizi şi bătrâni, case naţionale, cercetarea paternităţii, aducerea legilor efectiv la cunoştinţa tuturor, încurajarea iniţiativei particulare în interesul Neamului şi dezvoltarea industriei casnice ţărăneşti.

Aştept învierea conştiinţei naţionale la cel din urmă păstor şi coborârea celor luminaţi în mijlocul celor trudiţi spre a-i întări şi ajuta în adevărata frăţie, temelia României de mâine. Amin!"

9 Mare şi tare

Pe la 16 ani, Carolică a fost văzut de mama sa, regina, cu o umflătură grozavă în partea din faţă a nădragilor. Temătoare ca să nu apuce pe căi greşite, ea i-a povestit, destul de îngrijorată, întâmplarea lui Ferdinand. Au căzut de acord amândoi că lui Carolică trebuiau să-i găsească o femeie, care să-l iniţieze în tainele amorului. Dar cum s-o găsească? Fiindcă era nevoie de o femeie cu experienţă, nici prea tânără, curăţică şi discretă.

Ferdinand căzu pe gânduri, pus în mare-ncurcătură. Pe cine să roage să-l ajute? Pe botaniştii care-l ocoleau? Ăia cunoşteau şi aşa doar fecundarea prin polenizare. Deodată, i-a apărut în minte chipul dramaturgului Alexandru Davila, cel care regizase nişte piese de teatru pentru casa regală. Cu aceste ocazii, văzuse cum roiau în jurul lui tot soiul de albinuţe nostime, cu care se avea foarte bine, deoarece le trăgea uneori câte o palmă de încurajare peste fund. Apoi, fusese directorul Teatrului Naţional, deci era om de vază, curtat de femei. Mai avea avantajul că era divorţat şi mai scrisese şi o piesă de teatru în prima tinereţe, intitulată „Fusta". Om mai potrivit să ducă la capăt o misiune delicată ca aceea, nici că s-ar fi putut găsi.

Davila găsește pentru Alteța sa regală persoana potrivită, seara o aduce pe femeie la palat pe ușa din dos, iar aceasta, conform înțelegerii, își face datoria o noapte întreagă, cum știa ea mai bine. Dimineața, Davila vine la palat să-și ia dama și s-o ducă la casa ei

Pe drum însă, dintr-o curiozitate firească de dramaturg care cunoștea intriga dar nu și deznodământul, începe s-o descoasă pe biata femeie, cum a fost și ce-a făcut. Dama, care nu era o începătoare, a dat un răspuns care l-a făcut pe Davila să-și scoată pălăria și să se scarpine după ceafă de mirare:

– Lasă-mă, nene Alecule, că m-a omorât! N-am putut închide-un ochi! Toată noaptea m-a hărțuit! Poți să-ți închipui că m-a deșelat de tot! Și mai avea nenorocitul și o trompă mare, cum n-am mai întâlnit în viața mea!

Mărimea cuculețului lui Carolică o băgase-n toți sperieții pe biata femeie! Dac-ar fi fost vorba de un client obișnuit, ar fi dat chiar bir cu fugiții! Argetoianu, – fost senator și prim ministru – amintește în memoriile sale că din acest punct de vedere, Carolică era *un fenomen al naturii!*

10 Mântuirea noastră este munca

O dată linia politică precizată, Pancu și Codreanu trec la înființarea unor sindicate naționale și a unui partid, denumit socialist național-creștin. Denumirea aceasta a fost adoptată doar pentru a o diferenția de socialismul bolșevic și nu avea nicio legătură cu național-socialismul german. În 1919, partidul care avea sa-l propulseze pe Hitler în fruntea Germaniei se numea Partidul Muncitoresc German. Pe vremea aia Adolf încă mai visa să devină pictor de tablouri pitorești, iar formarea convingerilor lui privind rasele superioare, – fiind foarte ocupat cu artele – o amânase pentru anii viitori. Nimeni nu prevedea atunci, în 1919, ce se va petrece cu Germania peste douăzeci de ani. Deci, numai un cap sec ar fi putut să-l acuze pe Codreanu că a înființat o formațiune politică după modelul național-socialismului german. Acesta pe vremea aia era încă sub cloșcă, nici nu ieșise din ou.

Confuzia asta își are probabil obârșia în faptul că svastica nazistă era înconjurată mai mereu de un cerc, iar în Crezul lui Pancu se vorbește de înființarea unor *cercușoare* pentru gospodine și adulți. Unor minți vigilente nu putea să le scape profunda înrudire de concepții și de ideologie între cele două partide și mișcări.

Iată un „Apel către meseriași, muncitori, soldați și țărani români" publicat în ziarul „Conștiința" din 30 august 1919, în care se văd clar sentimentele de care erau animați Pancu și Codreanu:

> „Fraților,
>
> După ani de groaznice lupte lumea sărbătorește pacea între oameni, conducătorii luminați din toate țările civilizate se silesc să înlăture războiul pentru asigurarea unei viețuiri pașnice în viitor.
>
> Dar iată că din răsărit se aud glasuri de ură care vădesc năzuința dușmanilor noștri de a ne sfâșia, prin învrăjbire și speculând neînțelegerile dintre noi. Din Rusia, stăpânită de întunericul învățăturilor greșite, pornesc îndemnuri de luptă și de uciderea fraților de același sânge.
>
> Din Ungaria, care-și plânge mărirea de altădată, se aud aceleași îndemnuri. Dușmanii din răsărit s-au unit cu cei din apus ca să tulbure liniștea noastră pentru ca apoi să ne poată

cotropi. Străinii de peste hotare încearcă să împartă paharul cu otravă între noi, prin înstrăinații care trăiesc la sânul țării noastre. Ei au cutezanța să spună că îndemnurile lor le fac în numele păcii, în numele dreptății și al libertății, în numele muncitorilor. Cuvântul lor e minciună, îndemnul lor e venin omorâtor, căci:

Ei zic că voiesc pacea, dar ei singuri o nimicesc omorând pe cei mai vrednici.

Cer libertatea, dar cu amenințări de moarte, silesc lumea să li se supună.

Doresc înfrățirea, dar ei seamănă ura, nedreptatea și desfrâul în mijlocul popoarelor.

Mai mult încă: ei zic că voiesc desființarea capitalului câștigat prin sudoarea frunții.

Ne spun că nu voiesc războiul dar ei se războiesc.

Cer desființarea armatei, dar ei se înarmează. Ne îndeamnă să aruncăm steagul tricolor, dar voiesc să ridice în locul lui steagul roșu al urii. Să nu dați crezare manifestelor și îndemnurilor lor precum n-ați dat crezare manifestelor dușmane când luptați la Oituz, Mărăști și Mărășești.

Datoria oricărui bun Român este de a se îngriji ca și pe viitor sămânța neînțelegerii, pe care o încearcă să o arunce între noi, să nu prindă rădăcini.

Desăvârșiți lucrul început prin munca și cinstea voastră. Dușmanii voștri sunt: lenea, ura și necinstea care domnesc peste hotare și care ne amenință și pe noi.

Fiți cu luare aminte! Păstrați-vă sufletul curat, nu uitați că mântuirea noastră este munca, unirea și cinstea."

11 Cu pană la pălărie

În vara lui 1918 Carolică, mare vânător de munte cu pană
la pălărie, era încartiruit la Târgu Neamţ de unde, în locul
piscurilor munţilor Carpaţi, prefera „ pe gutuie să se suie".
Carolică era speranţa ţării, – ca urmaş la tron – şi beleaua
familiei, care-i vedeau cel mai bine defectele şi imaturitatea.
Se părea că tot ce era bun la el, se concentrase în partea infe-
rioară a trupului. Partea de sus rămăsese seacă, deşi prost nu
era de loc! Avea şi un comportament împănat cu elemente
folclorice, care l-a făcut o dată pe taică-său, regele Ferdinand,
să spună că „minte şi înjură ca un român!"

Era comandantul onorific al regimentului „Regina Elisa-
beta", de unde fugea de două-trei ori pe săptămână la Zizi
Lambrino, ultima lui cucerire. În noaptea de 27 spre 28 au-
gust 1918 doarme la Zizi, apoi împreună cu prietenul Henri
Serdici de Golobardo şi cu şoferul pornesc cu automobilul
spre Odessa. Vremea era mohorâtă, plouase, norii se târau
pe cerul întunecat iar drumul plin de hârtoape, devenise lu-
necos şi înşelător.

Carolică trecuse la volan, Zizi stătea lângă el, iar Serdici
şi şoferul în spate, pierduţi printre bagajele care nu mai avu-
seseră loc în portbagaj. Şoferul avea şi o cutie de carton în
braţe, de care Zizi îl atenţionase să aibă mare grijă! Acolo
avea rochia ei de mireasă, cusută chiar de mâna ei. Carolică
hotărâse să se căsătorească cu Zizi la Odessa, – unde urma să
aibă loc cununia religioasă –, fără acordul familiei regale, care
în cazul lui era obligatoriu.

Cu această unică lovitură, croitoraşul nostru cel viteaz
reuşea să comită patru neghiobii deodată. Dezertase, putând
fi dat pe mâna Curţii Marţiale pentru trădare; se căsătorea cu
o româncă, încălcând astfel regulile moştenitorilor regali, ceea

ce ar fi trebuit să-i aducă dezmoştenirea şi intra pe teritoriul Imperiului Habsburgic, stat cu care România era pe picior de război, existând posibilitatea să fie luat drept spion şi arestat.

El însă nu era de loc îngrijorat. Îmbrăcase o uniformă de ofiţer rus şi asta-i dădea impresia c-ar fi pe jumătate Rasputin. Cea inferioară, desigur. De asta era şi cel mai vesel dintre toţi patru. Fiindcă chiar şi Zizi – cap de gâscă –, vedea pericolele întreprinderii lor. Carolică, care se credea şi mare şofer, sucea de volan de parcă învârtea o mămăligă, făcând apa bălţilor să sară de sub roţi în jerbe. Drumul desfundat era plin de gropi în care băltea apa, cu şleauri înşelătoare de la căruţele ţărăneşti şi presărat cu balegi proaspete pe care roţile le aruncau până pe parbriz şi pe capotă. Şoferului în spate i se făcuse rău de la zdruncinături şi-l înjura în gând pe idiotul de la volan, care gonea de parcă voia cu tot dinadinsul să-i strice lui maşina.

Carolică însă angaja vehiculul în derapaje şi-l sălta prin gropi nu ca să-l strice, ci doar ca s-o dispună pe Zizi, care speriată că rămâne nemăritată, îi mai domolea elanul şi-l ruga, izmenindu-se, să meargă mai... *înşetişor*. Doar Serdici stătea nemişcat, cufundat în gânduri şi părea că nu vede şi nu aude nimic.

El scosese paşapoartele pe nume false, pentru Carol şi Zizi, pe care-i făcuse fraţi şi care mergeau, chipurile, cu el la Odessa, ca să-i fie martori la cununia lui, cu o fată de acolo. Erau minciuni bine ticluite, aşa că ar fi trebuit să meargă totul strună, dar el simţea totuşi pe lângă prietenia pentru Carol şi un sentiment de vinovăţie faţă de familia regală. Dar firul gândurilor lui vor fi întrerupte de şoferul care, prea avântat, pierde controlul automobilului şi-l înfundă într-o baltă din mijlocul drumului, unde rămâne definitiv împotmolit.

Se duc în primul sat unde un evreu ţinea hotel. Acesta, în timp ce-i cerceta pe sub sprâncene, le face rost de o căruţă, care-i duce pe cei trei la gara Pârlita. Şoferul, pufnind și bufnind, rămâne să scoată automobilul din noroi. Aici se dovedește din nou util hangiul, care procură o pereche de boi, cu care șoferul reușește să-și despotmolească automobilul.

Carolică, Zizi și prietenul lor Serdici, călătoresc mai departe cu trenul până la Bender. La trecerea graniței spre Ucraina, care era ocupată pe atunci de Puterile Centrale, vameșii români delăsători, nici nu-i bagă în seamă pe fugari, dar vameșii austrieci, cu meticulozitatea lor specific germană, îl recunosc pe moștenitorul tronului României. Tratamentul generalului Zeidler este unul plin de curtoazie, acesta le permite fugarilor să meargă la Odessa, unde le rezervă chiar și camere la hotelul Bristol. Aici, pe 31 august, popa Șarovski de la biserica Pokrovskaia îi va cununa pe cei doi, spre marea satisfacție a presei austriece, care găsise în eveniment o bună ocazie de a bârfi coroana României.

Țara era devastată de război, sacrificiile fuseseră enorme, distrugerile imense, iar prințul – moștenitorul tronului României – dezertase, fugind pe teritoriul dușman ca să-și încrucișeze Cocoșelul cu *Păsărica*[1]. Normal ar fi trebuit să fie dezmoștenit și dat pe mâna tribunalului militar pentru trădare. Iar regina Maria, dacă ar fi fost româncă, i-ar fi tras două perechi de palme, spunându-i: „De ești tu acela, nu-ți sunt mumă eu!" Dar ea săraca, englezoaică fiind, nu aflase de Bolintineanu și i-a luat apărarea pezevenchiului cu multă energie. Din respect pentru ea, Carolică a fost condamnat doar la 75 de zile de arest la mănăstirea Horaița de lângă Bicaz. Ca să nu sară pe măicuțe sau să dea foc la mănăstire, familia regală, grijulie din cale-afară, îi aduce zevzecului și-o metresă, – pe Marie Martini – ca să aibă Carolică cu cine se zbengui în lunga lui *detențiune*. Dar poate că asta a fost singura cale prin care vor fi scăpat măicuțele și mănăstirea de o pângărire și mai mare.

---

[1] Păsărica era numele de alint pe care i-l dăduse Carolică lui Zizi

Mama lui însă, cu toate că i-a luat apărarea, știa foarte bine ce pramatie crescuse: „Ți-ai renegat țara, surorile și fratele, tradițiile și datoria într-o vreme când, mai mult decât oricând în istorie, România avea nevoie de conducători. Când ți-a venit mai bine, ai lăsat totul baltă, nesinchisindu-te de răul pe care îl făceai și, sub înrâurirea altora, ai uneltit cu socialiștii, în speranța că astfel îi slăbești tatălui tău poziția.“

Cea de-a patra prostie făcută dintr-o singură mișcare de necugetatul prinț, a fost aceea că își făcuse tot neamul lui regesc de râsul curcilor! Era a doua răzbunare a dragostei neîmplinite a Elenei Văcărescu. Soarta a mușcat adânc, pricopsind familia regală cu un moștenitor al tronului căruia i se potrivesc atât de bine cuvintele generalului Averescu, de parcă atunci când le-a spus era cu gândul la el: „În românește creațiunea lipsită de viabilitate se numește stârpitură, iar pe franțuzește avorton.“

Zizi Lambrino a fost mai întâi surghiunită la o moșie de-a familiei ei, apoi în străinătate, urmând același destin și aceeași cale cu înaintașa ei, Elena Văcărescu. Elena fusese și ea obligată să plece în exil, în Italia mai întâi, apoi la Paris, unde prin tot ceea ce a făcut s-a dovedit a fi o româncă de suflet, aducând mari servicii României. Pentru aceste merite a fost socotită, pe bună dreptate, executoarea testamentului în versuri a înaintașului ei, Ienăchiță Văcărescu:

> *Urmașilor mei Văcărești*
> *Las vouă moștenire*
> *Creșterea limbii românești*
> *Și a patriei cinstire.*

12 Ciomăgit de 300 de inşi

Pe Corneliu Codreanu, atunci când pornea la luptă, nu l-a interesat niciodată numărul duşmanilor. El nu se întreba câţi sunt, ci cum să-i înfrângă! Şi a fost mereu victorios, deşi întotdeauna s-a aflat în inferioritate numerică.

La începutul anului universitar 1920, colegiul universităţii din Iaşi hotărăşte ca deschiderea cursurilor să se facă fără slujba religioasă, slujbă nelipsită de la începutul fiecărui an universitar, de când exista această universitate pe lume. Codreanu se revoltă, protestează contra ruşinoasei încălcări a tradiţiei, dar decizia rămâne neschimbată.

În dimineaţa respectivă, ajuns de la ora şase la universitate, Corneliu pune un afiş pe uşa principală de la intrare – scris cu creion roşu, ca să-l citească şi studenţii bolşevici cu plăcere – prin care anunţa pe toată lumea că universitatea nu se va deschide, decât în urma unei slujbe religioase. De ce? Fiindcă aşa voia el! Pe la ora opt încep să vină studenţii, dar Codreanu nu-i lasă să intre. A ţinut piept unui număr de vreo trei sute de studenţi, o oră şi jumătate până când aceştia, considerând că s-au adunat destui, l-au luat pe sus, l-au bătut cu bastoanele şi cu pumnii, l-au înjurat şi scuipat. „N-am putut riposta, pentru că am fost împins şi lovit din toate părţile mai bine de o jumătate de oră!" avea să spună Codreanu mai târziu, ca un fel de scuză că s-a lăsat bătut şi îmbrâncit. Adică pe când îl bumbăceau din toate părţile trei sute de adversari, el îşi frământa mintea cum să riposteze!

Se părea că bătălia era iremediabil pierdută dar colegiul, speriat de zarva creată de opoziţia disperată a lui Codreanu, revine asupra deciziei, anunţând că deschiderea universităţii se va face la o dată ulterioară, dar neapărat cu serviciu religios.

13 Oameni Aleşi

1917 – când bolşevimea a ajuns la putere în Rusia – a fost socotit anul în care Diavolul a coborât pe pământ. Bolşevicii au devenit ucenicii lui, pentru că au luat toate învăţăturile lui Hristos, le-au întors pe dos – răstălmăcindu-le – şi le-au aplicat apoi cu atâta strășnicie, încât au devenit cei mai mari criminali din istorie, specialişti desăvârşiţi în minciună, dezinformare şi manipulare. Şi ca nişte ucenici devotaţi ce erau, nu puteau să nu-şi însuşească dorinţa cea mai mare a mentorului lor cu coada îmbârligată, aceea de a vedea întreaga omenire închinându-li-se lor.

Acestui plan drăcesc i s-a opus bunul Dumnezeu. Deşi de multe ori şi-a deplâns proasta inspiraţie de a-l fi făcut pe om, el nu l-a abandonat, ci a încercat mereu să-l aducă pe calea cea bună. Ştiindu-l slab şi fără minte multă, a înţeles că lupta asta cu comunismul pervers va fi pierdută dinainte, dacă nu intervine el personal. Aşa se face că a întocmit planuri cereşti de stăvilire, pe care le-a dat unor Oameni Aleşi să le ducă la îndeplinire. Desigur că acestora le-a pus toată logistica lui la dispoziţie, formată din *legiunile* nevăzute ale cerului – îngeri, serafimi, heruvimi, arhangheli –, ca să poată să-şi îndeplinească misiunea de a opri comunismul şi de a-l înfrâna pe Satan, care începuse să-şi extindă mult prea mult influenţa nefastă asupra omenirii.

Am fost şi eu o dată într-o misiune de felul acesta şi ştiu în ce stare de imponderabilitate te transpui. Gloanţele nu te ating, tot ce faci – chiar dacă faci prost după regulile omeneşti – iese bine, animalele şi gâzele te ajută, duşmanii nu pot să-ţi facă nimic, gândurile tale nu mai sunt ale tale ci eşti dirijat de sus, puterile ţi se înzecesc ca să poţi realiza lucruri imposibile oamenilor obişnuiţi – precum s-a întâmplat cu David când l-a învins pe Goliat – astfel că nici nu poți să nu-ți îndeplinești misiunea. Ăsta este și criteriul după care, cei ce nu-i pot recunoaște pe cei Aleși după semnele exterioare, pot totuși să-i identifice, analizându-le faptele.

După ce-a ieșit de sub pavăza cerească, cel Ales se întoarce din nou la viața lui obișnuită. Doar că după ce l-a atins EL cu harul lui, rămâne cu un fel de nimb luminos în jurul capului, sau – cum am pățit eu în copilărie, când am prins pe islaz un fluture rar, un Cap de Mort – cu un praf de aur pe degete. Nu orice năvleg poate citi asemenea semne. Eu însă – trecând printr-o experiență asemănătoare – îi miros pe cei cu praf de aur pe degete de la o poștă.

14 Le era teamă nu de noi

Bătăliile de la Regia Monopolurilor Statului și de la Atelierele Nicolina au fost câștigate în inferioritate numerică, la un raport de forțe complet defavorabil grupurilor din care făcea parte Codreanu. Dar el, plin de modestie, avea să spună ceva mai târziu: „Adversarilor le era teamă nu de noi, ci de hotărârea noastră."

Și într-adevăr, dușmanii românismului din Iași aveau de ce să se teamă, pentru că grupul lui Codreanu, care crescuse între timp la patruzeci de studenți, a început să câștige bătălie după bătălie. Au declarat studenții comuniști grevă universitară? Echipa lui Codreanu a făcut de strajă la cantină, obligându-i să facă și greva foamei. După două zile, cu burta lipită de spate, greviștii au cedat. Au început studenții bolșevizați să poarte prin oraș în mod ostentativ șepci rusești de proletari? Echipa lui Codreanu le-a confiscat pe toate, apoi le-a dat foc în Piața Unirii.

După o săptămână, toți studenții lui Lăbușcă au rămas cu capul și mai gol, fiind puși cu botul pe labe. Iar când presa evreiască a atacat bazele statului român, adică armata, biserica și pe rege, studenții lui Codreanu au dat buzna în tipografiile cu pricina și au distrus șpalturile și tiparnițele. Asta a fost deja prea mult pentru dulcea societate ieșeană. Influențați de presa evreiască, dezlănțuită contra celui care era capul tuturor acestor dezordini, senatul universitar decide excluderea lui Codreanu din universitate, fără ca acesta să fie audiat măcar.

Dar consiliul Facultății de Drept se opune acestei decizii. Și fiindcă senatul nu cedează cu niciun chip, Facultatea de Drept se declară independentă și-și retrage reprezentantul din senatul universitar. Așa a putut Corneliu Zelea Codreanu să-și termine facultatea: printr-o minune!

Josef Pilsudski

15 Nebunului îi vine mintea la cap!

Unul dintre Oamenii Aleşi a fost şi Josef Pilsudski. El s-a născut la 5 decembrie 1867 şi a crescut într-o familie cu 12 copii. Înainte de anul 1918, Polonia nu exista ca stat independent, fiind împărţită încă de la 1795 între Rusia, Germania şi Imperiul Habsburgic. De asta nu e de mirare că sentimentele tineretului polonez pentru Rusia numai prieteneşti nu erau. În 1887 un frate de-al lui Josef Pilsudski unelteşte şi este şi Josef acuzat odată cu el, c-ar fi complotat în vederea asasinării ţarului Alexandru al III-lea. Pentru asta, fratele este deportat cincisprezece, iar Josef cinci ani în Siberia, ca să le vină mintea la cap.

A fost deţinut mai întâi în lagărul de la Kirensk, pe râul Lena, apoi la Tunka. În drum spre Siberia, este internat provizoriu în lagărul de la Irkuţk. Aici se produce un conflict între un deţinut şi gardieni. Pilsudski se vâră şi el în învălmăşeală, din care va ieşi cu doi dinţi mai puţin. Pentru participarea la un conflict care nu-l privea, avea să fie ţinut jumătate de an într-un fel de Zarcă siberiană, unde temperatura din timpul nopţii scădea până la minus patruzeci de grade. Din cauza frigului, va căpăta o răceală care l-a adus pe marginea gropii. Se va reface, dar va rămâne sensibil la frig pentru toată viaţa.

Din Siberia, deţinuţilor care-au îndrăznit doar să se uite chiorâş la tabloul tătucului, nu li se mai întorcea nici numele! El însă s-a întors – chiar mai necuminţit de cum plecase – ca să fie coautor la înfiinţarea unui Partidul socialist (Polish Socialist Party- PPS)! Mai scoate şi un ziar subversiv pe deasupra, *Robotnik*[1]. În 1900 redacţia ziarului este descoperită de poliţia ţaristă, iar Josef este închis în închisoarea din Citadela Varşoviei. Aici, simulând nebunia, obţine transferul

---

[1] Robotnik = Muncitorul

dintr-o închisoare de maximă siguranţă, într-un ospiciu de mare nesiguranţă din Sankt Petersburg, de unde reuşeşte să evadeze în anul 1901. Imediat îşi va relua activitatea de revoluţionar cu şi mai multă energie.

În timp ce toate partidele şi formaţiunile politice din regiunile poloneze aflate sub ocupaţia rusă şi din Lituania se mulţumeau să negocieze cu Rusia ţaristă o independenţă limitată, singura formaţiune care şi-a propus obţinerea independenţei totale a Poloniei de sub ciubota rusească chiar prin violenţă, a fost aripa PPS condusă de Pilsudski. În acest scop, la izbucnirea războiului ruso-japonez din 1904, călătoreşte în Japonia, sperând ca să poată convinge guvernul japonez să fie de acord să-l lase să organizeze o Legiune cu soldaţii polonezi care, siliţi să lupte alături de trupele ţariste, căzuseră prizonieri la japonezi.

Japonezii n-au fost de acord cu ideea aceasta, dar l-au sprijinit pe Pilsudski ca să obţină arme şi muniţii pentru planurile lui. În anul 1904, Pilsudski va înfiinţa o organizaţie paramilitară (bojowki), cu scopul de a lupta cu arma în mână împotriva ruşilor. Deoarece la manifestaţiile din ziua de 18 octombrie care au avut loc la Varşovia, contra demonstranţilor au intervenit trupele de cazaci, la o manifestaţie similară, pe 13 noiembrie, bojowki deschid focul contra poliţiei şi trupelor ruseşti. Apoi trec la pedepsirea informatorilor şi trădătorilor de care se serveau ruşii, ca la începutul anului 1905 să pună la cale atentate contra unor ofiţeri ruşi. Când izbucneşte revoluţia din 1905 în Rusia, Pilsudski reuşeşte să organizeze o grevă a muncitorilor polonezi la care au participat patru sute de mii de grevişti.

El şi-a dat seama că în curând va izbucni un război şi acesta ar putea fi un bun prilej pentru formarea unui stat polonez independent. Era însă nevoie de ofiţeri destoinici,

care să poată conduce, atunci când va veni vremea, ostaşii
polonezi la victorie. Cu sprijin austriac, reuşeşte să organi-
zeze la Cracovia o şcoală pentru instruirea unor unităţi pa-
ramilitare. Doar după câteva luni reuşeşte să formeze opt
sute de combatanţi care, organizaţi în echipe de câte cinci
persoane, vor omorî 336 de ofiţeri şi oficialităţi ruseşti. În
anul 1908, numărul celor instruiţi la şcoala militară din Cra-
covia se va ridica la 2000 de combatanţi.

Teoria ca teoria, dar practica ne omoară, spune o vorbă
din bătrâni. Pilsudski cunoştea şi el înţelepciunea populară
şi s-a decis să se ocupe şi mai intens de latura practică a com-
batanţilor săi, absolvenţi ai şcolii din Cracovia. Ca să-i pună
la încercare, Pilsudski organizează jefuirea unui tren poştal
rusesc, care transporta o mare sumă de bani de la Varşovia
la Sankt Petersburg. Pilsudski cunoştea ruta asta ca pe buzu-
narele lui, deoarece fusese dus cu opt ani în urmă, ca deţinut
nebun din puşcăria varşoviană, în ospiciul de la Sankt Pe-
tersburg. De asta a preluat conducerea grupului care urma să
dea lovitura. În noaptea de 26/27 septembrie 1908, lângă
Vilnius, vor reuşi să devalizeze trenul, ca nişte gangsteri pro-
fesionişti, la ora când Al Capone în pantaloni scurţi, prindea
muşte în frizeria lui tata Gabriel.

Suma pe care au jefuit-o a fost de 200.812 ruble, bani cu
care se putea finanţa instruirea altor combatanţi pe o durată
de doi ani. Polonia nu exista, armata poloneză nici atât, dar
Omul Ales pregătea ofiţeri şi combatanţi, cu mulţi ani înainte
de a fi necesari. O acţiune la fel de lipsită de sens la data în-
făptuirii ei, ca şi construcţia Arcei lui Noe înainte de potop.

Aceşti ofiţeri vor forma apoi *Legiunea poloneză*, legiune
care a luptat împotriva Rusiei bolşevice în primul război
mondial. În luna noiembrie 1918, printr-un complex ciudat
de împrejurări, ajunge comandant suprem al armatei şi

conducătorul Poloniei renăscute. În 1919 izbucnește războiul ruso-polon. După succese poloneze inițiale, soarta războiului se întoarce și trupele rusești ajung până la porțile Varșoviei. Mareșalul Pilsudski, deși nu urmase nicio școală militară – el încercase să devină medic – neavând habar de strategia și tactica războiului, întocmește un plan propriu – din cuțite și pahară –, care trebuia să ducă în opinia lui, la înfrângerea trupelor rusești și alungarea lor de pe teritoriul polonez.

Toți strategii militari s-au luat cu mâinile de păr și-au început să se dea cu capul de pereți, când au văzut planurile doctorașului. Chiar și răcanii s-au opus la începuturi cu îndărătnicie, refuzând să execute ordinele mareșalului. Grav a fost și faptul că spionii ruși au aflat și au informat exact și la timp comandamentul sovietic de intențiile polonezilor, dar când au analizat planul, generalii sovietici au constatat că aiureala aia era atât de gogonată și de nelalocul ei, încât au considerat-o o încercare de diversiune a vreunui *nebun* și nu i-au dat nicio importanță.

Dar în timpul acestei încleștări cu Diavolul, mâna Domnului a apărut de mai multe ori de partea polonezilor. Astfel, în plină ofensivă sovietică, regimentul de ulani 203 străpunge liniile bolșevice și reușește să distrugă sistemul de transmisiuni radio al comandamentului sovietic. Rușilor le-a rămas în funcțiune doar un singur emițător. Pentru ca ordinele comandantului suprem bolșevic Tuhacevski să nu mai ajungă la trupe, polonezii pun un post de radio puternic să emită pe frecvența rușilor – zi și noapte –, textul biblic al Genezei din Vechiul Testament, în polonă și latină.

Geneza sau *Facerea Lumii* are un verset care se referă la o hotărâre a babilonienilor de a ridica un turn până la cer. Bunul Dumnezeu nu s-a temut de asta, putea să-i dea un bobârnac, sau să tune peste ei, sau să-i trăznească. Pe el însă l-a mâniat trufia lor! Şi totuşi, negru de supărare cum era, n-a ales răzbunarea. Asta a lăsat-o pe seama proştilor. S-a gândit în loc de asta, să recurgă la o metodă psihologică de mare fineţe şi plină de har dumnezeiesc.

Aşa că Bunul Dumnezeu, întocmind planul de acţiune, va spune armatei cereşti care-l înconjura: „Haidem să ne pogorâm şi să le încurcăm acolo limba, ca să nu-şi mai înţeleagă vorba unii altora!" Din clipa în care această frază a fost emisă de staţia de radio poloneză, ruşilor li s-au încurcat limbile, de nu s-au mai putut înţelege între ei.

Armatele bolşevice 3, 4 şi 15 pornesc la atacul Varşoviei pe direcţia nord, dar Armata lui Sikorski formată din 5 divizii rezistă, ca şi cele 10 divizii ale lui Haller, aflate la mijloc, sub focul armatei 16 sovietice. La sud, conform planului lui Pilsudski, urma să contraatace grupul lui, format din 5 divizii, care trebuiau să învingă o grupă de care se temea cumplit, condusă de Budionîi. Aici limbile ruşilor s-au încurcat pentru prima dată, pentru că în loc să urmeze ordinul lui Tuhacevski de a ataca Varşovia dinspre sud, armata de cavalerie a lui Semion Budionîi pleacă să atace Liovul dinspre nord, aflat la vreo patru sute de km sud de capitala poloneză. În faţa lui Pilsudski rămâne doar un grup slab numit grupul Mozir, care nu putea în niciun caz opri un contraatac năvalnic, aşa cum avea să fie cel condus de *marele strateg* polonez.

Cu puţin timp mai înainte, Pilsudski pleacă să viziteze trupele destinate să ia parte la lupte, concentrate lângă oraşul cu nume falnic, Pulavy. Acolo a găsit un dezastru complet: trupe demoralizate, cu mulţi soldaţi proaspăt înrolaţi, cărora le era frică să ţin-o puşcă-n mână. Colac peste pupăză, armata poloneză mai avea în dotare cinci tipuri de tunuri şi şase feluri de arme, fiecare cu tipul ei de muniţie, ceea ce ridica mari probleme de aprovizionare. Soldații mai erau și foarte prost echipați. Jumătate din soldații Regimentului 21 care au defilat în fața lui Pilsudski, nu aveau încălțări, așa că au bătut pas de defilare cu tălpile goale. O armată de strânsură și de coate goale!

Dar simpla prezență a acestui Om Ales, face să se schimbe miraculos moralul soldaților. Aceștia prind curaj, nădejdea le pătrunde în suflet și exaltarea li se aprinde în ochi. Din acel moment ei nu vor avea altă dorință mai mare, decât aceea de a da piept cu dușmanul!

Pe 16 august 1920 grupul de asalt condus de mareșal pornește spre nord-est și reușește, în șase zile, să străbată distanța de 260 de km până lângă Bialystok, printr-un marș forțat, în care soldații au mers aproape o săptămână, câte 21 de ore din 24. În fruntea trupelor a fost mereu Regimentul 21, fiindcă soldații lui erau cei mai ușurei și pe ei nu i-au ros nici bocancii. Astfel că, întâlnind armata a 16-a a rușilor, zburdalnicii soldați polonezi uită de oboseală și de foame și mai vioi ca niciodată, o zdrobesc complet în lupta de la Bialystok. Cei mai mulți soldați ai armatei a 16-a vor fi făcuți prizonieri.

Tuhacevski își dă seama de situația grea a trupelor sale și cere retragere generală, dar ordinele lui ajung prea târziu sau deloc la unități, care intră în derută. Unele divizii avansează, ca să atace Varșovia după ordinele vechi, altele de lângă acestea se retrag după cele noi, nimeni nu mai știa *ce e de făcut*[1], afară, bineînțeles, de tovarășul Ilici. În aceste condiții, polonezii mai obțin șase victorii, spulberând armatele bolșevice pe rând de parcă ar fi vânturat fasole.

Pierderile sovietice au fost de vreo 10.000 de morți, 500 de dispăruți și 10.000 de răniți. Iar 65.000 de soldați bolșevici au căzut prizonieri. Polonezii au avut în total 46.000

---

[1] Lenin a scris o lucrare intitulată *Ce-i de făcut?*

de infanteriști și 2.000 de cavaleriști. Deci 48.000 de soldați polonezi au scos din luptă 85.000 de soldați adverși. *Krasivaia robota!*[1]

16 Încă o trădare!

Anul universitar 1921-22 la Iași a decurs în liniște. Noile valuri de studenți, auzind de bătăliile câștigate de echipa lui Codreanu, ardeau de nerăbdare să vină în rândurile ei. Așa se explică faptul că „în toamna aceea am fost ales președinte al Societății Studenților în Drept. Senatul universitar n-a voit să mă valideze sub pretext că sunt eliminat din universitate. M-am validat singur."

După aproape un an de la declanșarea grevei din universități, urma să se țină un congres studențesc la Cluj, între 22-25 august 1923, dar autoritățile îl interzic. Organizatorii de la Iași, în frunte cu Codreanu, își iau răspunderea de a-l organiza ei, indiferent dacă a fost interzis sau nu. Pe 22 august sunt primiți la gară cei patruzeci de delegați, apoi pornesc cu toții spre Mitropolie, unde voiau să se închine. Aici găsesc porțile Mitropoliei legate cu lanțuri și păzite de jandarmi. Pentru guvernanții corupți, patruzeci de studenți erau priviți ca o primejdie mai mare decât bolșevismul!

Tinerii se așează în genunchi pe caldarâm și se roagă în fața Mitropoliei pe care, spune Codreanu, nici turcii n-au îndrăznit s-o închidă! Trecând pe acolo din întâmplare preotul Știubei și văzându-i îngenuncheați, s-a oprit, i-a binecuvântat și le-a spus câteva rugăciuni. La universitate, pe trepte, erau masate trupe de jandarmi iar un procuror i-a anunțat că ministerul de interne le-a interzis congresul.

---

[1] Krasivaia robota (rusă) = frumoasă treabă

Codreanu își aduce aminte că are destule cunoștințe juridice și-i răspunde:

– Domnule procuror, eu știu că suntem într-o țară condusă de legi. Constituția ne garantează dreptul de întrunire și Dv. știți mai bine decât mine că un ministru nu poate abroga drepturile garantate nouă de către Constituție. De aceea, în numele legii pe care nu noi, ci d-voastră o călcați, vă somăm să vă dați la o parte.

Apoi, studenții furioși de nedreptățile la care-i supunea guvernul liberal al lui Brătianu, prin încălcarea flagrantă a drepturilor cetățenești și a legilor, dau un atac ca la Smârdan și ocupă în forță universitatea. Se baricadează apoi toate ușile, în timp ce un regiment întreg înconjoară clădirea. Se discută continuarea luptei studențești care începuse de un an, deși studenții din toate centrele universitare erau obosiți și demoralizați, de o luptă fără perspectiva de a ieși victorioși. Seara pe la opt, pornește larma în stradă. Constantin Pancu cu un sac cu pâine în spate, împreună cu studenții rămași afară, încearcă să ajungă la cei sechestrați. Rup trei cordoane de poliție, dar pe al patrulea nu mai reușesc să-l depășească. Atacul e oprit.

O oră mai târziu, autoritățile promit eliberarea studenților, cu condiția să-l predea pe Codreanu. Studenții refuză, așa că după alte două ore de negocieri, se admite ieșirea studenților, dar numai în grupe de trei, la cinci minute una de alta. Era clar că jandarmeria adoptase acest șiretlic, ca să-l prindă pe Codreanu. Dar Corneliu se dezbracă de costumul național după care putea fi lesne recunoscut, făcând schimb de haine cu alt student. Fiecare grup care ieșea pe ușă, era cercetat cu atenție de mai mulți agenți.

Când iese Codreanu cu alți doi, lasă niște monede să-i scape pe jos. Toți trei se apleacă să caute banii, derutând agenții, care erau cu ochii după un student îmbrăcat în costum național. Așa a scăpat Codreanu atunci de arestarea care i se pregătea: folosind două șiretlicuri contra unuia singur al jandarmeriei. Congresul a continuat încă două zile, luându-se hotărârea ca lupta studențimii să fie îndreptată pe viitor împotriva partidelor politice, vinovate de corupție și de trădarea intereselor naționale.

După o luptă inegală cu guvernul, care le-a închis studenților cantinele și internatele, demoralizați și dezamăgiți că au luptat degeaba mai bine de un an, greva studenților se îndrepta spre un deznodământ previzibil: înfrângerea. Asta le-a fost clar și conducătorilor grevei studențești care însă, în frunte cu Ionel Moța și Zelea Codreanu, pun la cale o răzbunare, care să-i cutremure pe politicieni. Era vorba de un atentat prin care trebuiau să piară o parte din politicienii români corupți și o parte din evreii bogați, care-și foloseau banii și puterea pentru a influența politica țării în favoarea lor.

Un comando studențesc se deplasează la București, ca să-și pună planul în aplicare, dar acolo Siguranța îi ia ca din oală. Din felul cum i-au arestat, fiindcă agenții veniseră fără să bâjbâie, i-a dat lui Codreanu certitudinea că au fost trădați, iar trădătorul se afla printre ei. Au fost internați la închisoarea Văcărești, unde regimul lor nu a fost unul foarte strict, putând să se deplaseze liber în cadrul închisorii și chiar să ia masa și să se roage împreună.

Închiși pentru complot au fost 13 persoane, socotindu-l și pe tatăl lui Corneliu, Ion Codreanu, care fusese arestat nevinovat. Numărul 13 i-a sugerat lui Corneliu organizarea unei „Cine de taină" după modelul lui Isus, când a fost identificat Iuda trădătorul. După ce s-au adunat în jurul mesei cu toții, s-a spus o rugăciune. Apoi au fost umplute paharele iar Codreanu a spus: „Închin pentru descoperirea trădătorului".

L-au urmat cu toţii, scrutaţi de privirile atente ale Căpitanului, care căuta să-l afle pe cel ce trădase. Lui Vernichescu de la Cluj i-a tremurat mâna, apoi acesta a părăsit încăperea. Corneliu n-a spus nimic, dar mai târziu avea să-i comunice lui Ionel Moţa bănuiala lui.

Josef Pilsudski împreună cu fetele lui

17 Marea Neagră e albastră

Mareşalul Pilsudski a fost şi un mare prieten al României, vizitându-ne ţara de mai multe ori. A doua lui vizită a fost una particulară, făcută cu automobilul. A stat la Sinaia o săptămână, vizitând perechea regală, apoi a plecat la Mamaia, unde a ajuns pe 30 august 1928. Aici s-o fi şi odihnit, o fi fost şi vreme frumoasă şi dulce, cu apă caldă şi valuri liniştite, aşa cum, dacă ai noroc, poţi întâlni chiar în septembrie la mare.

Dar n-a uitat nici de misiunea secretă pe care o avea de îndeplinit! Cât era el de temut ca om politic, avea acasă două fetiţe, Jadwiga de opt şi Wanda de vreo unşpe ani, care, aflând că va veni la Constanța, i-au dat ordin să se documenteze dacă Marea Neagră e chiar neagră. O banderolă albă a fost scufundată în apele mării timp de o oră, banderolă care, la întoarcere, mareșalul a luat-o cu el, ca să dovedească că a executat exemplar ordinul primit. Avea la el și un protocol semnat de un maior de la statul major pe nume Ludwig, care descria militărește toată desfășurarea operației, așa, ca să nu existe dubii. Banderola rămânând tot albă, fetele lui au putut constata, probabil cu regret, că Marea Neagră poartă numele acesta lugubru cam degeaba.

Mareșalului i-a plăcut atât de mult la noi, încât a venit din nou la mare, în a doua decadă a lunii octombrie 1931, sosind la Constanța și la Techirghiol ca să facă, mă gândesc, o baie. Dar a plouat întruna și a fost atât de frig, încât bietul mareșal, răcind cobză, a mai contractat și o afurisită de pneumonie ce i-a cuprins ambii plămâni încât putea, dacă nu avea un dram de noroc, să rămâie – precum poetul Ovidiu – pentru totdeauna un admirator al Mării Negre. Deci Marea Neagră, chiar albastră, n-a primit de florile mărului numele ăsta de la vechii turci.

Dar aureola de Om Ales și-a arătat-o mareșalul în România doar o singură dată, atunci când a venit în prima lui vizită, care a fost și oficială. Când trenul special a intrat în gara Sinaia, pe data de 14 septembrie 1922 – împodobită de sărbătoare, cu stegulețe poloneze și românești – pe peron a fost întâmpinat de Regele Ferdinand și cei doi fii, Carolică și Nicolae, de membri ai guvernului, generali români și membri ai legației Poloniei în România și poate că și de alți gură-cască, mai prin spate și mai pe de lături.

Vremea era frumoasă și liniștită, cu un cer albastru, în timp ce pădurea prinsese deja culorile înfoiate ale toamnei. Regele era bine dispus, glumise tot timpul cu fii lui și cu însoțitorii,

voind să dea întâlnirii cu mareşalul un aer lejer. Cu puţin înainte de sosirea trenului şi-a aprins chiar o ţigară. Era în atitudinea regelui şi un semn, prin care dorea să-i arate oaspetelui
că, deşi mareşal şi şef de stat, se afla totuşi cu o treaptă mai jos
decât un rege. Cum a oprit trenul, doi aghiotanţi în costume
albastre, pline cu fireturi, au deschis uşa vagonului, apoi au
luat, de-o parte şi de alta a ei, o ţapănă poziţie de drepţi.

Cel care şi-a adus, după mulţi ani, aminte de această vizită,
prinţul Nicolae, a povestit că mareşalul, aplecat puţin în faţă,
a început să coboare încet, foarte încet treptele vagonului, ca
să aibă timp să-i mitralieze din ochi pe toţi cei care-l aşteptau
pe peron.

– Când şi-a aţintit privirile asupra mea, a mărturisit prinţul Nicolae, am simţit un fior şi am luat, fără să vreau, poziţia de drepţi. Am tras atunci cu coada ochiului spre tata şi
mare mi-a fost mirarea, când l-am văzut că dăduse drumul
ţigării care mai fumega la picioarele lui iar el, cu mâinile lipite
de cracii pantalonilor ca noi toţi, înlemnise într-o impecabilă
poziţie de drepţi, parcă aşteptând să fie trecut în revistă şi
apoi să i se dea ordinul"Pe loc repaus, soldat!"

18 Credinţă şi trădare

În istoria noastră, credinţa ortodoxă a jucat un rol de căpătâi în păstrarea fiinţei naţionale. Când i-a fost greu, şi greu
i-a fost mereu, românul s-a rugat Maicii Domnului, lui Hristos, sau însuşi Domnului. Pentru el, învăţătura Mântuitorului
a fost lege. A ţinut post, s-a împărtăşit, a respectat sărbătorile.
Şi mai presus de toate, l-a urât pe Iuda, cel care l-a trădat pe
Isus. În foarte multe picturi bisericeşti ortodoxe, Iuda stă la
dreapta Tartorului, trădarea fiind socotită mai gravă decât

crima. Cum a fost atunci posibil, ca în istoria noastră trădarea să fie mereu prezentă? N-a fost tragedie în trecutul neamului, fără ca la mijloc să nu fi fost măcar o trădare.

Singura explicație este că, acolo unde este sfinţenie multă, trebuie şi dracul să-şi bage coada, ca să menţină cumpăna lumii în echilibru. Nu el s-a strecurat printre cei 12 apostoli, căutând sufletul slab pe care să-l corupă? N-a încercat o dată să-l cumpere pe însuşi Isus? Şi dacă n-a reuşit cu el, l-a aflat până la urmă pe Iuda. Aşa că, dacă printre douăsprezece sfinţi şi în preajma bunului Isus a fost posibil să apară un trădător, n-o să poată găsi dracul câţiva printre milioane de români obişnuiţi? Haida de!

Una dintre cele mai dureroase trădări a fost cea prin care domnul Unirii, Alexandru Ioan Cuza, a fost gonit ca un netrebnic de pe tron. Istoricii pretind că era în pericol unirea Principatelor Române de la 1859, că statele vecine şi chiar altele mai îndepărtate, păcălite o dată, cereau din nou doi domni diferiţi în principate şi că trebuia neapărat adus un domn străin, cu rude printre familiile regale ale lumii, care să stabilizeze situaţia, ce putea s-o ia razna.

Or fi având istoricii dreptate, dar de ce a fost nevoie neapărat de trădare pentru îndepărtarea lui Cuza? De ce a fost silit să abdice şi să plece din ţară ca un infractor de drept comun? De ce această umilire a lui atunci şi a noastră, a românilor, de-a pururi? Pentru îndepărtarea lui Cuza s-a format monstruoasa coaliţie, alcătuită din liberali şi conservatori, principalele partide politice ale vremii. Lor li s-au alăturat doi trădători din armată, colonelul Haralambie şi maiorul Lecca. Venirea marelui rege Carol, deşi el n-a avut nicio vină, avea la temelie o trădare. Acest avea să fie păcatul originar îngropat la temelia Casei regale de Hohenzollern. Capul şarpelui Uroboros se iţise deja la vedere.

19 Pedepsirea trădătorului

Situația celor arestați la Văcărești era grea, pentru că au mărturisit deschis, înspăimântându-i pe anchetatori, că ei organizaseră complotul și că singurul lor regret era că n-au putut să-și ducă planul la îndeplinire. Recunoscându-și faptele, era greu să se evite condamnarea lor.

Ionel Moța, conducătorul studenților de la Cluj și cu Codreanu, erau mai preocupați de trădător decât de soarta lor proprie. Voiseră să dea un exemplu de pedepsire a trădătorilor neamului care să rămână peste veacuri și n-au reușit din cauza unui alt trădător strecurat printre ei. Moța mai ales, nu se putea împăca cu ideea de a-l lăsa pe acest alt Iuda nepedepsit.

Cu o zi înainte de proces, Ionel Moța primește un revolver ascuns într-o pâine și deșartă câteva gloanțe din încărcător în trădătorul Vernichescu, care era agent al Siguranței strecurat printre ei și care fusese identificat de studenți, după declarațiile date de el la tribunal.

Situația tuturor se agravează, dar tribunalul îi achită pe comploțiști, pentru că din punct de vedere juridic nu erau întrunite toate elementele complotului. Ceea ce lipsea era data. Comploțiștii nu apucaseră să stabilească data la care urma să-i asasineze pe cei de pe lista lor, pentru că fuseseră arestați prea devreme!

Rămâne închis doar Ionel Moța și Leonida Vlad, cel care-i procurase revolverul, dar judecătorii aveau până la urmă să-i achite și pe ei peste un an, convinși atât de argumentele aduse, dar și impresionați de tăria lor morală.

20 KARL MANNERHEIM, ALT OM ALES

Unul dintre cele mai mari păcate omenești – după socotința Părintelui Arsenie – este avortul. El, ca unul care era apropiat de Dumnezeu, știa mai bine ca oricine greutatea păcatelor. Iată de ce Aleșii Domnului au fost cam toți crescuți în familii cu mulți copii. Într-o familie cu șapte copii s-a născut și Carl Gustav Emil Mannerheim, la 4 iulie 1867. Familia lui trăia în Finlanda, dar era de origine suedeză. Pe vremea aceea Finlanda era gubernie rusească, astfel că omul nostru ajunge – cu puțin noroc – să facă parte din regimentul de gardă al țarului. Se căsătorește apoi cu o rusoaică și mai participă și la războiul ruso-japonez din1905. Era deci rus din cap până-n ciubote. După ce bolșevicii l-au alungat pe țar în 1917, Mannerheim se întoarce în Finlanda.

Aici nu a fost primit deloc cu brațele deschise, datorită felului lui aristocratic de a se purta. Mai conta și faptul că era de origine suedeză și trăise mulți ani în Rusia, suedeza și rusa vorbindu-le perfect, – pe lângă chineză – în timp ce în finlandeză abia bâlbâia câteva cuvinte. Totuși, fiindcă n-au găsit pe altul, devine primul comandant al armatei țării, care tocmai fusese înființată. De Dumnezeu, probabil pentru el.

Prima măsură luată de proaspătul comandant, a fost aceea de a dezarma garnizoana rusească formată din 5.000 de ostași, în provincia Österbotten. Dar, în sudul țării se produce o revoluție bolșevică. Trupele albe conduse de Mannerheim îi înving pe bolșevici la Tampere. În acest război civil, aveau să-și piardă viața peste 5000 de soldați și încă 30.000 de civili finlandezi. După înfrângerea revoluției bolșevice din Finlanda, 70.000 de simpatizanți ai bolșevicilor, inclusiv femeile și copii, au fost internați în lagăre, unde condițiile au fost atât de grele, încât într-o jumătate de an 12.000 dintre ei au pierit.

Ca să scoată din capul celor rămaşi bolşevismul, în lagărul din Suomenlinna au fost ucişi – cu baionetele, prin împuşcare şi spânzurare – încă 3.000 de adepţi ai comunismului.

În prima jumătate a anului 1919, ia naştere statul democratic finlandez, ocazie cu care Mannerheim preia şefia interimară a statului şi depune eforturi pentru recunoaşterea internaţională a Finlandei independente. Învins în alegerile prezidenţiale din iulie 1919, el iese din viaţa publică până în anul 1933, când de sus va primi o nouă misiune.

21 ŞI LUPTĂ ŞI DĂ-I!

Abia achitat, Codreanu se întoarce la Iaşi, ca să-şi reia locul de frunte în conducerea mişcării studenţeşti. Plimbându-se într-o seară împreună cu surorile lui şi cu încă un grup de studenţi pe strada Lăpuşneanu, sunt atacaţi fără niciun motiv de poliţie, care-i ia la bătaie cu bastoanele de cauciuc şi cu patul armelor. Codreanu vrea să riposteze, după bunul lui obicei, dar colegii din jur reuşesc să-l ţină de mâini şi de picioare, ceea ce-l face să mai încaseze câteva paturi de armă în burtă.

Dar cei ce-l ţineau aveau intenţii bune, pentru că ministrul Mârzescu îşi trimisese la Iaşi pe omul lui de încredere, ca să stârpească din rădăcini mişcarea studenţească şi mai ales să-l anihileze cum o şti pe conducătorul ei, Corneliu Zelea Codreanu. Poliţia abia aştepta ca acesta să riposteze, pentru a avea motiv să-l împuşte. Era singura cale de-a scăpa de el.

Omul negru se numea Constantin Manciu şi deja începuse să ia măsuri drastice, încălcând drepturile cetăţeneşti şi legile ţării în modul cel mai grosolan. Astfel, oamenii lui ajunseseră ca înainte de Crăciunul anului 1923 să atace studentele care

mergeau spre Mitropolie, lovindu-le cu bastoane de cauciuc
și târându-le prin noroiul străzilor iar pe dirijorul corului,
Gheorghe Manoliu, l-au lovit cu bastoanele peste fluierele
picioarelor și apoi l-au arestat. Mizeria din închisoare și tra-
tamentul inuman l-au îmbolnăvit grav, acesta murind apoi
de icter la spital.

Era clar că Manciu voia cu orice chip să intimideze și apoi
să frângă mișcarea studențească de la Iași prin orice mijloace.
Crezuse că va reuși fără mari eforturi, dar acum, prin venirea
lui Codreanu din detenția de la Văcărești, în loc de intimi-
dare, mișcarea a prins aripi și se dezvolta tot mai mult. Man-
ciu spumega de furie.

22 CONDUCĂTORII MUNCITORIMII

Corneliu Zelea Codreanu a fost un neîmpăcat dușman al
ideologiei comuniste, pe care o considera o primejdie de
moarte pentru tânărul stat român. El s-a ridicat împotriva
oricui atenta la drepturile națiunii sale, celor care căutau să
îngenuncheze poporul român. N-a fost vina lui că, luptând
contra acestei ideologii barbare, s-a întâlnit mereu cu evrei
aflați de partea cealaltă a baricadei. Aceștia, deși trăiau pe
meleaguri românești, aveau alte interese decât cele pe care le
împărtășeau Codreanu și foarte mulți alți români. Iată cum
arăta o listă a conducătorilor muncitorilor români, imediat
după primul război mondial, așa cum îi înșiruie Codreanu
în lucrarea sa autobiografică, *Pentru legionari*:

„Conducătorii muncitorilor români comuniști, nu erau
nici români și nici muncitori. La Iași: Dr. Ghelerter, evreu;
Gheler, evreu; Spiegler, evreu; Schreiber, evreu etc. La Bu-
curești: Ilie Moscovici, evreu; Pauker, evreu etc. (E vorba de

Marcel, soțul Anei Pauker, cel care avea să sfârșească ca și Bela Kun). În jurul lor, o serie de muncitori români rătăciți.

În caz de reușită a revoluției, președinte de republică ce ar fi uzurpat locul măritului Rege Ferdinand trebuia să fie Ilie Moscovici. În parlamentul României Mari la 1919, în timp ce toți deputații și senatorii tuturor ținuturilor românești unite, înfiorați de marele act al Unirii, se ridicaseră în picioare și aplaudau pe Marele Rege Întregitor, acest domn Ilie Moscovici a refuzat să se ridice, stând jos ostentativ."

23 Cărămizi pentru cămin

În ziua de 6 mai 1924, Corneliu Zelea Codreanu adună pe toți cei care făceau parte din organizația studențească a cărei conducător era și le reamintește că lor le-a fost interzis să se mai întrunească la facultate sau în cămine, fiind de peste tot alungați, ca și cum ar fi fost răufăcători înrăiți. Așa au ajuns să-și țină întrunirile în niște barăci cu acoperișul șubred, unde-i ploua și-i bătea vântul, printre scândurile putrede. „E vremea să ne construim singuri Căminul nostru!", le-a spus el în încheiere.

Dar cum să construiești ceva cu mâinile goale? Era o acțiune, pe care profesorii ieșeni care mai rămăseseră de partea lor au considerat-o o copilărie. „Cum să te ducă capul la așa ceva?" – s-au privit îngrijorați A.C. Cuza și profesorul Găvănescu. Era o nouă idee exaltată de-a lui Codreanu, pe care nici ultimele evenimente, – când a scăpat de pușcărie ca prin urechile acului – nu l-au cumințit.

Dar Codreanu, cel căruia prin puterea voinței i se deschideau toate ușile, primește de la doamna Ghica un teren pe Strada Râpa Galbenă nr. 4, unde studenții ar fi putut să-și construiască căminul. Au mai primit de la Olimpiu Lascăr, un antreprenor mic dar cu suflet mare – după cum l-a caracterizat Codreanu însuși – un loc la Ungheni, unde o grupă de studenți și elevi s-au pornit cu mult entuziasm să toarne cărămizi pentru viitorul lor cămin. Și fiindcă erau cu mâinile goale, au pornit din casă-n casă ca să împrumute uneltele de care aveau nevoie!

Iar sătenii nu numai că i-au ajutat pe tineri cu unelte, dar s-au găsit printre ei oameni de suflet, care le-au arătat și cum să le mânuiască. Printre ei au fost câțiva cărămidari, precum Moș Chiroșca, cel care i-a învățat cu mare drag să recunoască lutul cel bun, le-a arătat câte paie trebuie puse în amestec pentru ca lutul să se lege, sau cum să scoată cărămida crudă din forme fără s-o distrugă. Astfel au ajuns, muncind de la 4 dimineața până seara să facă câte 3.000 de cărămizi zilnic. Iar cu mâncare tot sătenii i-au ajutat, deși erau și ei sărmani. Oamenii aceia simpli simțiseră din instinct că acești copii, care acum voiau să-și construiască un cămin al lor, vor dori în viitor să făurească și o altă țară, în care poate și ei și urmașii lor vor avea parte de o viață mai bună.

Corneliu nu s-a putut împăca cu ideea de a trăi din mila satului. El a primit un teren de un hectar, pe care s-a apucat cu altă echipă de grădinărit. Aici au început să semene și să planteze legume și zarzavat, cu ele reușind mai apoi să hrănească echipele de la cărămidărie și grădină. Ce rămânea, vindeau, iar cu banii strânși, își cumpărau cele necesare activității lor.

După un timp, profesorii Cuza și Găvănescu s-au convins că proiectul lui Codreanu – care li s-a părut la început utopic – are mari șanse să fie dus la bun sfârșit și, rușinați că n-au avut încredere, au început și ei să trimită de la Iași alimente, unelte și chiar bani fiindcă simțeau – ca și oamenii simpli din Ungheni – că pe aceste două șantiere se năștea noul tineret român.

24 Dracul şi oamenii lui

Max s-a născut la Bârlad, în anul 1898, dintr-o familie de evrei. Devenise comerciant, dar în loc să-şi vadă de comerţ, se simte atras încă din fragedă tinereţe de ideologia bolşevică. Asta îl face să înceapă o activitate subversivă, care-i va aduce o condamnare de 10 ani, pe care începe să şi-o ispăşească la Văcăreşti. În februarie 1920, fiind dus la judecătorie ca martor la procesul complotului comunist de la Vitan, se preface că vrea să meargă la latrină, dar pe când era condus pe coridor, fuge pe o uşă laterală şi iese în curtea din dos. Reuşeşte apoi să dispară ziua în amiaza mare, ajungând la vechea lui gazdă, Julieta Holtzman.

Ajutat de complici, n-o ia direct spre Moldova, unde bănuia că era deja aşteptat, ci pleacă la Timişoara, trece ilegal frontiera, apoi prin Bulgaria ajunge la Odessa, taman la timp ca să participe la demonstraţia oamenilor muncii de 1 Mai. Aici era centrul de spionaj şi şcoala de terorism a sovieticilor. Max Goldstein îl caută pe şeful serviciului, evreul Abraham Grinstein, căruia îi propune colaborarea, prin executarea unor acte de sabotaj asupra instituţiilor de stat româneşti.

Max era expert în tehnica pirotehnică şi ştia mai totul despre prepararea explozibililor şi producerea bombelor artizanale. Încă din copilărie îi plăcuse să confecţioneze artificii şi pocnitori cu praf de puşcă, preparat de el însuşi. Experimentele lui au mers atât de departe, încât o dată, pe când pisa un amestec exploziv într-un mojar, acesta i-a explodat în mână, smulgându-i-o din cot. Mâna dreaptă a trebuit să-i fie amputată. Ca să se poată folosi totuşi de ciotul rămas, şi-a prins în prelungirea braţului un cârlig de oţel atât de ascuţit la vârf, încât putea lesne străpunge pe oricine i s-ar fi împotrivit.

La Odessa a urmat școala de teroriști, mai întâi ca elev apoi, – după ce a dovedit că avea cunoștințe avansate în tehnica diversiunii – a ținut și cursuri practice novicilor, despre cum se confecționează o bombă artizanală și cum trebuie ea amplasată. La aceste demonstrații, i-a uimit pe profesori cu îndemânarea lui, fiindcă el cu o singură mână, lucra mai repede și mai precis decât toți ceilalți, cu două mâini.

Mai ales Grinstein era fericit că dăduse peste un astfel de expert, cum nu mai exista altul în toată Rusia: fără sentimente, crud și curajos, inteligent și decis și mai ales, care purta în suflet o ură cumplită pentru tot ce era românesc. În toamnă Max s-a întors în România, cu planuri criminale. El plănuia să întreprindă sabotaje pe teritoriul românesc.

Ajuns la București formează, conform strategiei imaginate de Grinstein, o troică. Aceasta era o organizație subversivă, formată numai din trei inși. Experiența în câmp operativ arătase că grupul cel mai eficient era cel de trei. De aici și denumirea de troică. În scurt timp, prin vechi cunoștințe din București, reușește să formeze o troică proprie: el, Leon Lichtblau și Saul Osias. Ca să nu-și piardă dexteritatea și îndemânarea cu problemele organizatorice, Max pune la cale deraierea trenului de lux Simplon, între Ciocănești și Chitila. Neavând explozibil, face rost de o cheie franceză și încearcă să demonteze eclisele prinse cu șuruburi, la ambele capete ale unei porțiuni de șină.

Totuși operația de deșurubare a piulițelor nu s-a putut desfășura cum a plănuit, pentru că neavând decât o mână, n-a putut bloca capetele de șuruburi, care se încăpățânau să se rotească o dată cu piulițele. Neputând desface toate șuruburile până la venirea trenului, prima încercare de deraiere a Simplon-ului a eșuat. El nu era însă omul care să se dea bătut, așa că a pregătit o a doua încercare. Și-a procurat explozibil, o țeavă de plumb, o capsă cu fulminat de mercur și din toate acestea a confecționat cu multă ingeniozitate o bombă artizanală, pe care a pus-o sub o traversă, cu puțin timp înainte de trecerea Simplon-ului. Când roata locomotivei a turtit capsa de pe șine, aceasta a inflamat praful de pușcă din țeava de plumb, flacăra fiind transmisă la explozibil, care explodând, a aruncat în aer primul vagon în care – după toate informațiile lui Max – ar fi trebuit să se afle cel pe care sovieticii ar fi vrut să-l vadă cât mai curând pe năsălie: Constantin Argetoianu, dușmanul îndărătnic al comunismului. Aceasta era cea mai importantă misiune pe care o primise.

Constantin Argetoianu chiar s-a aflat în acel vagon! Numai că, ori calculele lui Max au fost greșite, ori praful de pușcă îndesat prea tare în țeava de plumb a ars prea repede, ori nenorocitul de Simplon a redus tocmai atunci viteza, ca mecanicul să aibă timp să se scarpine în fund, ori poate a fost îngerul păzitor al lui Argetoianu care a încurcat lucrurile, nu se știe. Cert este că explozia a distrus partea din față a vagonului, dar Argetoianu a scăpat neatins, aflându-se în partea din spate a vagonului avariat.

Înfuriat de această festă a soartei, Max pune la cale o lovitură teribilă, care urma să zguduie din temelie burghezia română, asupritoarea cruntă a muncitorilor ce trudeau în fabrici și uzine. Voia totodată să se poată prezenta în fața tovarășului Grinstein cu o mare realizare, ca să justifice nu numai încrederea acordată, dar și sumele imense pe care le-a primit de la sovietici, pentru a-i înlesni îndeplinirea misiunilor pe teritoriul românesc.

25 Pe rangă

Era în 31 mai 1924. Dimineața se arăta frumoasă. Cei 50 de tineri erau gata pentru a începe o nouă zi de muncă, la grădină: aveau în plan să planteze răsaduri de roșii. Erau cu toții deja adunați în careu iar Corneliu a făcut apelul de dimineață, după regulile de disciplină militară pe care le introdusese în toate activitățile pe care le conducea.

Deodată, zăresc prin fundul grădinii mișunând soldați. Apoi pătrund în grădină vreo două sute, încărcându-și armele. În același timp intră pe poartă alți patruzeci de jandarmi cu pistoalele în mâini și în pas alergător, în frunte cu Manciu. Codreanu abia apucă ca să spună celorlalți să aștepte și să stea liniștiți, pentru că dacă fugeau era posibil să fie împușcați. Doi comisari îi pun lui Codreanu revolverele la tâmplă, în timp ce alții îl leagă cu mâinile la spate. E lovit și scuipat iar comisarul Vasile Voinea îi șoptește plin de ură:

– Până deseară o să fii un om mort. N-o să mai apuci tu să dai jidanii afară!

Procurorul Buzea, mai la o parte, stătea și privea, fără să facă nici cea mai mică mișcare. Au fost percheziționați cu toții, unii au fost trântiți la pământ, alții loviți. Apoi, printre baionete, au fost purtați prin tot Iașul, până la prefectura de poliție, unde tinerii au fost introduși unul câte unul, în biroul prefectului. Au fost descălțați de ghete, legați cu lanțuri de glezne, apoi după ce li se introducea o armă între picioare, doi soldați ridicau victima, sprijinind arma pe umeri. Tinerii erau spânzurați cu capul în jos iar Manciu, numai în cămașă, îi bătea la tălpi cu vâna de bou, până li se înnegreau tălpile și li se umflau picioarele, de nu mai puteau nici merge.

Când zbieretele celor torturați erau prea zgomotoase, erau băgați cu capul într-o găleată cu apă, ca să nu mai poată țipa. Când a venit Codreanu la rând, i-a spus lui Manciu, în timp ce era descălțat și legat de picioare:

– Domnule Prefect, acum ești dumneata mai puternic, dar mâine, când voi ieși de aici, mă voi răzbuna cumplit pe dumneata și pe cel care m-a înjurat!

Dar pe Codreanu nu au mai apucat să-l bată, pentru că apare profesorul Cuza cu un procuror, cu medicul legist Bogdan și o grămadă de părinți alarmați, care-și căutau copii. Aceștia sunt descoperiți într-o cameră, aproape leșinați din pricina durerilor. Medicul legist începe să elibereze certificate, apoi ceilalți sunt eliberați, afară de Codreanu, care mai stă două zile în pușcărie. Aici, amenință că dacă nu li se va face dreptate pe cale legală, el își va face dreptate singur!

26 Complotiștii

Max, Saul și Leon se pun pe treabă, împărțindu-și sarcinile. Saul face rost de două obuze nemțești de 75 mm, un ceas deșteptător, două brichete, fitil, o capcană de șoareci cu arc, șuruburi, o șurubelniță si un clește. Leon procură o lădiță de lemn cu capac și face și schițe cu sălile și camerele senatului, poziția coridoarelor și a ușilor de acces.

Max confecționează dispozitivul: fixează mai întâi cele două obuze în lădiță, apoi la baza lor pune ceasornicul, brichetele, fitilul, toate prinse solid în șuruburi și stinghii de lemn. Când ceasornicul începea să sune, cheia de la sonerie învârtindu-se, înfășura o sârmă în jurul ei, care trăgea de sfoara capcanei de șoareci, rupând-o. Arcul eliberat pocnea rotițele brichetelor, care aprindeau fitilurile ce duceau flacăra la fiecare obuz, declanșând astfel explozia.

După ce a reglat mecanismele și le-a încercat funcționarea, Max Goldstein s-a arătat mulțumit de dispozitivul pe care-l crease. La ultimele zece încercări, sistemul nu ratase nici măcar o singură dată aprinderea flăcării brichetelor. Deci, sistemul funcționa atât de bine, încât Goldstein era sigur că mecanica nu-l va trăda. Dar era oare destul ca să-și atingă scopul? O nemulțumire, ca o presimțirea rea care nu-i dădea pace, l-a îndârjit și mai mult. Nu se poate, a calculat de data asta totul cu mare grijă, nimic nu mai putea interveni!

În noaptea de 7 spre 8 decembrie la miezul nopții, pe lângă clădirea senatului, se strecurau două umbre. Sunt Max și Leon. Saul, care nu fusese de acord cu punerea bombei la senat, a fost lăsat acasă. (El voia s-o pună la sediul Siguranței!) Pentru plasarea bombei, era destul cu ei doi. Cu un șperaclu au deschis o ușă și-au pătruns în sala, unde în după-amiaza zilei următoare avea să aibă loc o sesiune ordinară a senatului României. Max montează apoi lădița în spatele unei draperii, acolo unde era singurul loc ascuns vederii.

Sperau să nu vină nicio femeie de serviciu prea conștiincioasă, ca să mature pe după draperie. Acolo domnea un praf gros de un deget, muște moarte și plase de păianjen, ceea ce dovedea că nimeni nu mai cotrobăise în colțul acela de foarte multă vreme. Max intenționa să fixeze soneria deșteptătorului pentru ora trei după-amiaza, când bănuiau că dezbaterile în sală se vor încinge, ca de obicei. Leon se informase atent asupra desfășurării ședințelor senatului, ca să stabilească ora cea mai potrivită pentru detonație. Ca să fie siguri, trebuiau să aștepte cel puțin până la ora patru dimineața, fiindcă dacă ar fi potrivit ceasul acum, când era ora 1 noaptea, explozia s-ar fi produs la ora 3 dimineața, când nu era nimeni în clădire. Chiar așa o prostie nu putea să facă niciunul din ei! Ca să le treacă timpul, s-au pus să fumeze și să povestească:

– Deci, mâine va fi ședință ordinară la senat! Dar, dacă totul merge cum sperăm, o vom transforma într-o sesiune extraordinară! Max rânjește și trage din țigară cu sete. Nimbul de foc prinde viață, luminându-i scurt fața.

– Va fi cea mai extraordinară ședință din toate timpurile, Max! Nici nu bănuiesc ei ce-i așteaptă! Mâine în jurul orei 15, va trebui să fie la tribună și nea Costică. Adică exact în dreptul lămpii noastre, când i se va aprinde fitilul.

Max începe să cânte încetișor: *Costică, Costică, fă lampa mai mică!* Leon îi ține isonul, bătând tactul pe genunchi. Ca să treacă timpul mai povestesc de una de alta, până pe la ora 4, când Max întoarce cheia arcului de la sonerie de nouă ori. Nu până la refuz, ca să nu pocnească arcul. Dar de nouă ori era suficient, pentru că la a șaptea învârtitură, arcul aprindea brichetele. Apoi a legat cu grija sârma de cheiță, a dat-o de două trei ori după axul ei și a reglat tensiunea sârmei cu o pană de lemn, care fixa ceasul în locașul lui. Au verificat apoi amândoi, încă o dată, dacă fitilele erau bine potrivite ca să primească focul de la brichete, dacă sârma era fixată bine, dacă ceasul era înțepenit cum trebuie. Fiindcă totul era perfect, Max a scos siguranța și au închis apoi capacul lădiței.

Au mai stat apoi câteva minute, să asculte dacă nu cumva ticăitul ceasornicului răzbătea din spatele draperiei, dar oricât și-au ascuțit auzul, n-au putut percepe nici cel mai mic zgomot. Perdeaua de pluș înghițea orice sunet. Mulțumiți de ce-au realizat, s-au întors pe același drum, nevăzuți și neauziți de nimeni.

27 Oamenii Aleşi şi Muntele Sfânt

Moise, profetul cel mai apropiat de Tatăl Ceresc din Vechiul Testament, a avut întrevederea cu Dumnezeu după ce a urcat pe Muntele Sinai şi a ţinut post 40 de zile. Apoi a primit tabla cu cele zece porunci de la Domnul. Isus Hristos s-a schimbat la faţă pe muntele Taborului, atunci când glasul dumnezeiesc a cuvântat: „Acesta este fiul meu preaiubit!", în prezenţa profeţilor Moise şi Ilie. Iar Părintele Arsenie Boca, când a fost trimis în 1939 la muntele Athos de mitropolitul Bălan, s-a rugat mult la Maica Preacurată să-i dea şi lui un duhovnic, care să-l conducă pe căile credinţei celei fără de prihană.

Şi mult s-a rugat părintele într-o pădure, până ce Maica Sfântă s-a îndurat de el şi l-a dus pe un munte înalt, unde l-a dat ucenic Sfântului Serafim de Sarov, mort la 1833. Aici *în post negru, tăcere şi mare umilinţă* a deprins multe taine ale acestei lumi şi a celeilalte, nevăzute. Când s-a întors de la Athos, Părintele Arsenie era deja Om Ales: ştia să citească gândurile semenilor, faptele trecute şi viitoare, putea să comunice prin puterea gândului cu apropiaţii lui, era în stare să parcurgă în câteva secunde sute de kilometri iar dacă voia, porţile săreau din ţâţâni iar lacătele se deschideau singure în faţa lui. Adică se schimbase şi el la faţă. Sau, altfel spus, prinsese praf de aur pe degete.

Corneliu Zelea Codreanu a fost un om foarte credincios. Duşmanii îl acuză că ar fi fost cu crucea într-o mână şi cu pistolul în alta. El însă a avut crucea mai întâi în suflet. Şi dacă a mai avut şi pistol uneori în mână, poate că aşa a fost misiunea lui pe pământ. Dacă cineva crede că Dumnezeu nu are voie să ia viaţa unui om fie direct, fie printr-un Om Ales, se înşală.

Diferența dintre om și Dumnezeu este imensă și cu toate astea, unii cred că dacă oamenilor le-a fost dată legea „Să nu omori", asta ar fi valabilă și pentru Creator. Ori Dumnezeu dăruind viață, nu tot el o ia înapoi? La tot ce este viu pe lumea asta? O ia prin boală, bătrânețe, războaie. Sau drept pedeapsă, precum au pățit-o orașele Sodoma și Gomora. Dar poate s-o ia și prin Oameni Aleși, precum ne arată Vechiul Testament prin brațul lui David, care cu ajutorul Domnului, îl omoară cu praștia pe Goliat.

28 Bomba de la senat

Ședința senatului din 8 decembrie 1920 începuse deja și dezbaterile prinseră să se închege. Cei de la putere și din opoziție porniseră ciondăneala obișnuită, care nu ducea niciodată la nimic. Se certau mai mult de ochii lumii, cam ca avocații care apără doi inculpați învrăjbiți în același proces. Când îi vedeai la tribunal cum se reped unul la altul, ca doi cocoși, puteai crede, – dacă erai naiv – că o să-și scoată ochii. Dar, după amânarea ședinței de către onorata instanță, cu care amândoi erau nu numai total de acord, dar și contribuiseră activ la obținerea ei, – pentru că, nu-i așa, numai un proces care continuă mai aduce ceva parale la teșcherea – îi poți vedea mai apoi la restaurantul de lângă tribunal, ciocnind prietenește halbele cu bere.

Max rămăsese la locuința conspirativă, dar Leon, fire mai emotivă, nu-și mai găsea locul. Pe la unsprezece a plecat la universitate, care era foarte aproape de sala senatului, ca să trăiască pe viu emoțiile evenimentului mult așteptat. Se așezase în ultimele bănci, pentru că de data asta, nu-l mai interesau matematicile. Era nervos că nu știa cât e ceasul, fiindcă își interzisese să se uite la al lui într-una, ca să nu dea de bănuit. Trebuia totuși să fi trecut de 2 și jumătate. Și ce greu trecea timpul!

Dar chiar în clipa aceea, o bubuitură puternică a zgâlțâit geamurile universității. Toți studenții au sărit să privească afară. Au zărit ferestrele de la sala senatului sărite din cercevele, iar prin găurile rămase ca niște orbite goale, ieșeau trâmbe de fum și de praf. Pe stradă, pietonii surprinși de explozie prea aproape, fugeau înghemuiți și cu capetele între umeri ca să se îndepărteze, ciocnindu-se de cei mai îndepărtați, pe care curiozitatea îi mâna să se apropie, ridicându-se pe vârfuri și lungindu-și gâturile ca să vadă mai bine.

Când fumul s-a mai risipit și aerul proaspăt a mai limpezit atmosfera, cei mai lucizi senatori au început să caute victime. Cei din spate, abia treziți din somnolență, scăpaseră doar cu sperietura, dar președintele Senatului, venerabilul Constantin Coandă, fusese rănit destul de serios. Preotul unit Demetriu Radu, episcopul unit al Oradei, a fost străpuns de o schijă la piept și apoi izbit de suflul exploziei de perete. El a fost cel care a murit chiar la fața locului. Ministrul justiției, Dimitrie Greceanu și senatorul Spirea Gheorghiu, răniți grav, n-au mai putut fi salvați de medicii de la spitalul Colțea, unde au fost transportați de ambulanțe. Constantin Argetoianu scăpase și de data asta fiindcă... întârziase!

La câteva minute după atentat, regele Ferdinand a fost la fața locului, încercând să mobilizeze și să îmbărbăteze lumea aceea speriată a Bucureștiului. Leon, aflând ceea ce-l interesa, a grăbit spre casa conspirativă unde-l aștepta Max, aflat și el într-o stare de mare agitație. Ca să se liniștească, au băut amândoi un ceai, în care au dizolvat bromură. Apoi au analizat situația la rece, care era foarte departe de a-l mulțumi pe Max.

Costică Argetoianu, cel cu lampa mică, dușmanul neîmpăcat al comuniștilor, scăpase iarăși „nepedepsit", victimă căzând în locul lui alt Costică, Coandă, care pentru ei era persoană neutră. Deci numai trei morți, un amărât de rănit, ce mai, mult zgomot pentru nimic! Și de ce oare sunase blestematul ăla de ceas la 2 și 40, adică cu douăzeci de minute mai devreme? Răspunsul a fost că n-au verificat cât de precis funcționa deșteptătorul. Atenți doar la mecanismul soneriei, nu s-au mai gândit că ceasul trebuia să funcționeze zece ore cu precizie. Ori o lua înainte de la început, ori ei din neatenție au deplasat limba din spate care regla mecanismul balansierului, cert este că ceasul lor a declanșat explozia cu douăzeci de minute mai devreme, când „cocoșeii" din parlament nu se încăieraseră suficient. Asta a dus la lipsa rezultatelor pe care le așteptau cu înfrigurare.

Ceea ce nu aveau cum să afle atentatorii a fost că un drăcușor de îngeraș – fie din joacă, sau trimis de cineva – s-a jucat cu jucărelele găsite în lada de după perdea, luând de acolo o sfoară de cânepă, ca să-și puie mustăți. Din cauza asta, unul din obuzele din cutie n-a explodat, cu toată zguduiala pe care i-a produs-o fratele lui geamăn, atunci când a sărit în sus ca ars. Era ca și cum Dumnezeu a vrut să diminueze efectele exploziei, care ar fi fost grozavă, dacă explodau ambele obuze deodată.

29 Pe muntele Rarău

După ce-a scăpat din ghearele lui Manciu, Codreanu s-a prăbușit sufletește. Fusese amenințat cu moartea, pălmuit, scuipat, batjocorit, dar nu asta l-a afectat pe el cel mai mult. Nu de soarta lui a avut el grijă, ci de idealurile lui dragi, în care nu că n-ar mai fi crezut, dar nu mai vedea posibilitatea de a le realiza. Cu politicieni corupți, interesați doar de buzunarul propriu, cu toate sistemele de represiune ale statului ridicate împotrivă, ce șanse puteau avea ei, o mână de tineri cu drag de țară și de neam, ca să realizeze o *Schimbare la Față* a României? Puteau ei oare să se lupte cu toate lipitorile care sugeau cu lăcomie la țâța țării și-i aduceau pe români la sapă de lemn? Gândurile ce-i treceau prin cap ca niște roiuri de albine, nu-i lăsau liniștea necesară să-și adune gândurile. Avea să-i scrie și lui Ionel Moța o parte din frământările lui:

> „Să ne lăsăm omorâți? Dar până la vârsta noastră, noi n-am apucat să scriem nimic și lumea nici măcar nu va ști pentru ce ne-au omorât. Mai bine să plecăm cu toții din țară. Să plecăm și să blestemăm; să pribegim prin lumea largă. Mai bine să cerșim din țară în țară, decât să fim batjocoriți aici pe pământul nostru, până la ultima expresie a umilirii. Sau să cobor de aici cu arma în mână și să fac dreptate.“

Și ca întotdeauna în vreme de cumpănă, Corneliu s-a retras pe muntele Rarău, luând doar un cojoc cu el și o pâine. Și-a făcut acolo, în vârful muntelui o colibă, unde *în post, tăcere și mare umilință,* a petrecut cele 40 de zile necesare pentru a ajunge mai aproape de dumnezeire. Puțina hrană de care avea nevoie i-o aduceau ciobanii de la stâna lui Nea Piticaru. Ce s-a petrecut cu el acolo pe munte, nu a spus-o niciodată, nimănui.

30 Max teroristul

După explozia de la senat, Bucureştiul a devenit un viespar plin de copoi de-ai Siguranţei care, cu boturile în vânt şi adulmecând aerul, mişunau peste tot. Pericolul fiind mare, Max şi-a anunţat colaboratorii că intenţiona să plece spre Rusia, dar ajungând la Iaşi şi văzând acolo atâţia confraţi cu aceleaşi convingeri şi sentimente, i s-a părut că oraşul oferea condiţii ideale pentru activităţile lor. Aici puteau cu toţii să lucreze în linişte. A luat legătura cu centrul de la Odessa, cu alţi terorişti asemenea lui, precum Ghiţă Moscu-Sternberg sau Bubnowscky. Au căzut de acord cu înfiinţarea la Iaşi a unei tipografii pentru materiale propagandistice.

Max primeşte fonduri substanţiale, cu care cumpără o casă pe nume fals şi i se trimit maşini tipografice de nici el nu ştia de cine şi de unde. Având acum casă în strada Râpa Galbenă nr. 2 în Iaşi, şi-a adus acolo mai mulţi tovarăşi, probabil tipografi. La sfârşitul lunii februarie 1921 Maria Simoiu, despre care se ştia că era spioana sovietică şi că a fost în legătură cu troica lui Max, a fost arestată de Siguranţă la Bucureşti. În urma acestui fapt îşi aduce sora, pe Saul şi Leon la Iaşi, fiindcă eventualele declaraţii ale femeii arestate puteau să-i pună pe agenţi pe urmele lor. Dar lucrurile se complică, pentru că afacerea din Strada Râpei este descoperită de Siguranţă, ceea ce-l face pe Max să renunţe la planurile lui legate de Iaşi. Îşi va aduce colaboratorii şi soţia înapoi la Bucureşti. Apoi pleacă la Odessa, unde ajunge prin aprilie 1921.

Aici instruieşte din nou alţi elevi ai şcolii de terorism în tainele explozibililor, de data asta ca expert recunoscut. La demonstraţiile lui practice nu numai elevii, dar chiar şi profesorii au avut multe de învăţat. După mai bine de 7 luni de activitate la Odessa, se hotărăşte să vină iar în România, pentru o nouă serie de atentate. În noaptea de 19/20 noiembrie 1921 trece cu ajutorul unui barcagiu bulgar Dunărea în zona Giurgiu.

După ce a pus piciorul pe pământ românesc, apărat de întuneric, voia să ia trenul spre București. Ca să ajungă la gară, trebuia să treacă peste un pod, la al cărui capăt se afla un grănicer la post. Invitat să se legitimeze, Max dă din colț în colț, fiindcă omisese să-și facă niște acte false. Ce ușor le putea căpăta la Odessa, de la specialiștii de acolo! Și ce bine i-ar fi prins acum, ca să le vâre sub nasul țărănoiului aceluia, care probabil că nici să citească nu știa! Neavând alt mijloc, încearcă să-i stârnească soldatului respectul, arătându-i că-i lipsea o mână pe care, spunea el, o pierduse pe când lupta cu îndârjire pentru apărarea pământului strămoșesc la Oituz.

Grănicerul, ardelean din Bihor, mai că s-ar fi lăsat înduplecat, fiindcă el – celor ce-au luptat pentru unirea Ardealului cu România – le era și le va fi toată viața recunoscător. Dar cârligul de la mâna dreaptă, care strălucise o clipă în lumina felinarului de la ghereta lui, l-a înfiorat. L-a ce i-ar fi trebuit unui om cinstit o asemenea gheară ascuțită de oțel? A luat hotărârea să-l ducă pe străin la pichet, unde aveau să se lămurească lucrurile. Atunci, Max i-a oferit soldatului o mare sumă de bani, dar gestul acesta a avut efect contrar. Soldatul a refuzat banii și a devenit și mai bănuitor. Dacă omul din fața lui avea conștiința curată, la ce trebuia să-i ofere bani? Și de unde să aibă un biet mutilat de război atâția bani de dat? L-a invitat pe străin să-l urmeze, dar acesta în loc să-și ridice geamantanul de jos, a scos un pistol din buzunarul hainei și l-a împușcat pe soldat drept în piept.

31 Căpitanul

Revenit la Iaşi după o lună şi jumătate de absenţă, Codreanu era cu totul schimbat. Cele două cute verticale dintre sprâncene i se adânciseră şi slăbise mult. Dar în ochii lui albaştri se aprinsese o lumină, încât nimeni nu mai putea să-i înfrunte privirea. Toţi începuseră să-l asculte orbeşte, dar nu din obligaţie, ci din marea dragoste ce i-o purtau. Devenise, fără să vrea sau s-o ceară, Căpitanul lor!

La Ungheni, unde lăsase comandant de şantier pe Grigore Ghica, – probabil os domnesc – treaba a mers strună. În timpul cât lipsise, sub îndrumarea lui Moş Chiroşca, tinerii au construit două cuptoare cu câte 40.000 de cărămizi, puse la ars. Asta l-a bucurat nespus pe Codreanu, fiind totodată prima lui minune după întoarcerea de pe munte. (La români, atunci când pleacă şeful şi munca totuşi continuă cu spor, este o minune la fel de mare ca a face din apă vin.)

Şi la Iaşi a remarcat schimbări: „Comisarii care nu aveau ghete în picioare, erau acum înnoiţi din tălpi până în creştet. Îmbrăcaţi de jidănime. Prefectura de poliţie avea automobil pus la dispoziţie de jidani. Aceştia se simţeau stăpâni absoluţi. Erau de o obrăznicie pe care nu o mai întâlnisem de la 1919, din timpul mişcărilor comuniste, când se credeau în ajunul revoluţiei şi fiecare jidănaş de peste Prut sau din Iaşi îşi lua aere de comisar al poporului.“

Dar schimbarea esenţială pe care o suferise Corneliu era pe dinăuntru. Urcase pe munte deprimat şi venise de acolo plin de optimism, cuprins de un mare entuziasm şi hotărâre, fiindcă i se arătase calea prin care putea deveni un învingător. Ştia ce trebuia făcut, pentru a aduce toată ţara de partea lui. Era planul lui secret, cu care venise de pe munte. Acolo, în coliba din crengi, fie prin meditaţie, fie prin inspiraţie, i s-a

relevat un adevăr pe care-l căuta de mult. Poate a avut și de
el milă Maica Domnului? Acolo pe munte, Codreanu a pri-
mit o misiune de la a cărui îndeplinire nu-l va mai putea abate
nimeni! Ajunsese între cer și pământ, acolo unde legile ome-
nești fiind *suspendate*, nu mai aveau cum să aibă valabilitate.

Iar cei rămași jos, pe pământ, adică părinții copiilor mal-
tratați de Manciu, și-au căutat dreptatea cerând anchete,
măsuri ministeriale, demiteri ale vinovaților. Mai multe
ziare și-au exprimat indignarea de felul în care prefectura
Iași a încălcat legile cu brutalitate, fără ca celor vinovați de
abuzuri să li se fi clintit măcar un singur fir de păr din cap.
Articolele, deși tăioase, erau doar vorbe! Iată câteva fraze
dintr-un articol de-al profesorului A.C. Cuza:

> „Această provocare este cu atât mai nedemnă și mai iri-
> tantă, cu cât în același timp polițaiul Manciu se duce la întru-
> nirile societății jidănești Macabi și se pune în fruntea acestor
> macabei sportivi cu care pleacă ostentativ în excursie, având
> în frunte steagul bicolor alb albastru. Iar zilnic îl vezi tolănit
> în automobil – nu în cel cu care a călătorit deunăzi la Ciurea
> – ci în acela nou care se pare că i-a fost hărăzit prin subscripție
> publică de comunitatea israelită din Iași încurajându-l și prin
> ziare, la orice ocazie, pentru atitudinea sa în contra studenți-
> mii creștine. Protestând cu toată indignarea contra acestei
> acțiuni de provocare continuă, cerem ca autoritățile superi-
> oare să intervină pentru ca să pună capăt unei situații nedemne
> și primejdioase, pe care Iașiul și studențimea lui creștină nu o
> mai pot tolera.“

Și dacă totuși suntem la capitolul vorbe, că tot nu faci
nimic cu ele, hai să le dăm pe cele mai frumoase și mai de
duh, scrise de cel care semna uneori Mița Cursista, sau Nicu

Modestie, adică Alexandru Osvald Teodoreanu, glumețul Păstorel, care sub masca umorului, dă dovadă de spirit de observație și de logică în gândire demne de admirat:

„Justiția chemată să-și spună cuvântul îi declară pe toți studenții arestați nevinovați și dispune să fie puși imediat în libertate. Studentul Zelea Codreanu e menținut totuși arestat, trimis judecății de către polițaiul Manciu care e și avocat, pentru complot. Cele mai elementare manuale de drept și cel mai bun simț ne spun că în căsătorie, duel sau complot nu poate figura o singură persoană. Pentru a da o calificare ca cea de mai sus, cel de la care emană trebuie să se găsească într-o particulară stare de ebrietate, care să-i permită viziunea cel puțin dublă. Prin urmare cu el nu putem vorbi. E loc însă în numele întregii suflări românești, ultragiată, din care scoatem, bucuroși și fără pagubă pentru nimeni, pe timizii ei reprezentanți din parlament și presă, să întrebăm guvernul, dacă socoate util să lase sancțiunea (inevitabilă) în sarcina celor lezați și dacă nu găsește oportun s-o prevină. Întăriți de cuvântul hotărâtor al justiției nu ezităm a taxa complotul de la Iași ca o ticăloasă înscenare...“

Și ca *ticăloasa înscenare* să-și merite numele, guvernul a găsit de cuviință să-l decoreze pe Manciu cu „Steaua României“ iar ceilalți comisari care au contribuit la schingiuirile tinerilor, să fie cu toții avansați în grad.

32 Captura de soi

Pocnetul de pistol a fost auzit în liniștea nopții de marinarii de pe șlepul „Elisabeta“, care era tras la dană. Căpitanul și cu marinarii săi au pornit spre locul de unde se trăsese și l-au găsit pe grănicerul Heringa Alexandru căzut la pământ, într-o baltă de sânge. Acesta a reușit, înainte de a-și pierde cunoștința, să le spună ce se întâmplase. Un marinar a alertat pichetul de grăniceri și apoi toți împreună au început să cerceteze smârcurile de pe malul Dunării.

Max a fost descoperit și după o scurtă rezistență, fiind înconjurat, a înțeles că n-are altă șansă să scape viu decât dacă se predă. Ceea ce a și făcut. Va fi închis și păzit de acum încolo ca ochii din cap, încât șansa de a evada, așa cum spera, nu i se va mai ivi. Cătușele la mâini și la picioare, paza dublă și țevile de armă îndreptate asupra lui n-au mai lipsit nici când dormea.

Condamnat la închisoare pe viață, Max Goldstein a fost închis și păzit cu strășnicie la Doftana. Aici, în 1925 a cerut schimbarea condițiilor de detenție, dar conducerea penitenciarului nu a dat curs cererii sale, temându-se că acesta va evada din nou. Goldstein intră în greva foamei în semn de protest. După 45 de zile de nemâncare, avea să-și sfârșească zilele în pușcărie.

Evreul Leon Lichtblau, având și el agenții pe urme, se refugiază la Viena, de unde apoi ajunge la Moscova, unde își va lua pseudonimul Adolf Cristin. Fiind matematician excelent și terminând și o a doua facultate cu profil economic la ruși, ajunge șef de departament în ministerul industriilor sovietice de la Moscova. La cererea foștilor lui tovarăși din România, traduce în limba română din operele lui Lenin, ca să apuce și mânuța de comuniști români să se adape din învățăturile marelui dascăl al proletariatului. Mâna Lungă a revoluției era însă vigilentă! Cu tot devotamentul lui, în anul 1937 a fost arestat din ordinul lui Stalin, fiind acuzat de spionaj, deviaționism de dreapta și activități antistatale. Avea să fie executat pe data de 25 aprilie 1938.

Doar evreul Saul Osias a avut viață lungă, murind de moarte bună în anul 1984, fiindcă a ales să rămână în România, unde a prins frumoasa vârstă de 84 de ani. Ar fi putut să emigreze în Israel, ca să ducă binefacerile comunismului și acolo, dar în mod curios, n-a făcut-o. Nici el și nici alții, deși din Rusia și din țările socialiste au emigrat cu milioanele. Se pare totuși că comunismul și internaționalismul au fost bune doar de dat la alții.

33 Planul secret

Codreanu citise lucrările lui Paulescu, A.C. Cuza, dar și ale lui Eminescu, Kogălniceanu și ale celorlalți, care s-au ocupat de problema evreiască din România. De asemenea, ca moldovean, cunoștea și din proprie experiență situația, așa cum se vedea ea din viața de zi cu zi. Asta nu numai că l-a revoltat, dar l-a determinat să caute soluții care să poată să-l facă din nou pe român stăpân în țara lui. Și-a frământat mult mintea ca să găsească o cale de a ridica națiunea română din starea ei de adâncă decădere, la o nouă conștiință. Cristalizarea acestor gânduri s-a produs în timpul pustniciei de pe Muntele Rarău.

Planul[1] lui era simplu. Va porni o *Mișcare de redeșteptare* care avea să preia de la Cahale partea de organizare, așa cum se manifesta ea în jurul sinagogii prin Legea Disciplinei, a Întrajutorării, a Solidarității, a Ascultării necondiționate față de rabin. Acest fel de organizare – șlefuită de-a lungul mileniilor – era cea care făcuse posibilă acapararea de către minoritatea evreiască a bogățiilor țărilor în care trăiau, așa cum era cazul și cu România. El însă va înlocui ideile Talmudului cu învățăturile Mântuitorului. În acest fel, doctrina lui Codreanu nu

---

[1] Pentru a înțelege, vezi pagina 343

mai cobora o treaptă, – ca cea a evreului talmudist – ci urca una. Astfel încreștinată, Mișcarea lui Codreanu urma să beneficieze și de sprijinul legiunilor nevăzute ale împărăției cerești.

Convingerea lui era că, o organizație închegată pe aceste principii va mătura orice obstacol din calea ei. Principiile călăuzitoare s-au cristalizat ulterior într-o lucrare numită „Cărticica șefului de cuib", care reprezintă o sinteză a doctrinei legionare. Iată doar câteva extrase din această adevărată evanghelie legionară:

„PUNCTUL 1. Acum știți cu toții ce este un cuib: un grup de oameni sub comanda unui singur om. Cuibul nu are comitet. *El are numai un șef care comandă...*

PUNCTUL 3. Cele șase legi fundamentale ale cuibului:

1) Legea disciplinei: fii disciplinat legionar, căci numai așa vei învinge. Urmează-ți șeful și la bine, și la greu.

2) Legea muncii: muncește. Muncește în fiecare zi. Muncește cu drag. Răsplata muncii să-ți fie nu câștigul, ci mulțumirea că ai pus o cărămidă la înălțarea Legiunii și la înflorirea României.

3) Legea tăcerii: vorbește puțin. Vorbește ce trebuie. Vorbește cât trebuie. Oratoria ta este oratoria faptei. Tu făptuiește; lasă pe alții să vorbească.

4) Legea educației: trebuie să devii altul. Un erou. În cuib fă-ți toată școala. Cunoaște bine legiunea.

5) Legea ajutorului reciproc: ajută-ți fratele căzut în nenorocire. Nu-l lăsa.

6) Legea onoarei: mergi numai pe căile indicate de onoare. Luptă, nu fi niciodată mișel. Lasă pentru alții căile infamiei. Decât să învingi printr-o infamie, mai bine să cazi luptând pe drumul onoarei.

PUNCTUL 7. Viaţa cuibului.

Cuibul adunat este o biserică. Intrând în cuib, te dezbraci de toate chestiunile mărunte şi închini o oră gândurile tale curate Patriei. Ceasul de şedinţă al cuibului este ceasul Patriei. Armonia deplină trebuie să rezulte nu numai din prietenia celor adunaţi, dar mai ales din comunitatea idealului lor. Acolo, în cuib, se vor înălţa rugăciuni lui Dumnezeu pentru biruinţa Legiunii, se vor cânta cântecele trimise de Legiune, se va vorbi despre cei morţi: martiri, eroi căzuţi pentru Legiune şi camarazii morţi în credinţa legionară, prieteni, părinţi, bunici şi strămoşi, rechemându-se duhurile lor.

În linii generale, în cuib nu se va da loc la discuţii înfocate, violente, contradictorii. Cât mai puţină vorbă, cât mai multă meditaţie, nimic să nu tulbure majestatea tăcerii şi a bunei înţelegeri.

Se vor face exerciţii de tăcere completă.

PUNCTUL 8. Prima grijă: PUNCTUALITATEA.

Dacă şeful cuibului fixează şedinţa la ora 9, apoi toţi trebuie să-şi chibzuiască treburile în aşa fel ca să nu vină nici prea devreme, nici prea târziu. Nimeni să nu facă pe altul să aştepte. Legionarul trebuie să fie om de cuvânt. Când a spus o vorbă, să se ţină întocmai de dânsa.

Ţara e plină de aceia care spun multe vorbe, dar nu se ţin niciodată de ele. Când promiţi ceva, gândeşte-te bine. Dacă tu crezi că nu poţi, spune verde, căci e mai frumos.

PUNCTUL 9. A doua grijă: INIMA BUNĂ.

Legionarul, când vine la cuib, trebuie să fie cu inima bună. Să nu pornească cu gând de sfadă, de răutate, căci în cuib n-are voie să se certe nimeni. Când legionarul va avea poftă de sfadă, să se bage între dușmani.

Lucrurile mari și bune se fac cu inimă bună, pentru că unde e inimă bună, acolo e Dumnezeu, iar unde inima e rea, acolo s-a băgat diavolul. De aceea, unde este inima rea niciun lucru n-are spor. Toate merg pe dos. Despre omul care prășește cu inimă rea se zice că nici păpușoii nu-i cresc pe ogor.

PUNCTUL 15. Despre executarea ordinelor.

Când un legionar sau un cuib primește un ordin, este o chestiune de onoare de a-l executa, trecând prin foc și prin apă, dacă este nevoie.

După aceasta se măsoară vrednicia legionară.

Când Șeful Legiunii dă semnalul unei bătălii legionare (cum a fost de exemplu: cumpărarea unei camionete, scoaterea unei foi, cumpărarea unei tipografii), cuiburile, ca niște albine întrecându-se în hărnicie și în viteză unele pe altele, trebuie să vină fiecare cu ceea ce poate da. Ori de câte ori vin asemenea ocazii, trebuie să concure într-o adevărată întrecere nebună înspre victoria legionară toate cuiburile.

Cum ar fi cu putință ca un cuib să fi rămas în afara luptei, să nu fi adus și el un cât de mic ajutor, cât de mică jertfă? Din aceste lupte se poate vedea cine merită să se înalțe în noua lume legionară și cine trebuie să rămână unde este.

PUNCTUL 16 BIS. Marșul legionar.

Duminica și în zilele de sărbătoare, cuiburile de toate categoriile: Frății, Cetățui etc., trebuie să se obișnuiască a pleca în marș. Noi nu ne cunoaștem țara. Unii nu-și cunosc nici satul vecin. În zilele de sărbătoare, pe ploaie sau pe vreme bună, iarna sau vara, să ieșim afară în mijlocul naturii. Pământul românesc să devină un furnicar în care să se întâlnească pe toate drumurile mii de cuiburi alergând în toate direcțiile. În timpul slujbei, să se oprească la Biserica din cale. Să se oprească la camarazii din satele vecine.

Marșul este sănătos. Marșul repauzează și reface nervul și sufletul omenesc. Dar mai presus de toate, marșul este simbolul acțiunii, al explorării, al cuceririi legionare.

Marșul se face în ordine: pasul bărbătesc.

PUNCTUL 29. 1) Cum trebuie să fie și să se poarte un șef.

Un șef trebuie să fie înțelept, trebuie să se gândească bine când ia o hotărâre, pentru ca ea să fie bună. Hotărârea trebuie luată repede și dusă până la capăt.

Trebuie să fie blând și să-și iubească oamenii de sub comanda lui.

Trebuie să fie voios; așa trebuie să apară înaintea celor pe care îi comandă, nu amărât, întunecat, nervos.

Trebuie să fie drept cu legionarii și cu toată lumea. Nici adversarului nu-i poate face nedreptate. Va lupta cu el, îl va învinge, dar pe căile dreptății, ale moralei; nu prin lașitate sau minciună.

Trebuie să fie curajos și hotărât în ceasuri de primejdie. Așa bunăoară, dacă va vedea un om în primejdie, datoria de onoare a unui legionar este de a sări pentru a-l salva, înfruntând primejdia. Ex.: foc, înec etc.

Trebuie să împartă bucuriile și durerile cu toți camarazii lui. În orice ocazie în lume, nu numai în lumea legionară, el trebuie să-și aleagă locul cel mai greu. Un legionar nu se înghesuiește ca să apuce cel dintâi loc la masă sau cel mai bun pat la culcare.

Trebuie să fie dibaci, adică orice ordin să-l ducă la bun sfârșit, întrebuințând căile cele mai inteligente.

Trebuie să comande clar si să-și ducă oamenii la biruință.

Să nu vorbească de rău pe camarazii lui. Să nu permită să i se vorbească de rău despre alții.

Să știe să păstreze armonia în unitatea pe care o conduce. Este de o importanță capitală. Un șef de ar avea toate calitățile din lume, și dacă în unitatea pe care o comandă e ceartă, dezbinare, neînțelegere, trebuie imediat înlocuit. Sunt unii șefi care, îndată ce iau comanda unei unități, unitatea începe a se destrăma.

Să fie foarte cuviincios cu toată lumea. Să nu bruscheze lumea, pentru că în loc de a o atrage, o s-o îndepărteze.

Trebuie să fie cumpătat la toate. De exemplu: nu se poate concepe niciun șef și niciun legionar beat. Legionarul poate petrece, dar nu se îmbată.

Să fie om de cuvânt.

Să fie de o cinste care să-i atragă stima tuturor oamenilor din jur.

Într-un cuvânt, să se poarte în așa fel încât toată lumea să poată spune: „Într-un legionar te poți încrede, căci un lucru luat de un legionar pe seama lui îl duce la bun sfârșit."

Șeful legionarilor este un om năzdrăvan, care din orice împrejurarea oricât de grea ar fi ea, iese deasupra. El trebuie să fie învingător. De va cădea, el se va ridica din nou și va învinge.

Numai înzestrat cu astfel de calități, un șef legionar va putea, prin școala cuibului și prin puterea exemplului, transforma pe fiecare român, creând un suflet nou, un adevărat caracter care va ști să învingă în toate împrejurările și cu care țara se va putea mândri.

PUNCTUL 30. 2) De ce trebuie să se păzească un șef legionar.

a) Să nu se lase ademenit. Adversarii au două căi de luptă. Prima cale, atacul fățiș pentru a ne strivi. Dacă văd că noi am rezistat și n-am fost striviți, atunci încearcă a doua cale: ademenirea câtorva oameni pentru dezbinarea noastră.

Un exemplu: procesul de la Văcărești din 28 Martie 1924. Procesul acesta a urmărit strivirea noastră. Noi însă am rezistat, am ieșit învingători, adică am fost achitați.

Diferite persoane sus-puse se arătau prietene cu noi (după proces), ne chemau la masă, ne lăudau: că suntem buni, suntem talentați, vom ajunge departe etc.

În același timp, încercau dezbinarea noastră: vorbind rău pe ceilalți camarazi.

Noi am prins această notă de atac și ce auzeam, veneam și ne spuneam unul altuia. Și atacul a căzut. Iar noi, după 10 ani, ne găsim tot așa de uniți ca și în ceasul întâi.

Acum, împotriva Mișcării Legionare se întrebuințează primul mijloc: încercarea adversarilor de a ne strivi. Când vor vedea însă că nu ne pot strivi, vor încerca al doilea mijloc: dezbinarea noastră prin ademenire.

Nu vedeți cum s-au dezbinat toate partidele din România, tot prin ademenire: liberalii în două, averescanii în două, iar acum, în urmă, și național țărăniștii stau gata să fie învinși și rupți în două. Vor încerca și cu noi. Dar noi vom fi pregătiți și vom învinge.

PUNCTUL 31. Ce trebuie să facă un șef legionar, când simte atacul ademenirii.

Imediat trebuie să raporteze șefului său și Șefului Legiunii. Și să spună deschis cuibului din care face parte. Adică să dea pe față uneltirile vrăjmașe.

PUNCTUL 32. b) Nu există în Legiune „M-am supărat și plec.“

Dacă se ceartă cu cineva, cu un camarad, legionarul trebuie să se împace. In orice caz, nu poate pleca din Legiune pe acest motiv, căci nu se poate supăra pe Legiune, adică pe lupta de mântuire a țării sale. Iar dacă pleacă, greșeala lui este foarte mare față de toți legionarii, față de drapelul Legiunii și față de neamul său.

Cineva poate pleca din Legiune când nu mai crede, dar nu când se supără.

PUNCTUL 33. c) Lupta cu alți șefi legionari.

Este o mare greșeală ca un șef legionar, din invidie, să înceapă a vorbi de rău în fața oamenilor din cuib sau din sat, pe un camarad al său. Aceasta duce la dezbinarea în două a legionarilor, la lupta dintre dânșii, la victoria inamicului.

Este așa de grav acest lucru, încât Legiunea consideră asemenea fapte aproape ca o trădare. Cum? Pentru ambițiile tale să distrugi Legiunea?

Chiar dacă sunt dușmani personali, când au devenit legionari, nu se mai ceartă, nu se mai vorbesc de rău, luptă fiecare în funcția pe care o are și slujește cu credință cauza legionară și victoria de mâine.“

Iar în încheiere, Codreanu adaugă:

„Camarazi,
Am scris această cărticică pe înțelesul vostru, al tuturora. De acum, la treabă!“

Aceasta este doctrina legionară. Ea este acut națională, dar nu urmărește discriminarea și cu atât mai puțin exterminarea altora. Nu face apologia rasismului, a nazismului. Dimpotrivă, este profund creştină. Dar, primele succese în formarea noilor caractere au speriat duşmanii ţării de moarte, pentru că vedeau că nu vor mai putea să-şi facă de cap nestingheriţi, dacă aceste idei ar fi prins rădăcini. Şi prin aceasta, Căpitanul le-a devenit duşmanilor ţării, duşman de moarte.

34 A căutat-o cu lumânarea!

Părea o zi de sâmbătă obişnuită pe 25 octombrie 1924, când la Judecătoria Ocolului 2 Iaşi urma să se desfăşoare procesul intentat de studentul Comârzan lui Constantin Manciu. Comârzan era unul din tinerii schingiuiţi de prefect şi care avusese curajul să-l dea în judecată pentru abuz în serviciu. Ca apărători au fost desemnaţi avocatul Dumbravă şi Corneliu Zelea Codreanu.

În timpul procesului au fost incidente, multă nervozitate, jigniri. La ieşirea din Judecătorie, Manciu îl înjură pe Codreanu de Dumnezeu şi Cruce şi îl loveşte cu pumnul. Acest Costică se simţea tare, fiindcă sosise la Tribunal cu o armată de douăzeci de jandarmi după el. Apoi Manciu dă ordin să fie arestat Codreanu. Câţiva se reped să execute ordinul.

Atunci acesta scoate revolverul de care nu s-a mai despărţit de la coborârea de pe munte şi trage în cei ce-au ajuns mai întâi lângă el. Cade Manciu, apoi inspectorul Clos şi – spune Codreanu cu părere de rău – Husanu, unul mai puţin vinovat. Manciu avea să fie rănit mortal, ceilalţi doi scapă cu viaţă.

35 ȘI EL A FOST PRINTRE ALEȘI

Dumnezeu l-a înzestrat cu daruri pe care nu se știe dacă le va mai da cuiva. Au fost atât de multe și de mari, încât n-au putut fi ținute sub obroc. S-au arătat de foarte timpuriu, de parcă bunul Dumnezeu a vrut să-i mângâie pe părinți, cărora li s-au născut înaintea lui alți șapte copii, morți cu toții de timpuriu. Apoi a venit el, Jurjac, un copil deosebit, ce s-a remarcat mai întâi de toate printr-un cap mult mai mare decât au copii obișnuiți. Curând însă a început să se vadă că acest cap mare avea un rost, fiindcă la trei ani lăsase cu gura căscată pe un lăutar care cântase la o sărbătoare sătească. Micuțul a putut să reproducă cu mare exactitate – cântând din gură – toate melodiile pe care le-a auzit de la taraful lui Lae Chiorul. Întâmplarea aceasta i-a făcut pe părinții lui să-i cumpere o vioară-jucărie numai cu trei corzi, ceea ce pe Cap-Mare avea să-l înfurie grozav! Ce-și închipuiau părinții, că se pot juca cu el? Și Jurjac, fără să stea mult pe gânduri, avea să arunce jucăria în foc. Ce să facă bieții părinți? I-au făcut cadou o vioară adevărată. Iar primul care l-a învățat să cânte la ea a fost chiar țiganul Lae Chiorul. Dar nu pentru multă vreme, pentru că acesta avea să spună despre Jurjac:

– Copilul ăsta este prea deștept, mi-a furat tot meșteșugul în câteva luni!

Și până să i se găsească alt profesor, copilul, ca să nu se plictisească – ajuns la respectabila vârstă de patru ani – a învățat singur cititul, scrisul, adunarea și scăderea. Ca să vadă dacă e ceva de capul lui cel mare, părinții l-au dus la Iași la somitatea muzicală a acelor vremuri, Eduard Caudella. Acesta a fost la rândul lui impresionat de măiestria interpretativă a copilului de cinci ani. L-a trimis totuși acasă ca să învețe notele muzicale și apoi să revină peste doi ani.

Jurjac avea s-o facă și pe asta, dar și să învețe să cânte la pian, ceea ce i-a trezit ambiția de a deveni compozitor. Nu era firesc ca, după ce stăpânea două instrumente dificile și mai cunoștea și notele, să înceapă să compună? A rămas de la el un caiet pe care, ținându-și vârful limbii între dinți, a scris următoarele:

„Țara Românească – operă pentru pian și vioară de George Enescu, compozitor român, în vârstă de cinci ani și un sfert." Aceasta avea să fie prima creație muzicală a *compozitorului român* George Enescu, care tot la cinci ani și un sfert avea să susțină și primul lui concert. Această experiență muzicală îndelungată avea să-i permită să compună pe la șase ani alte lucrări precum „Hora Sinaia", „Revedere" și o „Fantazie mică".

Fiindcă cel mai urât lucru este să ai un cap mare pe care să-l ții gol, Jurjac a mai învățat tot cam pe atunci desenul și pictura, vorbea limbi străine și scria poezii în românește. Bietul Caudella, simțindu-se probabil depășit, i-a sfătuit pe părinții lui Jurjac să-l dea la... Conservator. Și nu oriunde, ci la cel de la Viena, recunoscut pentru remarcabilii lui profesori.

Aici ajunge Jurjac student, la vârsta de șapte ani și un sfert, fiindcă era născut la 19 august 1881. Va studia la Viena cinci ani de zile, absolvind conservatorul la vârsta de 12 ani. Nemaiavând ce mai face pe acolo, va trece la Conservatorul din Paris cu ajutorul unei burse acordate de Regina României Elisabeta. Ea însăși poetă, avea marea slăbiciune să adune în jurul ei pe toți artiștii de valoare ai țării.

36 Lăsați copiii să vină la mine

La Iași, după ce s-a aflat de moartea lui Manciu, a fost mare sărbătoare, populația românească a orașului manifestându-și bucuria că a scăpat de tirania Omului Negru.

După acele clipe tragice, Corneliu Zelea Codreanu a fost arestat și anchetat, pentru a i se pregăti procesul. La interogatoriu i s-au pus mai multe întrebări de către judecătorul de instrucție Mihail Eșianu, la care Codreanu a dat răspunsuri logice și totodată pline de bun simț:

– N-ați luat această deciziune de a suprima pe Prefectul C. Manciu văzând în el persoana care vă stânjenește mișcarea contra evreilor?

– Nu, întrucât faptele Prefectului C. Manciu măreau mișcarea, iar nu o diminuau.

– Ce înțelegi prin „dușmanii neamului"?

– Prin „dușmanii neamului" înțeleg în primul rând pe evreii care amenință existența noastră ca natie și, în al doilea rând, pe acei dintre români care, prin poziția lor înaltă, pot contribui, într-o măsura mare, la opera de distrugere a elementului românesc.

Inițial, guvernul liberal a hotărât ca Zelea Codreanu să fie judecat la Iași, dar aici, bucuria că Omul Negru nu mai este, s-a transformat într-un curent de susținere a lui Codreanu atât de puternic încât pedepsirea lui exemplară la Iași, așa cum spera guvernul, nu mai era posibilă fără o explozie populară de proporții. Aici Codreanu era cunoscut și popularitatea de care se bucura creștea din zi în zi, ceea ce a dus la mutarea procesului de la Iași la Focșani. De ce a ales guvernul Focșanii ca loc de desfășurare al procesului? Codreanu ne-o spune în lucrarea sa „Pentru Legionari" lămurindu-ne pe loc:

„Focşanii erau cea mai puternică citadelă liberală din ţară. Din acel oraş erau trei miniştri în guvern: G-ral Vătoianu, N. N. Săveanu şi Chirculescu. Era singurul loc din ţară unde mişcarea naţională nu prinsese. Încercările noastre de a face ceva dăduseră greş. Acolo nu aveam pe nimeni. Era doar D-na Tiţa Pavelescu, o veche naţionalistă, cu foaia „Santinela", care semăna în pustiu. Studenţii de la Iaşi, auzind despre această mutare, au rămas foarte îngrijoraţi."

Dar aşa cum se întâmplă de fiecare dată la oamenii aflaţi sub har ceresc, lucrurile iau întorsături cu aer de miracol:

„Minunea, la care nu mă aşteptam nici eu şi mai ales la care nu se aşteptau cei ce mă aduseseră acolo, a fost că, a treia zi după ce sosisem, întreaga populaţie, fără deosebire de partid politic şi cu toate încercările autorităţilor de a mi-o face ostilă, trecuse spontan de partea mea. Pe oamenii politici liberali nu-i părăsiseră numai partizanii, ci şi membrii familiei. Aşa de exemplu, d-rele Chirculescu, eleve în cursul superior al liceului, mi-au trimis mâncare şi mi-au cusut, împreună cu alte fete, o cămaşă naţională. Am auzit chiar că refuzau să stea cu tatăl lor la masă.

Atunci l-am cunoscut pe generalul dr. Macridescu, cea mai venerabilă figură a Focşanilor, pe Hristache Solomon, proprietar nu prea bogat, dar un om de o mare autoritate morală, în faţa căruia se descopereau şi duşmanii, pe d-nii Georgică Niculescu, colonel Blezu care prin fetiţa lui, Fluturaş, îmi trimitea de mâncare, Vasilache, Ştefan şi Nicuşor Graur, familiile Olteanu, Ciudin, Montanu, Son, Maior Cristopol, Caraş, Guriţă, Ştefăniu, Nicolau, Tudoroncescu etc. Toţi aceştia şi alţii m-au îngrijit mai mult decât părinteşte."

Ce face guvernul? Este silit din nou să mute procesul. Unde? La Turnu Severin. De ce? Pentru că acolo fiind mai puțini evrei, exista speranța ca naționalismul să nu fie atât de puternic ca la Iași și Focșani. Iar aici Codreanu nu cunoștea pe nimeni, orașul era mic și nu era nici centru universitar. Deci ar fi fost posibil ca lui Zelea Codreanu să i se *coacă* un proces de pomină. Dar nu va fi după voia oamenilor, pentru că Omul Ales are destinul lui, pe care nimeni de pe pământ nu-l poate schimba:

„Directorul și funcționarii m-au primit ca pe un oaspete ales și mi-au dat o cameră bună, care nu mai era ca până acum cu ciment pe jos, ci cu podea de scânduri. Și aici, arestații, ca și în celelalte închisori, s-au apropiat de mine cu dragoste; iar eu i-am ajutat mai târziu, în nesfârșita lor mizerie materială și morală. A doua zi, am ieșit în curte. Era un loc de unde se vedea în stradă. Pe la ora 12, am văzut masați în fața închisorii peste 200 de copii mici, între 6 și 7 ani care, când m-au văzut trecând, au început să facă semne cu mânuțele lor, unii cu batiste iar alții cu șepci. Erau copii din școlile primare, care auziseră că am ajuns la Turnu Severin și că mă aflam în închisoare. Acești copii vor fi de acum, în fiecare zi, nelipsiți din fața închisorii. Mă vor aștepta să trec ca să-și ridice micuțele lor mâini, pentru a-și manifesta simpatia față de mine.“

„În zadar strigau procurorii și prefecții. În închisoare am fost înconjurat de dragostea și grija tuturor familiilor din oraș, chiar și ale acelora care aveau un rol oficial, cum era acea a primarului Corneliu Rădulescu, pentru care am rămas cu multă admirație; dar mai ales înconjurat, ca nicăieri în altă parte, de dragostea copiilor și de înțelegerea lor pentru suferințele mele. Ei făcuseră prima manifestație pentru mine la Turnu Severin. Îmi amintesc cu duioșie cum copiii mici din mahala, care abia umblau în picioare, văzând pe cei mai mărișori că se adunau regulat, în număr mare, în fața închisorii și dădeau din mâini, au început și ei să vină în fiecare zi. La oră fixă, îi vedeam cum încep să se adune din toate părțile, ca la un program pe care îl aveau de executat. Toți erau tăcuți și cuminți. Nu se jucau, nu cântau. Se uitau numai, așteptând să mă vadă trecând prin dreptul unei deschizături, pentru a-mi face semne din mâini și pe urmă plecau acasă. Înțelegeau ei că e ceva trist în această închisoare și bunul lor simț le spunea că nu e loc pentru râs aici. Într-o zi, au început să-i alunge jandarmii. A doua zi nu i-am mai văzut. Se puseseră santinele care i-au oprit de a mai veni.“

37 Compozitorul românilor

În 1901, George Enescu terminase de compus cele două *Rapsodii Române*. Dăduse dovada geniului său componistic iar ca violonist și pianist de mare virtuozitate era deja tot mai cunoscut pe marile scene ale lumii. El însă era mult mai mult decât atât. În 1916, pictorul Ștefan Luchian își trăia ultimele zile, țintuit la pat de scleroza ce-i paralizase membrele. Era un pictor de geniu, dar fără să fi cunoscut succesul decât – așa cum se întâmplă foarte des la români – după moarte. Asta i-a adus tristețe-n suflet, sărăcie lucie și singurătate deplină.

Într-o noapte, Luchian a avut parte de o vizită neașteptată. O umbră cu o pelerină pe umeri s-a strecurat în camera lui și scoțând o vioară, i-a cântat două ore pe întuneric, răscolindu-i sufletul chinuit atât de profund, încât vizitându-l a doua zi, poetul Tudor Arghezi l-a găsit încă răvășit și cu lacrimi în ochi. Vizitatorul nocturn n-a fost altul decât George Enescu.

În timpul primului război mondial, atunci când ne mai rămăsese doar un ciot de țară liberă și suferințele și sacrificiile românilor erau imense, George Enescu a venit acasă din străinătate cu gândul să fie de folos. S-a înscris chiar ca sanitar voluntar la Crucea Roșie, dând o mână de ajutor acolo unde era nevoie. Medicii operau în condiții precare, pe viu, fiindcă lipsea cloroformul. O dată, pe când ținea un rănit ca să i se amputeze un picior cangrenat, când fierăstrăul a ajuns la os, hârșâitul produs a fost prea mult pentru sensibilitatea lui și i s-a făcut rău. A renunțat să mai facă pe felcerul și luându-și vioara sub braț, a pornit să colinde spitalele unde le cânta răniților, mutilaților, muribunzilor, dar și personalului medical, care avea și el nevoie de o mângâiere sufletească după atâtea orori și suferințe la care au fost martori. Enescu a cântat luni întregi, colindând din oraș în oraș, prezentându-se la spitale unde ruga personalul medical să-i dea voie să cânte suferinzilor.

O dată, după ce-a cântat într-un spital și se pregătea să plece, o soră a venit cu rugămintea să cânte și unui ofițer român, mare mutilat de război, care se afla într-o cămăruță separată. Enescu a pornit după soră și a cântat în fața unui pat în care zăcea un corp complet acoperit de bandaje. Doar două găuri lăsau să se vadă doi ochi vii, din care au început să curgă lacrimi. Personalul spitalului și bolnavii care se puteau ține pe picioare s-au strâns acolo. Au plâns atunci la capul muribundului sora care-l chemase, tot personalul medical, toți răniții și însuși violonistul.

38 Procesul

Procesul a fost fixat pe data de 20 mai 1925. Pentru apărarea lui Corneliu Zelea Codreanu s-au înscris la tribunal

19.300 de avocați din toată țara. Cu câteva zile înainte au început să sosească la Turnu Severin trenuri pline cu studenți ieșeni, bucovineni, bucureșteni, clujeni. La deschiderea procesului sala Teatrului Național gemea de lume iar în jurul teatrului se adunaseră cel puțin zece mii de oameni care urmăreau cu sufletul la gură mersul dezbaterilor.

Pe banca acuzaților se aflau pe lângă Codreanu, Ion Moța, Ilie Gârneață, Radu Mironovici, Tudose Popescu și Corneliu Georgescu. De la Iași au venit și martorii acuzării, desigur cu alt tren decât sprijinitorii lui Codreanu. Procesul a avut momente în care s-a văzut clar cine umblă cu cioara vopsită:

„Martori ai acuzării erau: un jidan și polițiștii de la Iași. În ședință au negat totul. Nu era nimic adevărat. Toate bătăile, toate schingiuirile erau pură invenție. Negau chiar și certificatele medicale eliberate de prof. Bogdan, medicul legist. Atitudinea aceasta, după ce juraseră pe cruce că vor spune adevărul și numai adevărul, a provocat indignarea întregii săli.

Unul din martori, comisarul Vasiliu Spanchiu, pe care-l vedeam transformat acum în cea mai blândă ființă, nu văzuse și nu făcuse nimic! Ridicându-mă, cu voia președintelui, l-am întrebat tare și plin de indignare:

– Nu ești d-ta acela care m-a lovit cu pumnul peste față în grădină la d-na Ghica?

– Nu sunt.

– Nu ești d-ta acela care băgai pe studenți cu capul în căldarea cu apă, atunci când, spânzurați cu picioarele în sus, erau bătuți la tălpi?

– Nici nu am fost pe acolo; eram în oraș pe atunci.

Pe fața lui, prin gesturile lui, din atitudinea lui întreagă, se vedea că minte, că jură pe cruce și minte. Mulțimea din sală clocotea de indignare. Deodată, ca o expresie a acestei indignări colective, un domn sare din mijlocul mulțimii, îl apucă pe comisar în brațe și-l scoate pe sus afară din sală.

Era dl. Tilică Ioanid. Îl auzim îmbrâncind pe comisar pe scările din dos:

– Canalie, să pleci de aici că nu-ți garantăm viața!

Apoi adresându-se tuturor comisarilor din Iași:

– Ați schingiuit în mod barbar, cu mâinile voastre pe acești copii. Dacă ați fi făcut așa ceva la Turnu Severin, ați fi fost măcelăriți pe stradă de lume. Prezența voastră aici murdărește acest oraș; plecați cu primul tren, altfel va fi rău de voi.

Acest gest a fost de altfel bine venit, căci lumea era cu sufletele încărcate. El a produs o ușurare în întreaga sală. Călăii erau umiliți și umblau salutând până la pământ și cerșind câte o mică atenție de la cel mai umil purtător de fundă tricoloră.

– Parcă noi nu suntem buni români! Dar ce să facem? Am avut ordin.

– Nu! Canalii! N-ați avut suflet de părinte și de român. N-ați avut onoare de oameni. N-ați avut respect pentru lege. Ați avut ordin? Nu! Ați avut suflete de trădători.

Așa le spunea lumea pe străzi.“

Printre alții a luat cuvântul și domnul Costaforu, președintele unei loji masonice din București, apărătorul părții civile, printre care era și comisarul Husanu. El s-a pronunțat cu hotărâre contra bătăii în cadrul cercetărilor polițienești, recunoscând astfel că la Iași poliția i-a rupt în bătaie pe tinerii arestați în grădina doamnei Ghica. Considera însă că tinerii de la Iași erau niște rătăciți, căzuți sub influența nefastă a unor profesori naționaliști. Domnul Costaforu a mai afirmat că principalul vinovat pentru această stare de lucruri era domnul A. C. Cuza, aflat și el în sală. Domnul președinte îl atenționează că ei nu s-au adunat acolo să-l judece pe domnul Cuza.

Domnul Costaforu face apoi o prezentare a problemei minorităților din România, fiind de părere că cu ele trebuie să te porți frumos, ca să le câștigi de partea ta. El se dă singur de exemplu prin faptul că are un ginere evreu. În acest cadru, cu asemenea mărturisiri, nu este de mirare că a fost fluierat. După ce președintele completului de judecată restabilește liniștea în sală, propune ca vorbitorul să se refere strict la cazul Manciu. Domnul Costaforu pare să fi înțeles recomandarea, trage aer în piept și spune:

– Dacă am un ginere evreu... E întrerupt de huiduieli, apoi președintele completului de judecată îi sugerează cu un zâmbet fin:

– V-aș propune să țineți o conferință despre aceasta! (Desigur în altă parte, nu la tribunal.)

Avocatul acesta de mâna a 19.301-a înțelege în sfârșit că trebuie să-și lase ginerele pe mâna fiicei lui și atunci scoate o foaie din servietă, citând din declarația lui Codreanu, care a afirmat la interogatoriu că problema evreilor din România se va rezolva atunci când vor fi eliminați din țară. „Studenții au făcut colecte pentru o clădire!" Mai spune domnul Costaforu, exprimându-și prin aceasta o neliniște proprie sau poate una a ginerelui care știa mai bine ce fel de clădire voia Codreanu să construiască la Iași. Domnul Președinte însa – în necunoștință de cauză – va afirma că acea clădire este destinată a fi un cămin pentru studenții săraci. Apoi încheie ședința, anunțând-o pe cea viitoare.

Enescu și Menuhin

39 OM GENEROS

Oamenii aleși sunt oameni dezinteresați de partea materială a vieții. Banul – ochiul dracului – nu-i robește, ei rămânând toată viața săraci și credincioși propriilor lor idealuri și convingeri. Pe acești oameni nu-i poate cumpăra nimeni.

George Enescu a fost și un suflet mare. Când familia Menuhin – o familie de evrei ruși emigrați în America – l-a căutat la Paris ca să-i prezinte copilul lor minune, pe Yehudi, care la 10 ani era deja un mic geniu, Enescu, după ce la ascultat pe piticuț, a replicat uimit:

– Ce dracu' vreți să-l mai învăț?

Enescu şi-a dat seama într-o clipită de talentul extraordinar al copilului, pe care cu multă bucurie şi dragoste îl va îndruma toată viaţa, dându-i ore pentru care nu va lua niciun ban. Yehudi va veni la Sinaia în 1927 unde se retrăsese Enescu pentru o vreme, la vila Luminiş, întors din oraşul luminilor. Acolo va locui alături de maestrul său, care-i va da nu numai lecţii de vioară, dar şi de viaţă. Iar acest copil minune, devenit la rândul lui cel mai renumit violonist al timpului său, avea să-i poarte maestrului Enescu o admiraţie şi o dragoste nemărginită. E drept că avea şi cui.

Enescu dăduse deseori dovada marii sale înzestrări, uneori chiar fără să vrea. Astfel, o dată se plimba cu violoncelistul Dimitrie Dinicu printr-un iarmaroc. Acolo au văzut un mic spectacol de pantomimă cu un personaj care imita gesturile unui violonist. În spatele unei cortine se afla cineva care cânta la vioară cu adevărat. Ascultând melodia, Enescu îi spune lui Dimitrie:

– Coane Dimitrie, după cum cântă cel de după perdea parc-ar fi Grigoraş, nepotul dumitale!

– Fugi nene d-aici, Grigoraş e acum la şcoală, la studii.

Mai târziu însă s-a dovedit că urechea maestrului nu se înşelase. Cel care cântase fusese chiar Grigoraş, care îşi folosea talentul *cu perdea*, ca să mai ciugulească un ban de buzunar. Dimitrie a fost atât de supărat încât a fost cât pe ce să-l dea afară pe nepot din orchestra pe care o conducea.

Dar nu numai auzul muzical al lui Enescu a rămas de poveste, ci mai ales memoria. Era capabil să cânte sau să dirijeze după ureche toate simfoniile cunoscute şi chiar pe cele necunoscute. Astfel, întâlnindu-se cu Bela Bartok în vederea unui concert unde urma să se interpreteze şi noua lucrare a acestuia "Două tablouri", Enescu a răsfoit partitura iar a doua zi a dirijat orchestra cu lucrarea lui Bartok din memorie.

Yehudi Menuhin povestea că în anul 1927, la Enescu acasă, pe când abia începuse o lecție de vioară, apare Maurice Ravel, fost coleg de studii, care compusese o nouă lucrare muzicală și care dorea s-o cânte împreună. Enescu și-a cerut scuze de la Menuhin senior și junior – care avea pe atunci 11 ani – și s-au apucat să cânte. După ce au terminat, Ravel a vrut să plece, dar Enescu l-a rugat să mai cânte lucrarea o dată. Și spre uimirea celor doi Menuhin, Enescu avea să cânte lucrarea din memorie, fără să mai aibă nevoie de partitură.

Același Yehudi Menuhin avea să scrie despre Enescu în memoriile sale:

„Dacă cititorul ar putea să-și închipuie mintea enciclopedică, îngemănată cu inima cea mai generoasă și mai lipsită de egoism din câte pot exista într-un om cu o înfățișare nobilă și frumoasă, cu un chip romantic însuflețit mereu de un geniu creator, fie că vorbea, preda, dirija, cânta la vioară ori la pian și mai cu seamă atunci când compunea, imaginea tot n-ar fi completă. Enescu rămâne pentru mine cea mai extraordinară ființă omenească, cel mai mare muzician și cea mai puternică influență exercitată vreodată asupra mea".

Dar Yehudi Menuhin nu s-a limitat doar la vorbe. Atunci când Enescu a emigrat în SUA după ce regimul comunist i-a confiscat averea, el a fost acela care l-a ajutat să primească azilul politic, apoi i-a organizat o serie de concerte, ca să se poată întreține. Dar Enescu nu s-a putut obișnui cu stilul american și avea să revină la Paris. În 1950, când a căzut la Londra de pe podium în timpul unui concert datorită unei comoții cerebrale, tot Menuhin avea să-l ducă la Paris cu avionul și-i va purta de grija, internându-l în sanatorii și spitale până ce și-a revenit cât de cât.

În anul 1955, în luna mai când la Paris explodează natura în mii de flori prin parcuri, Enescu avea să se stingă, având alături pe prietenul devotat, cățelușul Muțerli. Slujba de înmormântare avea să fie ținută la biserica românească din Paris, cu hramul Sfinții arhangheli Mihail, Gavril și Rafail. În această biserică, denumită a exilului la care uneori, în strană, cânta și Constantin Brâncuși, s-a închinat floarea exilului românesc de la Paris: Coandă, Eliade, Noica, Steinhardt, Marta Bibescu, Elvira Popescu.

La comemorarea unui an de la moartea lui Enescu, în 1956, a fost prezent și Yehudi Menuhin, care avea să spună:

> „Nu, nu este adevărat că a fost uitat și din cauza asta a murit în sărăcie. Nu s-a putut face mai mult, pentru că George Enescu era de o demnitate extraordinară. El și-a avut socotelile sale cu Dumnezeu și nu cu oamenii.“

Enescu a fost un om care și-a iubit nespus de mult țara și pe români, având dorința adâncă de a le ridica nivelul cultural. De asta le cânta oamenilor simpli lucrări de Bach. La observația unora că oamenii simpli nu pricep muzica cultă, Enescu le răspundea că e posibil, dar dacă nu o pricep, să ia muzica lui Bach ca pe un medicament. Dacă nu de voie, de nevoie.

Pe vremea când erau legionarii la putere (sept. 1940 – ianuarie 1941) Enescu a dat un concert de vioară la Sala Dalles din București, acompaniat de pianistul Alfred Alessandrescu. În program au fost lucrări de Brahms, Beethoven, Enescu, Bloch. Când s-a ajuns la interpretarea unei sonate de-a lui Alfred Bloch, un evreu elvețian prieten de-al lui Enescu, niște „tineri exaltați“ i-au strigat maestrului să nu cânte lucrarea „jidanului“.

Enescu i-a lăsat pe gălăgioși să se manifeste, apoi a anunțat că nu va mai cânta lucrarea lui Bloch. Izbucnesc urale, aplauze, strigăte de aprobare. „O să cânt în loc *Caddish*, de

Maurice Ravel" va spune Enescu, omițând să adauge că Ravel era și el evreu. Cel care a relatat întâmplarea adaugă că a fost apoi liniște, totul a intrat în normal, s-a aplaudat civilizat. Concluzia acestuia a fost că personalitatea maestrului i-a copleșit pe tinerii naționaliști exaltați.

Da, cu condiția ca „tinerii exaltați" să fi știut că și Ravel era evreu. În perioada guvernării legionare au fost multe încercări de compromitere a Legiunii. Se pare că și întâmplarea aceasta a fost comandată și plătită. Tineri fără cultură muzicală au fost trimiși să protesteze atunci când urma să se interpreteze lucrarea lui Bloch, anunțată în programul concertului. Fiindcă nimeni nu a putut anticipa reacția lui Enescu, nu li s-a putut cere derbedeilor să ragă și să dea din copite și la Kaddish. Așa că acestora li s-a părut că și-au îndeplinit misiunea pentru care fuseseră trimiși la un concert la care, de altfel, s-au plictisit de moarte.

40 Sentința

În a patra zi a procesului ia cuvântul domnul procuror general Titu Constantinescu, care recunoaște, în aplauzele sălii, că datorită numărului imens de evrei care au pătruns în universitățile românești, cererea studenților denumită „Numerus Clausus" a fost îndreptățită. Este de asemenea de acord cu afirmația studenților și a lui Codreanu că România trebuie să fie a românilor. Dar apoi domnul procuror nu-și uită misiunea și afirmă că Manciu, în tot ce a făcut, a făcut din ordin. Și dacă au fost date ordine care încălcau legalitatea, nu era treaba lui Manciu să gândească, ci să execute. Concluzia domnului procuror a fost că uciderea prefectului a fost o crimă premeditată.

Apărarea însă abia acum ajunge la cuvânt. Mai întâi prin domnul avocat Paul Iliescu, care arată că țara a fost cotropită de evrei. Studenții ieșeni au fost primii care au semnalat pericolul și s-au organizat ca să-i facă față. „Guvernul de nenorociri și vitregie a fost format din români care s-au robit finanței evreiești și internaționale, a înfruntat dorul românesc al studenților și a trimis la Iași pe cel mai negru prefect din câți i-a avut țara... să ne gândim la cele ce s-au petrecut în sufletul lui Codreanu când s-a văzut pălmuit de Manciu în fața evreilor!" a mai spus Iliescu. După părerea lui nu a fost o crimă politică ci doar o întâmplare nenorocită. Deci, n-a fost premeditare.

La ultima ședință înaintea verdictului, doamnele și domnișoarele au venit cu flori iar prin sală începuseră să circule vederi cu Teatrul Național pe care scria: Aici a fost judecat și achitat Corneliu Zelea Codreanu. Era ca o presimțire care anima spiritele acestui orășel de la marginea țării.

Președintele întreabă jurații dacă mai au nelămuriri iar apoi pe inculpați dacă mai au ceva de adăugat. Codreanu avea să spună, în numele tuturor celor aflați cu el pe banca acuzaților:

„Dumnezeu a hărăzit ca viețile noastre să servească în lupta de apărare a românilor. Reînnoim aici jurământul nostru de a sluji cu credință țara și neamul în orice împrejurare." Jurații intră apoi în sala unde aveau să hotărască verdictul. Deliberarea a durat cinci minute, dar care celor care așteptau în sală, dar și în jurul tribunalului, li s-au părut o eternitate. Logodnica lui Codreanu părăsește locul unde stătea și vine în față, să fie lângă Corneliu în acele momente de așteptare.

Comisia juraților intră în sală. Se lasă o liniște mormântală, nimeni nu mai suflă, nimeni nu mai clipește. Primul jurat, copleșit de importanța evenimentului, pronunță formula „Pe onoare și conștiință, în fața lui Dumnezeu și a oamenilor...

NU!" În acea clipă sala izbucnește în urale iar doamnele aruncă peste magistrați și inculpați cu flori.

Președintele Varlam lasă un timp ca bucuria să se manifeste cu toată puterea apoi, bătând cu ciocănelul lui de lemn restabilește ordinea, dând posibilitatea primului jurat să citească tot verdictul prin care jurații i-au găsit pe toți inculpații nevinovați, cerându-se achitarea lor. În baza acestui act, președintele îi declară pe inculpați liberi.

Bucuria a fost uriașă, studenții purtându-l pe Codreanu pe brațe, în aplauzele vii ale mulțimii. Apoi, din balconul casei domnului Tilică Ioanid, Corneliu Codreanu nu uită să adreseze cuvinte de mulțumire tuturor cetățenilor orașului Turnu Severin, care au fost cu toții, – de la moșii cu plete albe la pruncii ce abia se țineau pe picioare – cu sufletul și cu fapta alături de el.

41 Femeia fatală

Locuința femeii atrăgea ca un magnet ofițerii cartofori – și nu numai – din București. Nu se știe dacă veneau doar pentru poker sau pentru ochii ei cei verzi-cenușii ori pentru șoldurile pe care știa să le unduiască ca o șerpoaică la fiecare pas când se mișca, atrăgând ca un magnet toate privirile celor din jur. Tripoului ei particular i se dusese vestea printre ofițeri, care ajunși aici, aveau parte de un bufet bine asortat, pe care tot ei îl finanțau prin pierderile sistematice pe care le suportau cu stoicism la masa de joc. Pentru că în fața femeii, atunci când se așeza la poker, nu se putea câștiga. Obrazul ei de porțelan rămânea de nepătruns în timp ce-și fila cărțile, nimeni neputând să-și dea seama cum îi mergea jocul. Era inteligentă, cunoscând bine toate șiretlicurile pentru a-i înnebuni pe bărbați.

Mai ales că acestora, pe la sfârşitul jocului începea să le scadă concentrarea, fiecare întrebându-se care dintre ei va fi craiul de la drumul de seară care va poposi în patul cucoanei.

O chema Elena Lupescu şi era fiica unui evreu, Grünberg, care se creştinase ca să poată exercita meseria de farmacist. Totodată îşi românizase numele în Lupescu. Ca oricărei cochete nu i se ştia vârsta, care de fapt nici nu este importantă. Mult mai interesant este faptul că despre frumuseţea acestei doamne de companie părerile celor care ne-au lăsat amintiri sunt total divergente. Cum poate o femeie foarte frumoasă, aşa cum o vedeau unii, să pară altora de-a dreptul urâtă? Iată o enigmă psihologică ce nu poate să nu ne preocupe.

Sir Isaac Newton, cel care a pus bazele mecanicii, opticii şi a descoperit calculul integral, este şi părintele legii gravitaţiei care afirmă că atracţia dintre două corpuri creşte cu inversul pătratului distanţei dintre ele. Ca să ne dăm seama ce forţe uriaşe sunt în joc, vom spune doar că la o distanţă de un metru forţele de atracţie sunt de şaisprezece ori mai mari decât la patru metri. Adică, o briză ce bate cu douăzeci km pe oră ajunge un uragan distrugător ce *devastează* împrejurimile, vuind cu trei sute douăzeci de km pe oră. Elena deci, înţelegând că legea atracţiei este universală, n-a făcut altceva decât s-o aplice bărbaţilor. Astfel s-a ajuns ca un bărbat să se simtă cu atât mai *devastat*, cu cât distanţa dintre el şi ea era mai mică. De asta pentru un observator îndepărtat, atracţia fiind neînsemnată, Elena părea o fiinţă neglijabilă. Pentru cei de la masa de joc însă, dar şi mai abitir pentru cei care poposeau în patul ei, atracţia pe care o simţeau ajungea la intensităţi de uragan încât nu exista bărbat, oricât de mare şi tare ar fi fost, să se poată opune legii atracţiei universale folosită cu atâta dibăcie. În jurul ei bărbaţii cădeau prinşi ca muştele pe hârtia cu lipici fiindcă ochii ei migdalaţi fascinau victima ca cei ai unei vipere. De asta mulți i-au spus Magda, deși n-o chema așa. Sau poate numele vine de la Magdalena?

Una dintre musculițele prinse în mrejele ei a fost și un locotenent de vânători de munte, Tempeanu, care, atras de forțele universale ale destinului, o ia de nevastă. Elena nu și-a întrerupt prin căsătorie nici înclinația pentru poker și nici pentru ofițeri, cu condiția să aibă grade superioare soțului ei. Mai accepta din când în când și industriași, dar doar dacă erau putred de bogați. Astfel că bietul Tempeanu, din cauza falnicelor coarne de cerb carpatin pe care i le-a pus nevasta, a ajuns să fie poreclit de colegii lui Tâmpeanu. Și cum se întâmplă deseori, cu timpul în multe memorii și articole porecla asta a devenit pentru mulți numele lui adevărat.

Astea erau totuși doar niște etape de pregătire, pentru că Magda noastră se săturase de musculițe cu aripioare fragile, care cum ajungeau la lipici se și năclăiau, dându-și duhul. Ea visa la un muscoi puternic și viril, la un bărzăun care să aibă și posibilități financiare pe măsura dorințelor ei de căpătuire și înălțare. Pusese ochii deja pe unul despre care lumea Bucureștiului vorbea în șoaptă că ar fi inepuizabil la pat, dar acesta încă nu căzuse în cursă. Tot ce trebuia să facă era să se țină pe urmele lui cât mai aproape.

42 Mistica naţională

Achitarea lui Codreanu și a celorlalți acuzați a stârnit o vie emoție în țară. Trenul special cu care au plecat moldovenii lui veniți la proces, focșăneni, ieșeni, bârlădeni, vasluieni, a fost întâmpinat în toate gările de pe traseu de mii de oameni cu bucurie, flori și mare dragoste. Au fost momente de mare înălțare sufletească, ce nu s-au mai pomenit pe plaiurile românești de la Marea Unire din 1918. În multe gări trenul a oprit și atunci au asistat cu toții la manifestații de simpatie și de dragoste din partea locuitorilor de la Slatina, Pitești, București, Focșani. Printre cei care își manifestau bucuria și dragostea erau foarte mulți copii și tineri, purtând cu mândrie costume naționale românești. Iar bătrânii cu plete albe plângeau:

> *„Prin tine-și văd bătrânii tot avântul,*
> *Ce-l trâmbițau cu drag în larga zare,*
> *Prin tine se răzbună tot pământul*
> *Și înflorește România-Mare.“*

Ce-i putea face pe niște bătrâni să se emoționeze atât de mult, încât să le dea lacrimile? Codreanu explică acest fenomen tulburător prin vocea tainică care șoptise fiecăruia îndemnul:

> „Veniți la gară, pentru că din toate trenurile care trec, este unul care merge astăzi pe linia destinului românesc. Toate merg pentru interesul celor din trenuri, acesta merge pe linia neamului, pentru neam. Mulțimile au câteodată contact cu sufletul neamului. Un minut de viziune. Mulțimile văd neamul, cu morții, cu tot trecutul lui. Îi simt toate clipele de mărire, ca și acelea ale înfrângerii. Simt cum clocotește viitorul. Contactul acesta cu neamul întreg e plin de înfrigurare, de cutremur. Atunci mulțimile plâng. Aceasta va fi fiind mistica națională, pe care unii o critică, pentru că nu știu ce este și pe care alții nu o pot defini, pentru că nu o pot trăi.“

Mistica națională a fost mereu prezentă în toate clipele de înălțare ale poporului român, de la Mircea, Vlad, Ștefan sau Mihai Viteazu, atât de fericit exprimată de George Coșbuc în poezia *Paşa Hassan*. Cel ce întrupează sufletul şi speranţele neamului trebuie să fie primul pe câmpul de luptă:

> *Pe vodă-l zăreşte călare trecând*
> *Prin şiruri, cu fulgeru-n mână.*
> *În lături s-azvârle mulţimea păgână.*
> *Căci vodă o-mparte, cărare făcând,*
> *Şi-n urmă-i se-ndeasă, cu vuiet curgând,*
> *Oştirea română.*

Această sarcină uriaşă, mult peste puterile omeneşti, plină de înălţare şi de tragism, dă eroilor un destin prin care, în calea celor Aleşi totul devine hiperbolic, potenţat de mistica care nu este altceva decât susţinerea divină pentru a îndeplini un ideal creştin. Ne întoarcem iarăşi la Coşbuc, care cu sensibilitatea lui poetică prinde magistral această trăsătură a eroului mistic, devenit Arhanghel:

> *Sălbaticul vodă e-n zale şi-n fier*
> *Şi zalele-i zuruie crunte,*
> *Gigantică poart-o cupolă pe frunte,*
> *Şi vorba-i e tunet, răsufletul ger,*
> *Iar barda din stânga-i ajunge la cer,*
> *Şi vodă-i un munte.*

La Bucureşti, mulţimea care l-a aşteptat la Gara de Nord a umplut până la refuz piaţa gării, revărsându-se spre Calea Griviţei şi spre Clădirea Politehnicii din strada Polizu. Au fost acolo peste 50.000 de oameni, veniţi doar din imboldul inimii să-l vadă şi să-l întâmpine pe cel pe care-l socoteau demn de dragostea lor. La Focşani, trenul a ajuns la trei noaptea. Acolo aşteptau o mie de oameni venirea trenului, care întârziase. Erau adunați acolo de unsprezece ore și voiau cu toții ca să-i oprească pe Codreanu și cei apropiați lui câteva zile la Focșani. Dar Codreanu, mânat de dorul de a-și vedea orașul și familia, avea să pornească mai departe. Focșănenii, cei care se simțeau păgubiți fiindcă n-au avut norocul celor din Turnu Severin ca procesul să aibă loc la ei în oraș, smulg lui Codreanu promisiunea ca nunta lui să aibă loc la Focșani, pe 14 iunie.

Dimineața ajung la Iași. În gară, mii de oameni, mai ales studenți, îi iau pe sus pe cei din tren și-i duc la Universitate, unde desigur, dau de cordoane de jandarmi care păzeau, nu-i așa, Universitatea ca să nu fie profanată. Mulțimea rupe cordoanele jandarmilor și pătrunde în aula universității, unde Profesorul Cuza ia cuvântul. Corneliu, care nu-și mai văzuse familia de opt luni de zile dă o fugă și până la Huși unde mama lui, cu lacrimi în ochi, l-a primit în pragul casei.

Pe 14 iunie, Corneliu face nunta cu domnișoara Ilinoiu Elena la Focșani, așa cum promisese. Aici a fost totul pregătit de un comitet de organizare. La nunta lui Corneliu au participat, se spune, o mulțime gigantică, care număra între 80.000 și 100.000 de oameni și vreo 2000 de care cu boi, căruțe cu cai și automobile. Această nuntă a fost filmată, dar filmul a rulat doar de două ori la București pentru că ministerul de interne a interzis filmul, l-a confiscat și i-a dat foc.

Pe 10 august 1925 Corneliu avea de gând să boteze 100 de copii din zona Focșanilor, dar guvernul, pentru a împiedica această acțiune creștină, a decretat în Focșani stare de asediu. Totuși botezul a avut loc, cu mari greutăți, în satul Ciorăști de lângă Focșani. Între baionete, cum avea să spună cu amărăciune Codreanu, 100 de băieți au primit numele de Corneliu.

Așadar 19.300 de avocați voiau să-l apere, 80.000 de nuntași să-i pună pirostriile, 100 de prunci să-l aibă ca naș și să-i poarte numele. Nu purta deja Codreanu o gigantică cupolă pe frunte? Și Mâna Lungă cu hoarda ei – neadormită – nu era de acum mereu pe urmele lui?

Tot în această perioadă se sapă temelia Căminului Cultural Creștin, pe un teren donat de un bun român, Grigore Bejan.

43 BĂRZĂUNUL

Tenace și răbdurie, Elena Lupescu a început să-l urmărească pe Bărzăun peste tot pe unde acesta hălăduia. Participa la cursele de automobile, hop și ea în tribune, de unde arunca Bărzăunului, fie că termina cursa printre primii, fie că era lampa roșie de la coada trenului, un splendid buchet de trandafiri, însoțit de un zâmbet plin de promisiuni. Mergea Muscoiul la Sinaia la schi? Hop și ea pe pârtie, ca să fie pe aproape când trebuia dezgropat dintre bețe și schiuri. Și desigur, n-a trebuit să-și fâțâie poponeața unduioasă prea mult pe sub nasul lui, ca să fie remarcată și invitată cu toată onoarea în alcovul acestuia. Aici comportarea ei a fost cu totul peste așteptări, încât Bărzăunul, – care nu era altul decât Carolică beizadeaua, moștenitorul tronului – *făr' a prinde chiar de veste*, avea să se încurce definitiv în pânza de păianjen pe care i-o țesuse din vreme *Duduia*[1].

Cel pe care familia și cei din jurul tronului regal încercau să-l educe ca pe un viitor rege, demn, măreț, curajos și mai ales

---

[1] Carolică îi va spune Elenei Lupescu, nu se știe de ce, Duduia. Nefiind un nume de alint, precum a fost Păsărica, presupun că numele derivă de la temperamentul Lupeascăi, care în pat duduia ca o sobă supraîncălzită. Presupunerea aceasta este susținută și de o fotografie de-a lui Carol al II-lea la maturitate, din exil, când n-au mai rămas din el decât urechile, și alea clăpăuge, de vlăguite ce erau.

drept și cinstit, avea să intre în slujba Duduii ca cel din urmă neghiob al regatului. Până și Tempeanu s-a eliberat de forțele de gravitație, divorțând de bună-voie de Duduie, ceea ce nu ar fi reușit Carolică nici dacă ar fi vrut. Cu data de 14.02.1925, data la care distanța dintre ei a devenit nulă iar forțele de gravitație infinite, încetează viața de om liber a lui Carolică.

44 Căminul din Iași

Mare dreptate a avut *Mâna Lungă* atunci când i-a dat ordin lui Manciu să oprească cu orice chip construcția Căminului Cultural Creștin. Nici nu începuse ridicarea lui că deja se și arătau roadele: românii se strângeau cu drag pe șantier la ridicarea zidurilor iar din toate colțurile țării au început să curgă donațiile. Generalul Cantacuzino Grănicerul a donat trei vagoane cu ciment, chiar și românii din America au strâns o sumă de bani pe care au trimis-o pentru ridicarea clădirii. Muncitorii și slujbașii din Iași după ce terminau munca lor, veneau pe șantier și-și suflecau mânecile. Apoi cărau tărgi cu beton, mortar sau cărămizi, trăgeau la lopată sau aduceau căldări cu apă. Pe acest șantier, o dată cu fundația, s-a cimentat și prima Frăție de Cruce. Prin studenții și elevii care veniseră să dea o mână de ajutor pe șantier, s-a propagat apoi în toată țara modelul Frățiilor de Cruce și al cuiburilor care au început să apară ca ciupercile după ploaie. Ideea lui Codreanu de a înființa șantiere pentru tineret a dat roade neașteptate: Frățiile de Cruce. Cum s-ar spune, din rău în mai rău pentru cei care priveau România ca pe o găină bună de jumulit.

Apoi s-a mai întâmplat un fenomen, care n-a scăpat ochiului ager al lui Codreanu: marea popularitate pe care și-a câștigat-o mișcarea naționalistă a adus Ligii Naționale Creștine, pe lângă oameni devotați și membri de cea mai joasă speță, deoarece în Ligă intra cine voia. Unii căutau să facă afaceri, vânzând broșuri, pliante și afișe, alții voiau să fie directori de tipografii, sau deputați, începând să se lupte pentru putere între ei. Discuții interminabile, democrație în care toți vorbesc și nimeni nu făcea nimic, lipsa disciplinei și a deprinderii de a asculta de un șef. Fiecare făcea ce voia sau credea, după cum îl ducea capul, ducând Liga la un pas de dezastru.

Căpitanul a tras din decăderea ligii concluziile care se impuneau, fără însă a-l judeca pe conducătorul ei prea aspru, așa cum sufletele mici sunt totdeauna gata s-o facă, mai ales atunci când barca se scufundă. Acesta era profesorul A.C. Cuza, pe care Codreanu îl absolvă de vină pentru că „l-am împins cu toții să-și ia pe cap o sarcină pentru care nu era pregătit. Noi, ceilalți suntem de vină, și în special eu", va spune el în încheiere.

Și totuși Liga, la alegerile din primăvara lui 1926 a obținut 120.000 de voturi după o campanie electorală în care prefecții au dat ordin (cu de la ei putere?) jandarmilor ca să-i oprească – pe cei ce făceau propagandă electorală din partea Ligii – de a intra în sate. Codreanu a simțit pe pielea lui ce înseamnă să calci ordinele prefecților. Automobilul cu care se deplasau mai mulți camarazi a fost străpuns de gloanțele jandarmilor. Iar când a primit dreptul direct de la ministrul de interne, Octavian Goga, de a face propagandă pentru Ligă, prefecții i-au limitat timpul de a vorbi oamenilor la un singur minut!

Cu toate astea Liga a trimis în parlamentul țării zece deputați, oameni de toată isprava, precum Cuza, Găvănescu, Șumuleanu, Paul Iliescu, Ion Codreanu. Ar fi putut trimite și mai mulți dar, spune Corneliu Codreanu, le-au fost furate alte 120.000 de voturi. Asta se întâmpla sub obrăduirea marelui rege Ferdinand și a Constituției din 1923, pe care mulți o lăudau că era cea mai democratică din Europa. Păcat doar că nu s-a găsit și cine s-o respecte.

45 A DAT IAR BIR CU FUGIȚII

Toată familia regală, văzându-l pe Carolică lipit de Elena amanta mai mult decât de Elena soția, s-au pus pe capul lui ca să-l aducă pe calea cea bună. Carolică evoluase considerabil, de la stadiul de avorton la secătură, devenind deja o problemă de stat de care se ocupau Casa Regală, Parlamentul, partidele, toți politicienii, ca și cum în Țara Românească n-ar mai fi fost și altceva de făcut.

Asta n-a fost pe placul Elenei Lupescu – deci, aplicând tranzitivitatea, nici pe-a lui Carolică – absolut de loc. Supus unor focuri încrucișate din partea Regelui Ferdinand, tatăl lui, (cel care-l considera „creanga putredă" a familiei), a lui Brătianu și a lui Barbu Știrbei, care vedeau în Carol omul slab, dar înclinat spre a fi autoritar, Carolică s-a ascuns tot mai mult după rochiile Duduii. Problemele de sănătate ale lui Ferdinand din 1925 duc la o perioadă de inactivitate regală, moment pe care Carol ar fi vrut să-l folosească pentru a deveni rege. Doar opoziția fermă a lui Brătianu și a lui Barbu Știrbei a reușit să-l facă să dea înapoi.

Decesul reginei-mamă Alexandra a Marii Britanii oferă ocazia lui Ferdinand de a-l trimite pe Carol la Londra, ca reprezentant al coroanei române la funerarii. L-au trimis mai mult ca să scape de el, fiindcă exista convingerea unora că neisprăvitul Carolică nu se va mai întoarce în țară. Scăpau totodată de o belea, pentru că deja prin ziarele vremii circulau destule articole și fotografii despre aventurile erotice ale lui Carolică, începând cu Maria Martini, Zizi Lambrino, cu diferite prostituate, precum era faimoasa „Foame Neagră" sau „Madam Lighean" de la Crucea de Piatră ori Elena Lupescu. Ajuns la Londra, Carol avea să scandalizeze curtea regală a Angliei, prin încălcarea protocolului. E de mirare naivitatea Albionului scandalizat. El nu știa că zevzecii nu se împiedică de protocoale?

De aici, Carol avea să plece la Paris, unde-l aștepta, duduind fierbinte ca o locomotivă sub presiune, Duduia. Ce dacă își părăsise nevasta și copilul? Nu era prima dată la el și nici nu era singurul pe lume care proceda așa. Și apoi, nu-i lăsase în drum, muritori de foame. De asta era cu conștiința împăcată. Putea să se uite liniștit în ochii verzi ai vulpiței roșcate, care nu-l scăpa nicio clipă din gheare. Au plecat apoi la Veneția, de unde Carolică va trimite o nouă scrisoare de renunțare la tron regelui Ferdinand:

> „Sire,
>
> Vă rog, ca prin această declarație, să primiți ca să renunț la toate drepturile mele de prinț moștenitor al României.
>
> Conform Statutului Familiei Regale, rog pe Majestatea Voastră de a-și da Înalta Sa aprobare acestei hotărâri irevocabile.
>
> Tot deodată, spre a nu produce un neajuns, să dați Înaltul Majestății Voastre ordin ca să fiu retras dintre membrii Familiei Domnitoare a României și să mi se acorde un nume cu care îmi voi putea alcătui o nouă stare civilă.
>
> Prin aceasta declar că nu voi mai avea nicio pretenție asupra drepturilor mele la care am renunțat de bună voie și mă angajez, pentru liniștea tuturor, să nu mă întorc în țară timp de 10 ani, fără a fi chemat de cei în drept și fără autorizația suveranului."

46 Un Copil Ales

S-a născut în anul de foc 1907, într-un sat de pe malul Dunării, într-o familie de oameni sărmani. Rămas de timpuriu fără tată, mai dă peste el și o boală, bubatul, numit și vărsat de vânt. De pe urma acestuia avea să rămână surd, ceea ce l-a făcut să aibă dificultăți de vorbire. Despre el s-a spus că era gângav, sâsâit, că se căznea, fără să reușească, să se facă înțeles. De asta copilul a și trăit retras și singuratic. Mama lui nu-l iubea iar tatăl vitreg nici atât. A crescut amărât și năcăjit, flămând și urgisit de ai lui și de săteni. Neluat în seamă de nimeni, și-a îndreptat toată dragostea spre animale. Le iubea mult și nu rareori i se umpleau ochii de lacrimi când vedea câte un rumân mânios că bătea gloaba costelivă ce nu mai putea trage la căruță, sau lovea vitele cu parul pentru că scăpaseră în semănăturile lor. Când credea că nu-l vede nimeni, mergea și mângâia animalul lovit, dintr-o pornire de milă ce izvora din adâncul sufletului lui.

Tatăl lui vitreg era un om rău, căruia Petrache îi stătea în gât. De asta nu l-a cruțat, luându-l de mic la arat, iar mai târziu, pe când crescuse ceva mai înalt de-un metru, l-a pus să pască cireada satului. Probabil că nici n-ar fi fost bun de altceva, dar copilul acesta a început să arate însușiri ciudate.

Când tatăl lui fura crucile din cimitir ca să facă iarna foc cu ele, Petrache se trăgea de lângă sobă, tremurând de frig, ca să nu fie părtaș la o astfel de samavolnicie. Iar apoi, dacă mai apuca, ducea crucile înapoi în cimitir și le înfigea la locul lor, „ca să țină umbră morților, săracii." Mai târziu și-a înjghebat o stână, mica lui realizare după ani de muncă în slujba altora.

Într-o seară, numărându-și oile, i-a ieșit o oaie în plus. Pesemne se rătăcise. Petrache n-a putut dormi toată noaptea de grijă. A doua zi s-a pus să afle cine pierduse oaia și nu s-a

lăsat până ce nu a dat-o înapoi păgubașului. În altă zi a găsit
o sumă mare de bani, pe care a predat-o, după căutări, acelui
gură-cască care o pierduse. Aceste fapte ale micului ciobănaș
nu puteau să nu stârnească uimire. Cum putuse el, ducând o
viață plină de lipsuri și necazuri, fără a avea un Învățător, să
adune astfel de comori în suflet?

Neîndoielnic, era credința lui neclintită în Dumnezeu,
căruia i se ruga mereu, pe când păștea oile pe izlaz, fără să
ceară nimic pentru el. Credința a fost aceea care i-a îndrumat
pașii și i-a luminat calea, desăvârșindu-l. Astfel devenise, fără
ca el însuși s-o știe, un om plăcut lui Dumnezeu. Până la 27
de ani avea să-și clădească „o căscioară într-un vârf de delișor"
și să-și întemeieze o familie, pregătindu-se să ducă o viață sim-
plă, de țaran obișnuit cu munca și cu greutățile. Dar soarta
lui avea să ia o întorsătură pe negândite, după cum Dumnezeu
ne-o dă la fiecare.

47 Legiunea „Arhanghelul Mihail"

Ciorovăielile, dezbinările și până la urmă ruptura în două
a „Ligii Apărării Naționale Creștine" l-au făcut pe Codreanu,
care lipsise din țară ca să-și dea doctoratul în Franța, să se
gândească dacă Liga asta, de care-și legaseră și el dar și alții
speranțele, mai poate fi salvată. Ajunge la concluzia că nu și
că sosise timpul ca să pornească Mișcarea lui, bazată pe doc-
trina pe care o cizelase în minte pe muntele Rarău.

Cu acest gând va chema la Iași grupul de la Văcărești cât și
câțiva studenți, puțini, care mai rămăseseră cu el. Niciunul din
cei chemați nu știa ce are Codreanu de gând, dar, având mare
încredere în el, au venit cu toții. S-au adunat la ora 10 seara la
locul indicat și Codreanu le-a citit atunci Ordinul numărul unu:

„Astăzi, Vineri 24 iunie 1927 (Sf. Ioan Botezătorul), ora zece seara, se înființează: **LEGIUNEA ARHANGHELUL MIHAIL**, sub conducerea mea. Să vină în aceste rânduri cel ce crede nelimitat. Să rămână în afară cel ce are îndoieli.“

Scurt, concis, fără vorbărie multă. Apoi cu toții au primit timp de gândire dacă fac pasul acesta sau nu. Așa a luat ființă Mișcarea Legionară: din nimic, într-un minut.

48 Neagoe

Legionarismul s-a întins ca un incendiu în stepa uscată fiindcă doctrina lui nu era deloc străină sufletului românesc. Ea a fost încrustată dintotdeauna în codul genetic al românului. Codreanu nu a inventat o doctrină nouă, ci bazată pe cele mai naturale trăsături de caracter ale românului. Este adevărat că unele însușiri s-au pierdut de-a lungul timpurilor vitrege, dar de-a lungul istoriei apar mereu fapte și întâmplări care ne ajută să reconstruim profilul lui moral inițial.

Burebista, marele rege dac, când a văzut că dacii lui încep cam prea des să umble pe două cărări, a poruncit să fie distruse toate viile din regat. De mirare nu a fost porunca, ci ducerea ei la îndeplinire fără crâcnire. Ceea ce înseamnă că la daci disciplina era de fier. Adică de tip legionar.

Decebal și căpeteniile lui, când erau gata să cadă prizonieri în mâinile romanilor, s-au strâns în jurul cazanului cu cucută, pregătit din vreme. Decebal considera deci *Legea Onoarei* sfântă. Nu i s-ar fi potrivit și lui deviza legionară „Ori învingem, ori murim?“.

După ce a devenit Domn, Vlad Țepeș a strâns toți cerșetorii și i-a adunat la un loc, într-un fel de han, căruia într-o noapte i-a dat foc. Vlad nu suferea trântorii. El considera că omul care nu vrea să-și agonisească traiul prin munca lui face umbră pământului degeaba. E și asta o *Lege a muncii legionară*, dar mult mai aspră.

Când Ștefan Vodă a simțit că zilele îi sunt numărate, l-a asociat la domnie pe fiul lui, Bogdan. Paharnicul Ulea însă l-ar fi vrut pe Ștefăniță uns domn. Ștefan l-a considerat pe Ulea uneltitor și trădător și l-a scurtat de cap cu propriul lui paloș, fără șovăire. Trădarea la Ștefan se pedepsea cu moartea.

Iată și ce scria *dă dămult, mai dă dămult*, un tată iubitor către fiul său:

„Drept aceea, iubitul mieu fiu, să fii milostiv tuturor oamenilor. Și să nu omori pe nimenea făr' de judecată dreaptă. Fraților, judecată pe dreptate și priatinilor și streinilor, și celor mari și celor mici. Iată că suntem datori, noi, cești puternici, să ajutăm celor slabi și să-i îndreptăm, și să nu facem atât în voia noastră, cât în voia vecinului și a săracului și a neputernicului. (Legea onoarei și a ajutorului legionar. n.a.)

Iată că nimic nu iaste mai drag lui Dumnezeu decât omul carele iaste curat cu inima și sufletul și iar nimic nu iaste mai urât decât curvariul și preacurvariul, căci aceștia mai osândiți vor fi în ziua judecății, decât toți tâlharii și ucigașii. (La Codreanu, a fi curat cu inima și cu sufletul se chema a fi cu inimă bună și a nu fi mișel. Iar în fruntea preacurvarilor se aflau trădătorii, fiindcă ei nu călcau numai un cod moral, ci și pe cel al onoarei. Vina unui trădător este mai mare decât a unui ucigaș. n.a.) Nu fiți nebuni, ci să pricepeți că iaste voia Domnului, să nu vă îmbătați de vin, dintre carii să întărâtă curvia. Deci nu vă înșălați, că nici curvarii, nici preacurvarii, nici spurcătorii, nici cei ce curvescu cu bărbați, nici răpitorii, nici bețivii, nici desăditorii nu vor moșteni împărăția cerurilor.

Şi când vor sta spre rugă, să-şi ridice mâinile către ceriu şi de acolo de la cer să-şi ceae ajutor. Aşijderea să postească vinerea, pentru pomenirea morţii Domnului Nostru Isus Hristos. (Iată filozofia care stă la baza salutului legionar. Mâna întinsă spre bolta cerească, precum salutau şi romanii, pentru invocarea puterilor nevăzute ale văzduhului. Despre credinţa în Dumnezeu a legionarului nu mai e nevoie de adăugat niciun cuvânt, n.a.).

Iar pe slujitori şi pre oamenii cei de oaste îi vei învăţa aşa: când vor fi în oaste, iar ei să iasă la un câmp curat şi să tacă toţi şi să se roage lui Dumnezeu încetişor, iar cu toată inima. (Iată o formă literară a Legii tăcerii, n.a.)."

Gândurile de mai sus au fost scrise de Domnul Ţării Româneşti Neagoe, care a trăit între anii 1481 şi 1521 şi sunt luate din *Învăţăturile lui Neagoe Basarab către fiul său Teodosie*. Dacă n-ar fi fost stilul arhaic, s-ar fi putut crede că Învăţăturile către Teodosie sunt extrase din Cărticica Căpitanului.

Lucrarea lui Neagoe Basarab este plină de înţelepciune şi e tot aşa de iscusit realizată ca şi ctitoria sa, biserica de la Curtea de Argeş, cea construită cu turlele răsucite-n vânt de:

> *Nouă meşteri mari,*
> *Calfe şi zidari,*
> *Cu Manole zece,*
> *Care-i şi întrece.*

49 Trei ani de istorie ratată

La 20 iulie 1927 Regele Ferdinand, zis cel Loial sau Întregitorul, şi-a dat sufletul, după o boală care nu iartă: cancer la ficat. În ultimele luni de viață a putrezit de viu, mirosul cumplit al corpului său în descompunere fiind atât de pătrunzător încât bietul rege, sfiindu-se, a preferat să doarmă într-un cort în curtea castelului de la Sinaia.

La înmormântare, sicriul regal pus pe un afet de tun a fost acoperit de drapelul tării, ținut la cele patru colțuri de personalități politice ale vremii. De unul din colțuri trăgea Ionel Brătianu, cel care avea cea mai mare influență asupra defunctului rege și care făcea de fapt și politica țării. Deodată, o rafală puternică a umflat drapelul, smulgându-l din mâna cam moleatecă a lui Brătianu, care a rămas cu un colț de pânză în mână. Era semn rău, care s-a adeverit. Brătianu avea să închidă ochii la 24 noiembrie 1927. În câteva luni, țara pierdea doi politicieni cu principii, care erau cei mai hotărâți dușmani ai revenirii lui Carolică-pezevenghiul pe tronul țării. Brătianu, la puțină vreme după moartea lui Ferdinand, considerând că regalitatea își mâncase mălaiul, amenințase chiar cu declararea republicii.

El mai apucase să tragă ițele pentru desemnarea celor trei membri ai consiliului de regență constituit la doar două zile după moartea lui Ferdinand, care urma să ia deciziile politice necesare până ce noul rege, Mihăiță, în vârstă de nici șase ani, avea să devină major. Regenții aleși erau prințul Nicolae ca unchi al regelui, Miron Cristea, patriarhul bisericii ortodoxe romane și Gheorghe Buzdugan, președintele curții de casație. Brătianu a ales intenționat niște oameni docili cu gândul ascuns ca-i va putea manevra după voia lui, ceea ce i-ar fi asigurat pe mai departe rolul de conducător al statului, așa cum fusese pe vremea lui Ferdinand.

Această regență, cam molâie, nu avea să fie ce-ar fi trebuit, deoarece între membrii ei vor apare neînțelegeri. Adică, dacă nu apăreau neînțelegerile ar fi mers totul strună? Sau poate dacă se înțelegeau, ar fi fost și mai rău pentru țară? Cine știe? Regența însă nu a funcționat din cu totul alte cauze: toți trei erau niște împleticiți și niște încurcă-lume. Când tocmai voiau să plece la drum umăr lângă umăr, în pas cadențat, cu deviza „ori învingem, ori murim" împrumutată de la știm noi cine, Gheorghe Buzdugan s-a împiedicat în robă iar patriarhul Cristea, dând într-o groapă, s-a împleticit în odăjdiile preoțești. Cel mai rău însă a pățit-o Nicolae, încurcat definitiv în faldurile rochiei doamnei Ioana, măritată la acea oră cu un papă-lapte, pe numele lui Radu Săveanu.

Astfel că în curând și orbii au văzut că lucrurile mergeau din ce în ce mai rău în România. Șleahta politicienilor, rămasă fără stăpân care să-i țină-n ascultare, își făcea de cap, iar regența, fără a-și putea exercita voința – care-i lipsea cu desăvârșire –, privea neputincioasă, ridicând din umeri. Și ca întotdeauna când românul se află în impas, lui îi vin idei salvatoare, care-l fac să plonjeze din lac taman în puț. Așa se explică de ce tot mai mulți au început să se agațe de speranța – prin nimic justificată – că avortonul de la Paris, cel care prin viața pe care o ducea arăta că nu era în stare să se conducă singur, ar fi putut, ajuns în fruntea țării, să scoată România din impas.

Politica românească a fost aproape întotdeauna o troacă. Cine se amesteca în ea, ajungea să-l mănânce porcii. Așa a pățit Iuliu Maniu, un om integru și principial în general. Dar, dorind prea mult ca partidul lui să ajungă la putere, în lupta contra liberalilor care se opuneau vehement instalării lui Carol pe tronul țării, n-a găsit alt mijloc decât să se situeze de cealaltă parte a baricadei, militând intens pentru aducerea lui Carol pe tron. Astfel, partidul lui Maniu a organizat la Alba Iulia o mare adunare populară pe 6 mai 1928, la care trebuia să apară creatura neviabilă, venită din Anglia pentru a prelua tronul țării. La acest complot contra legalității, un sprijin consistent a primit Carolică din partea Lordului Rothermere, un cunoscut susținător al iredentismului maghiar. Acest lord a și tipărit la Budapesta manifestele care trebuiau împrăștiate la Alba Iulia, ce conțineau „Proclamația lui Carol către țară". Unul din punctele proclamației era și acela prin care se vorbea despre rezolvarea unor probleme pe care România le-ar fi avut cu Ungaria. (România nu avea niciun fel de probleme cu Ungaria, totul fusese stabilit la Trianon.)

Ca președinte al Partidului Național, ca român naționalist, ca luptător pentru drepturile românilor din Transilvania în parlamentul de la Budapesta înainte de Marea Unire, să ajungi să complotezi contra statului român, aliindu-te cu dușmanii țării, precum Rothermere, pentru ce? Ca să ajungă o lichea depravată pe tronul țării! Nu este clar pentru oricine că Iuliu Maniu, de dragul puterii, s-a amestecat în făina porcilor? Mai târziu avea să-și dea seama de greșeala lui de neiertat și va deveni unul dintre cei mai acerbi critici și oponenți ai regelui Carol al doilea, poreclit Cărluță. Dar cu puțin folos, pentru că ce-și face omul cu mâna lui nici dracul nu mai dezleagă. Tot în anul 1928 Maniu va reuși să-i învingă pe liberali în alegeri și la zece noiembrie s-a format primul guvern național-țărănesc, el devenind prim ministru. Dar, – așa cum scrie Codreanu despre guvernarea lor – afară de a dezamăgi milioanele de români care și-au pus speranțele în ei, altceva n-au reușit să realizeze. Și totuși strădaniile lor n-au fost chiar de tot în zadar. *După lupte seculare care au durat doi ani*, comițând multe ilegalități, și-au văzut visul cu ochii: aducerea avortonului pe tronul țării!

50 La poalele Golgotei

La 1 August 1927 apare revista Legiunii „Pământul Strămoşesc" care-şi avea sediul chiar la Căminul Cultural din Iaşi. În această revistă avea să publice Codreanu normele organizatorice după care se va orienta Mişcarea Legionară. Ca urmare, apar primele cuiburi legionare în ţară, printre care unul în Bucureşti din care va face parte, chiar de la început, Horia Sima. La 4 ianuarie 1929, cu ocazia primei adunări a şefilor de cuib pe ţară, Codreanu ia iniţiativa de a înfiinţa Senatul Legionar. Acesta avea atribuţii consultative şi era format din oameni de mare probitate morală, ataşaţi cu tot sufletul Mişcării. Desigur că Mişcarea va fi condusă tot de Căpitan, care era şi şeful Senatului. Acesta va fi convocat atunci când se va simţi nevoia de sfatul lui, va spune Codreanu despre rolul pe care el trebuia să-l joace.

Mişcarea Legionară se întinde, ajungând la dimensiuni naţionale. Pe unde-şi purtase Căpitanul paşii, Focşani, Bucureşti, Turnu Severin, valea Horincii, Luduşul ardelean, Basarabia, răsăreau cuiburi şi Frăţii de Cruce ca ciupercile după ploaie. La 10 aprilie 1930 se produc ciocniri sângeroase între invalizii de război şi jandarmi. Studenţii legionari bucureşteni demonstrează alături de invalizi, ocazie cu care guvernul ţărănist arestează un grup de studenţi în frunte cu doctorul Gheorghe Sârbulescu.

Iată că George Mârzescu, ministrul de interne liberal care printre alte acţiuni, l-a susţinut din toate puterile pe Manciu în misiunea de a-l anihila pe Codreanu, are un urmaş asemenea lui în persoana ţărănistului Vaida-Voievod, ministrul de interne în primul guvern Maniu. Legiunea merge însă înainte. La 12 aprilie 1930 se pun bazele Gărzii de Fier din Bucureşti. La 20 iulie 1930 urma un marş organizat de Codreanu în

Basarabia, dar guvernul nr. 2 al lui Iuliu Maniu, cu același Vaida-Voievod ministru de interne, l-a interzis. De ce mai prevedea Constituția țării dreptul de asociere dacă un ministru putea să interzică un marș după bunul lui plac? Sau era o poruncă a Mâinii Lungi?

La 11 ianuarie 1931, ministrul de interne din guvernul țărănist Mironescu 2, Ion Mihalache are o viziune și mai fermă, pe care o pune în practică. Scoate pur și simplu Garda de Fier în afara legii. Apoi Corneliu Codreanu este arestat. Ce urmează arată ca un scenariu apocaliptic:

> „Domnul Mihalache dizolvase Garda de Fier și Legiunea, printr-un jurnal al Consiliului de miniștri. S-au făcut percheziții la toate organizațiile, s-au ridicat scriptele, s-au sigilat sediile. Acasă la Iași, precum și la Huși, mi s-au răscolit până și pernele și saltelele. Pentru a cincea oară mi se răvășea casa, luându-mi-se tot ce era în legătură cu mișcarea, până la cele mai mici însemnări pe care le aveam. Saci întregi, plini de acte, scrisori, hârtii, au fost ridicate din casele noastre și duse la București. Dar ce puteau să găsească la noi ilegal sau compromițător? Noi lucram la lumina zilei și tot ce aveam de spus, spuneam în gura mare. Credința noastră ne-o mărturiseam tare în fața lumii întregi... O nouă lovitură aspră, dată în moalele capului, unei organizații românești, care nu făcuse nimic ilegal, ci numai încercase să-și ridice fruntea în contra hidrei iudaice. O nouă încercare a neamului acesta de a se ridica, prin tineretul său, din robie, se prăbușea sub loviturile unui român, Ministru de Interne, în aplauzele unanime ale jidănimii din țară și din străinătate.“ (Pentru Legionari)

Presiunile făcute asupra justiției pentru condamnarea lui Codreanu devin tot mai puternice:

„Procesul meu este, ca totdeauna, un asalt iudaic pentru a se obține o condamnare. O cât de mică condamnare, cer jidanii de la „Adevărul". Numai ca să poată spune că mișcarea condusă de mine este anarhică, uzând de mijloace ilegale de acțiune. Mișună jidanii pe sălile Ministerului de Justiție cu tot felul de intervenții. În fața lor, magistratura română stă dreaptă și neînduplecată. Sunt achitat. Procurorul face însă apel. Sunt reținut mai departe la Văcărești. Presiunile și intervențiile puterii iudaice se măresc. Sunt dus din nou la judecată. Procurorul Praporgescu, la judecarea apelului, pentru a face pe placul acestei puteri, m-a așezat în boxă cu escrocii, hoții de cai și pungașii de buzunare. Trei ore i-au judecat pe aceștia, în care timp am fost obiectul privirilor ironice și sfidătoare a zeci de jidani. La urmă abia s-a luat procesul meu. Am fost din nou apărat de d-nii Mihail Mora și Nelu Ionescu. Procesul s-a terminat cu o nouă achitare."

51 Camarila regelui

Toate aceste acțiuni porneau din preajma regelui Carol al II-lea, din ungherele din care camarila regală sub conducerea Lupeascăi, își începuse frenetica ei activitate. Pe plan politic, țelul ei era de a anihila Garda de Fier și pe Codreanu prin orice mijloace. Dar camarila avea grijă și de propriile ei buzunare, prin acțiuni pe scară tot mai mare, pe măsură ce puterile ei creșteau. Au început cu potlogării, precum a fost afacerea batistelor. Ce le-a dat lor prin cap? Au imprimat pe un lot de batiste portretul regelui Carol al II-lea și apoi le-au distribuit armatei, obligându-i pe soldați să le cumpere. Ce putea bietul soldat să facă, când sergentul îi ordona să cumpere o batistă? Nu l-ar fi așteptat pe el corvezi inimaginabile dacă ar fi refuzat?

Așa, cumpăra o batistă din puținii lui bani ca să-și asigure o cătănie mai liniștită, rămânând măcar cu satisfacția platonică de a putea să-și sufle mucii pe chipul regelui.

După astfel de găinării, camarila prinde curaj și începe, harnică, să născocească alte și alte afaceri care erau menite să aducă tot mai mulți bani. Astfel Ernest Urdăreanu, ajuns secretarul particular al Regelui Carol, juca și rolul de portărel al acestuia, refuzând orice audiență solicitanților, dacă aceștia nu treceau mai întâi pe la casieria camarilei.

Urdăreanu era însă util și regelui, prin aceea că executa cu foarte mult zel treburile murdare cu care-l însărcina suveranul. Motiv pentru care va fi cunoscut în epocă sub porecla de Murdăreanu. El de fapt fusese și rămăsese amantul Elenei Lupescu, relație de care avea și Carol cunoștință, fără să-l deranjeze. Gavrilă Marinescu, prefect al poliției capitalei și un bun cunoscător al mediului din jurul lui Carol îi va șopti lui Argetoianu, omul care le știa pe toate, că regele, Lupeasca și cu Urdăreanu aveau momente tandre, când *făceau figuri în trei*.

Carol, mai spunea camarila lui, a fost un mare susținător al economiei românești, mai ales al industriei, care a înflorit în timpul celor 10 ani de domnie, ca o iasomie. Iată câteva extrase din jurnalul lui Carol, care pe lângă un mare talent literar, ne dezvăluie preocupările, dar și grija părintească a suveranului pentru industria română:

18 martie 1937: „partidă de pocher cu Urdăreanu, cu Max Auschnitt și Malaxa“.

21 martie 1937: „la joc de pocher/Gavrilă/Marinescu/ Max Auschnitt și Urdăreanu“.

29 martie 1837: „joc de pocher cu Max, Ghandi și Urdăreanu“.

29 aprilie 1937: „După masă la Duduia/pocher cu Urdăreanu, Max și Nicu Condeescu".

8 iunie 1938: „Pocher cu D, Malaxa, Max și Urdăreanu".

19 martie 1939: „pocher cu Nicu Condeescu, Ernest/Urdăreanu/și Max. Malaxa s-a scuzat, trebuind să aibă o întrevedere cu Wolthat".

2 aprilie 1939: „Pocherașul obișnuit cu D, Malaxa, Auschnitt, Urdăreanu și, mai târziu, Condeescu".

23 aprilie 1939: „Obișnuitul pocher cu D, Urdăreanu, Nicu Condeescu și Max Auschnitt".

7 mai 1939: „După masă, pocher cu Malaxa, Max, D și Ernest".

11 mai 1939: „pocher cu D, Malaxa, Max și Nicu Condeescu".

18 mai 1939: „pocher cu D, Malaxa, Max și Rusescu".

Camil Petrescu a fost un mare admirator al lui Carol al II-lea. Ca să arate regelui că nu-i muriseră lăudătorii, a ținut și el ca să fie printre ei. Portretul pe care i l-a făcut lui Carol a rămas de poveste:

> *„...o inteligență genială cu o putere de muncă fabuloasă, pe care o vădește din zori și până la miezul nopții... Nervi tari, o răbdare fără margini, luciditate, calm, atenție când supraveghează, dar și o putere de hotărâre fulgerătoare și sigură când e nevoie."*

Nu există nici cel mai mic dubiu că marele romancier a scris aceste rânduri memorabile după ce a chibițat pe lângă Carol la partidele de poker. Pokerul este un joc strategic, unde *inteligența genială* este absolut obligatorie. *Puterea de muncă fabuloasă* e necesară ca să stai de dimineața până seara, și apoi de seara până dimineața, cu fundul lipit de scaun, fără să te faci covrig sau să te înmoi, dar și ca să amesteci cărțile cu vioiciune. *Nervi tari*, dar și *răbdarea fără margini* e necesară când filezi cărțile. *Luciditatea, calmul și atenția* pot decide câștigătorul, atunci când supraveghezi fețele celorlalți jucători ca să le ghicești intențiile, dar și *hotărârea fulgerătoare și sigură*, când decartezi. Aceste mari calități, frecându-se de Carol, au trecut ca râia și la Max Auschnitt și Malaxa. Datorită acestei iluminări carolingiene au ajuns cei doi cartofori mari magnați ai industriei constructoare de mașini antebelice.

Dar Carol era și un mare mecena al culturii românești pe care a încercat s-o reprezinte cu cinste chiar și peste hotare. Una dintre cele mai generoase acțiuni a fost cea din anul 1939 când regele a luat la bordul yachtului *Luceafărul* – cu destinația Istanbul – pe metresa lui, nelipsita Lupească, pe Livia, nevasta lui Max Auschnitt și o minoră, Irina, fiica lui Malaxa, în vârstă de numai 17 ani. Scriitorul Petre Pandrea descrie orgiile care au avut loc în acest cadru, cu cele două femei trecute prin ciur și prin dârmon, dar și a neinițiatei în tainele culturii, Irina, care va fi deflorată de Carol în această croazieră de neuitat.

Datorită Regelui, care era din cale-afară de modest, scopul cultural al acestei croaziere a rămas total necunoscut opiniei publice, el fiind unul de mare profunzime spirituală: Carol voia să-i învețe pe turci cum se ține un harem. N-a reușit pentru că codobaturile îmbătrânite în rele s-au luat la harță pentru alt amant de-al lor, Ernest Urdăreanu, pe care și-l împărțeau cu rândul. Împuținindu-se atmosfera între cele două hoaște, bietul Carol, pierzându-și încrederea în forțele proprii, n-a mai îndrăznit să-și prezinte conferința pregătită cu atâta migală pentru fanarioții Istanbulului. Ajunsese la concluzia că mai trebuia să aprofundeze subiectul. Titlul conferinței ar fi fost, dac-o ținea: „Păstrarea armoniei în sânul haremului."

Tot de la această croazieră a pornit și animozitatea lui Carol pentru Auschnitt. Pe când Malaxa a adus ca ofrandă pe altarul culturii pe însăși neprihănita lui fiică – dacă n-o fi prins-o mai înainte vre-un Grande de Giulești la înghesuială –, zgârcitul de Max, – vorba lui Carol din jurnal, că jidanul tot jidan! – i-a servit-o pe soția lui, o roșcovă uscată, cu semințele și dulceața supte deja de alții. Desigur, lezmajestate la pătrat, pe care Auschnitt avea s-o plătească scump, cu ani de închisoare.

Și fiindcă la Jilava tot nu mai avea ce face cu niște acțiuni care-l interesau pe Carol nespus, Max a fost rugat prietenește să le cedeze Malaxei și Majestății Sale. Auschnitt, care avea cultură economică și știa încă din familie că fondurile de capital trebuie să circule ca economia să prospere, a cedat aceste acțiuni, cu speranța că va obține și el dreptul de liberă circulație. Dar, după cedarea acțiunilor, a avut dreptul tot ca înainte, de a se plimba doar prin curtea închisorii Jilava. Asta se numea la Carol recunoștință regală!

52 Cu crucea în spate

Guvernul Maniu cu Mihalache ca ministru de interne, dizolvă la începutul anului 1931 Garda de Fier, acuzând-o de multe ilegalități. Conducătorii Mișcării sunt arestați, sediile sparte, toate actele confiscate. Dar justiția, prin toate instituțiile ei, tribunal, curtea de apel, curtea de casație găsește că toate acuzațiile guvernamentale împotriva Mișcării sunt nefondate. Aiureli. Fabulații. Scorneli murdare. Justiția, spre cinstea ei, face dreptate. Dar conducătorii Mișcării Legionare au stat întemnițați 87 de zile, fără vină. Pe nedrept. Doar fiindcă cei care o urau nu puteau avea liniște. Justiția a mai dat verdictul că Garda de Fier nu era o organizație subversivă.

La Alegerile parţiale din judeţul Neamţ din primăvara lui 1931, cu toate şicanele guvernanţilor, Garda de Fier câştigă scaunul de deputat pentru Corneliu Zelea Codreanu. Alegerile care au urmat, tot parţiale din judeţul Tutova sunt mai bine pregătite de guvernul Iorga-Argetoianu. Ministru de Interne Argetoianu, dă ordin jandarmilor ca legionarii care îndrăznesc să facă propagandă electorală să fie *scoşi pe targă* din judeţ. Forţe mari jandarmereşti împânzesc satele Tutovei. Echipele legionare sunt maltratate, arestate şi duse sub arest la Bârlad. Echipa legionară din satul Băcani rezistă la început asaltului jandarmilor, dar apoi cad unul după altul. Sunt bătuţi până la sânge. O altă echipă de legionari, condusă de Nicolae Totu cel puternic ca un taur, reuşeşte să-i scoată pe răniţi din mâinile jandarmilor şi să-i ducă la Bârlad, ca să-i interneze la spital. Când locuitorii Bârladului i-au văzut pe cei stâlciţi în bătaie, s-au cutremurat.

În martie 1932 guvernul desfiinţează pentru a doua oară Garda de Fier şi amână alegerile pentru luna aprilie. Dar candidaturile depuse deja nu mai pot fi anulate şi Garda de Fier câştigă un nou mandat de deputat în parlament.

Pe 5 iunie 1932 Iorga şi Argetoianu îşi iau pălăriile şi părăsesc fotoliile ministeriale. Vin ţărăniştii la putere. Altă Mărie, cu aceeaşi pălărie! Violenţele guvernelor ţărăneşti contra legiunii se înteţesc. Vin ca miniştri de interne doi vechi *prieteni* ai Mişcării, Vaida-Voievod şi Mihalache. Jandarmii se întrec în samavolnicii. La Tighina - doi răniţi, la Vaslui - mai mulţi, la Bârlad - şi mai mulţi. Lângă Focşani, în comuna Vulturul, legionarii, în frunte cu Hristache Solomon şi inginerul Blănaru, sunt atacaţi de bande ţărăniste înarmate cu bâte şi cuţite, cu care-i ciomăgesc şi-i sfârtecă pe legionari. Sunt apoi părăsiţi într-o baltă de sânge. Cu toată opoziţia guvernanţilor, mişcarea obţine cinci noi mandate în parlament.

În luna mai 1933 se formează o echipă din 15 legionari hotărâți, care, luându-și misiunea de a face propagandă legionară în Ardeal, se autointitulează „Echipa morții". Denumire nefericită, pentru că ei înțelegeau prin asta că sunt adepții devizei „Ori învingem, ori murim!" și nu se refereau nicidecum la dorința lor de a ucide. Dovada e că nici n-au ucis pe nimeni. Au fost pașnici, dar hotărâți să-și atingă țelul. Filozofia lor era:

> *„Noi cu zâmbetul pe buze,*
> *Moartea-n față o privim,*
> *Căci suntem Echipa Morții*
> *Ori învingem, ori murim!"*

Iar când simțeau că-i copleșesc dușmanii, se încurajau singuri, cu versurile cântecelor lor:

> *„Legionare, nu te teme*
> *Că prea tânăr vei pieri*
> *Căci tu mori pentru-a te naște,*
> *Și te naști pentru-a muri!"*

Dușmanii legiunii însă au răstălmăcit denumirea aceasta în sensul „Hotărâți să omoare". Au fost și legionari din ăstia, dar nu să omoare, ci să pedepsească trădătorii și criminalii. E cu totul altceva.

La Turnu Severin „Echipa morții" este atacată de jandarmi, la Oravița sunt întâmpinați cu mitralierele puse în poziție de tragere. Sunt arestați, dar procurorii îi eliberează, negăsindu-li-se nicio vină. La Reșița sunt opriți să intre în oraș; la Teiuș, în timpul unei conferințe, Ion Codreanu e lovit de jandarmi la cap iar asistența alungată cu paturi de armă. Nu de alta, dar ca să li se potrivească complet vorba românească „Și bătuți, și furați și cu capul spart", Armand Călinescu dă ordin să fie arestată toată echipa. Procesul are loc la Arad unde sunt din nou găsiți nevinovați.

La 10 iulie 1933 o echipă de legionari se adună la Vișani, în zona Buzăului, pentru a construi un dig de apărare contra inundațiilor. Acțiunea, având un clar conținut antistatal, este oprită brutal de jandarmi. O mărturie anonimă plină de umor involuntar, afirmă că legionarii au fost bruscați și trimiși apoi *la locul de origine*. Niciun legionar nu a ripostat, din ordinul Căpitanului, dar ulterior acesta i-a trimis o scrisoare de protest primului ministru Vaida-Voievod. Ministrul îi ceruse anterior lui Codreanu ca legionarii să facă ceva concret, pentru binele nației. Codreanu l-a întrebat dacă un dig contra inundațiilor era ceva potrivit. Vaida-Voievod a fost încântat și și-a dat pe loc acordul. Dar ulterior, sub presiunea Mâinii Lungi, și-a călcat cuvântul dat.

Legiunea erau singura formație politică care-și impusese să respecte legalitatea. De asta erau priviți și numiți extremiști. Dar, Mâna Lungă nu mai avea liniște. Toate acțiunile ei s-au soldat cu eșecuri iar Garda de Fier ieșea de fiecare dată mai întărită, cu tot mai mulți adepți. Căpitanul era ca un Făt Frumos pe care Zmeul nu putea să-l răpună. De asta măsurile contra lor trebuiau să devină și mai aspre.

Mâna Lungă a considerat că guvernul țărănist al lui Vaida e prea moale. N-a fost în stare să oprească ascensiunea legionară, așa cum dorea ea. Liberalul I.G. Duca, un om instruit, dar devenit mason încă din 1902, de pe când era student la Paris, face o vizită în Franța în vara anului 1933. Ce-a discutat acolo cu masonii lui, el știe. Dă însă declarații fulminante presei franceze: Garda de Fier e în solda lui Hitler! Guvernele țărăniste sunt slabe și fără vlagă, dar liberalii în frunte cu el vor rade Garda de Fier de pe eşichierul politicii româneşti.

Pe de altă parte Titulescu, mare prieten cu sovieticii şi care urmărea o apropiere de Uniune a României, agita şi el apele contra Gărzii, fiindcă aceasta ducea o politică anticomunistă intransigentă. În curând o parte a presei bucureştene porneşte o campanie deşucheată contra Gărzii de Fier, plină de minciuni: *legiunea are o fabrică de bani la Răşinari, Mişcarea e finanţată pe rând de Hitler, de Mussolini, de Elena Lupescu, de evrei!*

Stupidă campanie, făcută de ziarişti imbecili. Păi dacă legionarii aveau fabrică de bani, la ce le mai trebuia finanţare externă? Doar masonii au lipsit de pe lista ziarelor. Ei erau singurii care nu-i finanţau pe legionari. Cum erau să-i supere gazetele tocmai pe masoni? Presa din Sărindar nu putea să-şi jignească proprii finanţatori!

Legionarii nu s-au putut apăra, neavând organe de presă proprii. Iar ziarele celelalte nu le publicau dezminţirile de frica represaliilor.

53 Fără violenţă

Unii îl descriu pe Duca ca pe un om extrem de modest, mare iubitor de flori, pe care le cultiva în grădina lui de la casa de la ţară din Măldăreşti, Vâlcea. O idilă la ţară. Un om bun, mare patriot, excepţional orator. Nimeni nu se îndoieşte că avea calităţi, altfel nu-l alegeau masonii printre ei. Dar mai ales, era *om de cuvânt*: ce vorbea, nu făcea. Era, se mai spune, un doctrinar, adică făuritor de doctrină liberală. Liberalismul era după Duca „singura idee de progres, care nu înseamnă salturi şi nici violenţe, ci o mişcare organizată în cadrul proprietății individuale, realizată prin ordine, demo-crație, naționalism și armonie socială".

Când vine Carol în țară, în 1930, declară hotărât că „Mai bine îmi tai mâna dreaptă decât să colaborez cu acest aven-turier!" Când însă *aventurierul* îl însărcinează, trei ani mai târziu, cu formarea unui guvern liberal, acceptă. Carol fiind acum rege, nu mai era aventurier, deci Duca scapă nemutilat. N-ar mai fi putut nici să planteze, doar cu o mână, flori în grădina din Vâlcea.

Duca era, ca orice mason, un mare dușman al legionarilor. Poate fiindcă așa primise ordin de la Masoneria internațio-nală. A doua zi după ce a fost desemnat de rege ca prim-mi-nistru, Duca avea să-i declare lui Argetoianu că Titulescu îi ceruse să desființeze Garda de Fier. Strategia imaginată era diabolică. Va desființa Garda de Fier chiar în ultima zi de depunere a candidaturilor pentru alegeri, ca să blocheze can-didații legionari și să le taie și posibilitatea să se strecoare pe alte liste!"*Mi s-a pus această condiție sine-qua-non și e singura care mi s-a pus. Am primit-o.*"

Garda de Fier trebuia desființată, spune Duca, fiindcă Ti-tulescu îi ordonase lui, primului ministru, ce are de făcut. El, săracul, grădinarul amator cu inima curată, n-ar fi vrut, dar cum putea să-l refuze pe Titulescu? N-ar fi fost frumos! Așa că marele doctrinar liberal, adeptul naționalismului lin și fără violență, cel ce voia să guverneze prin ordine, democrație și armonie socială, se pune pe treabă. A doua zi după ce ajunge la putere, știa deja cum le va veni de hac legionarilor: printr-o manevră murdară, ilegală și antidemocratică. Primise ordin să lichideze Garda și el acceptase. A uitat doar să ne spună din partea cui venise ordinul. Dar, se subînțelege din text: de la Titulescu!

Duca este primul care introduce contra legionarilor asasinatul politic, transformând România într-un stat criminal, așa cum va deveni și Germania lui Hitler. Toate puterile din stat, justiția, jandarmeria, armata, guvernul, regalitatea, renunță la constituție și în bătaia de joc a legilor și-au propus un singur scop, acela de a distruge cu orice preț Mișcarea Legionară, în care vedeau un pericol mai mare decât comunismul și fascismul luate împreună.

În data de 22 noiembrie 1933, în Constanța, Virgil Teodorescu este împușcat pe la spate de un jandarm, care trage de la doi metri cu un pistol, după ce-l surprinsese pe student că punea în pericol securitatea națională: lipea afișe pentru legiune. Jandarmul este decorat și trimis în altă zonă pentru a i se pierde urma. În 9 decembrie este ucis în bătaie de către jandarmi țăranul Nicolae Bălăianu din Vlașca, pentru că făcea propagandă legionară în satul său. Ucigașii, deși cunoscuți, n-au avut nimic de suferit.

Cu toate violențele la care au fost supuși legionarii, au reușit, încrâncenându-se, să-și depună toate candidaturile. Dar pe 9 decembrie, cu 11 zile înainte de alegeri, Duca desființează a treia oară legiunea. Apoi se pornește prigoana. În două zile sunt arestați fără mandat 12.000 de oameni din toată țara. Închisorile și lagărele gem de legionari. Câțiva dintre ei sunt omorâți: croitorul Toader Toma, colonistul macedonean din Dobrogea Gheorghe Bujgoli iar în județul Severin Gheorghe Negrea și Fardea. Deci, 6 oameni au fost uciși doar pentru că erau legionari. Asta era democrația nonviolentă și fără salturi a liberalului Duca.

După alegerile câștigate desigur de liberali, legionarii sunt eliberați din detenție. Ei nu mai erau acum periculoși? De ce-au fost atunci arestați? Pentru că așa a vrut Duca? Sau masonii? Ionel Moța și Vasile Marin obțin de la Comandantul

Închisorii Jilava un document în care se recunoştea că cei doi au fost sechestraţi, nu arestaţi conform legii. Ei voiau să ceară pe căi juridice compensaţii morale.

În data de 29 decembrie 1933, trei legionari care au fost şi ei victimele prigoanei orchestrată de Duca, îl împuşcă pe acesta mortal pe peronul gării din Sinaia. Apoi se predau poliţiei. Duca avea deja pe conştiinţă şase suflete curmate prin asasinate şi trebuia cumva oprit. Legionarii şi-au răzbunat camarazii, suprimându-l pe ucigaşul şi trădătorul de ţară care-i prigonise ca pe Hristos. Acesta a fost primul detaşament legionar al morţii, aşa cum le place duşmanilor legiunii să spună pe la toate colţurile.

Pe data de 31 decembrie 1933 Victor Iamandi, subsecretar la interne porneşte din nou prigoana contra Legiunii. De data asta sunt arestaţi 18.000 de legionari. Printre aceştia, nume ilustre ale culturii româneşti, precum Nae Ionescu, Nichifor Crainic, Radu Gyr. Sunt scotocite cu disperare toate casele legionare, în speranţa că vor găsi documente compromiţătoare. Codreanu este căutat, cu ordinul de a fi ucis. Nu este găsit, dar este schingiuit sălbatic secretarul lui, economistul Sterie Ciumetti, pentru a spune unde se află Căpitanul. Sterie nu divulgă locul, lucru pentru care este ucis în pădurea Andronache şi aruncat în lacul Fundeni din Bucureşti.

54 Procesul Căpitanului din 1934

După dispariţia lui Duca, guvernul decapitat al liberalilor avea să se arunce cu şi mai mare furie asupra legionarilor. Circa 18 mii dintre ei au fost închişi, ca şi cum toţi ar fi tras cu pistolul asupra primului ministru. Subsecretarul de stat Victor Iamandi a dat ordin jandarmilor ca să-l ucidă pe Căpitan. Dar el dispăruse încă de la dizolvarea Mişcării din 10 decembrie, fiindcă bănuia ce l-ar fi aşteptat dacă ar fi fost prins. Totodată s-a decretat stare excepţională pe timp de 6 luni. În timpul perioadei excepţionale, judecarea cauzelor politice cădea în sarcina justiţiei militare. Guvernul spera că militarii vor fi mai uşor de manipulat ca să dea o sentinţă la ordin.

Din cei 18 mii de legionari arestaţi au fost aleşi pentru proces vreo 50, capi ai mişcării, care, alături de cei trei care au alcătuit echipa ce l-a pedepsit pe Duca, Nicadorii, trebuiau condamnaţi la ani grei de puşcărie. Printre cei acuzaţi se afla şi generalul Gheorghe Cantacuzino-Grănicerul. Dar militarii aveau reguli stricte: judecătorii unui complet de judecată militar care urmau să judece un alt militar, trebuiau să aibă grad mai mare decât inculpatul respectiv.

Regulamentul era bine întocmit. Cum era un căpitan să judece un general? Nu s-ar fi temut el că în viitor putea ajunge subalternul acestuia? Sau nu se va simţi jignit gradul mai mare ajuns să fie judecat de gradele mai mici? Cantacuzino, fiind general, trebuia ca şi completul de judecată să fie format măcar din generali.

În acest răstimp de pregătiri intense, după ce a trecut prima emoţie după asasinarea lui Duca, apare şi Căpitanul, care vine şi se predă de bunăvoie Parchetului! A fost o lovitură psihologică extrem de bine gândită, care a transmis opiniei publice mesajul că atât Căpitanul cât şi Conducerea Mişcării nu se simţeau vinovaţi de uciderea lui Duca. Asta a făcut ca legionarii să fie priviţi cu multă simpatie de opinia publică iar celor închişi să le revină speranţele şi curajul.

Procesul, început pe 17 martie 1934, se desfăşoară sub auspicii favorabile Mişcării. Apariţia lui Codreanu şi faptul că printre acuzaţi se afla însuşi unul din eroii războiului de întregire al neamului, generalul Cantacuzino, cunoscut pentru verticalitatea şi cinstea lui desăvârşită, impunea colegilor lui judecători mult respect. Apoi, acuzaţiile aduse de procurori au fost cu uşurinţă demolate în cursul dezbaterilor, care curgeau tot mai mult în favoarea acuzaţilor. Asta l-a şi făcut pe unul din parlamentarii liberali să se întrebe dacă la marele proces nu s-au inversat rolurile şi în loc de Mişcarea Legionară, pe banca acuzaţilor nu s-ar afla cumva chiar guvernul însuşi!

La proces, cei trei care-l pedepsiseră pe Duca şi-au justificat acţiunea, luând vina asupra lor şi negând orice amestec al conducerii Legiunii în hotărârea pe care o luaseră singuri. Niki Constantinescu a afirmat ca el luase decizia de a-l pedepsi pe Duca încă din închisoarea din Făgăraş, unde se afla închis pe nedrept şi unde îşi mărturisise acest gând unui camarad de suferinţă. Căpitanul nu-i ştiuse planurile şi nici nu se întâlnise cu el înainte de acţiunea de la Sinaia. Nu numai judecătorii, ci însuşi procurorul şef, generalul Petrovicescu, cel care avea obligaţia să acuze, s-au convins că acuzaţii erau nevinovaţi, afară desigur de Nicadori, care aveau sa fie condamnaţi la închisoare pe viaţă. Personalităţi ale vieţii politice, chiar unii duşmani ai Mişcării, vin ca martori în favoarea acuzaţilor: Vaida-Voievod, Iuliu Maniu, mareşalul Averescu, Octavian Goga, Constantin Argetoianu.

Guvernul intră în panică şi caută disperat un subterfugiu de a influenţa judecătorii. Nu s-ar fi dat la o parte de la nicio ticăloşie, dacă asta l-ar fi putut ajuta. Dar el, ca factor politic, era compromis total. Singura speranţă era la rege. El putea să dea ordin ca să se schimbe sentinţa. Toată camarila, tot guvernul, Elena Lupescu cu toate armele ei ascunse s-au pus pe capul regelui, să-l convingă. Până la urmă generalul Uică vine la consiliu de război unde se judeca procesul cu mesajul că „Dorinţa Majestăţii Sale era de a condamna pe toţi inculpaţii.“

Generalii, avându-l pe rege comandant suprem, nu se puteau sustrage unui ordin al acestuia.

Generalul Moruzi, un foarte bun prieten de-al generalului Cantacuzino, a bănuit că nu de la rege ci de la camarilă emana mesajul, de aceea hotărăște să meargă la rege să-l întrebe dacă a dat acest ordin sau nu. Ajuns în fața regelui, îi expune impasul de la consiliul de război. Dacă el, regele, dăduse acest ordin, generalii judecători se vor supune, chiar contrar convingerilor lor. Dar atunci condamnații nu vor mai fi ai judecătorilor, ci ai Majestății Sale.

Speriat sau nu, regele avea să-i transmită lui Moruzi mesajul că generalii sunt liberi să judece cazul după cum le dictează conștiința. Venit în mare grabă înapoi, Moruzi aduce vestea cea mare colegilor lui, judecătorii de caz. Aceștia, luându-li-se o piatră de pe inimă, aveau să-i achite, pe 5 aprilie 1934, în Vinerea Mare, pe ceilalți inculpați.

55 Arhimede mort

În toamna anului 1935 poliția din Sibiu omoară în bătaie pe legionarul Vasile Vlad. La 4 octombrie 1935 Sfântul Sinod sub patronajul de tristă amintire a lui Miron Cristea, interzice legionarilor ca prin șantierele lor de muncă să mai repare sau să construiască biserici. Cel de la care a pornit ideea a fost Victor Iamandi, Ministrul Cultelor la acea vreme.

La 2 aprilie 1936 la congresul studențesc de la Târgu Mureș, este dezvăluit planul prin care regele, Lupeasca, Gavrilă Marinescu, Armand Călinescu și alte înalte personalități ale statului român complotau în vederea uciderii Căpitanului.

Regele, după încercarea nereușită de a prelua conducerea Gărzii de Fier, a încercat să rupă Mișcarea Legionară în două.

Trepădușul pe care l-au găsit să și-l facă unealtă s-a numit Mihai Stelescu. Acesta a fost un legionar activ din Galați, oraș cu o puternică mișcare legionară. Aici activau cei trei frați Lefter, avocatul Ibrăileanu, dar și alții, toți cu state vechi în legiune. Pe lângă ei, a avut și Stelescu o contribuție importantă la creșterea influenței legionare în județ.

Când s-au întâlnit prima dată, nu se știe ce l-a apucat pe Stelescu, dar l-a primit pe Căpitan în genunchi. A fost un gest exagerat, dar Căpitanul în marea lui înțelepciune l-a privit ca pe o extravaganță de moment. Pentru că Stelescu a fost un legionar adevărat. Până la un punct. Dar, din clipa când a ajuns la București parlamentar din partea Mișcării Legionare, l-a luat valul traiului ușor din capitală și a început încet-încet să uite de morala legionară. Căpitanul a stabilit norme obligatorii pentru legionarii aleși în Parlament:

„Diurna parlamentară nu le aparține. Ea aparține Legiunii, ea va acorda fiecărui parlamentar strictul necesar pentru o existență modestă. Pentru că nu este drept ca parlamentarul să-și creeze o situație materială mai bună, în timp ce toți camarazii lui duc o viață din ce în ce mai grea. Ce tablou moral mizerabil ar fi, dacă unii dintre noi ne-am îmbuiba cu tot felul de bunătăți, de haine și de ghete, sau ne-am purta soția în lux, iar alții dintre noi, răniți în urma luptelor, ar trăi o viață de sfâșietoare mizerie.

Nu este un scop, un țel, acela de a fi parlamentar: noi trebuie să mergem înainte către biruință. Ca parlamentari, nu putem decât să pregătim victoria. De aceea, fondurile provenite Legiunii din diurne, vor înzestra organizația cu tot ce-i trebuiește pentru luptă: ziare, broșuri, automobile etc. În anul 1933, parlamentarii au avut 10.000 lei lunar primele două luni, 8.000 lei pe urma. Așa va fi viitorul parlament legionar. Conducătorii țării trebuie să fie în frunte în zile de mizerie. Nu se poate pălmui cu o leafă de lux de 30.000 lei lunar, mizeria nesfârșită a țării."

Primul care a respectat cu sfințenie aceste norme a fost însuși Căpitanul. El a trăit doar pentru Legiune. La Sediul din București avea o camera în care avea doar un pat. Un comerciant de vaza din București, Petre Bolintineanu i-a trimis fără să-l întrebe un dormitor complet, cu gândul că face un bine. Căpitanul i l-a trimis înapoi și i-a pus în vedere să nu mai facă astfel de gesturi. La Căminul de la Râpa Galbenă a fost instalată o tipografie a Legiunii, care costase o sută de mii de lei, luați pe credit. Căpitanul a apărut într-o seară la Cămin și a întrebat de casier, dar acela nu era acolo. Atunci Căpitanul, în fața unei grupe de vreo 20 de camarazi, a scos un teanc de bani și a început să numere. La 17 mii s-a oprit ca să-și tragă sufletul și privindu-i pe toți, cei care se uitau cu ochi fosforescenți la grămada de bani, a spus:
– Mulți bani la noi!
Apoi nu s-a mai oprit până la 60 de mii. Era diurna lui de parlamentar pe două luni. Nu-și reținuse pentru el nici măcar un singur leu! Apoi a spus celor de față:
– Să vă plătiți întotdeauna datoriile!
Parlamentarii primeau 30.000 de lei pe lună diurnă, dar Căpitanul considerase nedrept ca ei să se lăfăie în bani. El a instituit regula ca parlamentarii legionari să primească 8.000 de lei pe lună iar restul de bani să intre la casieria Legiunii. Stelescu, ajuns parlamentar prin sacrificiul și jertfa atâtor legionari, a refuzat la un moment dat să mai predea diurna la casieria Legiunii, ținându-și toți banii pentru el.
Mai târziu, camarila regală a văzut în el pionul slab și l-a atras de partea ei. Stelescu s-a rupt de Mișcare și cu fondurile

primite de la camarilă a înființat o organizație și un ziar, ambele numite „Cruciada Românismului". Dar din Mișcarea Legionară nu s-a desprins nimeni ca să-l urmeze. Doar câteva lepădături date afară din Mișcare și vreo doi trei pleșcari roiau în jurul lui.

Dizidența lui Stelescu a pornit dintr-o tabără de muncă pe care o conducea și unde a început să-l denigreze pe Căpitan. C-ar fi avut ceva cu Lupeasca! Câțiva legionari, indignați peste măsură, au părăsit imediat tabăra și au venit la București și-au raportat Căpitanului comportamentul lui Stelescu.

Acesta a intrat apoi în cârdășie cu un reprezentant al camarilei, Gheorghiade, cu care au pus la cale uciderea Căpitanului. Stelescu a găsit un elev naiv, pe nume Cotea, care trebuia să-l asasineze pe Codreanu. Gheorghiade l-a luat la conacul lui, unde s-a căznit în zadar două săptămâni să-l învețe pe Cotea să tragă cu revolverul. Din zece focuri, de la cinci pași, șapte gloanțe nu nimereau ținta pentru că glonțul o *cotea* tot timpul pe de lături.

Gheorghiade, exasperat, renunță la revolver și ia în calcul otrava. Cotea trebuia să vină la Sediul Legiunii din strada Gutenberg din București și să iscodească pe acolo cum stau lucrurile, ca să poată fi întocmit un plan. Cotea apare la sediu, dar acolo dă de un munte de om, puternic ca un taur. Era Nicolae Totu, care-i spune niște vorbe, mai mult în șagă decât în serios:

– Ce faceți voi, leilor? Ați apărut și voi pe-aici? De când vă așteptam! Dar să nu vă închipuiți că eu nu știu totul! De aia mă și cheamă Totu!

Bietul Cotea, luat prea repede, s-a pierdut cu firea și i-a mărturisit lui Totu... totul! Motivul pentru care venise la sediu. A povestit și de urzelile lui Stelescu, care aștepta o telegramă la încheierea misiunii cu textul: *Arhimede mort!*

Gheorghe Cantauzino-Grănicerul, generalul care a luat cu asalt Brașovul în 1916, a fost cel mai indicat ca cu o grupă de legionari, să ia cu asalt casa lui Gheorghiade, pe care a puricat-o până ce-au găsit flacoanele cu cianură. Trădarea lui Stelescu fusese astfel dovedită!

Despre acțiunea generalului Cantacuzino au scris toate ziarele, dar curios, contra lui nu s-a emis mandat de arestare cu acuzarea ușor de dovedit, de călcare de domiciliu. Un proces ar fi putut duce sus de tot, la cei care urziseră otrăvirea, Carol și Lupeasca, așa că, de frică, au preferat să aștepte altă ocazie pentru a se răzbuna.

S-a constituit pe loc un juriu legionar condus de Ion Banea, care a judecat faptele lui Stelescu și l-au găsit vinovat de încălcarea disciplinei și legilor legionare, precum legea onoarei, datoria de a nu fi mișel și încălcarea legământului legionar. Stelescu a fost exclus definitiv din Mișcare. Dar Căpitanul, cu inima lui bună, a scris pe sentința juriului: *După ani de pocăință, îi dau voie să revină în mijlocul camarazilor lui.*

Stelescu însă nu s-a pocăit. Dimpotrivă, prin ziarul lui, împroșca cele mai murdare și mai infame minciuni asupra Mișcării Legionare, prezentate abil, fiindcă el era unul dintre cei care, cunoscând viața legionară din interior, putea broda povești credibile pe seama ei. Ion Caratănase, un camarad care-l cunoștea bine pe Stelescu, l-a avertizat pe Mișulică să-și bage mințile-n cap și sa-și vadă de Românismul și de Cruciada lui, dar să-i lase pe legionari în pace, fiindcă campania lui nu se va încheia cu bine. Dar Stelescu nu și-a întrerupt activitatea, sau n-a fost lăsat s-o facă. Prea intrase adânc în fondurile date de alții și nu mai putea da înapoi.

Pentru a pedepsi trădarea lui Stelescu, cel care a urzit uciderea Căpitanului, o a doua echipă a morții, formată din 10 legionari aveau să-l lichideze pe Mihai Stelescu la 16 iulie

1936, cu câteva focuri de revolver. Pentru că au fost zece legionari în echipă, au primit numele de Decemviri.

56 O BLASFEMIE

A-l acuza pe Căpitan că „a avut ceva cu Lupeasca", așa cum a cutezat s-o facă Stelescu, era pentru orice legionar o terfelire a Căpitanului și o înjosire a Mișcării, cum nu putea s-o facă mai bine nici ziarele „jidănești" din Sărindar, Adevărul sau Dimineața. Pentru cel din urmă legionar, Căpitanul era sfânt. Printre legionari circulau din gură-n gură fapte și vorbe de-ale Căpitanului, – un adevărat folclor – care, adunate cărămidă cu cărămidă, au format temelie puternică credinței în cinstea ireproșabilă și morala fără pată a Căpitanului. Cum era el să se uite la o „pațachină" ca Lupeasca? Ne oprim acum o clipă la Memoriile lui Stelian Stănicel, ce poarta titlul „Lângă Căpitan".

Stelian Stănicel a fost elev la liceul „Principele Nicolae" din Sighișoara. – Azi liceul poartă numele cărturarului de esență legionară Mircea Eliade.– Aici, împreună cu câțiva colegi, va înființa cuibul „Corneliu Zelea Codreanu", străduindu-se să-și însușească cât mai bine doctrina și morala legionară. În anul 1930, Stelică merge la București cu gândul să-l întâlnească pe Căpitan și să-i înmâneze mica sumă de bani pe care ei, elevii cuibului sighișorean o strânseseră pentru Mișcare. Întâlnirea cu Căpitanul îl va marca pe Stelică pentru toată viața.

Ajuns în 1931 student la București, va lua legătura cu Traian Cotigă, șeful studenților legionari. Acesta îl va lua cu el la o întâlnire cu Căpitanul, unde urma să se întocmească un manifest de răspuns la atacurile presei din Sărindar, care-i făcea pe legionari borfași, huligani, antisemiți și nemernici. La această întâlnire, Codreanu a scris, sprijinindu-se de pervazul ferestrei, un manifest în care-i avertiza pe „jidani" că dacă nu încetează cu calomniile, „le va suna și ceasul și scândura". Apoi, după ce legionarii mai vechi au acceptat manifestul Căpitanului fără modificări, s-au pus la masă ca să mănânce fasole cu mămăligă gătită de doamna Lilica Codreanu. Și probabil și cu ceapă, că altfel nu se poate la români.

Stelian Stănicel a fost mereu activ și trăind plenar viața legionară, a participat intens la tot ce avea legătură cu Mișcarea. Fie că participa „la galerie" la ședințele parlamentului unde vorbeau parlamentarii legionari în frunte cu Căpitanul, sau lucrând pe șantierele legionare de la grădina de legume în 1932 și la cărămidărie pentru Casa Verde în 1933, Stănicel a fost deseori cercetat de privirea scrutătoare a Căpitanului, care știa ca nimeni altul să-i cântărească pe oamenii din jurul lui și să le dea sarcini potrivite. În toamna și iarna lui 1933 Stănicel devine pe durata alegerilor șef al legionarilor pe județul Târnava Mare. Câștigase, se vede, încrederea Căpitanului!

În anul 1936 va participa la tabăra de Muncă de la Carmen Sylva (Eforie Sud), unde avea să vadă, plin de uimire, cea mai mare mămăligă din viața lui, una ce putea sătura 400 de inși. La ea, pe când fierbea, ca să nu dea-n foc, învârteau cu o lopată de barcă pescărească în loc de mestecău, patru flăcăi ca brazii! Iar ceaunul era ridicat cu scripetele! Peste tot se vedea, în buna organizare a taberei, mâna Căpitanului! O echipă de pescari plecau cu noaptea-n cap pe mare după pește iar niște oieri din Dobrogea, sub comanda unui aromân pe nume Bujgoli, aduceau cu carele brânză și făină de mămăligă pentru tabără.

La Carmen Sylva pe 15 august, de Sfânta Maria, nu s-a lucrat. După slujba religioasă, Căpitanul intenționa să înalțe în grad pe unii dintre cei prezenți la gradul de legionar și instructor, iar pe cei mai vechi și mai merituoși, la gradul de comandant-ajutor și comandant legionar. Stelian Stănicel urma să primească gradul de comandant-ajutor. Toți cei aleși pentru avansare trebuiau să fie prezenți în careu, pentru a lua parte la ceremonia solemnă. Când cei desemnați pentru a primi aceste grade onorifice direct de la Căpitan s-au aliniat plini de emoție, ia-l pe Stănicel de unde nu-i. A fost repede adus de la bucătărie, unde era de serviciu și unde, cu un șorț legat la brâu, tocmai făcea gogoși!

Astfel că, în toamna lui 1936, ochii Căpitanului au căzut asupra lui Stănicel când a căutat un secretar pentru biroul lui, de unde conducea întreaga Mișcare Legionară. Avea deja mai mulți legionari care-l ajutau, dar Mișcarea mărindu-se, Căpitanul nu mai făcea față la trierea, citirea și unde era cazul, la a răspunde la corespondența tot mai numeroasă pe care o primea. Stelian a primit cu bucurie și recunoștință ca, în schimbul hranei și a unui culcuș pe timp de un an, să îndeplinească funcția de secretar al lui Codreanu.

În primele zile, când vedea pe scrisori cuvintele „confidențial", „personal", sau „strict personal", secretarul Stelian punea scrisorile deoparte nedeschise, pentru a le da lui Codreanu. Dar acesta i-a spus ca pe viitor să deschidă toate scrisorile, indiferent de ce scria pe ele, pentru că el nu are secrete. Primind deci instrucțiuni clare, omul nostru se pune pe treabă. O dată, un șofer îmbrăcat într-o livrea elegantă, aduce o scrisoare parfumată, cu mențiunea scrisă apăsat „strict personal și confidențial", ce trebuia deschisă neapărat doar de Codreanu. Dar legionarul ascultă de ordine, nu de ce scrie pe ziduri sau pe scrisori. Așa că Stelian Stănicel apucă cuțitașul de deschis scrisori și o ia la citit:

„Făt-Frumos, te aștept mâine seară la ora 8 ca să discutăm donația celor 12 mașini de cusut. Am să te aștept cu

nerăbdare! Să vii singur! O să privesc pe fereastră ca să te
văd când vei veni. Eu voi fi singură acasă!"

Bietul Stănicel a făcut fețe-fețe și s-a înroșit ca un rac când
a înțeles despre ce era vorba. În ce bucluc intrase! I-a prezen-
tat spășit scrisoarea Căpitanului, care a fost pus și el în mare
încurcătură. Doamna era soția unui înalt funcționar de la
compania de gaz și electricitate din București. A doua zi, Că-
pitanul l-a trimis în gura lupului pe Stănicel, însoțit de șoferul
Ilarie ca împreună, să poată rezista suflului magnetic produs
de doamna aceea încărcată cu prea multă electricitate. Stăni-
cel, prefăcându-se că nu știe despre ce e vorba, l-a scuzat pe
Căpitan că este foarte ocupat, dar că o invită pe doamnă să-l
viziteze la sediu, unde el o s-o primească bucuros. Doamna a
venit, apoi au fost donate și mașinile acelea de cusut, ca apoi
familia aceasta să devină profund atașată Mișcării, având ulte-
rior chiar de suferit de pe urma apropierii de Legiune.
    Căpitanul era cu adevărat un om năzdrăvan. Pe doctorul
Veselovschi, care nu și-a respectat cuvântul dat unei cama-
rade, l-a pedepsit să meargă pe jos de la București la Cluj,
trecând pe la toate organizațiile legionare din orașele pe care
le va străbate. A ajuns, vesel nevoie mare, după două săptă-
mâni de tras la pingea, fericit că și-a ispășit cu bine pedeapsa
dată de Căpitan. Studentului Bălănescu, care venea foarte des
pe la Casa Verde, Căpitanul i-a interzis într-o zi să-l mai ca-
ute. Avea să-i spună lui Stănicel că Bălănescu „are privirea și
ochii lui Vernichescu trădătorul." Stănicel îi răspunde că
Bălănescu, după ce-a fost izgonit, a plecat cu lacrimile șiroind
pe obraji. Căpitanul s-a înduioșat, chemându-l pe Bălănescu
înapoi. Și-a spus probabil că o asemănare fizică nu este un
criteriu de a judeca moralitatea unui om. Mai târziu, în tim-
pul prigoanei, Bălănescu avea să-și dea viața pentru Legiune.

Dar Căpitanul se mai ținea și de șotii. O dată lui Mihail Polihroniade – doctor în drept, ziarist, publicist și istoric, cel care l-a adus în Mișcare pe Constantin Noica, – i-a trimis vorbă că l-a suspendat din funcția de la Garnizoana legionară București, dar fără nicio explicație. După vreo câteva zile care au trecut fără nicio reacție din partea lui Mihail, Căpitanul îl prinde pe la sediu și-l întreabă, tot el, de ce nu vine să-i ceară explicații. Polihroniade răspunde ca un filozof că n-are ce explicații să ceară. Poate Căpitanul aflase ceva ce nu știa el, de asta el acceptase cu seninătate pedeapsa. Dar Codreanu, zâmbind, îi va spune că n-a fost suspendat. Dorise doar să vadă cum va reacționa el!

Deci Căpitanul făcea teste psihologice cu colaboratorii lui, după ce o pățise urât de tot cu Vernichescu. Polihroniade era, după mărturia lui Mircea Eliade, singurul legionar filo-semit. El era de părere că un stat democratic trebuie să acorde aceleași drepturi tuturor cetățenilor săi, indiferent de grupul etnic din care fac parte. Asta nu l-a împiedicat să fie un bun legionar și nici ca să fie arestat în prigoană. A fost executat fără judecată, în noaptea de 21/22 septembrie 1939 la închisoarea de la Râmnicul Sărat.

După ce Mișcarea a luat avânt, Căpitanul pierdea foarte mult timp cu călătoria cu tramvaiul, ca să ajungă pe la toate locurile și instituțiile unde avea de mers. De asta Ionel Moța, gândindu-se și la securitatea lui, a strâns bani din donații ca să-i cumpere un automobil. După multe discuții, Căpitanul a acceptat. Dar a pus condiții. Mașina să nu fie nici nemțească și nici italiană, ci una franceză. Explicația a fost că văzându-l lumea într-un automobil nemțesc sau italian, mulți vor crede minciunile ziarelor când vor răspândi neadevărul că automobilul i-a fost făcut cadou de Hitler sau de Mussolini. Dar fiindcă în Franța prim ministru era „jidanul" Leon Blum, nimeni nu va crede că acesta i-ar fi putut face Căpitanului un astfel de dar! Uite la ce trebuia să se gândească Căpitanul, ca să se ferească de posibilele ponegreli ale presei!

Petrache Lupu împreună cu copilul său

57 PETRE CEL ALES

În ziua de Vineri, 31 mai 1935 Petre, omulețul pe care sătenii îl numeau Petrache, păștea oile într-o tăietură de pădure de salcâmi, în care rămăseseră doar trunchiurile și lăstarii. În acea zi avea să i se arate Dumnezeu, cu plete albe și barbă bogată, plutind la o palmă pe deasupra pământului. Moșul, cum avea să-i spună Petre, îi dă însărcinarea să ducă oamenilor porunca dumnezeiască de a nu mai păcătui, de a merge la biserică, de a ține sărbătorile, de a nu mai minți și fura, de a fi oameni cinstiți și cu frică de cele sfinte, ca niște adevărați creștini.

Petre era surdo-mut și abia dacă gângăvea câteva cuvinte, pe care nici nu le înțelegea, dar nici nu se străduia să le înţeleagă nimeni. De asta, trăind retras, preocupat doar de gospodăria şi familia lui, n-a avut curajul să meargă la preotul satului, Nicolae Bobin, nici la primar, să le ducă mesajul *Moşului*. Dumnezeu a fost nevoit de alte două ori să-i apară sub înfăţişarea de Moş în următoarele două vineri, pe 7 şi 14 iunie, fiindcă bietul Petre tot nu-şi adunase destul curaj ca să deschidă gura în faţa oamenilor. A treia oară însă, Moşul i-a spus cuvinte aspre, a fost şi o găleată cu lapte vărsată de Petre de supărare, când acesta l-a certat aducându-i aminte că a făcut de două ori promisiuni, fără ca să se ţină de cuvânt. Vorbele astea l-au amărât din cale-afară pe ciobănaş, fiindcă el până atunci nu minţise niciodată.

De la stână avea să se ducă acasă şi-i va spune soţiei ce-a păţit, apoi preotului, primarului şi chiar sătenilor, duminica următoare la biserică. Devenit Om Ales, nu numai că prinsese curaj, dar începuse să vorbească curgător şi chiar cu multă convingere.

Petre se schimbase profund, pentru că Dumnezeu îl făcuse pescar de oameni. Le amintea păcatele, le cerea autoritar să renunţe la rele, să se pocăiască, să ţină sărbătorile. Cine nu va urma sfaturile Moşului nu va putea să se bucure de linişte, fiindcă „Dumnezeu îi va rupe muncile. Dar dacă ne pocăim, Moşul ne va da sănătate, ne dă grâu, ne dă porumb." Devenise totodată profet şi vindecător. Îndemnurile lui au început să aibă urmări, vestea a început să se întindă, oamenii au început să vină la Maglavit în număr tot mai mare. Apar apoi primele minuni, care măresc numărul pelerinilor, care ajung după puţin timp la zeci de mii pe zi. Minunile se înzecesc, se ajunge la situaţii pe care unii le descriu cutremuraţi, ca luate din Evanghelie: ologii îşi aruncau cârjele, orbii, cu ochii limpeziţi, vedeau iar lumina soarelui, surdo-muţii prindeau glas, mulţumind lui Dumnezeu pentru darul nemeritat pe care-l primeau ei, păcătoșii. Canceroși, buboși, gheboși, râioși, ulceroși cu răni purulente, ofticoși, îndrăciți, nevolnici, paralitici, nerozi, epileptici, slabi de virtute, toți, săracii, umpleau câmpurile din jurul Maglavitului, nădăjduind să-și găsească acolo alinarea suferințelor sau poate chiar vindecarea.

Au început să crească mormanele de bani din donații, apar taxele primăriei pentru căruțele ce transportau pelerinii de la gară la Maglavit și invers, sau taxarea negustorilor de iconițe, cruciulițe, medalioane cu chipul Maicii Domnului. Mulți dintre cei care au scris despre aceste întâmplări au avut ochi doar pentru grămezile de bani. Câți au fost, cine i-a adunat, cum au fost împărțiți, la cine au ajuns sau unde au dispărut. Nimeni însă, oricât de ticălos a fost, n-a putut nega niciodată inima bună a lui Petrache Lupu, cel care-l văzuse de trei ori pe Dumnezeu. El n-a luat un ban, cinstea i-a rămas nepătată, ca și comportarea lui pe toată durata acestui tăvălug de oameni, care a ținut mai bine de trei ani. E adevărat că bani au fost din belșug, iar aceștia au atras atenția fețelor bisericești de la Craiova și București, dar și ale unor politicieni. Chiar și Carol al II-lea s-a arătat interesat de partea financiară a afacerii.

Tocmai acesta este meritul lui Petrache Lupu. Dacă ar fi trăit într-o grotă în singurătate, departe de ispite, ar fi fost una. Dar el trăia chiar în mijlocul afacerilor și nu s-a lăsat corupt și nici cumpărat de nimeni. De asta unii dintre cei două milioane de pelerini care au trecut pe la Maglavit au văzut în jurul capului ciobănașului un nimb auriu. Și tot sub influența lui au scăzut în regiune hoțiile și omorurile.

Altfel nu se pot explica minunile care s-au produs acolo și pe care toate ziarele timpului le descriau cu lux de amănunte. Se cunosc unele dintre persoanele care s-au vindecat cât și istoria lor. Sunt atât de multe, încât o excrocherie este exclusă. I se reproșează că n-a putut vindeca pe toți bolnavii. Dar nici

Hristos nu i-a vindecat pe toți. Dumnezeu dă boala cu temei și vindecarea are și ea regulile ei. Moșul nu putea să-l lase pe Petrache să vindece pe toată lumea, de-a valma. Erau păcate grele ce trebuiau ispășite, înainte de a fi eventual iertate.

Sunt oameni care nu se simt bine dacă nu mânjesc orice le iese în cale cu balele lor. Unul dintre aceștia a fost chirurgul Băculescu, care la un chef cu prietenii s-a exprimat puțin cuviincios la adresa lui Petrache Lupu și a celor ce se petreceau la Maglavit. În timp ce înjura, ca din întâmplare, sifonul de pe masă a explodat, rănindu-l cu cioburi de sticlă numai pe el!

Unora li s-a întors rânza pe dos când au văzut că Petrache a ajuns pescar de oameni. I-au scotocit în biografie, descoperindu-i sifilisuri ereditare, ușoară idioție, prostie, tembelism. A fost însă cercetat mai întâi de doctorul Parhon și apoi de marele neurolog Gheorghe Marinescu, care, adânc impresionat de micul ciobănaș, a scris chiar și o carte cu titlul *De la Lourdes la Maglavit*. Concluzia neurologului Marinescu, somitate mondială în domeniu, a închis gura tuturor clevetitorilor: „Petrache Lupu este mai normal decât mulți dintre noi!"

S-au mai colportat răutăți precum că pe el l-ar fi învățat popa Bobin câteva cuvinte, pe care le repeta pierdut, mereu aceleași. Dacă ar fi fost așa, n-ar fi putut impresiona puhoiul acela de oameni care zi de zi, trei ani la rând, l-au privit ca pe un trimis al lui Dumnezeu pe pământ. Mulțimile de oameni i-au pus mereu întrebări iar el răspundea coerent și convingător tuturor, de parcă citea din Evanghelie:

„M-am dus la preotul nostru și nu m-a crezut. Am spus la oamenii din sat și au râs de mine. Da io am tot spus și vă spun și vouă că, dacă nu vă pocăiți, din steaua mare care vine de la răsărit va curge mult sânge pe pământul ăsta al nostru și va fi foamete mare și multă suferință. Prăpăd mare va veni peste lume! Pocăiți-vă, oameni buni! Lăsați-vă de rele, rugați-vă cu evlavie, că Moșu e bun și vă iartă! Uite, mie mi-a dat glas și minte iar pe bolnavii voștri îi vindecă. Căiți-vă!"

Iată cum, din câteva vorbe, analfabetul Petrache a prevestit căderea României sub comunism și cumplita secetă din 1947, când, mai ales în Moldova, cădeau oamenii din picioare de foame, de slăbiți ce erau. A ajuns până la noi și altă prorocire a lui Petrache Lupu. Mareșalul Antonescu a ordonat ca Petrache să fie luat cu un avion și dus la Cotul Donului, ca să sfințească trupele române. La întoarcere, Petrache avea să-i cutremure pe militarii din avion când le va spune simplu: „Războiul ăsta e pierdut iar țara noastră va fi cotropită!"

Moșu i-a mai dat lui Petrache o însărcinare. Ca s-o ducă la îndeplinire, prin 1939 și-a vândut două oi și s-a dus la București, la Palatul Regal, unde a cerut audiență. Carol l-a primit și atunci Petrache i-a spus că dorința Moșului era să se facă om de treabă, să-și lase ibovnica, să-și ia înapoi soția și copilul și să trăiască ca un creștin. Dacă nu va face așa, Moșul îl va pedepsi și-și va pierde tronul. Carol a ascultat cu capul în jos spusele lui Petrache, dar nu le-a putut urma. După un an avea să plece în exil, de unde nu va mai reveni niciodată.

De Petrache Lupu s-au interesat și legionarii. Horia Codreanu, un frate al Căpitanului a fost văzut deseori la Maglavit. Petrache Lupu, acest om simplu, care nu auzise în viața lui de legionari, conducându-se după învățăturile creștine, respecta întrutotul legile doctrinei legionare, ceea ce era o dovadă vie că între cele două învățături exista o comuniune profundă. Legea Muncii, Educației, Tăcerii, Onoarei, Disciplinei și Ajutorului (M.E.T.O.D.A) constituiau codul moral al micului păstor, înalt de 1,62 metri, dar a cărui statură morală era uriașă. Interesul legionarilor pentru Maglavit n-a fost de natură materială, ca al altora. Există mărturii că preotul Bobin își plătea din banii adunați de la creștini datoriile pe

la bănci iar primarul Maglavitului taxa fiecare transport cu
pelerini de la gară cu 500 dar dădea chitanțe de 120 de lei.
Toți cei ce se învârteau în jurul Maglavitului aveau mâini
numai de luat. Legionarii au fost singurii care au avut mână
de dat. Au construit la Maglavit o casă. O Casă Verde.

58 Comerțul legionar

Ce a fost Comerțul legionar, ne explică Horia Sima, cel
care a descris fenomenul cu cea mai înaltă competență:

„Lamentațiile evreilor, ca să fie just apreciate, trebuie
puse față în față cu ce-au făcut ei contra legionarilor, în
perioada când erau mari și tari în România, sub domnia
carlisto-lupesciană. Ce omenie au arătat ei, ce respect față
de munca și sacrificiile tineretului legionar, care a îndrăznit
să se măsoare cu ei în domeniul comerțului, fără să calce
niciun milimetru legile în vigoare?

După cum e bine cunoscut, comerțul legionar ieșise în
anul 1937 din faza primelor începuturi și se dezvolta verti-
ginos. De la modesta cooperativă de consum din Strada Gu-
tenberg se trecuse la restaurante și prăvălii de coloniale,
pentru ca să se orienteze în final și spre comerțul de textile,
care cerea investiții mai importante. Tocmai în toamna ace-
lui an se inaugurase un mare magazin de stofe la Bacău, în
inima unui centru dominat fără rival de evrei. Deschiderea
altor magazine din aceeași branșă erau prevăzute la Brașov,
Timișoara și Arad. Eu însumi cerusem aprobarea Căpitanu-
lui pentru un magazin de stofe la Lugoj. Dacă nu ar fi inter-
venit prigoana din 1938, mișcarea ar fi dispus în scurtă vreme
de o puternică rețea comercială în întreaga țară.“

Ceea ce îi neliniştea mai mult pe evrei, era bătălia fierului vechi. Printr-o circulară, Căpitanul mobilizează toate garnizoanele legionare, mari şi mici, ca să înceapă strângerea fierului vechi şi a altor metale care zăceau azvârlite prin curţile gospodarilor sau chiar în pulberea drumului. La chemarea Căpitanului, a răspuns cu entuziasm întreaga populaţie. Până şi copiii de şcoală primară socoteau ca o mândrie ca să-şi adune grămăjoara lor de fier, ca să o ofere Căpitanului. În câteva luni s-au adunat cantităţi imense de fier vechi, care nu aşteptau decât sa fie ridicate, încărcate în vagoane şi apoi trimise turnătoriilor din ţară. Era lesne de înţeles că vânzarea fierului vechi ar fi procurat Mişcării milioane de lei, acel capital de care avea nevoie pentru a continua bătălia comerţului legionar, într-o proporţie capabilă să slăbească preponderenţa iudaică în economie.

Se răspândise falsa credinţă în popor că «românul nu e bun în comerţ» şi nu se poate măsura cu evreul. Această concepţie era rezultatul unei educaţii greşite a păturii conducătoare. Înstrăinarea românului de comerţ se datorează unor împrejurări istorice, care încep o dată cu întemeierea Statului Român modern. Noua clasă diriguitoare fusese crescută într-un mediu refractar muncii productive, luându-şi obiceiul rău să trăiască din «politică» şi din exploatarea maselor populare. Se crease mentalitatea că prin politică se ajunge cel mai uşor la «creanga verde». Tinerii cu carte, după ce-şi luau diploma, intrau într-un partid «pentru a face carieră», în loc de a-şi pune creierul şi energia la contribuţie pentru a se afirma în comerţ şi industrie. Posesorii pământului, marii moşieri, în loc să-şi cultive singuri moşiile, le abandonau pe seama administratorilor, iar ei îşi tocau averile în străinătate.

Paralel cu aceasta evoluţie nesănătoasă a societăţii româneşti în secolul al XIX-lea, care a împiedicat crearea unei clase de mijloc românești, se produsese și invazia evreilor pe pământul nostru, venind din Galiția și Rusia. Când au pătruns ei în Principate, exista un comerț românesc înfloritor. Alături de români, mai erau și alte nații creștine care se îndeletniceau cu schimburi de mărfuri: armeni, greci, levantini. Cu aceștia negustorimea autohtonă nu ajunsese la tensiune, deoarece comunitatea de religie ușura asimilarea lor progresivă în sânul națiunii majoritare.

Cu pătrunderea evreilor în târgurile noastre, nu se ivise numai un concurent în plus față de vechii negustori, ci irupsese o forță economică organizată, care, înzestrată cu mijloace materiale superioare, înainta sistematic pentru a cuceri pozițiile economice deținute pana atunci de români. Evreii nu dispuneau numai de capitaluri și legături internaționale, grație fraților lor din Occident, ci se prezentau în fata negustorilor români ca o oaste, care înainta după regulile războiului: încercuirea adversarului, izolarea lui și apoi dislocarea lui. Negustorul român, atacat de acest inamic redutabil, era condamnat să vândă și să dispară. Așa au căzut unul după altul, mândrele așezăminte de comerț românești, lăsând străzi întregi goale de orice nume băștinaș. Nu era vorba de pricepere, căci oricât de îndemânatici ar fi fost negustorii români nu puteau rezista asediului concentric al unei activități organizate, ale cărei planuri, pentru fiecare caz în parte, porneau de la Sinagogă.

Raționamentul Căpitanului a fost simplu și eficace. Daca evreii formează o armată economică, și numai prin acțiunea ei se explica succesele lor spectaculare în comerț, atunci noi trebuie să procedam la fel, unindu-ne forțele și organizându-ne. În acest caz evreii nu ar mai lupta cu indivizi izolați în ofensiva lor economică, ci s-ar izbi de o altă armată, constituită după aceleași principii. Negustorul român, în fața acestei comunități agresive, nu ar mai fi singur, ci s-ar apăra încadrat și susținut de frontul compatrioților lui. Deci colectivitate contra colectivitate, oaste contra oaste, front românesc contra frontului comercial evreiesc.

În trei ani de comerț legionar, 1935 - 1937, Căpitanul a făcut demonstrația cât e de falsă concepția că «românul nu e bun de negustorie». Începând de la mic la mare, concentrând în această bătălie alte sacrificii grele impuse legionarilor, a izbutit să se ridice până la liziera marelui comerț, provocând îngrijorare între fruntașii Sinagogii. Iată un adversar care nu se manifesta în stil cuzist, cu spargeri de geamuri sau ciomăgindu-i, ci lupta tocmai pe terenul lor, comerțul, și pentru a se măsura cu ei, începuse să-și făurească o clasa de negustori români, un grup de legionari care făceau ucenicie, pentru a se specializa în această profesie.

Căpitanul, deși lipsit de capital, avea un mare avantaj față de evrei, pe care a știut să-l exploateze cu maximum de folos pentru noul comerț românesc: avea clientela sigură. Comerțul nu e numai local și marfă. Mai trebuie să-ți intre și lumea în prăvălie pentru a-ți cumpăra marfa. Altminteri dai faliment. Căpitanul știa că în momentul când va deschide prăvălia, vânzarea va fi asigurată prin marele număr de legionari, prieteni și simpatizanți care vor veni să se aprovizioneze în magazinele legionare. Și așa s-a întâmplat. Oriunde se deschidea o prăvălie legionară, mii de oameni îi călcau pragul și comerțul mergea excelent.

Dar Căpitanul nu se gândea numai la atracția ce-o exercita o firmă legionară asupra publicului. În același timp, el s-a străduit să ofere clientelei mărfuri de calitate și la prețuri modeste. În modul acesta, cine lăsa banii într-o prăvălie legionară, pleca și cu mulțumirea că a fost bine servit. După principiul fixat de Căpitan, comerțul legionar trebuia să se limiteze la un câştig mic. Ceea ce se pierdea aparent în detaliu, se câştigă în mare. Volumul mărfurilor desfăcute asigura creşterea rapidă a capitalului investit, care putea servi apoi la implantarea altor unităţi comerciale în alte puncte ale ţarii.

Între obiectivele prigoanei carliste a figurat şi suprimarea comerţului legionar, a cărui dezvoltare impresionantă ameninţa poziţia dominantă a evreilor în economia ţării. Conformându-se ordinelor primite de la Sinagogă, prin intermediul Elenei Lupescu, Regele Carol s-a decis să dea lovitura de graţie şi comerţului legionar. Îndată după aprobarea noii Constituţii şi interzicerea oricărei activităţi politice, guvernul l-a avertizat pe Căpitan că trebuie să procedeze la lichidarea întreprinderilor create sub patronajul mişcării. Căpitanul se supune acestei dispoziţii şi, prin circulara din 22 Februarie 1938, anunţa încetarea comerţului legionar şi, pentru lichidarea lui, numeşte o comisie sub conducerea lui Popescu-Buzău.

„Pentru lichidarea comerţului-legionar

a) Se va forma o comisie de lichidare avându-l ca preşedinte pe Dl. Popescu-Buzău.

b) Rog cea mai mare grijă şi corectitudine până în ultimul moment.

c) Comerţul nostru nu are decât o vechime de un an şi mai puţin; nu vom putea plăti furnizorii, deoarece investiţiile făcute în case, în haine, aşternut pentru copii şi personal, în inventarul necesar, rafturi, cântare, mobilier, instalaţii de lumină, apă, bucătării, maşini de transportat, amenajări de imobile, nu se pot acoperi decât în interval de 1-2 ani, oricât de bine ar merge un comerţ, cum a fost cazul comerţului legionar, care a mers excelent. În afara de aceasta mai urmează pierderea din vânzarea unei părţi din mărfuri sub preţul de cost, lucru fatal la lichidare.

Valoarea totală a comerţului legionar se ridică la suma de 11 milioane.

Deficitul pe care nu-l putem acoperi din cauza motivelor înşirate mai sus va fi de circa 1 milion de lei.

Nu se pune problema falimentului. Este o formulă, dar nu e onorabilă şi îi pune în discuţie pe oamenii care au încredere în onoarea noastră şi ne-au acordat creditul lor.

De aceea noi trebuie sa facem toate sforţările pentru a ieşi cu obrazul curat şi cu onoarea nepătată.

Nu vrem sa rămânem datori la nimeni cu niciun ban.

Fac apel la toţi prietenii noştri să facă o ultimă sforţare subscriind după putere pentru a ne achita obligaţiile şi a închide onorabil uşile comerţului nostru.

Subscrierile se fac la Ing. Horodniceanu.

Bucureşti, 23 Februarie 1938.
Corneliu Zelea Codreanu"

Rezulta din această circulară că Corneliu Codreanu luase toate măsurile necesare ca să lichideze comerţul legionar, în aşa fel încât să nu păgubească pe nimeni. El spera ca guvernul să aibă atâta omenie ca să-i lase răgazul necesar de a se retrage onorabil din afacerile Mişcării. Dar n-a fost aşa. Nici acel minimum de timp necesar nu i s-a acordat ca să poată pune ordine în socoteli, plătind furnizorii. Cu o graba şi cu o brutalitate care nu prevestea nimic bun, guvernul a procedat la lichidarea comerţului legionar pe cale poliţienească, fără să ţină seama de pagubele făcute Mişcării şi de soarta personalului angajat. Paralel cu planurile guvernului şi în înţelegere cu el, Nicolae Iorga începuse o campanie prin ziarul său *Neamul Românesc*, denunţând comerţul legionar ca o activitate subversivă şi îndemnând guvernul să ia măsuri contra lui. Îl acuza pe Căpitan că «printre blide și pahare pregătește revoluția și pune la cale acte sângeroase».

În 26 Martie 1938, se prezintă la restaurantele și magazinele legionare care mai funcționau, comisari de poliție, însoțiți de jandarmi, cerând evacuarea imediată a localurilor, căci au ordin să le închidă. Era vădită intenția guvernului de a brusca situația, arătând că este dispus la cele mai mari ilegalități pentru a zdrobi mișcarea.

După aceste acte incalificabile, Căpitanul i-a scris lui Nicolae Iorga acea faimoasa scrisoare, care va rămâne un act de acuzare perpetuă contra acestui straniu personaj al politicii romanești:

> „Pentru Profesorul Iorga
>
> Comerțul Legionar de la Obor și de la Lazăr.
>
> Astăzi, Sâmbătă 26 Martie 1938, orele 9 dimineața, cele doua restaurante de la Obor și de la Liceul Lazăr au fost închise de autorități.
>
> La fel și magazinul de coloniale de la Obor.
>
> La cel dintâi s-a prezentat Comisarul Furduescu, de la circ. 18-a, însoțit de trei Comisari ajutori și de un pluton de jandarmi sub comanda unui sergent.
>
> La cel de al doilea, Comisarul sef Malamuceanu, însoțit de doi Comisari ajutori, punând în vedere personalului să se retragă, deoarece au ordin să evacueze și să închidă imediat localul.
>
> Dl. Popescu le-a cerut să arate un ordin scris. Au răspuns: „Avem ordinul verbal". Personalul s-a retras, fără nicio împotrivire, lăsând totul în mâinile autorităților.
>
> Menționez că procedura, lipsa de omenie, caci tot mai există omenie, chiar și în cele mai mari injustiții pe care vrei sa le faci.

Este într-adevăr lipsit de orice simț de omenie să te prezinți la o afacere comercială, să o închizi imediat, să scoți personalul în drum, luându-i și camera în care dormea.

Și pe deasupra și râsul și satisfacția comercianților iudei, care priveau cum se dărâma și acest început de comerț românesc.

Ce ar fi fost dacă s-ar fi spus: Vă pun în vedere ca în termen de 3 zile să vă aranjați toate chestiunile și să închideți localul, căci Ministerul de Interne a luat această dispoziție.

A II-a chestiune. Refuzi să dai ordin scris în virtutea căruia să putem acționa în justiție și să vedem asupra cui cade răspunderea morală și juridică.

N-ați vrut sa ne dați ordinul? Ei bine vi-l dau eu cum a fost primit de autoritățile locale din partea D-lui Armand Călinescu:

Prefectura și Chestura Poliției, Direcția Siguranței, Bacău, Galați, Piatra Neamț, Arad.

Urmare a ord. Ministerului de Interne Nr. 745/25 și Siguranța Generală Nr. 1488/25, luați măsuri și îngrijiți închiderea și sigilarea localurilor de consum și debit cunoscute și specificate prin anexa ord. 1821/17 din 2 crt.

Raportați de urmare 25.687.00213, 86.091, 22.001.

A III-a remarcă este aceea că închiderea acestor două restaurante ne-a cauzat prejudicii materiale sângeroase și obligații cărora nu le putem face față în niciun fel. Deci mari prejudicii morale.

Întreprinderea „Obor" s-a deschis la data de 3 Octombrie 1937, făcându-se numai cheltuieli de investiții în reparația localului în valoare de 400.000 lei cu o chirie de 200.000 lei.

Restaurantul „Lazăr" s-a deschis în Noiembrie 1937, cu o chirie de 280.000 lei.

În ambele localuri, mărfuri, veselă și vinuri în pivniță, în cea mai mare parte pe credit, peste 2 milioane jumătate.

Tot ce am adunat prin cea mai mare economie și muncă se afla aici.

Acum 15 ani în urmă, când tineretul manifesta zgomotos împotriva cuceririi iudaice (nu mai zgomotos decât Dl. Iorga în 1906), Domnii de atunci, aceiași Domni din guvernul de astăzi ne spuneau:

„Nu așa rezolvați problema evreiască. Apucați-vă de comerț. Faceți comerț ca ei".

Iată, ne-am apucat cu sufletul plin de speranțe. Cu dor de muncă.

Când ați văzut însa că pornim, că suntem corecți, că suntem capabili, că munca noastră este binecuvântată de Dumnezeu, veniți tot voi și distrugeți acest început serios din vremea noastră, veniți fără milă și înăbușiți aceste încercări, tot avântul nostru și tot atâtea speranțe.

Ce epitete pot să vă dau? Ce cuvânt din limba româna vi s-ar potrivi? Ne acuzați ca am greșit acum? Ne scoateți o crimă din ceea ce voi înșivă ne-ați îndemnat ieri să facem?

Vine Profesorul Iorga care striga acum 4 luni, dând alarma în linia comerțului românesc creștin răpus de jidani, și făcând apel, chiar la violența noastră, vine, ne murdărește gândurile noastre cele mai curate, și ne răpune el pe noi, pe români?

Sub guvernarea fericită și creștină a I.P.S. Patriarhul Miron, nu mai există în România nici jidani, nici comerț jidănesc, nici problema jidănească.

Nu mai existăm decât noi, care trebuie să fim nimiciți prin orice mijloace.

(...)

București, 25 Martie 1938.
Corneliu Zelea Codreanu"

Iată cum s-au purtat evreii cu comerţul legionar, în perioada când erau ei mari şi tari în România! Sub regimul legionar au avut posibilitatea să trateze vânzarea prăvăliilor cu cine vroiau, să-şi aleagă cumpărătorii între germani şi români şi să primească în schimbul comerţului lor, daca nu preţul real, al întreprinderilor, cel puţin o substanţială restituire a capitalului investit. Când evreii au guvernat ţara, au procedat fără milă contra comerţului legionar. În 1938, sub domnia lupesciano-carlistă, guvernul decide lichidarea comerţului legionar în câteva ore, fără cea mai elementară consideraţie pentru pagubele suferite în marfă, mobilier, credite. Unde este omenia? La Regele Carol, la Elena Lupescu, la Armand Călinescu, care nu s-au gândit decât sa dea satisfacţie evreilor, zdrobind acest început de comerţ românesc, sau la legionarii din 1940, care nu i-au despuiat pe evrei după metoda ce li s-a aplicat lor, ci le-au lăsat răgazul şi alegerea ca să-şi lichideze bunurile cum vor ei?

59 ÎN VÂRFUL GOLGOTEI

La sfârşitul anului 1937, în timpul propagandei electorale, mai mulţi legionari au fost ucişi de autorităţi: Ion Târcolea, din com. Săveni-Ialomiţa, Mihai Ţurcanu, student din Bucovina, Nicolae Ţurcanu, muncitor din Rădăuţi, Dumitru Soroceanu dintr-o comună de lângă Hotin, Brumaru Constantin, mort de pe urma schingiuirilor suferite la poliţia din Constanţa.

Cu toate acestea Mişcarea Legionară, în ciuda tuturor opreliştilor şi a silniciilor, obţine un rezultat foarte bun la alegerile de la 20 decembrie 1937, devenind al treilea partid după numărul de voturi pe ţară. În judeţele Arad, Covurlui, Neamţ şi Rădăuţi legionarii au reuşit să fie chiar primii pe listele electorale. Repartizarea voturilor partidului „Totul pentru țară" arată că nu antisemitismul a fost cauza care a dus la câștiguri electorale, pentru că județele cu mulți evrei, unde antisemitismul era puternic, au votat cu țărăniștii. Baza electorală a partidului „Totul pentru țară" au constituit-o oamenii care tânjeau după dreptate și care voiau să amendeze lichelismul politicienilor și dezinteresul lor pentru problemele țării.

Și cum de lichele și nedreptăți nu ducea lipsă țara, convingerea Căpitanului a fost că la următoarele alegeri partidul „Totul pentru țară" va deveni cel mai puternic partid și va ajunge la guvernare. Dar, la aceleași concluzii a ajuns și Mâna Lungă.

În 6 februarie 1938 sunt împușcați mortal studentul legionar Florin Popescu și legionarii Dumitru Mijea și Lăzăreanu, iar la 8 februarie e omorât la Ploiești legionarul Varjac. De bătăi până la sânge, abuzuri și alte șicane nici nu mai e loc să fie amintite. Deoarece campania electorală s-a dovedit pentru legionari mult prea sângeroasă, Căpitanul ordonă încetarea oricărei propagande electorale legionare, pentru a-i cruța pe oameni. Toate aceste nelegiuiri au fost executate la porunca ministrului de interne, Armand Călinescu.

Fiindcă România nu trebuia să-i scape din mână, Mâna Lungă se pune pe lucru. La 10 februarie 1938 Carol al II-lea printr-o lovitură de stat, încălcând prevederile Constituției, instalează un guvern marionetă prezidat de patriarhul Miron Cristea. La 11 februarie este abrogată Constituția țării. Apoi, la 15 februarie vor fi interzise toate partidele politice. Iar la 20 februarie1938 este proclamată noua Constituție.

Această constituție a fost elaborată sub conducerea lui Jean Pangal, comandor evreu al Marii Loji Masonice din România. Cele mai multe prevederi referitoare la rege ale acestei constituții erau luate din Constituția Japoniei, care acorda puteri nelimitate împăratului. Cu această constituție a fost făcută și ultima urmă de democrație din România harachiri.

La 5 martie noul guvern condus de Miron Cristea demite din funcțiile lor mulți profesori și învățători legionari. Printre ei va fi și Horia Sima, profesor la liceul din Lugoj. În urma procesului intentat de Nicolae Iorga lui Codreanu pentru scrisoarea pe care acesta i-a adresat-o, Corneliu Zelea Codreanu este arestat la 17 aprilie 1938. La 19 aprilie va fi condamnat la 6 luni de închisoare, deși între timp Iorga și-a retras plângerea.

Totodată sunt arestați toți acei legionari pe care regimul de teroare i-a considerat a avea rol conducător în cadrul mișcării. Aceștia au fost internați în lagăre special înființate pentru ei: Miercurea Ciuc, Tismana, Dragomirna. La 27 mai consiliul de război, în urma unui proces falsificat, îl condamnă pe Codreanu la încă 10 ani de închisoare pentru trădare de țară și încercare de lovitură de stat. La 1 iulie 19 fruntași legionari sunt condamnați la închisoare, primind pedepse de la 5 la 9 ani. La 11 noiembrie Cuma Gheorghe arestat la Brașov pentru propagandă legionară, este adus la București unde va fi torturat și sugrumat. Tot cam pe atunci Gheorghe Ulărașu și Nicolae Moraru sunt schingiuiți și omorâți în beciurile Siguranței.

Iar în noaptea de 29 spre 30 noiembrie, Armand Călinescu și cu Gavrilă Marinescu trimit două echipe de jandarmi instruite să omoare ritualic, având misiunea de a prelua pe Căpitan, pe Nicadori și pe Decemviri de la închisoarea Râmnicul Sărat ca să-i aducă la Jilava. Pe drum, cei 14 vor fi sugrumați pe la spate de jandarmi.

La 26 ianuarie 1939 Vasile Cristescu, unul din conducătorul Mișcării alături de Horia Sima, a fost asasinat de poliție în locuința lui din București. Vasile Cristescu a fost împușcat în

frunte de evreul Otto Reiner. La 11 februarie 1939 comandan-
tul legionar Victor Dragomirescu este preluat la închisoarea
Văcărești de comisarul Davidescu. Acesta, asemenea naziștilor,
voia să încerce pe el noua metodă de ucidere introdusă special
de Mâna Lungă pentru legionari, prin strangulare pe la spate.
Se pare că Davidescu, ca orice începător, n-a fost prea îndemâ-
natic, pentru că, în drum spre crematoriu, victima și-a revenit.
Pe când trupul pus deja în sicriul de azbest urma să fie aruncat
în flăcările crematoriului, Dragomirescu deschide ochii. Atunci
Davidescu, orbit de furie împinge cu piciorul sicriul cu un om
viu în vâlvătaia din cuptor. Angajații crematoriului aflați de
față, deși văzuseră multe în decursul timpului, s-au cutremurat
de fapta aceasta care ar fi putut stârni invidia oricărui criminal
nazist din lagărele morții. Iar la 10 iulie este ucisă de poliția lui
Armand Călinescu Nicoleta Nicolescu, o curajoasă legionară.

În ziua de 21 septembrie 1939 echipa legionară condusă
de Miti Dumitrescu îl împușcă mortal pe Armand Călinescu.
Apoi grupa formată din 9 legionari intră în sediul radiodifu-
ziunii romậne și anunță la microfon că primul ministru Ar-
mand Călinescu a fost împușcat de o echipă de legionari
prahoveni. Aceasta a fost a treia echipă a morții. Arestați și
apoi schingiuiți, cei nouă legionari au fost legați unul de altul,
apoi uciși. Cadavrele lor au fost duse la locul unde a fost ucis
Călinescu, unde au fost lăsate să fie privite de curioși pentru
a înspăimânta nu numai pe legionari. În noaptea următoare
a fost declanșat un pogrom prin care au fost asasinați 256 de
fruntași legionari aflați în lagărele de la Miercurea Ciuc, Vas-
lui, Râmnicul Sărat, dar și în alte locuri din țară.

Acesta a fost regimul criminal al lui Carol al II-lea. Regim
care a adus în funcții de decizie alți criminali, care sub oblă-
duirea unui stat polițienesc și-au bătut joc de lege și de țara
românească. Legionarii au suferit și au tăcut, plătind cu mult

sânge curajul de a-şi dori pentru ţara lor un viitor mai bun. Ei au avut doar trei echipe ale morţii până în anul 1939. Doar trei, care au pedepsit doi criminali deghizaţi în prim miniştri şi un trădător care pusese la cale o crimă. E chiar aşa de mult, dacă ne gândim că guvernele criminale au ucis trei sute de oameni dintre care majoritatea covârşitoare erau nevinovaţi.

60 Crime şi criminali

După pedepsirea lui Armand Călinescu de eroica echipă a lui Miti Dumitrescu, teroarea contra legionarilor nu a mai cunoscut limite. Crimele contra lor au întrecut orice închipuire.

În noaptea de 21/22 septembrie 1939, la Penitenciarul din Râmnicul Sărat au fost strigate 13 nume de fruntaşi legionari. Erau oameni iubiţi şi ascultaţi, cu cuvânt greu în legiune, precum inginerul Gheorghe Clime şi medicul Paul Craja, apoi cel care ştia totul, avocatul Nicolae Totu, avocaţii Alecu Cantacuzino, Alexandru Tell, Mihai Polihroniade, Ion Banea care era şi medic, Gheorghe Furdui, doctor în teologie, Bănică Dobre şi Gheorghe Istrate, licenţiaţi, profesorul Sima Simulescu, comerciantul Gheorghe Apostolescu şi inginerul Aurel Serafim.

Sunt scoşi în miez de noapte în curtea închisorii. Fiindcă nu numai Totu, ci cu toţii ştiau ce va urma, şi-au spus în gând ultima rugăciune. Gheorghe Furdui spune apoi cu glas tare *Tatăl Nostru* în numele tuturor. Cere apoi plutonului să-i împuşte simplu, fără să-i chinuiască. În noaptea neagră, siluetele celor treisprezece se înşiruie de-a lungul zidului închisorii. Deţinuţii care au ferestre spre curtea închisorii privesc şi plâng. Apoi clănţănitul pistoalelor-mitralieră sfâşie liniştea nopţii. Trupurile omeneşti se frâng mai întâi, apoi se prăbuşesc. Se lasă o linişte de mormânt peste închisoare. Deodată din mormanul de cadavre se aude un glas care strigă: „De ce v-ați oprit, mai trageți că încă n-am murit!"

Criminalii n-au ocolit nici spitalele. În spitalul militar Brașov erau internați mai mulți fruntași legionari. Pe lista neagră fuseseră trecute șapte nume: avocatul Traian Cotigă, inginerul Eugen Ionică, căpitanul Emil Siancu. Apoi Grigore Pihu, licențiat, Iuliu Șușman și Gheorghe Proca, ambii funcționari și un alt avocat, Ion Herghelegiu.

Despre ceea ce s-a întâmplat la Spitalul din Brașov în noaptea de 21 spre 22 septembrie 1939 a scris ziarul legionar Buna Vestire, unde a apărut exact după un an mărturiile a doi legionari care au fost internați în acea perioadă în Spitalul militar din Brașov. Numele lor era Tache Funda, inginer de meserie și doctorul Șerban Milcoveanu. Articolul purta titlul „Noaptea măcelului în Spitalul Militar Brașov":

Trântit pe pat, cufundat în gânduri, cu pumnii strânși și cu ochii închiși, stătea Eugen Ionică. Doctorul Milcoveanu s-a dus la el, cu inima grea, să-și ia rămas bun. A stat o clipă nehotărât, dacă în acele clipe avea dreptul să-l tulbure din gânduri. S-a sfiit să vorbească, doar i-a prins o mână între palme. Ionică a deschis ochii mari, a privit fața doctorului Milcoveanu, citind în ea poate milă, sau poate groază, pentru că s-a simțit dator să-i spună:

– Șerbane, Șerbane, să nu crezi că mi-e frică de moarte. Nu, să nu crezi asta! Dar este așa de greu să te desparți de ai tăi!

I-a strâns apoi mâna cu putere, bărbătește. În fața ușii s-a îmbrățișat cu toți camarazii, cerându-și iertare dacă a greșit cuiva cu ceva. A fost luat apoi între baionete. Căpitanul Siancu era mai impulsiv. Toată statura lui masivă era cuprinsă de revoltă. „Ăștia ne împușcă pe toți!" A spus el, în timp ce-și lua adio de la camarazi. „Asasinii! Asasinii!" a mai apucat să spună, înainte să dispară și el pe coridor, mergând cu pasul apăsat, de militar.

Traian Cotigă se repede la un căpitan de jandarmi, îl prinde de piept şi-l întreabă ce au de gând cu ei. Căpitanul ezită, apoi şovăie, scoate precipitat o batistă cu care-şi şterge lacrimile şi fără a da alt răspuns, iese afară. Traian Cotigă însă a priceput, aşa că-i spune colonelului de jandarmi care era cu ei:

– Domnule Colonel, dacă e să ne împuşcaţi, să mergem atunci la moarte. Legionarului nu-i este frică de ea, legionarul sfidează moartea. Eu sunt comandant legionar şi o dată cu intrarea în legiune am îmbrăcat şi cămaşa morţii. Vă rog să mă împuşcaţi primul, din faţă, nelegat la ochi, fiindcă vreau să arăt cum moare un comandant legionar.

Apoi, privind spre soldaţi le spune:

– Iar tu, frate jandarm, să mă loveşti drept în frunte. Să ştii că nu-mi este frică de moarte însă să nu uiţi că împuşti un frate de-al tău, un frate care ar fi putut lupta alături de tine împotriva duşmanului. Să nu uiţi niciodată că eşti sluga mişeilor care duc ţara la pieire!

Apoi, luând poziţia legionară pentru onor, a spus, privindu-şi camarazii:

– Trăiască Legiunea şi Căpitanul! Duceţi flacăra sfântă a Legiunii înainte spre biruinţă. Este singura mângâiere ce o puteţi aduce peste mormintele noastre proaspete. Trăiască Legiunea şi Căpitanul!

Foarte bolnav, Grigore Pihu zăcea în camera lui. Când l-a văzut pe Funda intrând la el, l-a întrebat dacă şi numele lui e pe listă. Tache Funda îi spune, cumva ruşinat, că nu.

– N-ai avut pare de o moarte frumoasă! îi va răspunde Pihu.

Colonelul de jandarmi apare în cadrul uşii. Venise vremea! Pihu îl priveşte, apoi îi spune:

– Domnule colonel, îţi mulţumesc pentru moartea frumoasă pe care mi-o aduci!

Strivit de remuşcări, colonelul încearcă o scuză în care nu credea nici el:

— Ce să fac, domnule Pihu, trebuie să execut ordinele pe care le primesc!

Simţindu-l strâmtorat, Pihu îi spune colonelului că fiind în faţa morţii, îl iartă şi pe el. Avusese marea bucurie de a-l cunoaşte pe Căpitan, cu care a luptat cot la cot pentru izbânda Legiunii. Moartea legionară care i se pregătea era pentru el încununarea unei vieţi dăruită Legiunii. Funda l-a ajutat apoi să se îmbrace, Pihu a îngenuncheat pentru ultima rugăciune, apoi s-a îmbrăţişat cu ai lui, dându-le ultimul sfat:

— Să mergeţi pe drumul Căpitanului până la unul şi să căutaţi să secaţi în voi tot răul! a fost ultimul lui sfat către camarazi. Apoi a luat o cruce din cameră şi a pornit cu ea spre uşă. Era convingerea lui că aşa trebuie să meargă legionarul la moarte. Ducându-şi singur crucea!

George Proca şi Iuliu Şuşman erau deja împăcaţi cu soarta. Fără să spună un singur cuvânt, s-au închinat şi şi-au luat adio de la camarazi. Soţia lui Şuşman purta în pântece un prunc, pe care el nu-l va putea ţine niciodată în braţe. Se consolase însă, spunându-le apropiaţilor:

— Eu plec, dar las după mine un Şuşmănel!

Ion Herghelegiu era cel mai bolnav. De multă vreme nu mai era în stare să se ţină pe picioare. La plimbarea prin curtea spitalului trebuia să fie purtat pe braţe. Se aşeza pe o bancă, de unde aştepta să fie ajutat, ca să ajungă iar la el în cameră. Era foarte îngrijorat de situaţia familiei lui, fiindcă-şi lăsa soţia cu cinci copii fără niciun ajutor.

Au fost duşi cu toţii, în miez de noapte, într-o pădure spre Râşnov, acolo unde au fost executaţi cu focuri de arme automate. Apoi, pentru siguranţă, fiecare a mai primit un glonte în cap. Doar Herghelegiu a fost cruţat, pentru că despre el se știa că și dacă trăia, nu avea cum să evadeze. Totuși a doua zi, tocmai cadavrul lui Herghelegiu lipsea! Deși rănit, reușise să se târască câteva sute de metri și apoi să se suie într-un copac stufos. A fost însă repede descoperit, după urmele de sânge. L-au împușcat în copac, ca pe o fiară, trupul lui prăbușindu-se apoi la picioarele criminalilor.

În aceeași noapte, urmând ordine demente, din lagărul de la Miercurea Ciuc au fost scoși 44 de legionari, legați unul de altul. În bezna neagră, doar două felinare roșii care se bălăngăneau în ritmul pașilor, îndepărtau oarecum pâcla nopții. Lângă o pădurice, îi așteptau mitralierele. Cei din primele rânduri au căzut mai întâi. Apoi, ceilalți. Deodată, dintre cei căzuți se ridică Iordache Nicoară și strigă, înainte de a fi ciuruit a doua oară:

„Trăiască Legiunea și Căpitanul!"

Din lagărul de la Vaslui au fost scoși legați cu funii 33 de legionari. Ei au avut parte de mare cinste. În timp ce sublocotenentul de jandarmi Traian Cinghiță ciuruia rândurile deținuților cu mitraliera, fanfara regimentului 25 cânta de mama focului, probabil dintr-un ordin la fel de dement. Nu se intenționase acoperirea zgomotului mitralierei prin muzică așa cum s-a spus, de vreme ce a doua zi au fost aduși elevii de liceu împreună cu profesorii lor ca să vadă cadavrele și să se înspăimânte. Lângă morții căzuți în bălți de sânge era pusă inscripția: *Așa vor fi pedepsiți trădătorii de țară!*

Alt „trădător de țară" a fost și Florea Găman, din Slatina. Avea 16 ani și jumătate și era elev de liceu când, în ziua de 21 septembrie 1939 a fost luat și dus în beciul chesturii. Când a venit ordinul de a fi împușcați trei legionari, unul din oraș și doi din județ, privirile prefectului Broșteanu, ale șefului Siguranței, Gălbenuș și a șefului Poliției Marinescu au căzut pe Florea Găman. A fost dus în pădurea Strehareți, unde gardienii, ca să-l poată împuşca pe la spate, l-au pus să caute un alt legionar în tufişuri. Copilul îşi dă seama de intenţiile lor şi le spune să-l împuşte direct, fără să-l chinuie. Câteva gloanţe de revolver vor face ca Florea Găman să se prăbuşească.

Dar, după plecarea gardienilor, băiatul îşi revine şi se tărăşte la marginea pădurii, de unde este dus la spital. Aici doctorii caută să-i oprească hemoragia, dar poliţia află şi-l smulge din mâinile medicilor ca să-l expună în curtea spitalului, să fie văzut de slătineni şi să se îngrozească. Acolo, în curtea spitalului avea să-şi dea sufletul acest copil care nu avea nicio vină. Familia a reuşit cu greu să ia trupul băiatului lor şi, pe fugă, l-au înmormântat a doua zi. Dar noaptea următoare, criminalii au venit şi au violat mormântul, au luat cadavrul şi l-au dus la Olt unde, cu un pietroi de gât, l-au aruncat în apă. Dar cadavrul a ieşit după câteva zile iar la mal, unde a fost luat de familie şi îngropat a doua oară. Criminalii lui Florea Găman au reuşit să scape nepedepsiţi.

Cam la fel a decurs asasinarea comandantei legionare Elena Bagdad, internată în sanatoriul TBC din Bârnova. A fost luată din patul ei de suferinţă şi dusă pe şoseaua Bârnova-Iaşi. Elena Bagdad a fost una din curierele de nădejde a Căpitanului, ducându-i fără întârziere ordinele şi circularele lui destinatarilor. Pusă să primească moartea cu spatele, Elena Bagdad se revoltă. Cum să primească moartea aşa? Ea era legionară şi voia să privească moartea drept în faţă. Soldaţilor şovăitori le-a spus să aibă grijă să nu le tremure mâna când vor trage. Ea a primit cinci gloanţe, dar n-a căzut. Mânioasă, le strigă soldaţilor:

– Ce Dumnezeu, nu sunteţi în stare să trageţi? Vreţi să vă arăt eu cum se trage?

A mai apucat să strige doar „Trăiască Legiunea și Căpitanul!" înainte de a mai primi trei gloanțe de la plutonierul S., care-i purta sâmbetele de multă vreme.

61 LOTTA

Poetul Johan Ludvig Runeberg este considerat poetul național al Finlandei. Un fel de Eminescu cu țurțuri în mustață. El a trăit între 1804 și 1877. Una din poeziile lui a devenit textul imnului Finlandei. Runeberg a scris un poem, intitulat *Lotta Swärd*. Recrutul Swärd, plecând la război, o ia și pe soția lui Lotta cu el. El va muri, dar Lotta rămâne pe front, unde îngrijește mai departe soldații finlandezi răniți.

Emil Karl Mannerheim, numit în 1918 comandantul unei armate care nu exista, a menționat pentru prima dată acest poem într-un discurs ținut la 15 mai 1918, poate pentru sentimentele patriotice care răzbăteau din versurile lui. Inspirate de cuvântarea generalului, câteva femei inimoase formează prima asociație de femei voluntare intitulată Lotta Swärd, la 11 noiembrie 1918. Apoi, urmând acest exemplu, femeile finlandeze vor forma tot mai multe asociații, până ce Organizația Lotta Swärd va ajunge la dimensiuni naționale: în 1930 vor fi 60.000 iar în anul 1944 242.000 de voluntare, devenind cea mai mare organizație de acest tip din lume! În timpul războiului civil din 1919 organizația a ajutat Gărzile Albe conduse de generalul Mannerheim să-i învingă pe dușmanii țării, care doreau să bolșevizeze Finlanda.

Membrele acestei organizații au lucrat în timpul celui de-al doilea război mondial în spitale, coseau (cu acul, nu cu coasa!) uniforme și reparau îmbrăcămintea ostașilor, pregăteau masa în bucătării, lucrau chiar în serviciul de avertizare aeriană.

100.000 de membre ale acestei organizații au luat locul bărbaților plecați pe frontul războiului de iarnă, contribuind astfel la bunul mers al activităților din spatele frontului.

Activitatea acestei organizații a fost strictă, disciplina, de fier. Uniunea Sovietică însă, după ce-a învins Finlanda, a cerut desființarea acestei organizații considerată de ruși că ar fi de tip fascist. Organizația va fi desființată la 23 noiembrie 1944. Se va reînființa imediat, sub un alt nume pe care tovarășii sovietici nu l-au mai putut contesta: Suomen Naisten Huoltosäätiö. Între timp Uniunea Sovietică a dispărut, dar organizația nu. Ea se numește azi aproape tot ca la înființare: Lotta Swärd Säätio.

Influențate de această organizație (foarte asemănătoare cu cetățile legionare de la noi), au apărut organizații asemănătoare în Suedia, numită Lottorna, dar și în vecina Norvegie și Danemarca. Ar fi timpul să reapară și la noi.

62 ÎNTRE TÂLHARI

Probabil că nimeni nu poate descrie mai bine uciderea Căpitanului decât jandarmul care l-a sugrumat pe la spate, așa cum fusese instruit:

„...În zorii zilei am pornit spre Râmnicul Sărat. Ajunși la închisoare, am fost băgați toți jandarmii într-o celulă, unde maiorii Dinulescu și Macoveanu ne-au dat instrucții asupra modului cum avem să executăm pe legionari. Punând în genunchi pe șoferul mașinii, i-a aruncat un ștreang după gât pe la spate, arătând cât de ușor se poate executa astfel. Totul a fost gata în câteva minute. Jandarmii au ieșit apoi unul câte unul afară, în curtea închisorii și fiecăruia i s-a dat în seamă un legionar. Mie mi-a dat unul mai voinic, mai înalt. Am aflat mai târziu că acesta era Căpitanul, Corneliu Codreanu. I-am dus apoi în mașini. Aici, legionarul era legat cu mâinile de bancă la spate, iar picioarele pe partea de jos a băncii din față, în așa fel ca sa nu se poată mișca nici într-o parte, nici în alta. Așa au fost legați 10 legionari într-o mașină și 4 în alta. Eu am fost în prima mașină, în cea cu 10 legionari, în spatele Căpitanului și fiecare jandarm era așezat în spatele legionarului ce-i fusese încredințat. În mâini aveam ștreangurile. Am pornit. În mașina mea mai era maiorul Dinulescu, iar în cealaltă maiorul Macoveanu. Era o tăcere de mormânt caci n-aveam voie să vorbim între noi și nici legionarii între ei. Ajunși în dreptul pădurii Tâncăbești, maiorul Dinulescu, care stabilise cu noi, printr-un cod de semnale, momentul execuției, a aprins la un moment dat lanterna, stingând-o și aprinzând-o de trei ori. Era momentul execuției, dar nu știu de ce nu am executat niciunul. Atunci maiorul Dinulescu a oprit mașina, s-a dat jos și s-a dus la mașina din spate. Aici, maiorul Macoveanu fusese mai autoritar. Legionarii erau executați. Căpitanul și-a întors puțin capul către mine și mi-a șoptit:

– Camarade, dă-mi voie să le vorbesc camarazilor mei!

Dar în aceeași clipă, mai înainte ca el să fi terminat rugămintea, maiorul Dinulescu a pus piciorul pe scara mașinii și pășind înăuntru cu revolverul in mână a rostit printre dinți: „Executarea!" La aceasta, jandarmii au aruncat ștreangurile... A fost un muget și un horcăit, întrerupt din adâncul ființei lor, apoi o liniște de mormânt. Cu perdelele trase, mașinile și-au continuat drumul până la Jilava... Când am ajuns, erau orele 7 dimineața. Aici ne așteptau: colonelul Zeciu, Dan Pascu, comandantul închisorii, colonelul Gherovici, medicul legist Lt. Col. Ionescu și alții. Groapa era făcută. Trași din mașină, legionarii au fost așezați cu fața în jos și împușcați în spate, pentru a se simula astfel împușcarea pe la spate în timpul evadării de sub escortă. Apoi au fost aruncați în groapa comună...“

Colonelul Zeciu a fost arestat în timpul guvernului legionar, completând declarația lui Sârbu cu amănunte prețioase:

După 15 zile de la ucidere, medicul evreu Karmitz a venit cu ideea de a turna peste cadavre 15 damigene cu acid sulfuric, cu gândul de a șterge urmele crimei. Zeciu a confirmat că planul diabolic de ucidere a fost înfăptuit sub directa supraveghere a lui Armand Călinescu, cel care i-a dat generalului Bengliu 200.000 de lei drept premiu pentru înfăptuirea cu succes a operației de ucidere de tip ritualic.

Carl Mannerheim

63 Mannerheim pe meleagurile noastre

Românii, prin felul lor de a simți, nu pot să nu aibă o admirație plină de respect pentru eroul finlandez, cel care a dăruit țării sale independența și un renume în lume. Sunt însă și români care au motive în plus de a-i fi recunoscători acestui Om Ales. Ion Cernei din Republica Moldova povestește că el a văzut lumina zilei doar datorită unei intervenții salvatoare a generalului.

Karlovici Mannerheim, cum îi spune atât de pitoresc Cernei, general-locotenent în armata țaristă, conducea la Mărăști în 1917 Corpul IV cavalerie. În timp ce parți din trupele rusești bolșevizate părăseau frontul în debandadă, umblând după muieri și băutură, grupul lui Mannerheim a rămas pe poziții. Împreună cu armata generalului Prezan, căuta să facă față atacurilor armatei lui Mackensen.

Doi frați moldoveni, Luca și Constantin Cernei din raionul Telenești, luptau în același pluton care aparținea de corpul lui Mannerheim. Constantin era servant la o mitralieră Maxim, împreună cu alți doi soldați. Dar, la un atac german puternic, plutonul lor a trebuit să se retragă. Constantin, rămas singurul în viață dintre servanți, a văzut că fratele lui, Luca, fusese sfârtecat la burtă cu o baionetă. Nu putea să-l ia și pe Luca în spate și mitraliera. Așa că mitraliera a trebuit s-o abandoneze. Retrași pe un amplasament sigur, comandantul lui l-a întrebat unde-i era mitraliera. De ce n-o luase cu el? Pe Luca puteau să-l ia sanitarii, datoria lui era să recupereze mitraliera, o armă foarte eficientă, de care se vor servi nemții. Negru de supărare, polcovnicul rus a dat ordin ca Cernei Constantin să fie executat, ca să servească drept exemplu și altor soldați. Atunci a apărut generalul Karlovici Mannerheim. Privindu-l pe Constantin, i s-a părut cunoscută forma unui obiect pe care acesta îl avea pus bine în buzunarul de la veston. Ordonându-i să-l scoată la vedere, a ieșit la iveală extractorul de la închizătorul mitralierei, piesă fără de care aceasta devenise de nefolosit. Bietul Constantin, copil de 18 ani, luat prea repede și încă pe rusește, s-a pierdut și a uitat să arate obiectul din buzunar cu care putea să se dezvinovățească.

Prin intervenția generalului Karlovici Mannerheim a fost salvată viața lui Constantin și poate și a lui Luca, ajuns la timp la un spital de campanie, unde s-a refăcut. Constantin este bunicul lui Ion Cernei povestitorul, cel care, dacă ar fi rămas fără bunic, avea toate motivele să bănuiască că și existența lui ar fi fost în mare pericol.

64 Legionarii din Germania

După dezlănțuirea ultimei prigoane carliste contra legionarilor, în toamna lui 1939, mai mulți legionari de frunte, printre care Horia Sima și Papanace ajung la Berlin, unde cei doi caută să reorganizeze activitatea legionară. Deoarece Wehrmacht-ul german dobora o țară după alta, presiunea asupra regelui Carol devenea tot mai puternică. Aflat sub influența Lupeascăi, a masonilor și a camarilei, n-ar fi dorit să devină aliatul nemților, dar ca să-și mențină tronul, a înțeles că n-are altă cale. S-ar fi făcut frate și cu dracul pentru asta. Trebuia să încerce o apropiere de Hitler. Cum legionarii erau singurii care doreau o alianță cu Germania, devenea tot mai clar că continuarea prigoanei contra lor, putea fi interpretată negativ la Berlin.

Apoi, camarila și regele ucisese cam toată floarea legionară. Puteau lăsa frâiele ceva mai libere fără riscul de a avea surprize. Ei erau convinși că Mișcarea Legionară fusese decapitată. Din păcate, mulți legionari erau de aceeași părere. Demoralizarea, tristețea, regretul pentru timpurile pline de avânt de pe vremea Căpitanului atârnau ca niște ghiulele de plumb de picioarele lor. Marea lor majoritate, atât din țară cât și din cei aflați la Berlin, nu mai credeau în posibilitățile Legiunii de a mai întreprinde acțiuni în forță, pentru a-l sili pe rege să abdice.

În acest context, mai ales că cercurile din jurul regelui semnalau o dorință vagă de reconciliere cu Mișcarea, această fata morgana începuse să surâdă celor mai mulți dintre legionari. Printre puținii, dacă nu singurul, Horia Sima a fost de altă părere. El nu putea să se împace cu cei care uciseseră pe cei mai capabili și mai devotați dintre legionari. S-ar fi întinat cu acest gest memoria Căpitanului pentru totdeauna. În acest răstimp, Carol ținea discursuri patriotarde în serie, în care arunca vorbe mari precum *Nu vom admite ca nicio brazdă de pământ din glia țării să fie înstrăinată* sau *Nici pasărea nu va putea trece peste granițele României Mari*. Dar când situația l-a silit să treacă de la vorbe la fapte, a uitat vorbele mari și a cedat teritorii din trei colțuri ale țării, la sud, la nord, la vest și la est. Rușilor, bulgarilor și ungurilor. A făcut praf România Mare dintr-o mișcare, ca la poker, fără să ordone tragerea măcar a unui singur glonț, fie el chiar și în aer. El, Carol, nu mai folosea gloanțe, el prefera metoda strangulării curajoase, pe la spate. Mai ales dacă *inamicul* era legat de mâini și de picioare.

Un singur om din conducerea Mișcării și-a asumat lupta contra dictaturii lui Carol. Acesta a fost Horia Sima. El a fost cel care a crezut neabătut în posibilitatea Mișcării Legionare de a-l detrona pe Carol. Pentru asta s-a zbătut și a luptat, periclitându-și libertatea și viața. Poate că l-a ajutat și Arhanghelul Mihail, poate a avut noroc. Pe oamenii îndrăzneți îi

ajută și șansa. Horia Sima reușește la sfârșitul verii anului
1940 să pună în practică planurile lui și să provoace la Brașov
și București manifestații contra lui Carol. O dată pornite, li
se vor alipi tot mai mulți cetățeni, manifestații de stradă de-
venind atât de puternice, încât vor duce, în decurs de câteva
zile la abdicarea regelui, la 6 septembrie 1940.

Gavrilă Marinescu

65 Curat murdar

Privind un portret de-al lui Gavrilă Marinescu, m-a lovit
dintr-o dată gândul că omul ăsta, dacă s-ar fi făcut actor și ar
fi jucat toată viața pe scenă rolul polițaiului Pristanda, ar fi
avut în fiecare seara săli arhipline și un succes nebun. Mustă-
țile stufoase, întoarse cu vârfurile în sus, ceafa groasă, ochii
bulbucați și privirea opacă, ca să nu spun tâmpă, ne face să

credem că atunci când şi-a conceput Scrisoarea, Caragiale pe unul ca el l-a avut drept model. Dar Gavrilă al nostru n-ar fi fost fericit nici ca artist şi nici ca un amărât de poliţai de provincie, care ciupeşte de ici şi de colea câte un franc sau doi. El ţintea mult mai sus.

Provenea dintr-o familie modestă, care se înghesuia într-o cameră şi o bucătărie, într-o mahala din Bucureştii sfârşitului de secol. Erau doi părinţi şi trei copii. El s-a născut la 7 noiembrie 1886 şi cum tatăl lui era învăţător, avea desigur familie mare, remuneraţie mică, după buget. Aşa că Gavrilă, băiat sărac, a urmat cariera armelor ca elev al şcolilor militare din Iaşi şi Bucureşti. Termină şcoala ca şef de promoţie în anul 1907, cu gradul de sublocotenent. Deci privirea tâmpă nu era ereditară, a dobândit-o mai târziu prin exerciţiu, jucând la maturitate rolul lacheului, al servitorului devotat, al lui linge-blide şi al potăii ce dă din coadă pe lângă stăpân.

La războiul de întregire ia parte cu regimentul 2 Vânători. Dornic de a participa activ la lupte, cere să fie trimis în linia întâi unde, în fruntea unui batalion se avânta aprig în luptă, cu sabia scoasă. Îi plăceau la nebunie, spuneau soldaţii lui, şarjele la baionetă. Ajunge căpitan, apoi i se conferă gradul de maior şi ordinul „Mihai Viteazul" clasa a III-a prin decret regal, semnat de regele Ferdinand „pentru spiritul de sacrificiu de care a dat dovadă cerând să lupte în linia întâi cu batalionul său la ruperea frontului german de la Mărăşti, unde, în ziua de 11 iulie 1917, a cucerit poziţiile întărite ale acestuia şi apoi satele Ţopeşti şi Bârseşti, de pe valea râului Putna".

După război îşi continuă activitatea de ofiţer, ajungând în 1927 colonel. Una din faptele lui memorabile a fost, pe când comanda regimentul 9 vânători, aceea de a construi un monument închinat regimentului pe care-i conducea, cu bani din solda sa, dar şi a soldaţilor din subordine.

O faptă și mai memorabilă este aceea că la revenirea aventurierului Carol în țară, fără ordin, ceea ce era o încălcare gravă a regulamentului, regimentul 9 condus de el și 2 Vânători de sub comanda colonelului Paul Teodorescu, îl primesc pe Carol în ținută de gală, dându-i onorul. Marinescu chiar îl conduce pe Carol până la palatul Cotroceni cu fanfara unității, lucru care nu putea să nu-i placă dezertorului de altădată. Marinescu a făcut cu această mișcare saltul vieții lui, urcând rapid pe scara de serviciu în ierarhia funcțiilor acordate de Carol după indicațiile precise ale Lupeascăi.

După ce-l conduce pe Carol cu lăutari la Cotroceni, e numit Prefectul poliției capitalei, unde va sta bine înfipt aproape un deceniu, apoi din anul 1937 va cumula și alte funcții, tot mai înalte, pe măsură ce îndeplinea, fără să crâcnească, toate mârșăviile pe care i le ordona Carol, inclusiv o serie de crime. Era omul care nu se dădea în lături de la nimic, nu avea tresăltări de conștiință, sau dacă le avea, le avea doar pe dinăuntru. Așa a ajuns să strângă o avere colosală și să devină un om influent și temut de dușmanii săi.

Avea și înclinații ciudate, precum aceea de a organiza, prin 1935 pe când era doar colonel, „Cupa colonel Marinescu" la rugby. La unul din meciuri a asistat și Gavrilă în persoană. Pe atunci era obiceiul la rugby ca meciurile să se termine cu o bătaie strașnică între jucători, terminată cu capete sparte, oase rupte, dinți scoși. O astfel de bătălie se încinge și la meciul la care asista Gavrilă Marinescu. Fazele acestea palpitante au fost urmărite cu cel mai mare interes de colonel, care la sfârșit și-a exprimat regretul că n-a aflat mai din timp că la astfel de meciuri bătaia e la loc de cinste. De-ar fi știut, ar fi putut forma o echipă din polițiștii lui cei mai destoinici și atunci cu siguranță cupa ar fi revenit fără nicio îndoială polițiștilor!

Mulți îi găsesc lui Marinescu merite fiindcă a construit mai multe clădiri precum cazarma gardienilor publici în 1932 și palatul prefecturii poliției capitalei, în 1936. Pentru aceste clădiri, zic simpatizanții lui căzuți în admirație, Marinescu a aplicat un ingenios sistem de finanțare. Băga la carceră pe interlopii capitalei și după ce-i înspăimânta, punându-și *rugbiștii* la treabă, le făcea un dosar voluminos, amenințându-i cu ani grei de pușcărie. Apoi, le sugera că ar putea fi din nou liberi, dacă ar contribui și ei la ridicarea cazărmii sau a palatului prefecturii poliției. În acest fel, banii treceau în buzunarele lui Marinescu de unde, chiar dacă avea privire tâmpă mai la urmă, nu a fost chiar așa de prost să nu pună și pentru el măcar jumătate deoparte.

Nu se poate spune că, frecându-se de Carol, de Urdăreanu, de Lupească, mereu în contact cu Malaxa și Auschnitt, n-a învățat și el câte ceva din arta de a strânge bani negri pentru zile cenușii. Se pare chiar că i-a întrecut pe mulți în privința asta, pentru că la el se scurgea grosul banilor. Altfel nu ar fi putut ridica asemenea clădiri. Dar, aceste investiții nu le-a făcut din generozitate, ele au fost pentru el o acoperire și un argument cu care putea vârî pumnul în gura oricui l-ar fi întrebat de bani. Da, a stors și el cât a putut, dar i-a băgat în clădiri publice! În stadioane! În sportul românesc!

Toată ziua la palat și la regele pe care-l alinta cu numele de Cărluță, privind cu jind la camarila acestuia, ce și-a spus Gavrilă, după o lungă meditație? „De ce să n-aibă și el camarila lui?" Numai că el a fost mai deștept ca toți. A făcut-o cu... frate-so! Care medic fiind, a ajuns ministrul sănătății în vreo trei guverne! Numai că Nae Marinescu în lăcomia lui, n-a mai avut limite! A făcut afaceri scandaloase cu produse farmaceutice cu firma Karmitz. Când însă fratele generalului a încercat să încheie o altă afacere în valoare de 800 de milioane de lei pentru armată prin aceeași neobosită firmă Karmitz, camarila regelui *s-a sesizat*. Armata, se știa, era monopolul ei încă de la afacerea batistelor!

Urdăreanu, cuprins de indignare la acest tupeu nemaivăzut al acestor mațe-fripte care mai ieri trăiau strâmtorați, dintr-o remunerație mică, după buget, le-a pus bețe-n roate și i-a și pârât regelui. Chemat la raport de Cărluță, Gavrilă și-a apărat fratele, dar regele, foarte furios, i-a amintit că nu-i prezentase încă documentele referitoare la încasările făcute la prefectura Poliției, aflată sub conducerea lui.

Gavrilă a rămas mut la asemenea jignire. Adică, existau acte pe batistele pe care camarila le-a vândut bieților soldați? Sau el, Cărluță, lui Malaxa și Auschnitt, când i-a fost adusă geanta cu cele 100 de milioane de lei mită, le-a dat chitanță? Asta era deci recunoștința „bagabontului“!

Această scenă s-a petrecut prin 1939, după ce Gavrilă își îndeplinise rolul de asasin al legionarilor și al Căpitanului. Maurul își făcuse datoria, acum putea să-l ia dracul! Cei care l-au cunoscut, l-au descris la începutul anilor treizeci ca pe un bărbat falnic, care emana putere, plin de optimism și curaj. Pe vremea când lui Cărluță i s-a apropiat funia de par, prin 1939, Marinescu s-a fleșcăit și buhăit, a devenit obez, a făcut burtă, a primit gușă iar la ceafă i-au apărut trei cute de grăsime. După cum se vede, nu-i chiar ușor să fii criminal!

Decăderea fizică i-a urmat, firesc, celei morale. În această perioadă a devenit și tâmp, primind și privirea aceea de boulean din fotografie. Pe când aluneca pe pantă spre fundul prăpastiei, Gavrilă Marinescu dovedea, prin jeluirile plângăcioase pe care le rostea în fața unor cunoscuți, că își plânge singur de milă, acuzându-l pe rege de ingratitudine.

Cărluță uitase serviciile pe care el i le făcuse cu devotament chiar de la început, când a avut proasta inspirație să-l ducă cu muzica militară spre tron! Și într-adevăr, serviciile lui au fost de neprețuit. N-o spune numai el, ci și Argetoianu, cel care are o aplecare specială pentru Gavrilă, precum avea pentru orice rufe murdare din bătătura altora. Iată-l deci cam pe la începuturile mandatului său pe Gavrilă, plin de simțul datoriei, servindu-l pe suveran ca o slugă devotată:

„Regele aborda câte o prostituată, o aducea la Palat și după o ședință mai scurtă sau mai lungă, îi da drumul cu un bilet de 500 sau 1.000 de lei. La ieșirea din Palat, *pațachina* era ridicată de agenții Poliției și dusă la Gavrilă Marinescu, care îi mai da 5000 lei și o amenința cu moartea dacă spune ceva. Cu timpul, Gavrilă organizase și acest serviciu, înlăturând din drumul regelui libera concurență și presărând străzile din jurul Palatului cu clientele lui. Prin discreția și dibăcia cu care îndeplinea acest serviciu, Gavrilă Marinescu și-a asigurat încrederea Regelui și permanența la Prefectura Poliției, cu toate abuzurile pe care le-a săvârșit." Memorialistul Ioan Hudiță, om cu trei licențe (istorie, geografie, filozofie), cu doctorat în litere la Paris luat cu mențiunea „Très honorable", avea să scrie în jurnalul lui despre Marinescu că după 1938, s-a pus rău cu camarila. :

„Hotărât lucru, a intrat dihonia în rândul carliștilor și al camarilei. Lupta pentru putere și pentru ocuparea locurilor celor mai grase în aparatul de stat i-a îndușmănit pe toți". Gavrilă era nemulțumit de Urdăreanu, cu care făcuse totuși o vreme afaceri profitabile, de col. Rusescu, de Malaxa și de bătrânul Lupescu, pe care i-a calificat drept „mari escroci de care regele nu se poate despărți". Deci iată ce-l durea pe Marinescu cel mai tare: că el era un escroc de care regele s-a despărțit cu ușurință!

După asasinarea lui Armand Călinescu, Gavrilă Marinescu va fi numit ministru de Interne o săptămână, apoi ministru al ordinii publice o lună. Argetoianu, cel care a fost prin ministru, era și un neîntrecut memorialist care încondeia bucuros persoanele din jurul lui în jurnalul pe care-l ținea cu mare conștiinciozitate, notând harnic toate întâmplările care-i ajungeau la cunoștință. El avea să scrie din nou despre Marinescu:

> „Gavrilă e furios și face mutre fiindcă i s-au luat Internele și i s-a creat un departament nou al Ordinii Publice. Se urcase scroafa în copac. Regele și-a dat seama că prezența lui Gavrilă la Interne ar fi fost dezastruoasă față de opinia publică, pe când la Poliție și la Siguranță îl înghite lumea...Am împăcat de asemenea și pe Gavrilă Marinescu, inconsolabil de pierderea Ministerului de Interne. L-am împăcat dându-i 2 milioane mai mult pe lună la Ordinea Publică, milioane de altminteri justificate prin desfășurarea măsurilor necesitate de împrejurări.“

Gavrilă deci, cel care pe la începuturi ciocnea cu Cărluță ouă de Paști, jucau chiar poker împreună și-i plasa „pațachine“, devenind prin 1934 după spusa aceluiași Cărluță „singurul om în care am încredere“, avea să fie demis, la 25 noiembrie 1939 din ultima lui funcție importantă, prefectura poliției capitalei ca să ajungă, la sfârșit de carieră, de râsul lumii! Adică președintele federației române de fotbal! O decădere cu care el, Gavrilă, nu se putea împăca nicicum! El se simțea profund nedreptățit, fiindcă adusese servicii neprețuite lui Cărluță! Atât de multe, încât nici el nu le mai ținea minte! Uitase desigur să adauge că servindu-l pe Cărluță, ajunsese unul din cei mai influenți oameni din România și unul dintre cei mai bogați!

Aflat într-o surescitare nervoasă de înțeles, cuprins de o ură feroce contra camarilei, Marinescu îl ia pe Argetoianu drept omul potrivit căruia să i se *spovedească*. Acesta a notat tot ce-i spunea Marinescu cu mare satisfacţie, dându-ne şi nouă putinţa de a afla frânturi de adevăr:

„Au avut îndrăzneala să spună că trebuia să plec fiindcă o destindere era necesară şi eram eu, omul omorurilor din septembrie. Eu? Eu n-am făcut decât să execut ordinul regelui. Am primit ordin să curăţ până seara şi pe asasinii lui Călinescu şi pe cei de la Râmnicu Sărat şi câte trei de judeţ. Am cerut răgaz, să mai pot lua oamenilor câte o declaraţie, să se mai poată alege printre cei vinovaţi. S-a refuzat. Au fost prefecţi care n-au avut culpabili de desemnat, căci toţi cei bănuiţi mai serios fuseseră concentraţi şi trimişi prin alte garnizoane, şi au împuşcat inocenţi! Vă citez cazul de la Braşov, pe care l-am cunoscut... Domnule ministru, s-au omorât oameni degeaba, numai din cauza hienei de Urdăreanu care înnebunea pe Rege, de frică pentru pielea lui... care tot o să pleznească! De câte ori nu le-am spus, să stăm de vorbă cu oamenii, căci îi putem întoarce... N-au vrut; eu am ascultat de poruncă! M-au învinuit că tolerez în poliţie oameni care s-au îmbogăţit. *Domnule ministru, cu oameni care nu se îmbogăţesc voiau ei să ucid fără sentinţă?*"

Cu guşa plină de venin, ca să nu-i crape, el îşi face obiceiul de a veni la Argetoianu ca să şi-o deşerte. Se vedea clar că era foarte afectat de nerecunoştinţa regală. Starea asta de spirit o prinde foarte bine Nea Costică Argetoianu în jurnalul său:

„Ieri am avut vizita lui Gavrilă Marinescu înapoiat din străinătate. Gavrilă este acum omul meu, mă iubeşte (amor subit, ca guturaiul), o spune la toată lumea. A părăsit guvernul o dată cu mine, a plecat cu oamenii cinstiţi, căci nu putea sta cu pungaşii – zice el. Din voiaj mi-a trimis cărţi poştale cu câteva linii – călduroase dar puţine, căci nu se putea altfel. Acum vine să-mi istorisească, el... Domnule Consilier Regal – începe amicul Gavrilă – v-a mâncat şi, îndrăznesc să zic, ne-a mâncat Urdăreanu căci totul în ţara asta se învârte în jurul p...i lui Urdăreanu şi a p...i Duduii. Ea e nebună după el, şi i-a făcut toată cariera. Într-o zi în care băuse un pahar prea mult, mi-a mărturisit mie că nimeni n-o regulează ca Urdăreanu. Noaptea, când se culcă regele cu ea, părăseşte patul şi se duce la Urdăreanu... E ca o căţea după el... Nu ştiu dacă regele ştie; poate nu ştie, sau se face că nu ştie – poate ştie, şi fac chiar figuri în trei... Sunt toţi atât de depravaţi, încât sunt în stare de orice. Regele nu există, e un slab; când nu face ceva ce au hotărât ei doi, Duduia strigă la el şi-l înjură de se aude de afară; regele surâde, îi sărută mâna şi îi spune: Iartă-mă, maică! Dacă ea e o curvă fără ruşine, el e un peşte fără obraz, dar deştept şi mincinos. A uitat de unde a ieşit măgarul, parcă-l văd şi acum ofiţeraş pudrat la uşa mea, ciupind un sutar de aici, un sutar de colea. Tot acela e, numai puţină spoială peste murdăria de ieri. Bine i-a spus Kerciu la Eforie: Mă, cum te zgârie puţin cineva, dă de solzi... Peşte, peşte, domnul Consilier Regal – dar peşte arţăgos. Cum s-a stricat căruţul, nu ştiu nici eu, dar e la mijloc o porcărie de alcov. Ştiu că o dată Urdăreanu a dat la Auschnitt peste o străină, care i-a plăcut, şi a ademenit-o la el acasă. Lupeasca, care stă peste drum, a aflat şi s-a dus ca o furie noaptea peste ei! Străina – i-am uitat numele – a fugit în cămaşă, cu părul vâlvoi şi a dus-o poliţia la hotel! Domnule ministru, ăştia sunt saltimbanci sunt în stare de orice când îi apucă. ... Două miliarde a înghiţit Malaxa de la stat în avansuri şi, din două miliarde, n-a investit decât 600 de milioane, restul s-a împărţit cum trebuia.“

Prin februarie 1940, Marinescu ajunge să declare că el a fost categoric împotriva uciderii Căpitanului iar după pedepsirea lui Armand Călinescu, un an mai târziu, n-a vrut să-și mânjească mâinile cu sângele atâtor *legionari nevinovați*, închiși fără mandat de arestare și fără proces, că i-ar fi atras atenția lui Argeșeanu că comite o crimă dacă dă curs ordinului regelui. El chiar a scris o scrisoare regelui, „în care-l conjura să revină asupra ordinului dat". Desigur, retroactiv, spusele lui nu au nicio valoare. Din păcate și demisia pe care și-ar fi putut-o da atunci ar fi venit prea târziu. Avea deja conștiința și mâinile pătate de sângele multor legionari nevinovați, așa cum singur recunoaște.

La sfârșitul verii anului 1940 plutea ceva în aer, ca o amenințare pentru Cărluță și camarila lui. Se simțea că zilele lui pe tronul țării sunt numărate. Gavrilă simte și el, trăgând aer în piept, acest sfârșit, care, o știa mai bine ca oricine că va fi și al lui. Hudiță notează și el reacțiile lui Marinescu, care spunea plin de revoltă:

„Nenorocitul de Carol... vrea acum să facă apel la câinele roșu de Antonescu, altă bestie, care nu așteaptă decât ziua în care să-i poată plăti pentru tot ceea ce-și închipuie că a suferit pe nedrept; vai de noi, foștii colaboratori și autori ai Restaurației; ... eu o iau din loc de îndată ce voi vedea că toate aceste zvonuri sunt pe punctul de a se realiza; mă întreb ce este în capul lui de țăcănit dacă se poate încrede într-o bestie ca Antonescu..."

Numai că *nenorocitul* de Cărluță s-a încrezut în *bestia de Antonescu* silit de împrejurări, nu fiindcă așa l-ar fi îndemnat inima lui bună. Și a fost foarte bine pentru el, pentru că Antonescu, ca să scape de un adversar politic, avea să-l lase pe acest criminal să fugă, ducând cu el în exil alți doi criminali, pe Urdăreanu și pe Lupeasca, toți trei meritând cu prisosință să ajungă în fața plutonului de execuție.

Gavrilă Marinescu, cel care în vremurile lui de glorie i se spunea Berilă, după numele vestitului ucigaș cu care se asemăna nu numai fizic, ajunsese acum umbra acelui Gavrilă, cel ce fusese doar cu 5 ani mai înainte. Avea să încerce într-adevăr să scape fugind în Iugoslavia, dar soarta lui prea păcătoasă îl face să fie recunoscut la Băile Herculane și să fie arestat. Poate că totuși *bestia de Antonescu* l-ar fi scăpat, dacă în noaptea din 26 spre 27 noiembrie 1940 a anului 1940, al patrulea detașament legionar al morții nu l-ar fi pedepsit ucigându-l fără proces, dar de sute de ori vinovat pentru moartea unor oameni care n-au avut nicio vină.

66 Cocktailul Molotov

Generalul Mannerheim a fost, ca orice Om Ales, un vizionar. Încă dinaintea începerii Războiului de iarnă, el și-a propus să rezolve una din slăbiciunile armatei sale: lipsa unei arme eficiente contra tancurilor. Mortierele din dotarea armatei finlandeze mângâiau doar turelele tancurilor iar grenadele, ceva mai agresive, le zgâriau puțin mai adânc vopseaua. Una dintre soluții a fost de a cumpăra de la suedezi tunuri Bofors, de 37mm. Era un tun ușor manevrabil, dar care găurea epiderma oricărei șenilate, oricât de talpă-lată ar fi fost, încă de la 500 de metri. Dar tunul e tun și Mannerheim avea nevoie și de o armă la îndemâna infanteriei, care trebuia să rămână foarte mobilă, nu să tragă tunuri după ea. El voia ceva simplu, cam ca un castravete, pe care să-l poți prinde ușor cu mâna înmănușată și să-l arunci drept în poala rușilor. Și mai era ceva.

De ce să depinzi numai de alţii? Finlandezii voiau să aibă arma lor, pe care să şi-o fabrice singuri, în număr nelimitat. După deviza „Prin noi înşine". Mannerheim a împuternicit un căpitan isteţ, Eero Kuitinnen ca să-şi formeze o echipă cu care să dezvolte o astfel de armă.

Arma aleasă a fost celebrul cocktail Molotov, care va primi acest nume tocmai prin folosirea lui de către finlandezi contra ruşilor. Sticla incendiară a fost folosită cu succes în războiul civil spaniol, unde ostaşii lui Franco au pârjolit multe tancuri cu care erau dotate trupele kominternului. Numai că echipa lui Kuitinnen a vrut să facă din sticla cu benzină o armă perfectă. Au fost studiate zeci de feluri de ambalaje de sticlă: de whisky, gin, brandy, calvados, de vinuri şi de ape minerale. Sticla trebuia să fie rezistentă la trânteli, dar să se facă şi ţăndări în contact cu platoşa tancului. Apoi, dopul sticlei trebuia să fie etanş, fără pierderi de lichid. Au fost făcute încercări cu diferite cantităţi de benzină. Cele mai bune rezultate a dat cocktailul cu 75% benzină şi 25% aer, pentru că în acel spaţiu gol se adunau vapori inflamabili care produceau o mică explozie, amorsând arderea intensă.

Fără niciun dubiu, cercetările au indicat că sticla ideală pentru a fi folosită la cocktailul Molotov era sticla de un litru, folosită deja de multă vreme de Fabrica Centrală de Lichioruri pentru a îmbutelia votca. Chiar şi dopul folosit era perfect adaptat scopului. Primind raportul lui Kuitinnen, Mannerheim a hotărât ca centrul de producţie al noii arme secrete să fie instalat chiar în incinta fabricii de lichioruri. Această secţie aparte, pe care spionii sovietici au identificat-o sub numele de „Centrul de cercetări şi dezvoltare a armei anti-tanc" trebuia bineînţeles bombardată.

Dar piloţii sovietici, ajungând deasupra locului unde li se indicase existenţa acestui centru de producţie militară, descoperind cu încântare „Fabrica centrală de lichioruri“, presupuneau în mod firesc o greşeală, renunţând s-o mai bombardeze. Fiind foarte siguri că vor cuceri Finlanda în două zile, aviatorii sovietici nu puteau răpi bucuria soldaţilor care ar fi cucerit zona unde se afla această fabrică.

Datorită inspiraţiei lui Mannerheim dar şi a ajutorului de sus, secţia n-a fost distrusă şi a lucrat din plin 115 zile încontinuu, producând 542.194 de cocktailuri în sticle de votcă. În centrul de producţie al sticlelor incendiare au lucrat 87 de femei, mai toate făcând parte din asociaţia Lotta Swärd, ele ducând şi greul producţiei. Au fost şi cinci bărbaţi, de umplutură, care însă au executat muncile cele mai uşoare şi mai nepericuloase. Aceste sticle puse câte trei în nişte ambalaje cu trei despărţituri, erau uşor de dus de orice infanterist, oricât de pirpiriu ar fi fost. Cu ajutorul lor, au fost distruse 350 de tancuri şi alte vehicule blindate ale Armatei Roşii.

67 Pedeapsă meritată

Nici în coşmarurile lor cele mai negre nu şi-au putut închipui ucigaşii legionarilor că Legiunea, în toamna anului 1940, avea să măture regimul lui Carol al II-lea de la putere şi va ajunge la guvernare. Venise astfel vremea socotelilor. Criminalii erau de mult trecuţi pe răboj, pentru că legionarii n-aveau cum să-i uite. Erau la nivel de ţară cinci sute de călăi care ar fi trebuit judecaţi în regim de urgenţă şi executaţi a doua zi. Dar, fiindcă crima era prea extinsă şi ţara avea nevoie de linişte, Legiunea s-a mulţumit să aleagă dintre criminali doar pe cei mai mari şi mai cruzi. Deci Legiunea, spre mirarea lui Antonescu, a ales doar 60 de persoane care se încadrau în grupa marilor criminali, pe care doreau să-i dea pe mâna justiției. Acestora li s-au mai adăugat alți patru descoperiți ulterior. Dar Antonescu, o dată ce-a început să se îndepărteze de Legiune, s-a pornit să caute pretexte de a-i scăpa pe cei 64 de pedepsele pe care le meritau cu prisosință. Antonescu se justifica prin aceea că „nu voia să verse sânge." Curioasă schimbarea de perspectivă cu privire la niște asasini fiindcă el, la începutul lui noiembrie afirmase că-i va pedepsi „cu toată strășnicia" sau că va fi atât de aspru, încât „mă va pomeni istoria!"

O parte din cei închiși la Jilava au fost arestați chiar din ordinul lui Antonescu, precum au fost Mihai Moruzov, șeful Serviciului Secret de informații și adjunctul lui, Nicky Ștefănescu pentru că se temea că aceștia vor unelti contra lui. Voia totodată să plătească și niște polițe mai vechi pentru procesul de bigamie intentat lui de Carol, în care Moruzov a furnizat mai toate actele de acuzare contra generalului.

Câțiva din marii criminali au reușit să fugă din țară, precum comisarul Parizescu de la Prefectura de poliție București, care a reușit să ajungă în Iugoslavia. Alții au fost dibuiți din întâmplare, așa cum a fost Gavrilă Marinescu, ajuns tocmai la Băile Herculane, cu intenția de a trece și el în Iugoslavia, sau celebrul maior Alexandru Popescu-Marinaru, comandantul Jandarmeriei județului Constanța, prins pe la o moșie de-a lui. Alți mari criminali au fost dirijorul de orchestră de la Vaslui, Traian Cinghiță, cel care a dat tactul prin răpăitul de mitralieră muzicii militare a regimentului 25 infanterie.

Au fost arestați generalul Gheorghe Argeșanu, fost prim ministru; Victor Iamandi, fost ministru de justiție; Ion Bengliu, comandantul jandarmeriei române; maiorii Iosif Dinulescu și Aristide Macoveanu, împreună cu Constantin Sârbu, participanți direcți la uciderea Căpitanului, a Nicadorilor și Decemvirilor. A fost prins și Mihail Vârfureanu, fost comandant legionar, ajuns informator al poliţiei, acuzat că a contribuit la arestarea Nicoletei Nicolescu, o altă martiră a Mişcării Legionare; colonelul Zeciu, prim procuror, cel care a participat la uciderea Căpitanului la ordinul camarilei, încălcând legile în vigoare.

Dar Comisia de Anchetă Criminală, aflată sub controlul ministrului Justiţiei Mihai Antonescu, a început să dea decizii aberante. Sublocotenentul de jandarmi, Traian Chinghiţă este scos de sub urmărire şi se dă decizia de eliberare, pentru că împotriva lui nu ar exista probe suficiente. Ştefan Zăvoianu, prefectul poliţiei Bucureştiului, refuză însă punerea în libertate a lui Chinghiţă. La aceleaşi concluzii ajunge comisia şi în privinţa comisarului Davidescu, care, după ea ar fi fost nevinovat. Legionarii însă cunoşteau contribuţia lui la aruncarea de viu în cuptorul crematoriului a lui Vasile Cristescu, dar şi participarea la uciderea Nicoletei Nicolescu. Şi ca să se compromită definitiv, Comisia aceasta ordonă prefecturii ca generalii Gavrilă Marinescu şi Bengliu să fie internaţi într-un sanatoriu. Prefectul poliţiei, Zăvoianu refuză să dea curs şi acestor ultime decizii aberante. Era evident că Antonescu voia să-i facă scăpaţi. La ce le-ar fi trebuit unor criminali care urmau să fie condamnaţi la moarte, sanatoriu?

În noaptea de 26 spre 27 noiembrie 1940 a fost dezgropat Căpitanul şi ceilalţi legionari ucişi la ordinul lui Carol. Sub impulsul acestui fapt de mare zguduire sufletească pentru orice legionar, simţind că Antonescu dorea să-i salveze pe marii criminali, o echipă a morţii, a patra din istoria legiunii, avea să-i execute pe toţi cei 64 de arestaţi de la Jilava, ca să nu scape nepedepsiţi, aşa cum se intenţiona.

Ar fi fost mai bine dacă ar fi fost judecaţi. Fiindcă astăzi ştim că cel puţin unul dintre cei ucişi la Jilava era nevinovat. Acesta, legionar fiind, avusese anterior un conflict cu un comandant legionar de la prefectura poliției capitalei, care s-a răzbunat arestându-l abuziv. După detronarea lui Carol au intrat în legiune destui nechemați. Dar „echipa morții" n-a avut de ales. Căpitanul nu putea fi înmormântat la Casa Verde fără ca ucigașii legionarilor să nu-și fi primit pedeapsa.

68 Finlanda și România

Orice comparație la nivelul anului 1939 dintre cele două țări am face, ieșim învinși. Finlanda e o țară mică, de 3 milioane de locuitori, cu ierni aspre, cu teren înghețat jumătate de an, cu o vegetație plăpândă și necoaptă în cealaltă jumătate. Stânci, păduri, lacuri. Singura asemănare era că avea același mare dezavantaj ca și România. Erau vecine cu Uniunea Sovietică.

Rușii le-au propus mai întâi un schimb de zone. Ei voiau pentru apărarea Leningradului o fâșie de teren în sudul Finlandei, oferind în schimb o suprafață de două ori mai mare, dar mai la nord. Finlandezii nici n-au vrut să audă. Țara lor e sfântă și nu se negociază. Când rușii au pornit războiul contra lor, finlandezii au pus imediat mâna pe arme. România în schimb a cedat teritoriile fără luptă, ca un stat bicisnic și fără bărbați în stare să poarte o armă. De asta războiul lor a fost considerat ca un război de apărare. Noi am atacat Uniunea Sovietică după un an, ceea ce a fost considerat a fi un război de cucerire.

Pe finlandezi nu i-a interesat nici forța și nici numărul dușmanilor. Au pornit de la bun început cu un handicap care ar fi speriat pe oricine. Raportul numeric dintre ostașii finlandezi și sovietici a fost de trei la unul. (Ei aveau 32 de tancuri, rușii vreo 6.000). Dar în timpul bătăliei s-a ajuns și la situații de unu la o sută. Pe Dealul Ucigaș, 32 de finlandezi au ținut piept câteva zile unei armate de 4000 de soldați ruși, care atacau în valuri, dar fără succes. Chiar la urmă au rămas doar patru, dar la poalele dealului se odihneau pentru totdeauna peste 400 de ruși.

În fiecare bătălie au fost asemenea momente. Până la urmă au fost copleșiți și au trebuit să încheie pace. Au pierdut mai mult teritoriu decât dacă acceptau de la început condițiile rușilor. N-au făcut-o pentru că ei nu judecau patria ca pe ceva ce putea face obiectul unor tranzacții, de nici un fel. Nu-ți pui țara pe talgerul cântarului ca să vezi dacă câștigi sau pierzi, ci o aperi cu dinții. Apoi, cu prețul vieții.

69 Mannerheim și Antonescu

Este ușor să-l iei pe Antonescu, să-l scoți din context, să-i iei numai partea bună din activitate și interpretând-o părtinitor, să faci din el un erou național. Dacă însă îl iei și-l compari cu Mannerheim, din bietul Antonescu nu mai rămân nici fulgii. Adică rămâne cam cu târtița goală.

Antonescu a avut calități mari, pe care nu i le contestă nimeni. A fost un strateg militar și un organizator excepțional. Un om care a iubit disciplina și armata. Dar el a făcut o greșeală imensă. S-a amestecat în făina politicii. Troaca aceasta a distrus multe caractere. Aproape fiecare ins care a trecut prin politica de la noi și-a pervertit caracterul. Există un singur om care, trecând prin troaca porcilor, n-a fost mâncat de ei și a rămas drept și cinstit fiindcă credința lui a fost mult mai puternică decât influențele nocive: Corneliu Zelea Codreanu. Restul s-au ticăloșit cu toții. Doar Iuliu Maniu și-a revenit, după o perioadă de dezorientare, datorită unui caracter puternic. În rest, Iorga,

Mihalache, A.C. Cuza, Armand Călinescu, Duca, Vaida-Voievod, Stelescu, Victor Iamandi și mulți alții, au ieșit din contactul cu politica românească înfrânți moral. Antonescu n-a făcut din păcate excepție. Intrând în politică cu tare de caracter (orgoliu nemăsurat și o părere excepțională despre el însuși), a ajuns foarte repede să trădeze interesele țării pentru interese personale de putere (Devalorizarea leului în favoarea mărcii germane).

Dar, să-l comparăm mai bine cu Mannerheim, cel care a avut parte pe merit de glorie, a fost iubit și stimat de concetățenii lui până la moarte, petrecută în 1951, când avea 84 de ani. Antonescu a sfârșit în fața plutonului de execuție. După trădarea și crimele contra legionarilor pe care le-a girat, nu putea sfârși altfel. Șarpele Uroboros nu doarme!

Finlanda n-a aderat la pactul Tripartit încheiat între Germania, Italia și Japonia, lucru pe care Antonescu l-a făcut de bunăvoie. În virtutea acestui act, România a trebuit să declare război Statelor Unite, atunci când Japonia a declarat război americanilor, dar tratatul acesta n-a prevăzut reciprocitatea, adică atunci când România și Germania au atacat Rusia Sovietică, ca și Japonia să intre în război contra rușilor. Mannerheim n-a fost de acord ca trupele germane să atace Uniunea Sovietică de pe teritoriul finlandez. De asemenea, când Hitler intenționa să pună armata Wehrmachtului sub comanda lui Mannerheim, acesta a refuzat, pretinzând că războiul finlandezilor are o cu totul altă motivație decât cea a germanilor. Mannerheim a ordonat oprirea armatelor sale când a ajuns la granița teritoriilor finlandeze răpite de ruși după războiul de iarnă, ceea ce lui Antonescu nici prin cap nu i-a trecut să facă. El a trimis armatele române să lupte în Caucaz și la Cotul Donului ca să-i facă pe plac lui Hitler. Mannerheim s-a opus ca să participe la asediul Leningradului, așa cum l-a îndemnat

Hitler. Această comportare reținută l-a silit pe Führer să-l viziteze pe Mannerheim, într-o încercare de a-l determina să fie mai maleabil.

Hitler a ales să meargă în Finlanda în iunie 1942, de ziua Mareșalului, ca să-l felicite cu ocazia împlinirii a 75 de ani. În loc să dea din coadă ca un cățelandru pentru cinstea ce i-a făcut-o dulăul cel mare, Mannerheim a rămas rece la gudurelile acestuia. Hitler în schimb, n-a vizitat niciodată România. De fiecare dată când era chemat, Antonescu sărea în avion și zbura la Berlin, ca să primească cu călcâiele lipite ultimele instrucțiuni de la conducerea germană.

Antonescu n-a ajuns nici la degetul mic al lui Mannerheim. Și dacă n-ar fi putut să fie chiar mai mare ca el, nu am avea de ce să ne pară rău. Ar fi trebuit doar să-și fi trimis camarila pe front într-un batalion disciplinar și să fi format un parteneriat corect cu legionarii. Atunci România nu ar fi mai fi avut în niciun caz soarta tristă pe care a avut-o. Greșelile au fost mari, vina enormă. Chiar la urmă Antonescu a înțeles că dorința lui de a-și înălța patria nu s-a împlinit. Dimpotrivă, a adus-o, cum îi plăcea s-o spună despre alții, pe marginea prăpastiei.

De asta singura ieșire demnă pentru el a fost condamnarea la moarte, pe care și-a cerut-o singur, ca și cum bolșevicii care-l judecau ar fi avut cu el alte gânduri. Ca persoană, asta a fost o soluție. Dar pierderile și suferințele pe care le-a provocat țării nu le-a mai putut îndrepta. A fost tragedia vieții lui, dar mai ales a noastră.

70 Vasul Struma

Trecerea Palestinei sub protectorat englez, în anul 1922 și apoi a apariției statului Israel în 1948 a provocat emigrarea masivă a populației evreiești către acest teritoriu. Românii, dar mai ales legionarii au privit cu simpatie acest fenomen, dând și o mână de ajutor acolo unde au putut. Iar Generalul Antonescu a închis și el ochii la exodul evreiesc prin Romania. Dacă ar fi fost animat de sentimente antisemite, ar fi deportat pe toți evreii români spre lagărele naziste, nu i-ar fi lăsat să emigreze cum au vrut și când au vrut. Cazul „Struma" dovedește tocmai acest comportament uman al autorităților române, sub comanda generalului.

România a fost un stat tolerant, care a permis evreilor emigrarea. Din porturile românești au plecat în zece ani 141 de vase care, având ca pasageri emigranți evrei, au luat drumul Palestinei. Între 1934 și 1948 circa 100.000 de evrei au emigrat prin porturile românești. Cei mai mulți fugeau de teama naziștilor, care supuneau țară după țară, unde apoi deportările se țineau lanț.

Pentru a organiza astfel de transporturi, au apărut organizații și organizatori care, folosind disperarea oamenilor și urmărind doar profitul, n-au mai ținut cont de nimic. Una dintre aceste organizații a fost „Alyah", care avea sediul în calea Moșilor 78, fiind condusă de evreii Samuel Leibovici, Iacob Leberman, Eugen Maissner, Lipa Haimovici și Emma Guttman.

Înșelătoria a fost vizibilă încă din fașă, fiindcă pe afișele care anunțau călătoria vasului *Struma*, era pusă fotografia luxosului transatlantic *Queen Mary*. Doar așa se putea justifica prețul exorbitant al unui bilet de călătorie, de 1000 de dolari, o avere pe acea vreme. Vasul *Struma* era o navă englezească, lansată la apă în anul 1867. Avea 74 de ani la data când a fost transformată la repezeală, dintr-o navă bulgărească de transportat vitele pe Dunăre, într-un vas de pasageri pentru călătorii pe mare.

Trei cauze au condus la acest dezastru: supraîncărcarea navei, care putea lua doar 150 de pasageri. Dar Alyah a vândut bilete de călătorie la aproape 800 de oameni. Apoi motorul, care s-a defectat de nenumărate ori. Și nu în ultimul rând, neputința guvernelor englez, turc, dar și ale altor state de a rezolva o problemă care din internațională devenise umanitară. Astfel guvernul turc, ca să nu-l supere pe cel englez, refuză trecerea prin Bosfor a navei Struma. Toate insistențele organizațiilor evreiești de a obține deblocarea navei eșuează. Situația pe navă devine din foarte grea, catastrofală. Fără cele mai elementare condiții sanitare, fără hrană, apă, medicamente, căldură și lumină, fără motor și la urmă fără de speranță, li se taie ancora de către militarii turci și apoi sunt duși din nou în Marea Neagră, unde vasul este lăsat în voia soartei, plutind în derivă.

În data de 24 februarie 1942 un submarin sovietic care n-avea ce face, torpilează nava de la mică distanță. Vasul este făcut țăndări. Tot echipajul și pasagerii se îneacă. Un singur om scapă ca prin minune, ca să poată rămâne o mărturie prin viu grai a ticăloșiei umane la care au contribuit evrei, turci, englezi și ruși. Toți, în egală măsură.

Singurii cu suflet s-au dovedit tot românii. După ce a plecat din portul Constanța, manevrat de remorcherul românesc *Istria*, motorul *Strumei* își dă duhul și nava eșuează pe un banc de nisip la Costinești. Semnalele SOS sunt recepționate de radiotelegrafiștii marinei și remorcherul *Istria* revine, scoate nava de unde se împotmolise și o trage în docul de reparații din portul Constanța, unde mecanicii români reușesc să-l cârpăcească. *Istria* duce apoi nava mai departe, dincolo de Varna, astfel că vasul ajunge, cu chiu cu vai la Bosfor. După ce *Struma* este întoarsă în Marea Neagră de către turci, Antonescu va da dispoziție ca nava să fie adusă din nou în țară, pentru această acțiune fiind desemnat tot remorcherul *Istria*. Dar, între timp submarinul sovietic va torpila nava, făcând intervenția *Istriei* inutilă.

Constantin Tănase

71 ȘI CU ASTA CE-AM FĂCUT?

Constantin Tănase a fost actorul de comedie care a creat cuplete care cu trecerea timpului, au devenit tot mai actuale și mai încărcate de semnificații. Dacă pe vremea lui stârneau râsul, azi ele pot fi prilej de amară meditație. Cum poate un cuplet de comedie să fie după 80 de ani, mai actual decât în momentul apariției? Ce resurse ascunse a avut acest om ca să reușească o astfel de performanță? Nu cumva actualitatea aceasta se datorează faptului că cei care ne conduc au obiceiuri neschimbate? Sau clasa politică fanariotă aflata la putere este tot aceea de pe vremea lui Tănase? Iată un astfel de cuplet:

„Ne-am trezit din hibernare
și-am strigat cât am putut:
Sus cutare! Jos cutare!
și cu asta ce-am făcut?

Am dorit, cu mic, cu mare,
și-am luptat, cum am știut,
S-avem nouă guvernare,
și cu asta ce-am făcut?

Ca mai bine să ne fie,
Ne-a crescut salariul brut,
Dar trăim în sărăcie,
și cu asta ce-am făcut?

Ia corupția amploare,
Cum nicicând nu s-a văzut,
Scoatem totul la vânzare,
și cu asta ce-am făcut?

Pentru-a câștiga o pâine,
Mulți o iau de la-nceput,
Rătăcesc prin țări străine,
și cu asta ce-am făcut?

Traversăm ani grei cu crize,
Leul iar a decăzut,
Cresc întruna taxe-accize,
și cu asta ce-am făcut?

Totul este ca-nainte,
De belele n-am trecut,

Se trag sforile, se minte,
și cu asta ce-am făcut?

Se urzesc pe-ascuns vendete,
Cum nicicând nu s-a văzut,
Țara-i plină de vedete,
și cu asta ce-am făcut?

Pleacă-ai noștri, vin ai noștri!
E sloganul cunoscut;
Iarăși am votat ca proștii,
și cu asta ce-am făcut?"

Când rușii au intrat în țară în urma armistițiului acceptat de rege, dar nu și de Stalin, Constantin Tănase a scos imediat un cuplet necruțător la adresa lor:

„Rău era cu „der, die, das"
Da-i mai rău cu „davai ceas"
De la Nistru pân' la Don
Davai ceas, davai palton
Davai ceas, davai moșie
Harașo, tovărășie. "

I s-a pus în vedere lui Tănase să nu mai repete cupletul. Tănase, băiat ascultător, nu l-a mai repetat. Când a apărut din nou pe scenă, n-a scos aproape niciun cuvânt. Era îmbrăcat cu un pardesiu foarte larg, pe care când l-a descheiat, spectatorii au putut vedea că ținea la piept un ceas de perete, cu pendulă. După ce aplauzele frenetice s-au potolit, Tănase a spus doar atât:

„El tic, eu tac, el tic, eu tac!" După două zile, Constantin Tănase avea să tacă definitiv, fără ca să se știe sigur dacă a fost moarte naturală sau nu. O viziune asemănătoare a avut despre ruși Radu Gyr, poet legionar, deținut al Aiudului:

„Din Ural spre soare-apune,
Cum veneau încinși cu piei,
Parcă fumega din ei
Duhnet de sălbăticiune.“

72 Vai de capul nostru

Ca să vedem cam pe unde se poziționează Corneliu Codreanu în contextul european, să facem o scurtă comparație între Mareșalul Pilsudski, Mannerheim și Căpitan:

1) Mareșalul Pilsudski a complotat contra ordinii de stat și a legilor prin toată activitatea lui, atâta timp cât legea a fost făcută de alții. La fel a făcut și Căpitanul o vreme, dar numai în tinerețe. La maturitate a cerut mereu legionarilor să respecte legea.

2) Pilsudski instaurează terorismul prin organizațiile lui paramilitare, ucigând spionii și colaboratorii polonezi pe care i-a putut afla. Oamenii lui nu s-au sfiit ca să deschidă focul contra poliției și a trupelor rusești aduse ca să împrăștie o demonstrație. De asemenea, ucid prin atentate 336 de ofițeri ruși, pe care-i considerau dușmani ai Poloniei, stat care nici nu exista pe atunci. Legionarii pedepsesc, – în timpul vieții Căpitanului –, un singur trădător, pe Stelescu și un singur prim ministru criminal, pe Duca.

3) Pilsudski organizează în stil american atacarea unui tren care transporta bani. El și cu oamenii lui reușesc să devalizeze trenul și să fure banii.

4) Sub comanda lui Mannerheim, sunt uciși 3.000 de deținuți în lagărul de la Suomenlinna.

Comparația este evident favorabilă lui Codreanu referitor la gradul violențelor, numărul victimelor, nerespectarea legilor. Cu toate astea, Pilsudski este în Polonia erou național, are statui, unele străzi poartă numele lui, dar mai ales, se bucură de considerație, recunoștință, pioasă aducere aminte și chiar dragoste din partea polonezilor. Mannerheim este și el erou al Finlandei. În România sunt oameni care nici nu știu cine a fost Corneliu Zelea Codreanu, alții care știu, îi pronunță numele în șoaptă.

Regimul de tristă amintire al lui Iliescu, cel care poartă răspunderea pentru crimele de după 1989, a interzis Mișcarea Legionară încă o dată, poate pentru că asta era dorința cea mai fierbinte a Mâinii Lungi. Codreanu este considerat extremist, fascist, apologet al crimei, antisemit. Nu există adjective abjecte care să nu-i fi fost adresate și toate pe nedrept. Codreanu nu are statui, în România nu există străzi cu numele lui, nu este ales cetățean de onoare al orașelor de care și-a legat numele: Huși, Iași, București, Focșani, Turnu Severin. Asta este situația tragică a unui erou al neamului românesc. Unul dintre cei mai mari!

73 Ducă-se cu Dumnezeu

În ziua aceea, – era prin 2001– încă de dimineață am fost cu fundu-n sus. Citisem un articol despre luptătorii din munții României apărut pe un blog. Articolul era documentat și bine scris, dar la comentarii au apărut discuții dacă luptătorii din munți n-au fost cumva acei criminali legionari care terorizau satele de la poalele munților, așa cum s-a putut vedea în nu știu ce film al nu știu cărui nărod.

Am *comentat* atunci că majoritatea celor care au luptat cu arma în mână în Munții României au fost cam toți legionari, care erau cei mai puri și mai mari iubitori de neam și țară ce au existat vreodată. La Aiud într-o vreme erau închiși patru mii de legionari, pe lângă patru sute de politicieni ai vechilor partide și patru sute de... comuniști! Să fii deținut politic la nenorociții de comuniști era cea mai bună dovadă că erai patriot! S-au polarizat apoi niște discuții în jurul comentariilor mele, cu poziții pro și contra, așa că m-am retras, ca să văd de orătăniile din curte. Dar nu înainte de a-mi vărsa tot of-ul:

– *Până când, proștilor, veți iubi prostia?*

Când am revenit, m-a sunat un camarad de la București:

– Ilarie, azi *s-a dus* Gheorghe Crăciun pe lumea cealaltă!

– Ducă-se cu Dumnezeu! Am spus eu, făcându-mi mai multe cruci.

Crăciun, comandantul închisorii Aiud, a fost un ticălos. Dar prost nu era deloc. S-a luptat cu noi folosind de multe ori psihologia. Ca un zdrahon de o sută să bată cu bâta un deținut de patruzeci de kile ca la Pitești, nu era mare scofală, dar să folosești psihologia, era din punctul lui de vedere un risc. Pentru că psihologie mai știau și unii dintre noi! E drept că de foarte multe ori, cu toată psihologia noastră, n-am avut nicio șansă, dar și când o prindeam și-o mai și foloseam în avantajul nostru, ne simțeam răzbunați pentru o sută de înfrângeri! Ca să ne îngenuncheze, Crăciun n-a folosit bătaia. Era prea destul cu foamea și cu frigul. Nu l-a interesat zdrobirea oaselor, ci urmărea zdrobirea sufletelor noastre.

Orice deținut, ca să reziste, își aduna în fundul sufletului amintiri, imagini, persoane, întâmplări, de care își lega visele lui chinuite. De chipul mamei, de al copiilor, al iubitei. Un profesor de prin Sălaj cu care am fost închis în aceeaşi celulă pentru o vreme, şi-a legat gândurile lui cele mai frumoase de chipul soţiei, de care era mai îndrăgostit decât în prima zi. Nu vorbea oricui despre ea, dar mie, nu ştiu de ce, mi s-a destăinuit. Aveam şi eu nevastă, doi copii (că de al treilea încă nu aflasem!). Probabil simţea că-l voi înţelege. L-am înţeles cu uşurinţă, pentru că gândurile şi sentimentele lui erau şi ale mele. Dar într-o zi a fost chemat la comandantul închisorii, la Crăciun. Nu i s-a spus motivul, aşa că a plecat destul de îngrijorat. A venit copleşit, cu lacrimile curgându-i şiroaie peste oasele feţei, acoperite de o piele galbenă ca pergamentul. Ţinea la piept o hârtie, dar n-a vrut sau n-a putut să scoată nicio vorbă. Colegii de celulă mi-au făcut *sămn* să mă apropii, poate pot să-l ajut. M-am aşezat lângă el şi am stat câteva ore fără să scoatem nici unul dintre noi o singură vorbă. Într-un târziu, mi-a pus mâna pe mâna mea. Abia atunci mi-a dat de înţeles că dorea să-mi împărtăşească durerea lui. Soţia înaintase divorţul şi el tocmai primise hotărârea judecătorească pe care a şi semnat-o. I-am spus că acea hârtie nu însemna neapărat că soţia lui voia să-l părăsească. Ştiam multe cazuri în care securitatea obligase nevestele unor luptători din munţi ca să divorţeze de soţii lor, de „banditii" care luptau contra „poporului". I-am povestit cum securitatea lovea chiar şi în copii „banditilor" dându-i afară din şcoli, rudele din servici, tăindu-le toate posibilităţile de supravieţuire. – Nu ştiam pe atunci ce se petrecuse cu Lia –. I-am spus că, atunci când vom fi liberi, aştept de la el o scrisoare de confirmare. Omul acesta a ieşit de la Aiud cu o lună şi ceva înaintea mea. Tot ce-i spusesem eu, s-a confirmat în întregime. De bucurie, s-a dus la Sâmbăta la Nataliţa şi i-a povestit despre mine şi de faptul că voi ieşi şi eu cât de curând din închisoare. Noi n-am mai apucat să ne mai vedem. După câteva luni avea să moară din cauza cirozei cu care se procopsise în închisoare.

Un alt deținut care zăcea de ani mulți la Aiud, condamnat pe viață, a fost chemat la Gheorghe Crăciun. Acesta i-a dat să privească o fotografie, întrebându-l cu voce aspră, dacă-l cunoaște pe acel tânăr. Omul a crezut că i se cere o identificare a vreunui „bandit", dar privind cu multă atenție fotografia, a constat că de fapt chiar nu-l cunoștea!

– Cum nu-l cunoști? Trebuie să-l cunoști! I-a spus cu glas amenințător Crăciun, obligându-l să privească fotografia încă o dată. Omul însă, deși era sincer, n-a reușit să-l convingă pe Crăciun, care stăruia cu îndârjire că n-avea cum să nu-l recunoască! Apoi, privindu-l drept în față, i-a dat lovitura de măciucă:

– Ar fi trebuit să știi cine este, pentru că este fiul tău!

Când fusese arestat, copilul lui avea un an. Trecuseră de atunci 21 de ani de pușcărie! După asemenea lovituri date cu câinoșenie, nu zdrobea el sufletele bieților deținuți, călcând cu cizmele pe cele mai sfinte gânduri și sentimente ale noastre? Dar, intrând pe acest teren, când deținutul avea posibilitatea să dea replica, a luat și el câteva scatoalce peste bot.

Către sfârșitul reeducării, ca să accelereze cedările, Crăciun a organizat acțiuni prin care lua pe unii deținuți și-i plimba prin țară, ca să le arate blocurile noi construite de regim pentru muncitori, i-a dus chiar și la Barajul de la Bicaz, ca să vadă una din „mărețele realizări" ale republicii populare. Bieții deținuți, unii ținuți zeci de ani în celule oblonite și care n-au văzut o floare sau un copac ani de zile, s-au trezit dintr-o dată aruncați în lumina orbitoare a zilelor de vară, ca să privească munții, lacurile, pădurile, satele și orașele. Sigur că au fost impresionați până la zguduire! După asemenea „excursii", entuziasmul celor care povesteau prin celule și la

„clubul" închisorii despre ce văzuseră „afară" tulburau şi sufletele celorlalţi, care încă mai rezistau.

Într-o zi, la *club*, după o astfel de „ieşire", Gheorghe Crăciun l-a întrebat şi pe prinţul Alexandru Ghica, – legionarul care nu a putut fi convins să facă nici cel mai mic compromis– ce i-a plăcut din ceea ce văzuse în plimbarea din care tocmai venise. Prinţul Ghica avea să-i răspundă cu multă fineţe, că i-a plăcut şi lui ceva. Şi chiar foarte mult. Dar lui nu-i plăcuseră nici fermele agricole de stat, nici fabricile noi, nici blocurile de locuinţe, aşa cum spera Crăciun. Nu! Lui îi plăcuseră sălciile plângătoare de pe malul Mureşului!

Altă întâmplare cu un Crăciun învins pe terenul psihologiei o povesteşte nea Ilie, tatăl rapsodului Tudor Gheorghe. Ilie Tudor, ca legionar, a fost închis la Aiud. Şi-a scris şi el memoriile, în mai multe volume. „De sub tăvălug" scot şi eu un fragment care, minune mare, nici nu s-a mototolit, aşa de proaspăt pare:

„Altă dată, tot aşa într-una din întâlnirile organizate la Aiud în vederea reeducării, în careul care se făcea în curte, Crăciun „trecea în revistă" însoţit de un grup de ofiţeri, deţinuţii.

La un moment dat s-a oprit în faţa unui om înalt, slab, puţin adus de spate.

– Ce faci, filosofule?

Îl cunoscuse. Era Petre Ţuţea. Era aşa de slab, că-l susţineau doi camarazi. Crăciun l-a privit satisfăcut. Şi către mulţime:

– Mă! Aţi rămas în urmă! V-aţi prostit! Că dacă eraţi deştepţi nu ajungeaţi aici! Vi-l închipuiţi pe Hristos cu un crucioi în spate prin New York? Ar râde şi curcile. Uite am ajuns în Lună şi n-am dat de niciun Dumnezeu!

Se depărtase câţiva paşi. Ţuţea a ridicat mâna.

– D-le Colonel! O clipă. Vreau să vă întreb ceva!

– Da! Ia zi, mă, filosofule!

– Nu vă supărați, ați crescut la oraș sau la țară?

– La țară, mă! Nu se vede? și-și bombează pieptul.

– Și ați avut porci?

– Auzi vorbă? Cum să nu! Care gospodar de la țară nu crește porci?

– Și... ați văzut dvs. porc să privească în sus?"

Dar psihologia a fost o armă pe care au folosit-o și unii dintre gardienii mai isteți cu intenția de a ne veni, pe cât se putea, în ajutor. Vechea noastră cunoștință, Steinhardt, cu al lui „Jurnal" ne ajută și de data asta ca să găsim exemplul *fericit*:

„Gherla, 1964

Când le vine un om nou în secție și nu se întâmplă să aibă cine știe ce treabă de-a lor, gardienilor le face mare și deosebită plăcere să-i pună cât mai numeroase întrebări, cu toate că de cele mai multe ori cunosc din fișă răspunsurile. Dar e o distracție care ține loc de taclale la cârciumă, e un mijloc de a omorî timpul, de înviorare (nici pentru ei totul nu-i veselie, își petrec și ei o mare parte a vieții între zidurile mohorâte, și-n puterea închisorii: unora atmosfera dramatică le gâdilă importanța, pe alții îi toropește) și mai ales de a satisface mahalageasca propensiune către bârfă, vorbărie fără rost și curiozitate. Singura adevărată plăcere a mahalalei: nu băutura, nu sexualitatea, nu banii, ci relația cu celălalt – de teama singurătății – sub întreitul ei aspect de văicăreală, clevetire și ceartă.

Când sosesc la Zarcă, plutonierul– unul sever– mă ia în primire vădit bine dispus să converseze. Întrebările sunt cele obișnuite, le cunosc, își urmează cursul într-o ordine aproape invariabilă: cum îți zice ție, mă? Câți ani ai, mă? De unde vii? De unde ești de felul tău? Ce-ai fost tu în civilie? Ești însurat, mă? Da copii ai? La cât ești condamnat? Ce-ai făcut?

La ultima întrebare arăt că n-am vrut să fiu martor al acuzării. Ce spui, mă? Cum adică n-ai vrut?

– Dau amănunte, dar cred că știe despre mine mai mult decât îmi închipui eu, căci reia: tu ești ăla, mă, care ai făcut pe grozavul?

– N-am vrut să-mi trădez prietenii, domnule major.

– Ce spui, mă? Și zii, n-ai vrut?

– Nu, domnule major.

– Rău, mă, rău de tot, înseamnă că ești un ticălos.

Și iarăși face o pauză: mă, tu ai mâncat azi?

– Am mâncat, dom'le major.

– Și zici că n-ai vrut să fii martor al acuzării.

– N-am vrut.

– Păi, asta e grav de tot, mă, ce, nu puteai spune adevărul? Ești un mare ticălos, mă, și zici c-ai mâncat? Ia, planton, mai adă-i o gamelă de mâncare de la regim și vezi să fie plină."

74 Poezie și geometrie

Ieri am împlinit 92 de ani! A venit Lia la mine, cu o supă de pui, niște sarmale și cu un cozonac cu nucă. Numai ea mai știe să facă supa de pui așa cum o făcea biata Natalița, dulce, cu mult morcov și cartofi, cu insulițe de grăsime plutind pe deasupra. M-au sunat și băieții, mi-au cântat „Mulți ani trăiască!" la telefon. Da, da, era exact ce-mi lipsea mie! Tichia de mărgăritar!

De fapt sănătos sunt încă, dar parcă mă cam lasă memoria. Și nici mintea nu mai zbârnâie ca altădată! De aia le antrenez pe amândouă câteva ore pe zi. Memoria, cu poezii. Învăț poezii de poeți legionari: Eminescu, Aron Cotruș, Gyr și... cum naiba-l cheamă? Misticul ăla, care la Aiud pentru un blid de terci, juca ca ursul, săracul... a, da, Nechifor Crainic. Chiar și când învârt mămăliga, spun versuri. Cât încă e moale, ca să se învârtoșească și să nu mai arunce cu stropi, încep cu Cotruș:

De jos te-ai ridicat drept, pietros, viforos,
pentru moți,
pentru cei săraci și goi, pentru toți.
Și-ai despicat în două istoria,
Țăran de cremene,
Cum n-a fost altul să-ți semene,
Horia!

Apoi, chiar cu riscul de a arde mămăliga și a împroșca pereții, ridic făcălețul în aer ca pe-un buzdugan, subliniind cu mișcări ferme fiecare vers al lui Gyr:

Nu dor nici luptele pierdute,
Nici rănile din piept nu dor,
Cum dor acele brațe slute
Care să lupte nu mai vor

Asta, pentru memorie. Pentru glagorie am altceva. Probleme de geometrie! (Pe frontispiciul Academiei filozofice a lui Platon exista un înscris care interzicea celor ce nu cunoșteau geometrie să calce pe-acolo.) Am dat prin șopru de o culegere de probleme de geometrie rămasă de pe la copii și acum rezolv probleme. Geometria plană e logică pură! Are la bază doar punctul și vreo două axiome! Cu ajutorul punctului se definește linia, ca distanța cea mai scurtă dintre două puncte! Iar cercul, e locul geometric făcut tot din puncte! Pe rahatul ăla de punct ce n-are nici măcar grosime, se construiește după anumite legi numite teoreme toată geometria.

Deci, minte, inimă, geometrie și literatură! Asta-mi aduce aminte de cel mai frumos titlu dat unei reviste din spațiul mioritic: „Foaie pentru minte, inimă și literatură". Păcat doar că nu le-a plăcut geometria. Dar literatura, ce e oare literatura? Ea e mai mult pentru inimă, deci cam greu de definit. Aș putea să *spui* că e o linie curbă dintre două puncte, dacă definiția n-ar fi tot așa de valabilă și pentru o șosea. Deci ce e literatura, nu pot pentru ca să *spui*. Dar, ca legionar care-și scrie memoriile, știu ce e scrisul! A scrie e ca urcușul pe munte. Urci la deal pe cărare, printre brazi, cu privirea în jos, să nu te împiedici de bolovani. Dar, când ai ieșit la luminiș și se deschide zarea, te oprești ca să răsufli și te uiți pe unde ai ajuns. Nu cumva ai rătăcit cărarea? Tot așa e și la scris. Stai aplecat peste manuscris și cuvintele curg domol, formând propoziții și fraze, care se adună în pagini și capitole. Apoi te oprești și te întrebi și tu, frecându-ți nasul cu degetul mare: oare n-am greșit drumul?

Popasuri pricinuite de îndoială am avut și eu. De ce zic eu popasuri, când unele au fost chiar praguri de poticnire, nu știu. O dată m-am întrebat dacă am ales bine, când între Sima și Antonescu l-am ales pe Sima. Nu cred c-am greșit, orientându-mă după documentația care mi-a stat la dispoziție. Dar oare dacă aș fi avut acces la arhive, la alte documente, decizia mea ar fi fost tot aia? Nu cumva am fost nedrept cu... istoria? M-am orientat atunci spre cei care au scris documentat despre Antonescu. Nu, nu istoricii, ăia încă nu ieșiseră și n-au ieșit nici azi din „neterminare". M-am oprit la Marin Preda. El a scris romanul *Delirul* fiind primul scriitor sub comuniști care a îndrăznit să se apropie de personalitatea Mareșalului. În plină dictatură comunistă, prezentarea lui

Antonescu ca un erou epic era deja o mare îndrăzneală. Era nu numai un act antisovietic, ci se apropia periculos și de momentul „23 August", moment pe care comuniștii l-au prezentat ca înfăptuit exclusiv de ei, ceea ce era desigur o minciună gogonată.

Ori Marin Preda, deși promisese prin 1976 că va continua să scrie volumul doi al romanului *Delirul,* își va schimba hotărârea scriind *Cel mai iubit dintre pământeni.* Ce l-a făcut pe Preda să renunțe la „delir"? O afirmație de-a sa poate să arunce puțină lumină în această încâlcitură: „Nu am renunțat, dar am citit mult în legătură cu evenimentele de la 23 august 1944 de care trebuia să mă ocup în roman și am ajuns la alte concluzii decât cele oficiale..." Iac-așa deci!

Unul din motive a fost că, aprofundând cercetările de arhivă, Preda a ajuns la concluzia că prezentarea pozitivă pe care i-a făcut-o lui Antonescu în *Delirul,* nedreptățindu-i pe legionari, a fost greșită. Cum Dumnezeu ar fi putut, după ce în primul volum i-a arătat lui Antonescu simpatie, ca în volumul doi să-i întoarcă spatele? De asta n-a mai putut *delira.* Schimbarea opiniilor lui referitoare la Antonescu răzbate și din romanul „Cel mai iubit...", unde Preda, prin gura personajului Vintilă, dialoghează cu Petrini despre Mareșal: „...ai făcut tu ce-ai putut, ai pierdut războiul, ai dus țara la dezastru, trebuia să știi de la început și să nu te vâri ca prostul până în inima Rusiei. Franco s-a vârât, dom' profesor?" „Nu s-a vârât!" „Regele Boris al Bulgariei (sau cum îl cheamă), s-a vârât?" „Nu s-a vârât!" „Ungurul s-a vârât?" „S-a cam vârât!" „Așa de tare?" „Nu așa de tare." „Sârbu s-a vârât?" „Nu. „Nici măcar Mussolini, dom' profesor nu s-a vârât. Cine știa ce-o să iasă? Atunci ce te bagi tu ca un nărod în stepele alea calmuce să omori soldații de pomană? ...alții (spuneau) că trebuia să se oprească la Nistru, ca Mannerheim. Parcă

Finlanda nu pierduse din teritoriu? Și acum Mannerheim are statuie în capitală. Erou național."

Și eu am trecut prin așa ceva, pentru că, pe la începuturi, înainte de a da de legionari, am fost fascinat la rândul meu de personalitatea Generalului. Dar încet-încet, citind literatură legionară, mi-am schimbat opiniile și am fost nevoit să rescriu multe capitole. Asta m-a costat câțiva ani buni ca să refac manuscrisul. Dar nu-mi pare rău, fiindcă acum, ieșit la luminiș, privesc în zare, liniștit că ceea ce văd se bazează pe convingeri confirmate și de alții.

Ca să-mi revizuiesc concepțiile, m-au ajutat mult dușmanii lui Horia Sima, care, din diferite motive, l-au făcut una cu pământul. Există voci chiar din rândurile legionare, care-i neagă acestuia orice calitate. Doi dintre ei sunt foarte înverșunați: unul este doctorul Șerban Milcoveanu, altul este Preotul Borșa, cel care a făcut parte din „Echipa morții" care s-a dus în Spania să lupte contra comunismului. Amândoi și-au dorit la un moment dat să ajungă conducătorii Mișcării. Cu astfel de gânduri, mușcați de inimă de șarpele invidiei, nu e de mirare că au dat naștere unor lucrări pline de venin la adresa lui Horia Sima, care a fost 53 de ani Conducătorul de drept al Mișcării.

Ca orice om, și Horia Sima o fi avut greșeli și lipsuri. Dar să i le cauți cu lumânarea, să le umfli cât poți, să-i negi orice calitate și virtute, să spui despre el că este groparul Legiunii, este mult prea mult. Domnul Milcoveanu îi neagă lui Sima chiar și inteligența scăpărătoare, recunoscută încă din liceul „Negru-Vodă" din Făgăraș, unde a fost șef de promoție, cât și la bacalaureat când a uluit comisia. Iar la facultate profesori eminenți îl rugau să nu se mai prezinte la examene, că n-aveau ce să-l mai întrebe.

După metodele de a „alege grâul de neghină", am studiat și eu „basnele" cu care adversarii lui din Legiune au căutat cu

tot dinadinsul să-i întunece personalitatea și activitatea. Ca
să-l discrediteze, au inventat și interpretat răuvoitor o seamă
de realizări uriașe ale legionarilor de sub comanda lui Sima.
Ce am constatat? În primul rând, ei ar fi vrut ca Horia Sima
să fi cedat puterea altora, după ce el a reorganizat mișcarea
legionară după „prigoană" și prin activitatea lui a dus la pră-
bușirea dictaturii carliste, care i-a adus pe legionari la guver-
nare (nu la putere!, ci la guvernare!).

Ce spun detractorii? Că a fost o greșeală că a acceptat să
participe la guvernare! Apoi, că această guvernare a fost un
eșec! Iar ca o încoronare a lipsei lui de orientare politică, a
venit rebeliunea, care a dus la o nouă prigoană, prin care
Antonescu a arestat din nou mii de legionari (șase mii). Deci,
oricum s-a învârtit roata istoriei, nu s-a învârtit cum trebuia
și de vină a fost numai Horia Sima! El a fost Dumnezeu, a
avut puterea absolută și dacă ceva rău s-a petrecut, a fost
doar vina lui!

Există și voci care-i iau lui Sima apărarea. Voci puter-
nice, precum cele ale lui Liviu Brânzaș, Nicolae Roșca, a
lui Faust Brădescu, dar și ale altora. Toți recunosc meritele
lui Horia Sima ajuns în fruntea Legiunii în mod natural,
prin faptul că a fost conducătorul unei revoluții victorioase.
De la Spartacus până la Fidel Castro, întotdeauna cel aflat
în fruntea unei revoluții a avut destinul pecetluit: moartea,
în caz de înfrângere, rolul de conducător, în caz de victorie.
(Excepție face doar Che Guevara, idolul tineretului.) De
ce-ar fi trebuit Sima să cedeze puterea, după ce, deghizat în
cioban la Brașov, sprijinit în bâtă, transmitea ordine și con-
ducea efectiv legiunile sale contra bicisnicului Carol? N-ar
fi avut aceeași soartă, dacă l-ar fi prins dușmanii, cu legio-
narii uciși la Brașov? Dar a învins și a luat ceea ce era al lui
de drept: conducerea Legiunii!

Guvernarea legionară de doar patru luni a fost extrem de importantă pe plan politic, social, economic, moral. A fost momentul în care legiunea a dovedit că este suficient de matură și capabilă să conducă țara. Până atunci ea fusese doar în opoziție. După o prigoană în care au fost uciși cel puțin 250 de conducători legionari, cu alte mii prin pușcării, cu unii prin exil, legiunea a dovedit totuși puteri nebănuite.

Meritele guvernului legionar au fost deja prezentate: ajutorul legionar față de sutele de mii de refugiați, poziția demnă față de germani și față de Hitler, refuzul de a juca cum îi cântau nemții, politica salarială în favoarea muncitorilor, corectitudinea în administrarea banului public. Apoi, dezgroparea Căpitanului, a tuturor legionarilor căzuți și înmormântarea lor în cimitirul eroilor de la Predeal, revizuirea proceselor nedrepte contra legionarilor și apoi, pedepsirea celor mai ticăloși criminali, care au avut pe conștiință sute de vieți legionare curmate barbar și în răspăr cu legea.

Dar dacă Horia Sima e făcut răspunzător fără vină pentru tot ce a fost rău în timpul guvernării legionare, de ce n-ar fi părtaș la glorie și pentru succese care nu i se datorează în totalitate? O minune este aceea că Mișcarea Legionară este unica mișcare naționalistă din Europa care n-a fost declarată fascistă și nici antisemită de Tribunalul de la Nürnberg. Aici a apărut mâna lui Dumnezeu, ca în toate deciziile capitale, unde nu oamenii joacă rolul principal. Ne putem lesne închipui ce dezastru ar fi fost pentru Legiune, dacă rămânea la putere alături de Antonescu până la capăt. E ca și cum Dumnezeu a protejat Mișcarea, ca să poată apărea așa cum a fost, curată și pură, viitorimii! Și ca să poată renaște cu toată forța, când va veni timpul! Atunci va reînvia din nou speranța românilor și încrederea lor în viitor, așa cum Legiunea a fost nădejdea milioanelor de români pe vremea când ea înflorea mândră, sub privirile ocrotitoare ale Căpitanului:

Tu Codrene ești nădejdea
Ce ne-a dat-o cel din cer.
Tu ne spulberi deznădejdea,
Tu și Garda ta de fier!

III GÂNDURI

Pentru cei un milion de legionari care au fost
și pentru cele zece milioane care vor veni

1 NUMERUS CLAUSUS

La pagina 120 din „Final report of the International Commission on the Holocaust in Romania" prezentat președintelui Iliescu pe 11.11.2004 am citit: „De la constituirea ei la începutul anilor 1920, Uniunea Națională a Studenților Creștini (UNSC) a promovat fără echivoc, ca unul din obiectivele ei principale, *împiedicarea* studenților evrei de a frecventa universitățile."

Cei care au întocmit raportul au dorit ca cititorul să rămână cu impresia că UNSC era o organizație antisemită iar bieții evrei erau discriminați de români prin toate mijloacele. Citatul din raport este un exemplu care ilustrează cum se poate face dezinformarea și manipularea cititorului neavizat printr-o foarte ușoară deformare a adevărului. Atât de ușoară, încât nici nu prea poți să-i acuzi pe autori de rele intenții. Fraza care corespunde cu exactitate adevărului arată ca formă foarte puțin altfel: ...UNSC a promovat fără echivoc, ca unul din obiectivele ei principale, LIMITAREA NUMĂRULUI studenților evrei care frecventau universitățile românești. Desigur că domnul Iliescu nu și-a dat seama că raportorii umblau cu cioara vopsită. Nici nu avea cum, chiar dacă ar fi vrut, fiindcă pentru el istoria începe abia de la 1921.

Iată ce-a fost cu acest Numerus Clausus. Studenții români, și aici a fost Zelea Codreanu principalul inițiator, au considerat că nu este corect ca la o populație evreiască de numai 4%, situația în unele universități românești să se prezinte astfel: în anul 1920 la Universitatea ieșeană la medicină erau înscriși 546 români și 831 evrei, la farmacie 97 români și 299 evrei, la litere 351 români și 100 evrei, la științe 222 români și 321 evrei, la drept 1743 români și 370 evrei. La Facultatea din Cernăuți la filozofie erau înscriși tot în 1920 174 români și 574 evrei iar la drept 237 români și 506 evrei.

Ce-a cerut atunci UNSC în frunte cu Căpitanul? Au avut o cerere de bun simț. Aceea ca minorității evreiești să-i fie repartizate 4% din locurile din facultăți, atât cât era și proporția lor ca minoritate în raport cu românii. (Deci nu împiedicarea, ci limitarea!) O cerere absolut justificată atât din punct de vedere național, cât și moral, fiindcă studenții români nu cereau altceva decât drepturi egale cu evreii! Adică să nu mai fie discriminați în propria lor țară!

Cum au răspuns autoritățile ticăloșite la cererile drepte ale studenților? Prin lupta cu toate mijloacele pentru a înfrânge greva studențească care, printre alte revendicări, ceruse și Numerus Clausus! Aceste fapte au fost considerate de Codreanu și prietenii lui drept trădare, denumind o astfel de guvernare antinațională drept „iudeo-masonică."

2 0 DEMONSTRAȚIE

Partidul socialist național-creștin înființat în 1919 de Codreanu și Pancu nu avea nici în clin și nici în mânecă cu național-socialismul lui Hitler, pentru simplul motiv că nazismul pe vremea aceea era încă în fașă. Nimeni nu știa atunci ce va aduce viitorul. O dovadă în plus în susținerea acestui punct de vedere este faptul că evreul Leon Lichtblau, ajuns prin 1921 sau 1922 în Rusia avea să-și ia pseudonimul Adolf Cristin. Deci pe vremea aceea lui Leon Lichtblau nu-i era antipatic Adolf Hitler, altfel nu i-ar fi împrumutat prenumele.

3 Un erou

Despre activitatea criminalului Max Goldstein se găsesc informații din abundență. Numai pentru „Atentatul de la Senat 1920", Google a găsit 13.800 de rezultate. Pentru „Grănicer Alexandru Heringa", Google găsește numai nouă postări. Într-un raport al șefului Siguranței Statului către ministrul de interne – în care se propune decorarea soldatului grănicer Heringa Alexandru cu Medalia „Bărbăție și Credință" clasa II-a –, se menționează că acesta ar fi originar din comuna Chiriasica din județul Bihor. Căutând tot pe Google „Comuna Chiriasica", – nume totuși ciudat, care mă face să cred că pe undeva s-a strecurat o greșeală – se obțin tot nouă rezultate. Adică, postările respective fac referință la același memoriu prin care se propune decorarea soldatului Heringa. Eu nu am reușit să găsesc o comună în toată România cu acest nume. Deci pentru un erou avem atât respect încât nu-i știm nici satul în care s-a născut. Ar fi meritat soldatul acesta o statuie, sau un bust. Dar cred că nici măcar o fundătură de stradă nepietruită într-un orășel de provincie nu s-a găsit, ca să-i poarte numele. Pentru soldatul Heringa Alexandru nici această minimă recunoștință nu există.

Mi-a trecut la un moment dat prin gând că soldatul acesta simplu s-a comportat ca un legionar adevărat: dragostea de țară dusă până la sacrificiu și cinstea ireproșabilă, sar în ochi imediat. Nu este exclus ca el să fi aderat ulterior la mişcarea lui Codreanu din tot sufletul, dată fiind identitatea de simţire dintre acesta şi Mişcarea Legionară. S-ar putea chiar ca el să fi înfundat mai târziu puşcăriile comuniste pentru că, vorba legionarilor, trebuia pedepsit pentru că şi-a iubit prea mult ţara. În acelaşi timp, teroristul evreu Saul Osias a trăit liniştit până la adânci bătrâneţe, desigur cu o pensie respectabilă, murind de moarte bună în 1984. Acestuia, comuniştii i-au scris în dosarul de membru PCR doar că nu avea o biografie exemplară! (Adică, n-a fost cuminte!) Oare tot aşa l-ar fi caracterizat dacă le punea o bombă la unul din congresele lor?

4 Relaţia cu Dumnezeu

Creştinul merge pe calea credinţei în Hristos, cel care a spus despre el însuşi: „Eu sunt calea, adevărul şi viaţa." Calea lui, deşi îngustă şi plină de bolovani, este singura care duce spre cer. De asta se spune că cel ce-l urmează pe Hristos se înalţă. Se înalţă spiritual. Este calea care desăvârşeşte omul, dându-i puteri neîntâlnite la oamenii obişnuiţi, aşa cum le-am văzut şi eu la Sfântul Arsenie de la Sâmbăta nu numai o dată.

Evreii – care nu-l recunosc pe Hristos drept Mesia – rămân cu picioarele pe pământ, ancoraţi în Vechiul Testament şi cele 10 porunci ale lui Moise. Sa nu ucizi, să nu furi, să nu juri strâmb să nu pofteşti la casa şi avutul aproapelui nu sunt lucruri chiar de lepădat din punct de vedere moral. Ascultând de aceste legi, este destul loc pentru desăvârşire, deşi acestea nu exclud nici egoismul, nici lăcomia, nici trufia.

Există însă şi opţiunea necredinţei, prin nerespectarea primei legi a lui Moise, care cere să nu te închini decât Dumnezeului tău. Ciudat este că dacă în sus calea e unică şi dificilă, coborâtul e mult mai uşor şi se poate merge pe cel puţin două căi. Una este cea a negării existenţei lui Dumnezeu (ateismul şi comunismul), a doua cale este să recunoşti existenţa Domnului, dar să te închini Diavolului. Ambele drumuri coborâtoare duc spre iad, locul întunericului, al minciunii şi al înşelătoriilor.

Eu i-am aşezat în mintea mea pe creştinul adevărat, cel care crede în Hristos, cel mai aproape de Dumnezeu. Pe evreu l-am aşezat la mijloc iar pe ateişti, comunişti şi fascişti jos de tot, acolo unde stăpânesc dracii. Aşa că m-am mirat în sinea mea când am văzut că pentru ideile comuniste luptau pe baricade mulţi evrei. Oare de ce considerau răspândirea comunismului în lume drept o problemă care să-i privească atât de mult, încât să-şi pună pielea la bătaie ?

5 Talmudul şi Cahalul

Medicul român Nicolae Paulescu, în urma unor cercetări de-o viaţă, a descoperit un extract pancreatic care provoca scăderea glicemiei bolnavilor de diabet. El a publicat o parte din rezultatele cercetărilor sale în anul 1921. După mulţi istorici români şi străini, Paulescu ar fi meritat Premiul Nobel pentru lucrările lui, premiu care a fost atribuit altor doi cercetători în anul 1923. Acest premiu i-a fost refuzat pentru că Mâna Lungă nu i-a iertat faptul că a scris o lucrare bine documentată, în care dezvăluia adevăruri pe care ea ar fi preferat să le lase nevânturate.

Un om de ştiinţă cu rezultate de vârf la nivel mondial este un om raţional, care nu se ocupă de fleacuri. Paulescu a scris o lucrare denumită „Spitalul, Coranul, Talmudul, Cahalul şi Francmasoneria", publicată în 1913, în care s-a ocupat şi de problema evreiască. Corneliu Zelea Codreanu a studiat această lucrare, ca de altfel și alte scrieri cu aceeași tematică. Lucrarea lui Paulescu l-a influențat profund, motiv pentru care, ca să-i înțelegem felul de a gândi și acționa, va trebui să ne ocupăm și noi pe scurt de ea.

Paulescu prezintă în lucrarea lui toate sursele bibliografice din care s-a inspirat, așa cum se obișnuiește într-o lucrare științifică, ca cei interesați să-i poată verifica sursele. El afirmă, citând alți autori, că unii evrei nu se conduc așa cum credem noi după Vechiul Testament, ci după alt cod de norme și de legi, denumit Talmudul din Babilon. În ediții mai vechi, precum cea din Veneția din 1520 și cea din Amsterdam din 1600, existau în Talmud anumite pasaje care, în urma sinodului evreiesc ținut în Polonia în 1631, au fost scoase din edițiile tipărite, dar ele urmau să fie mai departe predate discipolilor, transmise prin viu grai.

Fiindcă totdeauna când vrei să ascunzi ceva atragi atenția, aceste pasaje dispărute din texte au fost cercetate și traduse din edițiile vechi fie de evrei convertiți la creștinism, fie de savanți orientaliști care cunoșteau bine subiectul. Unul dintre aceștia, savantul Eisenmenger, după un studiu de 20 de ani, publică în anul 1700 o lucrare despre Talmud cu titlul „Iudaismul descoperit". Organizațiile evreiești au încercat să confiște cartea. Nereușind, oferă autorului 10.000 de taleri ca să-și retragă lucrarea. Neavând nici așa succes, ele îl reclamă pe autor regelui Prusiei, Frederic I, calomniindu-l că ar fi tradus cu rea intenție pasajele din Talmud. Atunci regele Frederic dispune ca universitățile din Giessen, Mainz și Heidelberg să verifice lucrarea lui Eisenmenger. Traducerea a fost apreciată în unanimitate drept corectă iar reclamanții, nemaiputând jongla cu adevărul în fața autorității a trei universități, au fost siliți să le recunoască ca adevărate.

Paulescu arată apoi că *Talmudul Babilonului* este considerat de mulți evrei o carte sfântă, mai importantă ca Biblia. Cel ce nu ascultă de Talmud, merită să moară, zic unii dintre ei. Toate aceste afirmații nu vin de la Paulescu. El citează doar, dând și sursa de unde a luat citatul. Iată încă câteva citate:

„Studiul zilnic al Talmudului, la ovrei, începea de la zece ani, pentru a se sfârși cu viața"

„Talmudul este codul complet, civil și religios, al Sinagogei... El este codul care regulează, până în momentul de față, purtarea ovreilor... și pentru care ei profesează un respect religios, ce merge până la fanatism".

Iată și câteva din normele morale pe care evreul talmudist trebuie să și le însușească din fragedă pruncie:

„Dumnezeu a dat iudeilor putere asupra averii și a vieții tuturor popoarelor"

„Este permis să despoi pe un goi·"

„Este oprit să dai goiului un lucru pe care dânsul l-a pierdut. Cel ce dă unui goi obiectul pierdut, nu va găsi iertare înaintea lui Dumnezeu."

„Este oprit să împrumuți pe goimi, fără camătă".

„Dacă vreun ovrei are, în țara sa, un proces cu un goi, veți face astfel ca ovreiul să câștige, - și veți zice ne-ovreiului: Așa vrea legea noastră. Dacă ovreiul se găsește într-o țară străină și dacă legile îi vor fi favorabile, veți judeca, bineînțeles, în folosul fratelui vostru și veți zice goiului: Așa vrea legea voastră. Dar, dacă ovreii nu sunt stăpâni pe țară și dacă legile sunt priincioase goiului, trebuie să recurgi la intrigi (la coruperea judecătorilor) pentru ca ovreiul să poată câștiga procesul"

„Rabi Akiba a jurat, dar s-a gândit, în sufletul său, că acest jurământ nu era valabil"

„Precum oamenii domnesc asupra animalelor, aşa şi ovreii trebuie să domnească asupra celorlalte naţii ale pământului".

„Trebuie să ucizi pe cei mai buni dintre goimi"

Talmudul este codul sau legislaţia evreiască pe care Paulescu o consideră valabilă pentru toţi evreii. Dar, fiindcă ei nu aveau un teritoriu al lor unde să se organizeze ca stat, statul lor era unul ascuns privirilor străine, dar care a existat din cele mai vechi timpuri. Aceasta forma de organizare a statului evreu la vremea aceea fără teritoriu, dar cu o populaţie răspândită pe tot globul, poartă numele de Cahal.

Cahalul avea un centru de conducere de care ascultau toţi evreii din lume, apoi exista organizaţii naţionale, care coordonau activitatea în statul respectiv iar pe lângă sinagogi existau cahalele propriu-zise, formate din colectivităţi evreieşti bine organizate, care mergeau la Sinagogă nu numai pentru slujba religioasă, dar şi pentru a discuta afaceri sau politică. Cahalul era deci un stat în stat, cu propriile lui legi şi interese, altele desigur decât ale statului unde se aciuaseră. Astfel, polonezii au încercat la 1788 să desfiinţeze cahalele de pe teritoriul lor, dar fără succes. La fel ruşii în 1844, dar cu acelaşi succes ca şi polonezii.

Cahalul, ca orice stat, are nevoie de buget. El încasa venituri de pe impozite pe locuinţele evreilor proprietari, impozite plătite de meseriaşi, impozite pe moşteniri, sau chiar taxe prin care se dădea dreptul de exploatare exclusivă a proprietăţii unui goi (hazaca) sau a exploatării exclusive a unui goi (marufie). Deci, dacă existau denumiri speciale pentru aceste operaţii, putem trage concluzia că se apela la ele în mod frecvent.

O dată ce un goi era *vândut* unui evreu, acesta întreprindea tot ce-i stătea în putință ca să-l ruineze pe creștin. Ceilalți evrei nu aveau dreptul ca să se bage peste el, dar puteau să-l ajute, dacă voiau.

Ce făcea Cahalul cu banii strânși? Ajuta evrei căzuți în sărăcie, ajutau școlile și instituțiile de binefacere evreiești, dar în același timp, erau folosiți și pentru alte acțiuni precum:

„Reprezentanții Cahalului au împuternicit casieria Cahalului ca să dea banii necesari sărbătoririi, printr-un dejun splendid, cu cele mai bune vinuri, judecătorilor tribunalului creștin, chemați a-și da verdictul în afacerea lucrătorilor ovrei...“

„Să ajute societățile cooperative jidovești (havre) mai ales pe acelea ale micilor meseriași (croitori, tinichigii, etc.) și a micilor comercianți (cârciumari, negustori de mărunțișuri, etc.), care sunt în luptă cu creștinii.“

Acest fel de organizare, în care fiecare evreu era un soldat, fiecare rabin era un general ascultat și urmat fără crâcnire de trupă, cu planuri de luptă și cu punerea la dispoziție a luptătorilor a tuturor mijloacelor financiare necesare, nu putea să nu aibă, – mai ales în România, cu un popor dezarmat, nepriceput și naiv– urmări drastice, pe care statisticile de atunci le confirmă cu prisosință.

Datele oficiale ale recensămintelor sunt elocvente, explica Paulescu: „În anul 1803 în Moldova erau 12.000 evrei ca în anul 1899 numărul lor să crească la 200.000. Iată și o statistică din Iași la 1908 cu situația negustorilor : cârciumari români 51, evrei 344; băcani 6 la 83; precupeți 4 la 172; făinari 1 la 80; negustori de lemne 1 la 40. Spre comparație, în 1832 erau în Iași 264 cârciumari români și 115 băcani români.“

Paulescu mai dă un exemplu cu strada Lipscani, care la 1877 era formata din negustori români pe când 15 ani mai târziu Lipscanii devenise stradă evreiască. În Botoşani, Suceava, Dorohoi, statisticile arătau că meseriaşii români erau pe la 23% iar cei evrei în jur de 70%.

Această situaţie, pe care poporul român a perceput-o ca pe o invazie tăcută, dar extrem de periculoasă pentru însăşi existenţa sa ca neam, a provocat dezvoltarea sentimentelor naţionale, care se regăsesc şi în operele lui Eminescu, Alecsandri, Kogălniceanu, Vasile Conta, Ion Heliade Rădulescu, Haşdeu, Costache Negri, A.D. Xenopol, Petre Ţuţea, Paulescu şi mulţi alţii.

6 Mâna Lungă

Nu încape nicio îndoială că, aducând în discuţie lucrarea lui Paulescu, am supărat din cale-afară Mâna Lungă. Parc-o văd strânsă pumn, arătându-mă cu toate cele cinci degete ca antisemit. Pe mine asta mă gâdilă la opinci, fiindcă ştiu că nu sunt. Mult mai mult mă doare că, după ce i s-a furat premiul Nobel lui Paulescu, cum încearcă cineva să-i aducă acestui mare om de ştiinţă un cât de mic omagiu (un bust, botezarea unei străzi cu numele lui, a unei instituţii), sare Mâna Lungă ca să ia atitudine contra antisemitului Paulescu. După cum se vede, ăştia nici mort nu te iartă!

Singura întrebare care se pune, nu este dacă Paulescu este antisemit, ci dacă în lucrarea sa a scris adevărul. Pentru că dacă a scris adevărul, nu Paulescu, ci adevărul este antisemit. Asta şi explică de ce Mâna Lungă este supărată pe adevăr. Adevărul supără orice organizaţie ce se bazează pe minciună. De asta acestea sunt asociaţii secrete şi urăsc lumina fiindcă ea vine de la Dumnezeu. Ele îşi urzesc planurile în puterea nopţii sau se ascund în grote adânci. Mâna Lungă este reprezentanta tuturor acestor organizaţii la un loc şi vârful lor de lance. Şi fiindcă legionar fiind nu pot fi antisemit, vreau să fac Mâinii Lungi o bucurie, prezentând mai jos doi evrei apropiaţi sufletului meu. Unul se numea Nicolae iar celălalt Oscar zis şi Mititelu, tatăl lui Nicu. Vom arunca un ochi în memoriile lui Nicu, din care ne permitem să ciugulim câteva idei:

Pe 31 decembrie 1959, Nicu primeşte „invitaţia" de a se prezenta la Securitate pentru a i se lua o declaraţie. El fusese de faţă la o discuţie între prieteni, care interesa în cel mai înalt grad pe băieţii cu ochi albaştri. Nicu era convins că dacă va da declaraţia aşa cum doreau „organele", ea va servi la condamnarea acestora la ani grei de închisoare. Printre ei erau Constantin Noica, Alexandru Paleologu, Vladimir Streinu, Păstorel Teodoreanu, Dinu Pillat, Marieta Sadova. Cum putea el să trădeze?

Şi atunci îşi face curaj şi nu recunoaşte nimic. Nici usturoi n-a mâncat, nici gura nu-i miroase. Nu ştie nimic, nu mai ţine minte nimic, a uitat tot, n-a băgat de seamă ce s-a discutat, era cu mintea aiurea, în altă parte. Tatăl lui, Oscar, un bătrânel de 82 de ani, mic de statură, cu un umăr lăsat şi care mergea greu, l-a îndemnat la plecare cu vorbele:

– Să nu fii jidan fricos, să nu te caci în pantaloni!

Cu asemenea încurajări alese, a pornit plin de avânt spre sediul Securităţii unde trebuia să se prezinte, hotărât să-l ia pe „nu ştiu" în braţe şi, dacă va fi nevoie, chiar să mintă cu neruşinare. Tatăl lui l-a obligat să-şi ia cu el un geamantan cu lucruri de primă necesitate, care pe anchetatori avea să-i dezamăgească profund. Valiza aceea dovedea că Nicu se hotărâse încă de acasă să nu recunoască nimic, preferând arestarea decât să-şi trădeze prietenii.

La Securitate Nicu are o revelație. La interogatorii a luat parte prietena lui, care devenise colaboratoarea securiștilor. Trecuse de partea cealaltă a baricadei. Atunci, în acea clipă, realizează că securitatea adusese elemente noi în arta delațiunii. Dacă cei dinaintea lor, siguranța statului, poliția și jandarmeria te înfundau cu ajutorul dușmanilor, securiștii te atacau prin prieteni, logodnice, familie.

Dar el nu s-a lăsat convins nici așa. Pe asemenea „oameni" nu era un păcat să-i minți, își spunea. Era chiar o datorie. Când l-au strâns cu ușa, l-a luat pe „nu" în brațe. Nu știa nimic, n-a văzut nimic, nu și-a amintit nimic. Orice tertipuri securiste au folosit anchetatorii, toate s-au spart de capul cel tare al lui Nicu. Au jucat cu el țonțoroiul, comisia s-a făcut că pleacă, s-au răzgândit apoi, au tras perdelele peste geamuri ca întunericul să inducă teama, l-au luat pe linie sentimentală, că dacă el va fi închis, ce se face bietul lui tată, care rămâne singur și fără niciun ajutor la bătrânețe?

Dar căpățânosul, nu și nu și iarăși nu! Pielea rea și răpănoasă, ori o bate, ori o lasă! N-au putut scoate nimic de la el, așa că securitatea l-a trimis acasă, dându-i timp de gândire. Poate-poate îi vine mintea la cap! Dar acasă a fost și mai greu, fiindcă Mititelu l-a luat pe bietul Nicolae, abia scăpat de o belea, sub foc încrucișat:

– La ce-ai mai venit acasă, nenorocitule! Îi va spune plin de mânie unicului fiu. Mititelu avea dreptatea lui fiindcă acceptând să se mai gândească, dădea speranțe celorlalți nenorociți că ar putea să cedeze. Dar cu așa tată, varianta asta cădea de la sine.

Mititelu fusese om aprig în tinerețe. A luat parte în primul război mondial ca ofițer la luptele crâncene de la Mărășești, primind pentru fapte de vitejie decorația Virtutea Militară. Era inginer de profesie și arhitect, fiind proprietarul unei fabrici de mobilă. Nicolae şi-l amintea cum, în timpul agitaţiilor comuniste din 1919, umbla prin atelierele fabricii în uniformă militară şi cu sabia scoasă din teacă. E de la sine înţeles ce spaimă i-a cuprins pe agitatorii ovrei când au dat nas în nas cu un jidan furios ce umbla ca turbat, învârtind sabia pe deasupra capului. Pe loc li s-au *muiet chicerili* de spaimă.

Mititelu era şi pui de filozof, pentru că îi va spune fiului că dacă-şi va trăda prietenii, va avea zile bune, dar nopţile îi vor fi cumplite. La puşcărie însă, deşi va avea zile grele, nopţile îi vor fi liniştite şi senine. Concluzia logică a fost că Nicu va ajunge oricum la închisoare. Mititelu cunoştea bine psihologia securistă. Chiar dacă fiul lui ar apare ca martor al acuzării, peste un timp tot îl vor înhăţa. Nu intra în socotelile lor ca unii participanţi la o activitate considerată subversivă să zacă în puşcărie şi alţii sa fie omişi. Duşmanul de clasă trebuia stârpit în totalitate.

Nicu a fost trimis acasă, cu speranţa că după trei zile va reveni pocăit şi dornic de colaborare. Dar securiştii, mizând pe influenţa Mititelului, nu ştiau ce-i poate pielea. El a fost un om năzdrăvan. A lucrat până la vârsta de 79 de ani, când a ieşit la pensie. Cu puţin timp înainte de pensionare, odată, când l-a căutat la fabrică, Nicu l-a găsit cocoţat pe nişte schele, lipit de tavan. Asta-i lipsea moşului, să se caţere acolo unde nici cei tineri nu aveau curajul să se urce.

De la el fiul a primit sfatul bun să aleagă nopţile liniştite. Nicu însuşi era un căpăţânos fără pereche. Nu degeaba i-au încăput în căpăţână unsprezece limbi străine, pe care le vorbea cursiv! În felul acesta *căpăţânosul* avea să primească o condamnare de treisprezece ani. A avut, printre alţii, camarad de suferinţă pe Păstorel, cel care a primit doar şase ani, probabil un act de clemenţă fiindcă a scris cu mult talent poezioare patriotice închinate partidului:

Zece membri de partid
Visau viață nouă,
Unul a vorbit în vis.
Și-au rămas doar nouă!

Nouă membri de partid
De marxism s-au copt!
Unul s-a răscopt din ei.
Și-au rămas doar opt!

Opt membri de partid
Au trecut la fapte,
Unul a trecut la Tito!
Și-au rămas doar șapte!

Șapte membri de partid
Fac afaceri grase.
Unul a intrat la zdup
Și-au rămas doar șase!

Șase membri de partid
Au strigat lozinci.
Unul a strigat greșit
Și-au rămas doar cinci!

Cinci membri de partid
Când au fost la teatru.
Unul n-a aplaudat
Și-au rămas doar patru!

Patru membri de partid
Și cam toți ovrei,

Unul a plecat în Eretz
Şi-au rămas doar trei!

Trei membri de partid
Vorbeau de război!
Unul a vorbit cam mult,
Şi-au rămas doar doi!

Doi membri de partid
Mândri ca păunul.
Unul a înnebunit,

Şi-a rămas doar unul!
Un membru de partid,
Cel mai lămurit.
A plecat cu Onete-ul
Şi n-a mai venit!

Zero membri de partid,
Luptă pentru pace.
Că partidul nostru drag
Ştie el ce face!

Sau alta, mult mai îndesată:

Căpitane,
Nu fi trist!
Garda merge înainte
Prin partidul comunist!

7 Suntem niște neisprăviți

După Dumitru Drăghicescu, cel care a scris o interesantă lucrare despre psihologia poporului român, noi suntem un neam neașezat încă. El spunea printre altele că multe din creațiile noastre de orice fel sunt neterminate. Avem un fel de mâncărici care ne împiedică să ne facem un plan și apoi după acel plan, să ducem o muncă cu cap și până la capăt.

„Astfel neisprăvită este istoriografia noastră, încât nici astăzi nu suntem încă bine lămuriți despre începuturile și obârșia noastră; neisprăvită este limba, gramatica și ortografia românească, căci nu aflăm încă reguli stabilite, statornice, primite de toți autorii și scriitorii...“ Noroc cu evreii că au sărit să ne ajute. Cel mai mare „grămătic“ al nostru a fost evreul Alexandru Graur, care cel puțin 50 de ani s-a tot luptat cu noi ca să învățăm să vorbim corect românește. Iar pe Nicolae Steinhardt, când era deținut la Gherla prin 1960, l-a tot pisat un coleg de celulă cu întrebări despre gramatica franceză, silindu-l să riposteze:

– Mă tot omori cu subjonctivele verbale franceze, dar ia să vedem cum stai la conjugarea verbelor românești... a, zici că le știi, să vedem, ia spune-mi perfectul simplu al verbelor a coase, a coace și a cosi...

– De la a coase e cosei...

– Dar de la a cosi? Cum? tot cosei? Ce spui dom’le? Atunci sa-ți spun eu ca să știi! De la a coase e cusui, de la a coace e copsei iar de la a cosi e cosii cu doi de i!

– Cusui? Nu-s convins!

– N-oi fi, dar așa e, vezi că nu știi românește?

Neisprăvirile noastre sunt multe, zice nea Mitică, dar eu m-aș opri la istoriografie, pe care am găsit-o, la un secol de la apariția lucrării lui Drăghicescu mai neisprăvită cu încă o sută de ani. Și dacă tot am pomenit cartea lui Drăghicescu, să aducem la lumină încă un citat din ea:

„Românii din Transilvania, sub acest raport, se deosebesc foarte mult de cei din România (cartea aceasta a fost tipărită în 1907, deci înainte de marea Unire). La ei, puterea de resemnare este mult mai mică, energia răspunsului la asupriri s-a cheltuit mult mai mult în fapte violente, în brutalități decât în plângeri și în sarcasme poetice. Nobilimea maghiară din Crișcior simți, la 2 noiembrie 1784, puterea brațelor țăranului român atâta amar de timp robit de ea. Această nobilime plăti atunci, cu capetele a 37 de membri de-ai ei, asupririle din trecut. Asemenea o pățiră și nobilii din Brad, care plătiră la fel crimele lor în ziua de 5 noiembrie, la podul de peste Criș. Zarandul, Ribița și alte multe orașe fură martore la aceleași scene sângeroase; în aceasta din urmă, 41 de nobili unguri fură măcelăriți.“

Ce-au făcut țăranii sub conducerea lui Horia, Cloșca și Crișan? Și-au făcut dreptate singuri, fiindcă stăpânirea de atunci i-a adus la sapă de lemn și la o disperare adâncă. Deci, în condițiile în care un regim samavolnic scoate sufletul din supușii lui, este de așteptat ca aceștia, atunci când se răscoală, să se răzbune crunt pe asupritori. Era singura formă prin care puteau să-și ceară dreptul la viață! De asta, pe drept, mai ales Horea, este considerat martir și erou al românilor. N-am întâlnit niciun istoric român, oricât de „neterminat“ ar fi, care să-i considere pe moții lui Iancu sau pe cei trei conducători ai răscoalei din 1784 criminali. Și nici pe haiducii precum Pintea Viteazul, Andrii Popa sau Iancu Jianu. Cu toate că aveau și ei pistoale și nu ezitau, dacă erau încolțiți, să se folosească de ele!

Dacă trecem la Mişcare Legionară, neaşezata noastră istoriografie, reprezentată de istorici neisprăviţi, vor trata subiectul pe cu totul alte baze, deşi situaţia legionarilor nu se deosebea prin absolut nimic de situaţia moţilor de la 1784. Aceeaşi prigoană, aceeaşi interzicere de drepturi, aceeaşi bătaie de joc faţă de demnitatea umană. Aici *neisprăviţii* nu mai văd imensa nedreptate pe care guvernele unui stat „democratic" o fac exclusiv legionarilor. Ei au fost priviţi şi descrişi ca şi cum ar fi reprezentat tot răul din România, care trebuia desigur stârpit prin orice mijloace.

Mişcarea Legionară este o mişcare fascistă, zic experţii noştri neterminaţi, deşi o instanţă mult mai mare decât vocea lor piţigăiată, Tribunalul de la Nürnberg, a spus cu glas mare, desigur prin tăcere – în scris, tăcerea se numeşte omisiune –, că Mişcarea Legionară nu este o mişcare fascistă. Singurii care au interzis-o au fost ruşii şi cu comuniştii! Dar oare după ce ne-au impus cei mai mari criminali ai lumii trebuie noi să ne luăm? Am văzut cum ruşii au interzis şi organizaţia finlandeză Lotta Swärd pe motiv c-ar fi fascistă, dar cu finlandezii nu le-a mers. Ei au schimbat doar numele, ca apoi, când le-a căzut bine, să revină la aproape vechea denumire, fără să le mai pese de ruşi.

Prigoana contra lui Codreanu a pornit din 1923, continuată în '31, '32, '33, '37, când Mişcarea a fost interzisă de patru ori, deşi nu s-au putut aduce niciun fel de probe acuzatoare contra ei. Sigur că la o mişcare de un milion de membri apar fără să vrei şi acţiuni necontrolate sau defecţiuni, dar asta nu schimbă cu nimic aureola de Mişcare creştină şi naţională a Legiunii. Este vremea ca noi românii să încetăm să ne mai lăsăm manipulaţi de Mâna Lungă şi să ne privim istoria aşa cum a fost ea. Eu nu mă ruşinez şi nu plec ochii în jos, dimpotrivă sunt mândru că istoria noastră a avut martiri precum Codreanu, Moța și Marin. Iar pe lângă ei, un milion de adepți!

Deci, neterminații noștri istorici au nesăbuirea să preia pe nemestecate epitete referitoare la Mișcare emanate de la comuniști, masoni și alte otrepe, fără măcar să le treacă prin cap să aprofundeze subiectul. Pentru că dacă este să fim drepți, dictatura lui Carol al doilea, între 1938 și 1940 se aseamănă mult mai mult cu un stat fascist, decât statul Național legionar care i-a urmat. Și când ar fi putut Mișcarea să-și dea pe față mai cu folos presupusul fascism și antisemitism, dacă nu atunci când a fost la guvernare?

Nicolae Steinhardt, împreună cu tatăl său

8 Ovreiul creștinat

Când a fost aruncat, spre dimineață, în uriașa celulă de la Jilava, bietul Nicolae, cu traista-n mână că băț n-avea, a rămas locului, neștiind unde să se aciueze. Pe margini erau patru rânduri de paturi supraetajate, iar pe podea, la piciorul paturilor un rând nesfârșit de bocanci. Deodată, undeva sus de tot, o mână îi face *sămn* să urce.

Ajuns la „cucurigu", înghețat și cu inima cât un purice, cei trei care l-au primit în mijlocul lor s-au tras mai la o parte, ca să-i facă semenului lor mai nenorocit decât ei loc unde să-și puie capul. N-a apucat nici să ațipească bine, pentru că exact la ora cinci, soneriile infernale aveau să dea deșteptarea.

În acea zi îi va cunoaște și pe camarazii lui cei cu inima bună, care l-au primit printre ei. Și fiindcă nimic în viață nu este întâmplător, Dumnezeu l-a adus pe Nicolae între preotul ortodox Mina Dobzeu, încarcerat pentru că protestase împotriva desființării schitului unde era aciuat, părintele Nicolae, greco-catolic, și părintele Iuliu. Acesta din urmă era preot catolic, dar a fost silit să treacă la ortodoxie. Totuși a fost închis fiindcă, ziceau acuzatorii, ar fi rămas loial Vaticanului.

Bietul Nicolae ovreul, înconjurat de atâția preoți, dă glas unei preocupări mai vechi de-a lui de a se boteza în religia creștină. Iată că avea de unde alege, dar el se hotărăște pentru religia ortodoxă, pe care o vedea cea mai apropiată de Hristos. Pe 15 martie 1960, turnându-i apă „viermănoasă" dintr-un ibric ruginit și soios în cap, Mina Dobzeu, asistat de părinții Iuliu și Nicolae, aveau să-l creștineze pe ovreiașul acesta cu inimă mare.

Crezul în Dumnezeu avea să-l ajute să petreacă în pușcărie cele mai intense clipe de fericire pe care le-a trăit vreodată. Aceste momente sunt descrise în memoriile lui intitulate *Jurnalul fericirii*. Din acest jurnal aveam să aflu că deviza revoluției franceze „Libertate, egalitate, fraternitate" nu este decât o trunchiere a adevăratei devize a revoluționarilor, care suna altfel: „Libertate, egalitate, fraternitate sau moarte!" Uite că și francezii la 1789 gândeau ca legionarii!

Dar Nicolae nu s-a creştinat în religia ortodoxă doar ca să se afle-n treabă sau din disperare. Ortodoxia a fost pentru el mijlocul de a se uni cu Hristos. N-a acceptat trădarea nici când era ateu, dovedind verticalitate şi caracter integru. Devenit creştin, voia să dobândească mult mai mult, iertarea şi mântuirea. Spre sfârşitul vieţii, avea să-şi închine viaţa lui Hristos, devenind monah la mănăstirea Rohia. Aici, printre rugăciunile nesfârşite şi pioase precum „Tatăl nostru", „Crezul" sau „Înger, îngerelul meu", poate că a rostit de mii de ori şi rugăciunea scurtă, dar plină de o ascunsă înţelepciune a sfântului Filip Neri: „Ţine-mă Doamne de urechi, ca să nu te vând ca Iuda!"

9 Duşmanii lui Codreanu

Constantin Manciu ca prefect al judeţului, ar fi trebuit să se limiteze la asigurarea liniştii şi păstrarea legalităţii în zona lui de activitate. El însă şi-a depăşit atribuţiile, ieşind nu numai din legalitatea pe care ar fi trebuit s-o respecte cel dintâi, ci şi din legile omeniei. O fi fost Codreanu din punctul lui de vedere tulburător al liniştii publice, dar în momentul când organizaţia lui s-a apucat să-şi construiască căminul, Manciu ar fi trebuit să fie fericit că tinerii din jurul acestuia s-au cumințit, apucându-se de făcut cărămizi şi de plantat roşii. Putea chiar să spere că tinerilor le-a venit mintea la cap, s-au maturizat. Ca om, trebuia să le dea această şansă.

Dar construirea Căminului Cultural la Iaşi sub comanda lui Codreanu l-a turbat rău pe Manciu, care şi-a pus în gând să împiedice cu orice preţ finalizarea proiectului. Ce-l putea deranja pe el ca prefect, construirea unei case? Absolut nimic, dacă Manciu ar fi fost un prefect onest. Dar se pare că n-a fost şi suspiciunile profesorului A.C. Cuza şi ale lui Codreanu, că s-ar fi pus în slujba Mâinii Lungi, par logice şi verosimile.

Sigur este că organizaţiile evreieşti din Iaşi erau cu ochii pe Corneliu de ani buni, iar el nu putea face nicio mişcare, fără ca acestea să nu-i ştie intenţiile. Ele priveau cu îngrijorare faptul că avocatul acesta tânăr se dovedise atât de abil, încât nu numai că le ghicise organizarea, dar începuse să preia elemente din cahal, pe care le aplica cu tot mai mult succes în modelarea organizaţiei lui, care va ajunge să capete dimensiuni naţionale. Iar acum, ca o încoronare a activităţii lor, voiau să construiască un cămin, adică o construcţie ce avea să joace în Mişcare rolul sinagogii! (Rolul pe care l-a jucat acest cămin în dezvoltarea Mişcării Legionare, a arătat cu prisosinţă că temerile ovreieşti n-au fost nefondate!)

De asta Mâna Lungă a decis că acest proiect trebuie blocat cu orice preţ iar Manciu, unealta lor, urma să ducă hotărârea asta la îndeplinire. Aşa se explică înverşunarea lui de a se repezi asupra a 50 de tineri – înarmaţi cu săpăligi de plantat roşii – cu o armată de 240 de militari înarmaţi, ca să-i aresteze. Apoi i-a purtat pe jos pe străzile Iaşului până la prefectură, ca să-i vadă cine trebuia vitejia şi modul exemplar în care ducea la îndeplinire sarcinile pe care le primise din cercurile oculte.

O altă dovadă a implicării Mâinii Lungi în incidentele de la grădină rezultă din mărturisirea involuntară a comisarului Vasile Voinea, în momentul în care Codreanu şi grupa lui de tineri era pusă în lanţuri: „Până deseară o să fii un om mort. N-o să mai apuci tu să dai jidanii afară!“. „A da jidanii afară“ era o expresie, prin care mintea molcomă a comisarului Vasâli înţelegea „Numerus Clausus“. Ce l-ar fi putut supăra pe un comisar obscur faptul că Zelea Codreanu voia *să dea jidanii afară*?

În mod normal ar fi trebuit să nici nu-i pese, să-l doară-n cot sau în vârful bocancului. Doar dacă comisarul acesta, ca toți colegii lui, fusese înnoit din cap până-n picioare de Mâna Lungă, așa cum relatează Codreanu în memoriile lui, devine clar de ce pe comisarul Vasile l-a durut așa de tare vârful bocancilor. Trebuia să-și arate și el cumva recunoștința față de noii lui stăpâni, care nu-l înțoliseră doar de florile mărului. De asta nu încape nicio îndoială că numele lui Corneliu Zelea Codreanu figura în fruntea celor mai negre liste ale Mâinii Lungi din România.

10 Greșeala lui Codreanu

Oamenii aleși stau sub aripă dumnezeiască și deci, profund credincioși, recunoscând condiția ticăloasă a omului, acceptă că sunt supuși greșelii. Asta dă sens smereniei și rugăciunilor pentru iertarea păcatelor. Cine nu recunoaște că greșește, nu are nevoie nici de rugăciune și nici de iertare. Și la urma urmei, nici de Dumnezeu. Așa sunt toți comuniștii și alții ca ei, care au făcut pactul cu Necuratul, precum Faust.

Codreanu era în plină glorie la ora când și-a scris o parte din biografie sub denumirea de *Pentru Legionari*. Mișcarea Legionară număra deja sute de mii de adepți, aderenți și simpatizanți. Ar fi putut să se lase cuprins de mândria prostului, ca alții cu mai puțină substanță. El însă va scrie imediat sub titlul o propoziție care ne arată adevărata lui dimensiune morală:

„În acest volum este scrisă povestea tinereții mele, de la 19 la 34 ani, cu simțirile, credința, gândurile, faptele și greșelile ei." Un om care își începe astfel mărturisirea, mai mult în fața lui Dumnezeu decât a oamenilor, este demn de crezare și, mai ales, de urmat.

Una din greşelile lui a fost aceea că s-a definit singur şi greşit drept antisemit. Un antisemit este acela care urăşte pe evrei pentru că sunt evrei. Codreanu însă nu face parte din această categorie. El şi-a definit clar principiile de luptă şi întotdeauna a luptat contra duşmanilor ţării, neţinând cont de naţionalitatea lor.

Iată ce scria el cu privire la complotul din 1923, din care făcea şi el parte: „Cea dintâi problemă care ni se punea era aceasta: cine trebuie să răspundă mai întâi? Cine sunt mai vinovaţi pentru starea de nenorocire în care se zbate ţara: românii sau jidanii? Am căzut unanim de acord, că cei dintâi şi mai mari vinovaţi sunt românii ticăloşi, care pentru arginţii iudei şi-au trădat neamul."

11 ORGANIZAŢIE EXTREMISTĂ ŞI FASCISTĂ

Mulţi au scris şi mai scriu despre Mişcarea Legionară că a fost o mişcare extremistă, fără să explice în ce constă acest extremism. Această afirmaţie este corectă, dar trebuie explicată.

Toate partidele şi clasa politică interbelică a fost coruptă, mâncată de orgolii şi egoism, condusă de interese meschine şi foarte departe de durerile românilor. Ele conduceau ţara, aveau pe mână presa guvernamentală, mijloace de represiune şi de dezinformare. Mişcarea Legionară a fost condusă de principii exact contrare cu ale partidelor „istorice" care, considerându-se buricul pământului, se vedeau ocupând o poziţie centrală, sau „de mijloc". Fiind altfel decât ele, Mişcarea Legionară a fost descrisă ca una ce nu se scălda în aceleaşi ape, ci se poziţiona undeva la extremitatea politicii obişnuite. Iată şi un fragment luat din „*Pentru Legionari*", din care ne putem da seama de „extremismul" lui Codreanu, ajuns parlamentar:

„ÎN PARLAMENT

În urma acestei alegeri, am intrat în Parlament. Singur, în mijlocul unei lumi dușmănoase. Fără experiența acestei vieți de parlamentar, fără talentul oratoriei democratice, care cuprinde multă frază goală, dar pompoasă, strălucitoare, gesturi pregătite în oglindă și o bună doză de obrăznicie. Însușiri cu care poți străbate, te poți ridica, dar pe care Dumnezeu n-a vrut să mi le dea și mie. Probabil, pentru a-mi tăia orice tentație care m-ar fi îndemnat să mă înalț prin ele.

Nu am depășit niciodată, tot timpul cât am stat în Parlament, legile bunei cuviințe și a respectului pentru cei mai bătrâni, fie chiar cei mai mari adversari ai mei. N-am batjocorit, n-am luat parte la înjurături, n-am râs de nimeni și n-am ofensat pe cineva. *Așa că nu m-am putut integra vieții de acolo.* Am rămas un izolat, nu numai datorită faptului că eram singur față de ceilalți, ci un izolat față de viața aceea.

Într-o seară târziu, când ședința era pe sfârșite și băncile aproape goale, mi s-a dat cuvântul.

Am căutat să arăt că țara aceasta este cotropită de jidănime. Că acolo unde este cotropirea cea mai mare, acolo este și cea mai înspăimântătoare mizerie omenească: Maramureșul. Că începutul existenței jidanilor pe pământul nostru, coincide cu începutul morții românilor. Că în măsura în care numărul lor va crește, noi vom muri. Că, în sfârșit, conducătorii nației românești, oamenii veacului democrației și ai partidelor, în această luptă și-au trădat neamul lor, punându-se în slujba marii finanțe naționale sau internaționale jidănești.

Arăt că în portofoliul Băncii Marmorosch Blank, acest cuib iudaic de uneltire și de corupere, sunt trecuți o bună parte din oamenii politici, oameni pe care această bancă îi „împrumutase" cu bani: dl. Brandsch, subsecretar de stat, 111.000 lei; Banca Țărănească a d-lui Davilla 4.677.000; dl.

Iunian 407.000 lei; dl. Madgearu 401.000 lei; dl. Filipescu 1.265.000 lei; dl. Răducanu 3.450.000; Banca Răducanu 10.000.000 lei; dl. Pangal, şeful masoneriei de rit scoţian, 3.800.000 lei; dl. Titulescu 19.000.000 lei. Toţi fruntaşi ai vieţii publice româneşti.

În afară de aceştia mai sunt şi alţii. Sunt mulţi. Sunt toţi, dar n-am putut pune mâna pe listă.

Fiind întrerupt de unul din ei:

– Sunt bani împrumutaţi. O să plătească.

Răspund:

– Or plăti sau nu, nu ştiu, dar eu vă spun un singur lucru: există obligaţia pe care o are cineva când împrumută bani de la o asemenea finanţă, de a o satisface când este la guvern, de a o satisface când este în opoziţie şi, în orice caz, de a nu lovi în ea când trebuie să fie lovită.

Citesc apoi o listă din care arăt, fără posibilitate de replică, cum de la război şi până acum statul român a fost defraudat cu cca. 50 miliarde lei, sub conducerea democraţiei, a prea cinstitei şi prea perfectei forme de guvernare a „poporului" prin el însuşi. Conducerea „democraţiei" având la bază ideea „controlului" permanent al poporului în care poporul, marele controlor, este prădat, în timp de 15 ani de guvernare cu fabuloasa sumă de 50 miliarde lei.

Fac apoi observaţiuni critice asupra democraţiei.

La urmă formulez 7 cereri:

1. cer introducere pedepsei cu moartea pentru manipulatorii frauduloşi ai banului public.

Mă întrerupe dl. Ispir, profesor la Facultatea de Teologie:

– D-le Codreanu, d-ta te intitulezi creştin şi purtător al ideii creştine. Îţi aduc aminte că susţinerea acestei idei este anticreştină.

Răspund:

– Domnule Profesor, când este chestiunea să aleg între moartea țării mele și aceea a tâlharului, eu prefer moartea tâlharului. Cred că sunt mai bun creștin dacă nu voi permite tâlharului să-mi ducă țara le pieire.

2. Cerem revizuirea și confiscarea averilor celor care și-au furat țara.

1. Cerem tragerea la răspundere penală a tuturor oamenilor politici care se vor dovedi că au lucrat în contra țării, fie sprijinind afaceri incorecte, fie în alt mod.

2. Cerem împiedicarea pe viitor a oamenilor politici de a mai face parte din consiliile de administrație ale diferitelor bănci sau întreprinderi.

3. Cerem alungarea cetelor de exploatatori nemiloși care au venit pe pământul acesta să exploateze bogățiile solului și munca brațelor noastre.

4. Cerem declararea teritoriului României ca proprietatea inalienabilă și imprescriptibilă a neamului românesc.

5. Cerem trimiterea la muncă a tuturor agenților electorali și stabilirea unui comandament unic, căruia să i se supună, într-un singur gând, toată suflarea românească.

Acestea sunt cele dintâi încercări de formulare publică a câtorva măsuri politice pe care le socoteam mai urgente.

Ele nu sunt rodul unei cugetări îndelungate, a unei frământări ideologice, ci rezultatul unor gânduri momentane asupra a ceea ce are nevoie neamul românesc, acum, imediat.

Peste 6 luni au apărut câteva mișcări destul de populare, având în program numai cele trei puncte inițiale: 1. Pedeapsa cu moartea, 2. Revizuirea averilor, 3. Oprirea oamenilor politici de a intra în consilii – ceea ce înseamnă că le-au mai observat și alții ca necesare.“

Se mai spune că legionarii ar fi fost fasciști. Ca să aflăm adevărul, vom aplica Metoda reducerii la absurd. Presupunem deci că legionarii au fost fasciști. Atunci, de ce loturi întregi de legionari au fost internați de naziști în lagărul de la Buchenwald, alături de evrei, prizonieri de război, romi și alți deținuți deportați de prin țările ocupate? De ce conducerea mișcării cu Horia Sima în frunte a fost ținută în lagărul de la Dachau? Dar legionarii din lagărul de la Rostock, ce căutau acolo? Cine-a mai văzut o organizație fascistă, cu membrii deportați în lagărele naziste?

Apoi, după război, în urma procesului de la Nürnberg, căpeteniile naziste au fost pedepsite exemplar iar cele care au scăpat, au fost urmărite până în cele mai ascunse unghere ale Americii de Sud ca să fie aduse să-și ispășească pedeapsa. Contra Mișcării Legionare și a conducătorului Mișcării Horia Sima, Tribunalul n-a dat niciun verdict. De asta Mișcarea Legionară și-a putut desfășura legal activitatea ei din exil, după ce România a intrat pe mâna comuniștilor.

Legionarii din exil au colaborat chiar cu americanii și francezii pentru pregătirea unor acțiuni contra regimului comunist român. Această colaborare a durat din 1950 până în 1954. Mișcarea Legionară a fost considerată de aliați singura organizație românească pe care se puteau baza în frontul anticomunist, pe care atât de târziu s-au hotărât să-l formeze. Dacă francezii, dar mai ales americanii, ar fi considerat Legiunea fascistă, ar mai fi colaborat cu ea?

Am ajuns la trei concluzii absurde, deși doar una ajungea ca să ne convingem că ipoteza inițială a fost falsă. Deci, Mișcarea legionară n-a fost fascistă.

12 Inexactitatea, imprecizia şi aproximarea

Când Ştefan cel Mare s-a hotărât să ctitorească mănăstirea Putna, zice Neculce, s-a urcat pe un vârf de deal şi a tras de acolo o săgeată în vale. Unde s-a înfipt săgeata, acolo s-a făcut altarul. Acest fel de a acţiona la întâmplare, nu l-a caracterizat pe Ştefan, fiindcă nu şi-a ales niciodată locul luptelor pe care le-a purtat, trăgând cu arcul într-o hartă a Moldovei. Un domn atât de chibzuit ca el, nu putea lăsa la voia întâmplării lucruri atât de importante precum construirea unei mănăstiri sau locul de desfăşurare al unei lupte.

Deci, în tot ce întreprindem, e nevoie de chibzuinţă, de plan, de luarea în calcul a resurselor şi de a nu pierde din ochi atingerea scopului urmărit. Codreanu a fost unul dintre cei mai înţelepţi conducători, care a ştiut ca nimeni altul să-i aducă pe membrii Mişcării pe drumul Legiunii. Despre el, ca despre orice român de frunte, s-a spus că e străin. Codreanu a avut un străbunic german. Foarte bine, se ştie că prin împerecherea raselor metişii sunt mult mai reuşiţi decât rasa pură. A moştenit probabil de la acest străbun multe însuşiri folositoare, fiindcă întotdeauna planurile lui erau judicios întocmite şi nu se ştie cum, dar reuşea să le ducă şi la bun sfârşit, oricât de irealizabile ar fi părut.

Mai ales în studii, memorii, povestiri, amintiri, este nevoie de precizie. Când, unde şi cum s-au petrecut lucrurile, dacă cel care descrie faptele a fost martor ocular, sau le-a auzit povestite de la alţii. Orice mărturie, pe lângă valoarea ei sentimentală, trebuie să aibă şi una documentară.

Legionarul este bine să-şi scrie memoriile. Dacă nu cu talent literar, totdeauna cât mai obiectiv, cât mai exact. Căpitanul era convins că Legiunea va învinge şi că dacă această doctrină nu va reuşi să iasă la lumină, poporul român va dispare. Va rămâne fără țară și se va risipi în patru vânturi. Pentru români, nu rămâne altă variantă decât legionarismul. Acesta cultivă o doctrină creștin-ortodoxă activă, care luptă pentru o societate morală, de care să se bucure toți românii. Ei pedepsesc pe dușman, pe trădători, pe cei ce urzesc și pun în pericol neamul românesc. În memoriile lui legionarul va descrie mai ales matrapazlâcurile și ticăloșiile pe care le fac cei din jurul lui: primari, deputați, oameni de afaceri, bancheri, șperțari, corupți și corupători.

Faptele lor mai ales trebuie să rămână scrise ca atunci când va veni vremea, să fie trași la răspundere. Orice faptă antisocială va trebui pedepsită, fără clemență, fără condamnări cu suspendare, fără amnistie. Ca acelora care nu sunt corecți să le fie teamă. Și vor avea de ce să le fie, când justiția sub un guvern legionar le va lua faptele la cântărit. Orice memoriu scris cu inima buna va putea fi în viitor o sursă de inspirație pentru istorici. Legionarul va scrie astfel o parte din istoria patriei lui. Și o va și clădi, când va veni timpul.

Iată un exemplu de cum nu trebuie să-ți scrii memoriile. Când m-am documentat referitor la vasul *Struma*, am găsit diferite informații, în care se făceau afirmații atât de contradictorii, încât reconstituirea faptelor n-am putut-o face decât în linii mari:

Struma a fost o navă de pasageri care a părăsit portul Constanța la 12 decembrie 1941, având la bord **790** de pasageri de origine evreiască. În total, la 12 decembrie, s-au îmbarcat **787** persoane, dintre care 10 alcătuiau echipajul. Pe 12 decembrie 1941, ora 14.30., nava Struma s-a desprins de cheu, de la **dana 10**. Joi 12 decembrie 1941 ora 14.30, nava Struma, care putea să primească la bord cam **80–100** de pasageri, a pornit din *dana 27* a portului Constanța cu **769** de pasageri care cântau Trăiască regele și Hatikvah. În fine, „Struma" a plecat *în decembrie de la dana 10* a portului Constanţa. În Portul Constanţa, **769** de evrei au plătit bani grei pentru a urca la bordul navei şi a ajunge în Israel.

Struma era o *epavă plutitoare*. În orice caz nu semăna cu un sicriu plutitor, cum se vorbeşte, din şantier a ieşit totuşi *o navă cu toate calităţile*. Dovada că era un vas în toată regula a fost atunci când s-a pus pe uscat la Costineşti, când, deşi am tras de ea, nu s-a rupt în bucăţi, cu toate că era supraîncărcată cu aproape 800 de oameni la bord. Motorul de **300 CP** nu era cel original, ci unul de ocazie luat de la un *vas scufundat în Dunăre*, mergând cu doar jumătate din putere. Nava era atât de ruginită încât marinarii spuneau că „*doar vopseaua mai desparte cala de apă*". Nava din fier, cu un tonaj de 642,36 tone, avea două catarge, o lungime de 46,40 m şi o lărgime de numai **8,70 m**, ceea ce provoca un ruliu important. S-a schimbat motorul cu unul *de tanc* pe benzina de circa **200 C.P.** Autorităţile turce nu le-au permis însă pasagerilor să coboare în port şi, cu toate că avea cârma şi *motoarele defecte*, terminase apa şi alimentele de la bord. Struma era făcut din fier, avea două catarge pentru vele, o lungime de 46,40 m, şi o lărgime maximă de numai **5,70 m**. Tonajul era de **642,36.** Motorul cu elice de *240 cai putere*, fusese înlocuit cu unul de **300 CP**, luat de la un vas scufundat în Dunăre. Struma avea un deplasament de *300 tone*. În mod normal vasul putea transporta circa **150** de persoane. Fuseseră vândute însă tichete unui număr de cinci ori mai mare.

Pe 24 februarie 1942, puţin înainte de ora 09.00, s-a auzit o detunătura teribilă. Din cei **759** de pasageri - bărbaţi, femei şi copii (10 persoane au coborât în Istanbul pentru că aveau paşapoarte britanice) a supravieţuit doar unul, *David Stoleru*, în vârstă de 19 ani la acea dată. *David Stoliar a supravieţuit, pentru că s-a agăţat de o scândură de lemn desprinsă* *din punte.* Supraviețuitorul *David Stoliar*, în cartea sa relatează că s-a urcat pe *acea barcă.* Noaptea de 24 spre 25 februarie *a petrecut-o în apă.* Cei **768** de refugiați aflați la bord s-au înecat după ce nava a fost torpilată în Marea Neagră. La 24 februarie 1942, s-a scufundat, la nord de Bosfor, nava „Struma", având la bord **767** emigranți evrei și 10 membri ai echipajului.

Nu poți citi aceste câteva rânduri ca să nu fii cuprins de amețeală. Cele de mai sus sunt scrise majoritatea de jurnaliști români care deși nu au habar, vor să pară bine informați. De asta scriu cu mare grijă că nava avea un tonaj de 642,36 de tone, ca și cum 360 de kilograme nu puteau fi rotunjite. Dar de ce să rotunjească, când asta *dă bine* la cititor? Iar lățimea navei era de doar 5 metri la unii și 8 la alții, amănunte fără importanță, fiindcă nava nu s-a scufundat datorită lățimii sale. Apoi, nimeni nu reușește să afle numărul pasagerilor de pe *Struma*, dar toți se joacă cu cifre exacte, ca să nu lase impresia că n-ar fi bine informați.

Cei ce au scris despre tragedia aceasta fac și greșeli de logică. Unul scrie că în cele din urmă *Struma* a primit permisiunea să plece din portul turcesc. Cum să plece, omul lui Dumnezeu, fără motor? A venit marina turcă, a tăiat lanțul ancorei, a legat nava cu un cablu și a remorcat-o în Marea Neagră, spre disperarea pasagerilor. Asta a fost „permisiunea" autorităților turcești! Altul își dă singur un pumn în barbă, într-o singură frază: Autoritățile turce nu le-au permis pasagerilor să coboare în port și cu toate că avea cârma și motoarele defecte, terminase apa și alimentele de la bord. Ăștia sunt cei care gândesc continuu dar scriu pe sărite. Nu era mai bine ca ziariștii să scrie că pe vasul Struma s-au îmbarcat aproape 800 de pasageri, în loc de 150 cât era capacitatea lui, iar vasul a pornit din portul Constanța, nu de la o dană căreia nimeni nu-i știe numărul și de fapt nu are importanță? Mult mai important era să scrie despre chinurile bieților oameni, despre impotența politicienilor, despre cinismul unui căpitan de submarin!

Fiindcă un guvern n-a vrut, altul n-a putut, altele nu s-au băgat iar un căpitan de submarin a apăsat pe-un buton, au pierit într-o clipă aproape 800 de oameni. Mare tragedie!

Contra Legiunii însă s-au coalizat toate cele 22 de guverne ale României perindate la putere între 1922 și 1940, toate serviciile secrete, toți spionii, toată poliția și jandarmeria română, regele și camarila lui, Antonescu și camarila lui, parte din armata romană, toată lumea financiară de pe glob, toți democrații, fasciștii și comuniștii, toți liberalii și țărăniștii, Franța, Germania, Rusia bolșevică și Anglia, cea care a bombardat intenționat lagărul legionar de la Buchenwald la 23 august 1944. Și bineînțeles, Mâna Lungă. O tragedie care a lovit sute de mii de oameni și totodată o nedreptate și mai strigătoare la cer.

13 Generalul Nicolae Dăscălescu

Memoriile scrise în spirit legionar sunt documente care pot face istoria. În timp ce unii se lasă cuprinși de nepăsare, legionarul își face datorie din a lăsa urmașilor portretele și faptele oamenilor deosebiți pe care i-a cunoscut și care altfel ar cădea în uitare. Un exemplu demn de ținut minte ni-l oferă legionarul Grigore Caraza, cel cu 21 de ani de pușcărie comunistă absolvită fără compromisuri. Iată un fragment din memoriile lui:

„Din partea de vest a satului Girov, pornește un deal care ține până în Piatra Neamț, învecinându-se cu dealul Balaurul şi cartierul Vânători, situat în partea de sud-est a oraşului, unde se afla o unitate militară – Regimentul 15 Dorobanţi. Acest regiment şi-a căpătat numele de faimă în războiul din 1877, când, la Plevna, în faţa redutelor Griviţa I şi Griviţa II, ostaşii nemţeni au cucerit aceste mari bastioane şi au înfipt drapelul românesc pe redută. Pe acest deal, încă din primăvară când se arată firul ierbii, până târziu, toamna, putea fi văzut un bătrân cu o barbă albă ca a lui Moş Crăciun, purtând o turmă de vreo 20-25 de cârlani adunaţi din tot satul. Păzitorul nostru de oi purta o traistă pe umăr, în care avea ceva merinde şi câteva cărţi, însa foarte mult timp din zi îl petrecea admirând dealurile şi munţii din jur. De nişte aduceri aminte, privirile bătrânului când se luminau, când se întristau până la lacrimi.

Pe acelaşi deal, recruţii din unitatea militară a Regimentului 15 Dorobanţi făceau instrucţie şi teme de luptă. Mai multe zile la rând, un locotenent încercase o temă de luptă care nu-i reuşea deloc pentru că formaţia militară cu care se antrena îl dădea de fiecare dată peste cap. Urmărindu-i acţiunea, bătrânul se apropie de el şi, zâmbindu-i cu blândeţe, îi întocmi o temă de luptă atât de apărare, cât şi de atac. Necăjit de faptul că până şi un cioban ştie mai multă tactică de luptă decât el, se răsti la acesta şi-l alungă. Bătrânul oier plecă şi în coltul gurii îi apăru un zâmbet amar. Trecu un an de la această întâmplare şi, într-o zi, un ofiţer şi un grup de soldaţi veniseră la instrucţie pe acelaşi deal.

Atent la mişcările militarilor, acelaşi bătrân dădea dezaprobator din cap. În cele din urmă, se apropie de ofiţer şi îi zise:

– Domnule locotenent, anul trecut mi-aţi vorbit urât şi m-aţi alungat când v-am spus că tema pe care o aplicaţi nu este bună. Şi dovadă a acestui lucru este că pe umărul dumneavoastră n-a mai apărut nicio stea. De data aceasta, va rog să mă ascultați.

Calm, cu multa siguranță, păzitorul de oi întocmi un plan de bătălie, în fața căruia locotenentul ramase mut de uimire.

– Cine sunteți dumneavoastră și ce grad ați avut în armată?

– Numele meu n-o sa va spună nimic, îi răspunse bătrânul, dar ca militar am fost general de armată.

Fulger parcă trecu peste ochii ofițerului, călcâiele îi scăpărară în poziția de drepți și cu mâna la caschetă salută:

– Să trăiți, domnule general!

Bătrânul zâmbi, se întoarse și plecă la oile lui, în timp ce locotenentul încremeni în poziție de drepți și nu-și mai putea reveni din uimirea ce îl cuprinsese. Cu planul de luptă făcut de „oier", tânărul ofițer a fost înaintat în grad și citat pe armată. Comandantul regimentului avu însă curiozitatea să-l întrebe cum reușise să realizeze un plan atât de iscusit, în felul acesta ofițerul fiind nevoit sa spună că adevăratul strateg este un cioban, fost general de armată.

În campania din Răsărit, în afară de un bun camarad și conducător de oști, Nicolae Dăscălescu a fost un om cu suflet mare și, totodată, un bun creștin. Avea grijă întotdeauna de ostașii lui și se simțea îndatorat față de oricare cetățean întâlnit în drum. Astfel, pe frontul din Rusia, a salvat câteva mii de civili de la o moarte sigură prin înfometare, civili de toate vârstele, dar în special femei, copii și bătrâni. Între cele două fronturi, în vale se afla un sat populat de circa 2.000 de oameni, izolat de restul lumii și prădat de înșiși ostașii sovietici. Neavând posibilitate de comunicare și nici de a se alimenta, zilnic mureau cu sutele, căci de 4-5 săptămâni, de când erau între fronturi, nimeni nu le venise în ajutor. Cu multe riscuri, generalul Nicolae Dăscălescu trimitea în sat ostași romani încărcați cu alimente.

Şi frontul a înaintat înspre inima Rusiei, ca apoi să se întoarcă la bază şi să pornească înspre apus, de această dată nu alături de ostaşii germani, ci împotriva lor. De la Cotul Donului şi Marea de Azov, generalul Nicolae Dăscălescu şi ostaşii români au ajuns în Munţii Tatra, iar la sfârşitul războiului până aproape de Praga. Era cunoscut sub numele de „Eroul din Munţii Tatra". După acel trist 9 mai 1945, generalul şi ostaşii români au făcut cale întoarsă pe jos, de la Praga la Bucureşti, trecând prin Budapesta şi intrând în ţară pe la Curtici-Oradea.

În anul 1950, în trecere spre Moscova, Gheorghe Gheorghiu-Dej a mers şi la Praga, unde secretarul general al Partidului Comunist Cehoslovac l-a întrebat de soarta generalului Dăscălescu, cerându-l ca specialist pentru instruirea armatei cehoslovace. La Moscova, Stalin l-a întrebat pe Dej de acelaşi general care, deşi inamic, salvase de la moarte circa 2.000 de nevinovaţi. După ce s-a întors din Rusia, Gheorghiu-Dej s-a interesat la subalternii săi cine este generalul Dăscălescu, cerând sa fie adus în faţa lui.

Într-o celulă a închisorii Jilava, arhiplină, un gardian întrebă care este generalul Dăscălescu. Spălat, bărbierit şi îmbrăcat cu hainele pe care le avea la magazie, generalul Dăscălescu a fost dus cu o maşină la Gheorghiu-Dej. Au urmat mai multe întrebări, după care i s-a spus că este liber, fiind condus până în stradă. Spre marea sa uimire, când a văzut ca nimeni nu-l mai urmăreşte, generalul a rămas mult timp pe gânduri, neştiind încotro să apuce. S-a hotărât s-o ia înspre satul natal, la singura fiinţă apropiată pe care o mai avea în viaţă - o soră văduvă, săracă şi care locuia în casa părintească din ţinutul Neamţului.

Comuna Girov îşi primea într-una din zile un fiu, plecat încă de tânăr şi reîntors acum bătrân. Cu pensia de 80 de lei pe care conducerea comunistă i-o dădea lunar acestui fost general de armată, erou atât pe Frontul din Răsărit, cât și pe Frontul din Apus, Nicolae Dăscălescu avea voie să moară de foame, neposedând niciun fel de avere. Chiar dacă toți îl cunoșteau și îl iubeau pe acest mare om de stat, nimeni nu putea să îl ajute, așa încât, pentru a nu fi povară pentru sora și nici pentru nepoții săi, păzea cârlanii satului, pe dealul din Vânători.

După alte doua luni de la această întâlnire, un colonel comandant de regiment și un ofițer inferior urcau dealul pentru a-l întâlni pe bătrânul păzitor de oi. Au discutat cu el, spunându-i dorința superiorilor de la București. De la această întâlnire, au mai trecut câteva luni și generalul nostru a primit o înștiințare că de la 128 lei, pe care îi căpătase la ultima mărire, pensia i-a fost stabilită la 2.500 lei. De asemenea, i se comunica faptul că, la sărbătorile naționale ale RSR, va putea purta hainele militare și decorațiile câștigate pe Frontul de Vest, va putea merge la București, unde va sta în tribună cu cei mari, în Piața Aviatorilor, primind defilarea care va avea loc de sărbătoarea respectivă. Totodată, i s-a interzis de a mai păzi oile satului pe deal.

În luna iulie 1969, l-am vizitat la Spitalul „Dr. Angelescu" din Piatra Neamț, într-o rezervă de la etajul doi. Ieșiți pe coridor, am stat de vorba cred că mai bine de trei ore. Mi-a istorisit multe lucruri din zbuciumata lui viață, confirmându-mi și ceea ce știam eu despre dumnealui.

– Am avut noroc, mi-a mărturisit, ca n-am apucat sa fiu judecat și am scăpat doar cu câteva luni de închisoare.

Pensia de 2.500 lei nu a fost niciodată ridicata integral de el, ci maxim o treime, în jur de 800 lei, și numai în cazuri excepționale 900 de lei, pentru a-și asigura o viață de spartan, cum spunea dânsul. Pentru restul banilor semna și-i oferea copiilor săraci, văduvelor, orfelinatelor, spitalelor, azilelor de bătrâni etc. De la ieșirea din Jilava, nu a părăsit niciodată satul natal Girov sau orașul Piatra Neamț pentru a merge la vreo defilare străină lui și poporului român, nu a mai îmbrăcat haina militară și nu a răspuns niciunui apel al autorităților comuniste. Când ne-am despărțit, mi-a spus cu adâncă tristețe:

– Vino să mă mai vezi că nu peste mult timp mă duc dincolo.

Am mai fost, într-adevăr, în două rânduri la el. Pe la jumătatea lunii septembrie 1969, în fața Casei de cultură am văzut drapelul românesc îndoliat. În hol, pe catafalc, l-am recunoscut pe cel care a fost generalul de armată Nicolae Dăscălescu, Eroul de la Stalingrad și Eroul din Munții Tatra, erou al atâtor bătălii și erou în viața civilă. Am îngenuncheat. Câteva ore mai târziu, o coloană nesfârșită de oameni urma cortegiul funebru. Înmormântarea era făcută de primăria orașului pentru că decedatul fusese sărac și nu mai avea pe nimeni. În fața Liceului „Petru Rareș", cortegiul s-a oprit, însemn al despărțirii de instituția unde fostul elev a primit lumina, fiind premiant pe tot parcursul anilor de studiu. Cei care priveau și foarte mulți elevi s-au alăturat acestei nesfârșite coloane pentru a-l conduce pe ultimul drum pe acest om iubit de toți. Am numărat 34 de generali, în majoritate străini, printre care și francezi. L-am însoțit până la cimitir, ca un ultim omagiu adus acestei mari personalități a neamului românesc."

14 Familia regală

Familia regală a României a avut dintotdeauna probleme cu urmașii. Carol I-ul n-a avut urmași de loc, iar Ferdinand, nepotul regelui Carol, a nimerit și mai rău: l-a avut pe Carolică. Iar Regele Mihai are numai fete. Toate aceste probleme de succesiune, prin lipsa de creațiuni viabile, constituie unul dintre marile handicapuri ale monarhiei reprezentate de casa de Hohenzollern.

Alt mare prag de care familia regală s-a poticnit mereu, a fost moralitatea. Regina Maria a avut câțiva amanți, dar la ea totdeauna dragostea de țară a fost mai presus decât sentimentele personale. De asta Maria, soția lui Ferdinand, a fost o mare regină. Și o mare româncă.

Carolică a fost dimpotrivă, un rob al materiei și al interesului. La el nu a contat niciodată altceva decât satisfacerea trupească prin sex, lăcomia de avere, gâdilarea orgoliului prin laude nemăsurate. Dar marea lui vină constă în aceea că a pus interesele personale mai presus de cele ale țării. Pentru asta am fost cu el extrem de aspru. Poate prea aspru, vor spune unii. Poate, spun și eu. Eu nu l-am scos din lichea, avorton, creatură neviabilă, stârpitură. De asta îmi fac mea culpa. Îmi pun cenușă-n cap. Mă duc la mănăstire. Dar mai ales, las pe altcineva, mai obiectiv ca mine, să-i facă o caracterizare. Mult mai favorabilă. Și cu cuvinte mai alese:

„Carol pentru mine este cel mai pustiitor flagel care s-a abătut vreodată asupra Țării Românești; mai rău decât Hunii, Avarii, Gepizii, Pecenegii, podghiazurile tătărești și șleahticii polonezi, decât potopul, grindina, seceta, invazia lui Carol-Robert, ciuma lui Caragea, incursiunile lui Pazvantoglu, expedițiile punitive turcești, pașa din Silistra, cazacii, dragostea puterii ocrotitoare după 1774, incendiile, cutremurele, lăcustele, despăduririle, revărsările de apă, răpirile de teritorii, prăvălirile de morene, fumăritul, surpările de terenuri, ruperile de zăgazuri, filoxera, gărgărița, ocupațiile austriece și rusești, decât puțurile otrăvite, femeile siluite de

năvălitori, copiii luați ca ieniceri, decât prăbușirile de turnuri, decât bisericile pângărite, decât Muhamad, Baiazid,
Suleiman și Fuad, decât orice.“

Aceste rânduri despre Carol al II-lea aparțin lui Nicolae
Steinhardt. Iată ce înseamnă să te blagoslovească Dumnezeu
cu har! Din două trei cuvinte, pac! A și creionat portretul lui
pierde-vară! Simt cum crește în mine admirația. Eu păcătuiesc prin fraze prea stufoase. Mie mi-ar fi fost imposibil să
scriu cu asemenea economie de mijloace și aș fi lungit frumusețe de portret, adăugând cu de la mine putere: tragerea pe
roată și trădarea.

Salutul roman

15 De la inimă spre cer

Sunt mulți cei care pretind că salutul legionar ar fi tot una cu salutul nazist. Petru ce? Pentru că, zic ei, gestul de a ridica mâna dreaptă spre soare ar fi identic la salutul hitlerist și la cel legionar. Așa este, pentru că ambele derivă din salutul roman. Semnul distinctiv al celor trei feluri de salut a fost, la romani, expresia *Ave Cezar!*, la naziști *Heil Hitler!* iar la legionari *Trăiască Legiunea și Căpitanul!* Deci diferența decisivă dintre saluturi este nu gestul, ci cuvintele rostite.

De ce unora li se pare că *Heil Hitler* ar fi tot una cu *Trăiască Legiunea și Căpitanul*, este pentru o minte clară o enigmă. Ori sunt proști, și-atunci trebuie iertați pentru că prostia e tot de la Dumnezeu. Dar nu toți sunt imbecili. Există dorința fierbinte a unora de a răspândi ideea greșită că toți legionarii au fost naziști și criminali. Această campanie antilegionară pornește din teama că Mișcarea va reînvia. Este o teamă îndreptățită, pentru că atât timp cât poporul român există, el va năzui mereu spre lumină și adevăr.

Numai că legionarii n-au avut nevoie să-l aștepte pe Hitler ca să învețe să salute. Salutul roman era folosit de sute de ani de țăranii ardeleni, ca să arate veneticilor că poporul român viețuiește neîntrerupt pe teritoriul Transilvaniei încă de pe vremea romanilor. Iar prin intermediul patrioților ardeleni precum a fost Ion Moța-tatăl, cu vechi state de activist naționalist, acest salut a trecut la Legiune. Codreanu n-ar fi acceptat nici în ruptul capului un salut fără rădăcini și semnificație națională.

Legionarul n-a fost nazist și nici antisemit pentru că ar fi încălcat legea onoarei și porunca doctrinară de a nu fi mișel. Mărturisirile unui român despre viața din închisorile comuniste, acolo unde a stat ani destui, arată adevăratul fel de a fi al legionarului. Nu numai că nu era mișel, dar mai și sărea în ajutorul unuia mai nenorocit ca el, deși omul acela din întâmplare era evreu. În închisoare, deținuții au fost supuși unui regim de exterminare unde foamea era atât de cumplită, încât o felie de pâine căpăta o valoare de neînchipuit. Mărturisitorul se numea Nicolae Steinhardt:

„N-a fost *cameră*[1] în care tinerii - și mai ales legionarii - să nu-mi vie în ajutor și să nu-mi dea „cafeaua" de dimineață și feliuța bisăptămânală de pâine – odoare fără preț pentru un bolnav de intestine în schimbul ciorbei de murături putrede, al fasolei negătite, al cartofilor fierți cu coajă și pământ cu tot ori al verzei crude la care și lighioanele s-ar uita cu silă - singurele alimente ce le puteam oferi. Până ce - și au trecut mai bine de trei ani - m-am învățat să mănânc arpacaș, ei m-au ținut în viață. Și fără a face caz."

16 STRUȚOCĂMILA

Am demonstrat mai sus că legionarul fascist este o creație tot așa de viabilă ca și struțocămila lui Dimitrie Cantemir. Există însă personaje reale, de care mulți ar fi surprinși să afle că au existat: evreul legionar și legionarul simpatizant al evreilor.

Un caz interesant este al lui Mihai Șora, filozof și eseist de largă – dar și lungă respirație – care având profesori pe Nae Ionescu, Mircea Vulcănescu și Mircea Eliade, toți trei legionari, nu putea să nu aibă și el simpatii legionare. Ca proaspăt legionar care nu cunoștea doctrina în profunzime, se sfia să se implice mai activ în mișcare pentru că logodnica lui era evreică. Când Căpitanul a aflat ce probleme existențiale îl frământau pe proaspătul filozof, i-a explicat că unui

---

[1] celulă de pușcărie, n.a.

legionar nu-i este interzis să se căsătorească cu o evreică. Ceea ce Șora a și făcut.

Alt caz. Iată ce scrie profesorul Nicolae Grebenea în cartea sa *Amintiri din întuneric*:

„La o săptămână de la căderea legionarilor, s-a prezentat la mine acasă la Bacău, Leon Grad, șeful comunității israelite a județului Bacău, cu următorul act pe care l-a citit tare: „În numele comunității israelite a județului Bacău, aducem mulțumirile noastre domnului profesor Nicolae Grebenea, secretarul organizației legionare a județului Bacău, pentru corectitudine și omenie față de noi.“

Legionarii au trei mari eroi. Căpitanul, Moța și Marin. Soția lui Marin, Ana Maria, era evreică. Asta n-a împiedicat-o nici pe ea să fie legionară și nici pe Marin să urce în ierarhia Legiunii până la stele.

17 Antisemitismul Mișcării

Antisemitismul Mișcării a fost unul dintre cele mai dezbătute subiecte între mine și Învățător în ultima lui vizită de-o vară la Sâmbăta. El cunoștea o serie de fapte din experiența proprie, fiindcă a trăit în București, aproape de Mișcarea Legionară cea mai mare parte a tinereții lui. Dar el nu se baza numai pe asta.

– Ilarie, subiectul acesta este prea fierbinte ca să ne luăm numai după impresii personale. Ale mele, tocmai fiindcă am fost legionar pot fi subiective. Și n-aș vrea tocmai acum, la bătrânețe, când nu mai știm cât mai avem de trăit, să-mi încarc sufletul cu cine știe ce păcate. Dar sunt lucruri care, datorită lipsei lor de logică, mi-au dat foarte mult de gândit.

Hai să stăm strâmb şi să judecăm drept: să zicem, Ilarie, că un om oarecare a fost duşmănit crunt de un altul, care l-a urmărit o viaţă întreagă, i-a omorât fraţii, rudele, prietenii, l-a târât pe el şi pe cei dragi prin tribunale şi puşcării, l-a acoperit cu cele mai abjecte minciuni şi răutăţi. Acest duşman neadormit a stat tot timpul la pândă şi cum înjgheba şi bietul om o mică afacere, cum se repezea şi, bătându-şi joc de legi, îi distrugea lucrarea abia pusă pe picioare cu mari eforturi.

Ei, dar roata lumii se învârteşte şi Dumnezeu face ca cel înfrânt să se ridice, iar cel puternic până mai ieri, să ajungă la mâna acestuia. Ce-ar putea acest om să facă cu duşmanul lui de-o viaţă acum, când i-a căzut în labe? Ar putea să fie om cu inima bună, iertându-l pe ticălos în cea mai curată tradiţie christică, sau ar putea să-i plătească acestuia înapoi, după preceptul dinte pentru dinte. Acesta din urmă ar fi comportamentul cel mai probabil, spun eu. Dar dacă s-ar hotărî să-i plătească duşmanului pentru toate ticăloşiile comise, eu înclin să cred că ar trece la acţiune imediat ce ar avea putinţa s-o facă. Un om cu sufletul chinuit de dorul răzbunării nu are de ce să mai aştepte ziua de mâine.

Să trecem acum la legionari. Cum au venit la putere la 6 septembrie 1940, au întreprins tot ce a depins de ei ca să-i pedepsească pe criminalii vechiului regim. Au strâns cu greu 64 de mari criminali din cei 500 care ar fi meritat pedepsiţi, dar nici pe aceia 64 nu i-au putut acţiona în justiţie. Şi atunci, ca să-şi aline dorul de dreptate, au fost obligaţi să şi-o facă singuri, ca haiducii, pedepsindu-i cu moartea pe călăii camarazilor lor.

Să presupunem deci că legionarii au fost antisemiţi în sensul de a urî nişte oameni doar pentru că aparţineau comunităţii evreieşti. N-ar fi fost logic ca, o dată cu pedepsirea criminalilor, să se apuce să terorizeze totodată şi minoritatea evreiască? Să-i deporteze în lagăre, sau chiar să le ia viaţa?

Dar, spre surprinderea evreilor înșiși, guvernul legionar nu a comis niciuna din aceste samavolnicii. Puțini știu că imediat ce a ajuns la putere, guvernul național-legionar prin decretul nr. 43931 anula interzicerea cultului mozaic în România, interzicere care fusese legalizată de Parlament în 1937. Iată Ilarie cum guvernul legionar s-a dovedit mai puțin antisemit decât un guvern al României format sub supravegherea evreicei lui Carol și al camarilei lor. Mai mult chiar, un alt gest cu totul deosebit a fost înființarea în perioada Statului național-legionar de către Radu Gyr, directorul teatrelor din România, al primului teatru din lume în limba idiș, teatrul „Barașeum".

Guvernul legionar a depus mari eforturi ca să nu fie autorul niciunei persecuții a evreilor, până în 21 ianuarie 1941, ziua rebeliunii. Atunci dintr-odată și-n ultima clipă s-ar fi hotărât legionarii, când se aflau sub tirul tunurilor lui Antonescu, să se ocupe de evrei. N-au făcut-o când aveau liniște, timp și puterea pe mână, s-au apucat de asta tocmai când erau împușcați de dușmanii lor! Nu ți se pare și ție că ar fi fost o acțiune nu numai lipsită de sens, dar și imposibilă? Eu sunt convins că aici a fost vorba de o diversiune la scară mare, cu scopul de a-i compromite pe legionari până în veacul veacurilor.

Dar tot răul a fost spre bine! Știindu-se cu musca pe căciulă, *Sinagoga*, cum îi spune Horia Sima în memoriile lui, a dat dispoziție evreilor ca să-și vândă proprietățile și să emigreze în Israel. Este aici o minune dumnezeiască, pentru că imediat ce Mâna Lungă l-a asasinat pe Codreanu, problema evreiască din România a început să se rezolve pe cale divină de la sine, exact după principiile enunțate de el! El vedea rezolvarea acestei situații prin silirea evreilor de a emigra. Or evreii încep singuri să emigreze, fără să-i gonească legionarii. Aceasta emigrare a continuat, culmea, și în timpul regimului comunist, care a fost un sistem fundamentat ca doctrină și susținut mai ales de evrei. Asta este marea minune a lui Dumnezeu, ca și cum s-ar fi înduplecat de muntele de suferințe nu numai legionare, ci și românești.

— Învățătorule, parafrazând deci titlul cărții lui Șafran, *Karl Marx antisemit*, nu s-ar putea spune că nu Codreanu, ci însuși Dumnezeu a fost uneori antisemit?

— E un punct de vedere întemeiat, dacă ne gândim de exemplu la Sodoma, dar noi românii nu spunem așa. Noi, când primim pedepse de sus nu ne jeluim si nu ne răzvrătim, ci zicem că le merităm și că sunt date pentru îndreptarea noastră. Aș vrea acum să te întreb dacă ai putea numi în ordine descrescătoare, cele trei țări pe care eu le iubesc cel mai mult.

— România, Franța...

— Nu, Ilarie! România, Israelul și Franța. Iubesc Israelul nu numai pentru că prin apariția sa ca stat a rezolvat problema evreiască de la noi, ci și pentru că i-a transformat pe evrei din internaționaliști în naționaliști. Abia acum au descoperit ei ce înseamnă să ai o țară, ce greu este s-o aperi și s-o păstrezi întreagă. Apoi, au descoperit eroismul. La noi, pe timp de război, cei mai mulți evrei se furișau și se fereau de a lua parte la lupte, pentru că nu considerau că România ar fi și țara lor. Ai văzut însă cu câtă vitejie au luptat în Războiul de șapte zile? Fiindcă atunci când ai o patrie, un neam și o credință de apărat nu mai dai bir cu fugiții. Israelul a fost pentru evrei, dar și pentru noi, o minune dumnezeiască.

Armand Călinescu

18 ÎNȚELEPCIUNEA ROMÂNULUI

Poporul român a dat dovadă în toate împrejurările de multă înțelepciune. Cine ia aminte la proverbele sau vorbele lui de duh, nu se poate înșela prea mult în viață. Iată ce scrie Ion Creangă, – cel mai mare tălmăcitor al înțelepciunii populare pe care l-au avut românii – în *Harap Alb*, la 1877:

„și merge el, și merge, până se înnoptează bine. și, prin dreptul podului, numai iaca îi iese și lui ursul înainte, mormăind înfricoșat. Calul atunci dă năvală asupra ursului, și fiul craiului, ridicând buzduganul să dea, numai iaca ce aude glas de om zicând:

– Dragul tatei, nu da, că eu sunt. Atunci fiul craiului descalecă, și tată-său, cuprinzându-l în brațe, îl sărută și-i zice:

– Fătul meu, bun tovarăș ți-ai ales; de te-a învățat cineva, bine ți-a priit, iară de-ai făcut-o din capul tău, bun cap ai avut. Mergi de-acum tot înainte, că tu ești vrednic de împărat. Numai ține minte sfatul ce-ți dau: în călătoria ta ai să ai trebuință și de răi, și de buni, *dar să te ferești de omul roș, iară mai ales de cel spân, cât îi putea*; să n-ai de-a face cu dânșii, căci sunt foarte șugubeți." Altă vorbă din popor spune că „Să te ferească Dumnezeu de bătaia chiorului și de dragostea șchiopului, ori de *omul însemnat!*"

Șugubeți din cale-afară au fost roșcata Lupească și Ion Antonescu, poreclit de soldați „câinele roșu" din cauza culorii părului lui, dar și fiindcă era negru-n cerul gurii. Iar om însemnat a fost Armand Călinescu, care, pierzând un ochi din copilărie, purta un fel de monoclu fumuriu peste orbita goală. Ar fi putut să-și pună un ochi de sticlă, ca să arate măcar pe dinafară om întreg, dar el, ca orice personaj ros de complexe, voia să pară *remarcabil!* A și fost o personalitate deosebită, recunoscut pentru intransigența și duritatea ieșită din comun față de legionari. Totuși, duritatea aceasta s-a dovedit *penetrabilă*, pentru că, după pedepsirea lui de către echipa prahoveană a avocatului Miti Dumitrescu, poporul cu fina lui ironie avea să spună despre el:

O fi fost Armand de-oțel,
Dar tot întră plumbul în el!

Ura lui s-a îndreptat cu precădere asupra Căpitanului, a cărui personalitate de Om Ales și statură impunătoare îl exaspera pe pigmeul însemnat de Dumnezeu. El a căutat mereu ocazii de a se confrunta cu Căpitanul, dar în fața lui n-a avut niciodată sorți de izbândă. Ultima înfruntare a lor a avut loc la procesul contrafăcut, acolo unde justiția aservită lui Carol avea să-l condamne pe nedrept pe Căpitan la zece ani de închisoare!

La proces au apărut ca martori ai apărării personalități precum Nae Ionescu și profesorul Găvănescu. Generalul Averescu, Iuliu Maniu și Vaida-Voievod au declarat că dizolvarea Gărzii de Fier a fost o măsură guvernamentală abuzivă și nelegală. Ca martor al acuzării, venit din proprie inițiativă, s-a prezentat și nechematul Armand Călinescu.

Venise țanțos ca un „cucoș", cu *Cărticica Șefului de Cuib* sub o aripă, convins că va bate legiunea cu propriile ei arme la poponeață. A citit din Cărticică un fragment, care în opinia lui dovedea că doctrina Mișcării era antistatală și teroristă: „Vom introduce pedeapsa cu moartea contra tuturor fraudatorilor banului public," apoi s-a oprit, bătând triumfător din pinteni. Când era gata să cânte „Cucurigu, boieri mari!" a intervenit Căpitanul, cel care știa Cărticica pe de rost. El observase că Armand Călinescu se oprise cu cititul chiar în fața unei virgule și l-a îndemnat să continue:

– De ce v-ați oprit, domnule Călinescu? Citiți vă rog mai departe „toate pedepsirile se vor face pe cale legală". Această ultimă propoziție uitase *cucoșul* s-o rostească!

Președintele tribunalului a întrerupt enervat depoziția lui Călinescu, fiind dăunătoare procesului și n-a mai vrut să-l asculte. Instanța avea misiunea de a-l condamna pe Codreanu la ani grei de închisoare, iar Călinescu cu depoziția lui nu adusese nicio contribuție în sensul dorit. Chiar dimpotrivă! De asta i s-a dat de înțeles că nu mai era cazul să încurce lumea, putea să-și vadă de drum! În sală s-a produs rumoare iar o voce din popor i-a strigat: „Tot ticălos ai rămas!"

A trebuit să spele putina, cu creasta lăsată pe-o parte și cu penele pleoștite. Umilința aceasta, pentru care purta întreaga vină, i-a alimentat și mai mult ura nepotolită contra Legiunii, pe care și așa o iubea ca sarea-n ochi. Iar Căpitanului îi va fi tot mai greu să se ferească de „bătaia chiorului".

19 ÎȚI STĂ MINTEA-N LOC

În anul 2010, la 1 noiembrie, s-au împlinit 100 de ani de la nașterea celui care a fost Învățătorul nostru la Aiud și prietenul meu de-o viață. În acea zi de toamnă ploioasă și mohorâtă, cu pâcle plumburii atârnate de vârfurile munților, m-a cuprins, ca pe Topârceanu, „o tristețe iremediabilă".

I-am păstrat Învățătorului imaginea în memorie, așa cum l-am văzut ultima oară: îndepărtându-se cu mers de om sfârșit, cocoșat, cu umerii căzuți, îmbrăcat ca de iarnă, fiindcă îi era tot timpul frig, deși era abia început de septembrie. S-a oprit în poartă, s-a întors cu fața spre mine, care eram pe verandă, incapabil să-l conduc, dar nu m-a privit. Și-a scos încet pălăria, salutând o entitate nevăzută.

Și-a luat astfel adio de la Mănăstirea Sâmbăta, pe care n-o vedea, de la Munții Făgăraș, cărora le zărea coamele cenușii și – acum înclin să cred – că și de la viață:

> Trec anii, trec lunile-n goană
> și-n zbor săptămânile trec.
> Rămâi sănătoasă, cucoană,
> Că-mi iau geamantanul și plec!...
>
> Străine priveliști fugare!
> Voi nu știți că-n inimă port

O dulce mireasmă de floare,
Parfumul trecutului mort...

În faţa candelei aprinse de sub icoană, fulguirile de lumină ale flăcării neliniştite luminau faţa Maicii Domnului cu pruncul în braţe, dându-mi uneori impresia că e vie. În această stare aproape transcendentală, mi-a revenit în minte un curs de-al Învăţătorului de la Aiud, despre manipularea psihologică. Cum Dumnezeu de-l uitasem? Despre manipularea prin lipsa de logică am amintit deja, dar despre cea psihologică, ioc. Ilarie, ai grijă că ai început să te prosteşti!

Învăţătorul accentuase de mai multe ori în timpul expunerii că manipularea logică se face prin bulversarea minţii iar cea psihologică, prin bulversarea sufletului. „Când sufletul este învolburat de un sentiment puternic, atunci... atunci...“ Învăţătorul a căutat câteva clipe, fără s-o găsească, expresia potrivită. Aveam să-l ajut, adăugând „îţi stă mintea-n loc!“ A fost mare veselie printre camarazi. Iar Învăţătorul, luminându-se la faţă, a spus:

– Ilarie, cum Dumnezeu le potriveşti, nu ştiu, dar este tocmai ceea ce voiam să spun! Când un sentiment vijelios dă năvală-n suflet, atunci chiar îţi stă mintea-n loc! Caragiale a fost unul dintre scriitorii noştri care avut intuiţia acestei stări în basmul „Făt-Frumos cu moţ-în–frunte“. Da, da, nu vă miraţi, nenea Iancu se ţinea şi de basme! Acolo se povesteşte că o împărăteasă naşte „un prunc aşa de slut de chip şi la trup, că nu-i venea nimănui să-l socotească făptură de om. Dar când s-a născut el, ursitoarea lui le-a spus, împărătesei şi femeilor din casă, să nu se sperie, fiindcă băiatul ăsta o să iasă foarte plăcut om: o s-ajungă vestit de cuminte şi de deştept, şi-ndrăzneţ, nevoie mare; cum am zice, un om şi jumătate. Ba, a mai spus că băiatul are să poată hărăzi fiinţei pe care o iubi-o el atâta minte cât şi a lui.“

La câţiva ani de la întâmplarea asta, împărăteasa unei împărăţii vecine naşte o fată „mai frumoasă ca ziua“, dar proastă şi neroadă ca noaptea. Ursitoarea însă o va înzestra şi pe ea cu darul „să poată hărăzi frumuseţe fiinţei care i-o plăcea ei.“ Ajungând apoi la vârsta tinereţii, fiul de împărat o va lua de soţie pe fata cea frumoasă, primind fiecare prin această transmutanţă alchimică însuşirile care le lipseau!

Lui Caragiale nu-i place totuşi sfârşitul fiindcă i se pare *nici prea prea, nici foarte foarte.* La ce mama nevoii trebuie să apelezi la ursitoare şi însuşiri supranaturale, când toată povestea are o explicaţie cât se poate de banală! Haimanaua de Caragiale, doctor în psihologia sufletului, îşi va dezvălui şi certe înclinaţii lirice atunci când ne va spune chiar la urmă că „din povestea lui Făt-Frumos cu Moţ-în-Frunte, ne alegem cu o adevărată-nvăţătură, fiindcă tâlcul poveştii acesteia vine cam aşa:

> *Zi că-i dragoste, şi pace!*
> *Te-a vrăjit, atât ţi-a fost:*
> *Din pocit, frumos îţi face,*
> *Şi deştept din cel mai prost.“*

O altă manipulare de-ţi stă mintea-n loc a reuşit marele, până la un moment dat, inventator Edison, care era un înfocat susţinător al aplicării curentului electric continuu în industrie, afacere care-i aducea venituri frumoase. Dar, apăruse pentru el un concurent periculos, un alt inventator, Nicolae Tesla, de origine aromână, cel care a descoperit avantajele curentului alternativ, cu care începuse să ameninţe autoritatea şi câştigurile lui Edison. Ca să dovedească cât de periculos este pentru viețuitoare, Edison a început să electrocuteze animale cu curent alternativ. Culmea sălbăticiei a fost când, pe 4 ianuarie 1903 a electrocutat un elefant, o femelă, pe nume Topsy, cea care ucisese în anii anteriori trei îngrijitori ai unui circ. Probabil nu de florile mărului, fiindcă s-a dovedit că unul dintre ei încercase s-o facă să înghită o țigară aprinsă! Cine știe cu ce-or fi chinuit-o și ceilalți doi, fiindcă altfel elefantul n-avea de ce să-și pună mintea cu proștii!

Această execuție regizată de Edison a fost nu numai urmărită în direct de 1500 de spectatori, ci a fost și filmată. Toate încercările lui Edison de a bloca aplicațiile curentului alternativ aveau să fie inutile, pentru că avantajele lui enorme vor elimina în curând curentul continuu din competiția industrială. Rămâne totuși uimirea că nimănui nu i-a trecut prin cap să-l întrebe pe Edison dacă curentul continuu nu produce aceleași ravagii ca și cel alternativ. Pentru că, azi știe orice licean, curentul continuu este mai periculos decât cel alternativ! Faptul că nimeni nu i-a pus lui Edison această întrebare la momentul oportun, dovedește că sentimentele de *oripilare*, compasiune, milă pentru bietul elefant, au făcut să le stea mintea-n loc tuturor celor care au asistat la această execuție barbară.

20 Mișcare curată și luminoasă

Doctrina Mișcării Legionare este curată, luminoasă, pură și plină de iubire. Legiunea a fost la rândul ei o mișcare creștină, nonviolentă, iubitoare de adevăr și dreptate. Se deosebește complet de orice altă mișcare naționalistă din Europa.

Partidul Crucilor cu Săgeți maghiar a fost un partid care a fost la putere în Ungaria între 15 octombrie 1944 și ianuarie 1945. În patru luni partidul lui Szalasi a reușit să înființeze ghetoul din Budapesta şi să extermine circa 80.000 de evrei din Ungaria şi Transilvania. Organizaţia a fost pe drept condamnată de Tribunalul din Nürnberg şi interzisă.

Ustaşa croată a comis masacre asupra civililor: sârbi, evrei, ţigani, pe care i-au exterminat cu sânge rece. Organizaţia lui Ante Pavelic a înfiinţat lagărul de exterminare Jasenovac la 100 de kilometri sud-est de Zagreb, unde şi-au găsit sfârşitul 90.000 de victime. Mişcarea a fost, desigur, interzisă.

Hlinka slovacă a colaborat cu Germania nazistă şi, printre alte isprăvi, a deportat evrei la Auschwitz. A fost, pentru colaboraţionism şi antisemitism, interzisă şi ea.

Mişcarea „Rex" a lui Leon Degrelle a colaborat şi ea vârtos cu naziştii, organizând o brigadă valonă care a luptat sub flamura SS contra ruşilor. În 1936, Degrelle se întâlneşte cu Mussolini şi Hitler, primind pentru mişcarea lui suport financiar (2 milioane de lire şi 100.000 de mărci.) Degrelle acceptase chiar grade în ierarhia SS, lucru care i-a adus condamnarea la moarte în Belgia. Asta nu l-a împiedicat să trăiască totuşi până în 1994 în Spania. Mişcarea rexistă a fost şi ea pusă la index de Tribunalul din Nürnberg pentru nazism şi colaboraţionism.

Ei, şi acum vine Mişcarea Legionară la rând! Ce acuzaţie i s-ar potrivi? Colaboraţionism? Păi Horia Sima a fost invitat la cancelarie (la Hitler în audienţă) şi el, Sima, a chiulit! (Foarte urât gest, mai ales din partea unui profesor!) A mai făcut careva în Europa gestul acesta nebunesc? Apoi, la rebeliune, armata germană a ţinut parte lui Antonescu. Iar legionarii din exilul german au fost închişi în lagăre la Dachau, Buchenwald, Rostock. Antisemitism? Da de unde! Au fost la putere patru luni, în care legionarii n-au ucis niciun evreu. Am văzut ce-a reuşit organizaţia Crucilor cu Săgeţi maghiare tot în patru luni! Deci, nici antisemitismul nu li se potriveşte. Ce-ar mai fi putut fi? Genocid? Crime contra umanității? Au pus pacea lumii în pericol? Nazism? Uite că, deși răuvoitorii au spus că salutau cam ca naziștii, n-au fost considerați nici naziști, nici fasciști, nici criminali. Cu toate că din Tribunalul de la Nürnberg făcea parte și un judecător sovietic! Ce le-ar mai fi pus pielea pe băț legionarilor, dacă ar fi fost după el!

Mișcarea Legionară, cu până la un milion de membri, n-a făcut crime, n-a exterminat evrei, în timp ce ustașii cu o mie sau două de membri au avut 90.000 de victime, deci de vreo 40 de ori mai mult decât numărul lor. Dacă și legionarii ar fi avut aceeași sete de sânge, ar fi trebuit să-și treacă pe răboj vreo 40 de milioane de victime. Deci, Mișcării Legionare nu i se poate reproșa că s-ar fi abătut de la doctrina ei, pură și luminoasă. Iar dacă un tribunal ca cel de la Nürnberg, care a fost înființat nu să facă dreptate ci „să pedepsească în mod corespunzător și fără întârziere" nu i-a condamnat, ne dăm seama ce mici au fost urechile acului prin care a trecut Legiunea. (Și o dată cu ea, au scăpat și *strajnicii* bulgari, o mișcare naționalistă interbelică inspirată de Mișcarea Legionară românească, condusă de profesorul Mihail Cantargiev.)

Fiindcă n-ar fi fost deloc imposibil ca Tribunalul să dea un verdict nedrept în cazul Legiunii! Ce-ar fi fost dacă legionarii ar fi fost condamnați ca naziști și antisemiți, odată cu celelalte mișcări naționaliste? Ar fi fost încă o nedreptate, ca și cea comisă cu buna știință de Tribunal, prin învinuirea germanilor pentru crimele de la Katyn comise de sovietici. Iată cum Arhistrategul puterilor cerești, Arhanghelul Mihail, a vegheat încă o dată asupra Legiunii lui de pe pământ!

Casa văduvei

21 INTOXICARE ȘI DEZINFORMARE

Neprietenii Mișcării ar vrea ca, după ce-au acoperit-o cu balele lor, s-o învelească și în giulgiul uitării. Dar Legiunea e lumină și nu poate fi ținută chiar așa de lesne sub obroc. Ea are și un câmp energetic în jurul ei, care o apără de dușmănia lor. Dar este și rostul nostru de a-i apăra idealurile, lăsând la o parte nepăsarea, încercând să-i înțelegem doctrina și să-i admirăm puritatea. Pe un blog de duzină a apărut o fotografie cu un grup de legionari salutând cu salutul roman. Sub fotografie, explicația:

„Începând cu vara anului 1937, *echipe ale morții* formate din legionari au străbătut județele țării, terorizând oamenii pașnici ai satelor și orașelor pe unde treceau, amenințând cu moartea pe toți cei care nu vor vota cu ei la alegerile care se apropiau. Așa se explică *succesul* lor în alegerile din decembrie 1937, prin teroarea feroce la care i-au supus pe alegători. Fotografia de mai sus reprezintă o astfel de bandă teroristă, salutând cu salutul hitlerist, la terminarea unei acțiuni de intimidare în satele din plasa Gătaia din sudul Banatului, în august 1937."

Nu mulți știu că fotografia cu pricina a fost preluată dintr-un număr al ziarul „Libertatea" din Orăștie, apărut în preajma Crăciunului anului 1937, ziar ce se afla în proprietatea protopopului Ioan Moța (1868-1940), tatăl eroului Ionel Moța, cu un text ce avea un cu totul alt mesaj decât cel de pe blog:

„În vara anului 1937 legionarii din plasa Gătaia au hotărât să construiască o casă nouă pentru văduva Leontina Gheorghiu din Șoșdea (sudul Banatului), care trăia în mare mizerie, cu un copil bolnav și fără niciun ajutor. Ca niște buni creștini, legionarii, în frunte cu șeful județean profesorul Constantin Stoicănescu, au zidit o casă pe care apoi au dăruit-o sărmanei văduve. Părintele Bohanciu a sfințit casa în luna august a aceluiași an, lăudând fapta creștinească a legionarilor."

Fotografia reprezintă „echipa morții", formată din mai mult de douăzeci de legionari care, cu inima plină de bucurie salută cerul, având conștiința unei duble fapte bune: creștinească și legionară, conform legii ajutorului. În spatele lor se zărește mândră, cu pereții tencuiți în alb, cu acoperiș de țiglă roșie, casa pe care au ridicat-o cu mâinile lor, de la temelie până la acoperiș.

Deci blogul acela deformează realitatea, apelând la minciuni abjecte. Ei și? Ce contează? Patru din cinci cititori nu vor descoperi mistificarea și vor fi dispuși să creadă acele afirmații, induși în eroare și de fotografia ce înfățișează presupusa echipă fascistă salutând cu presupusul salut hitlerist, gata să-și descarce armele în oameni pașnici ca și noi. (Arme nu se văd în fotografie, dar pe care le au desigur pitite pe undeva). Această manipulare grosolană are o eficiență de 80% și nu costă absolut nimic! Dacă simultan vor fi lansate 100 de bloguri de același tip, vom înțelege cât de ușor se poate manipula opinia publică într-o direcție contrară adevărului.

Există însă și un gen de dezinformare și mai periculoasă, fiindcă dă impresia c-ar fi făcută de un om bine intenționat. De exemplu, un cetățean comentează în altă parte:

„Toate verile copilăriei mele le-am petrecut la Eforie, în casa bunicilor. Bunicul avusese un mic magazin care mergea bine, dar și-au băgat coada ticăloșii de legionari, ca să le strice bieților negustori prețurile prin concurență neloială, cu mult sub prețul de cost. Nenorociții aveau bani destui de la fabrica lor de bani de la Rășinari, în timp ce Hitler și cu Mussolini le dădeau valută forte câtă voiau. Bunicul săracul, negustor cinstit, ajunsese aproape la faliment din cauza răutății lor. Noroc cu Carol, că a instaurat dictatura și a făcut ordine în țară. L-a aranjat totodată și pe instigatorul ăla al lor, pe zurbagiul de Codreanu, de nu mai puteai trăi liniștit de răul lui!"

Ce nepot pune la îndoială poveștile bunicului? Mai ales că, atunci când i se umple inima de bucurie la retrăirea clipelor fericite din copilărie, îi stă totodată și mintea-n loc! Să vedem însă dacă *spusele bunicului* nu sunt cumva o încercare destul de îndemânatecă de a ne trage pe sfoară. Adică, o făcătură!

Corneliu Codreanu cu simțul lui ieșit din comun, intuind că această activitate legionară poate da loc unor interpretări răuvoitoare, a dat o circulară tocmai în acest sens, intitulată chiar aşa: *O lămurire*, prin care ne spune ce se ascunde în spatele preţurilor mici practicate de Legiune. Iată circulara, reprodusă nu numai cuvânt cu cuvânt, ci chiar şi ca grafică:

„O LĂMURIRE

Pentruce „**Consumul Legionar**" vinde mai eftin?

„Consumul Legionar" vinde mai eftin, NU **pentru a face concurenţă** celorlalţi negustori

Ci pentru un principiu foarte sănătos pe care trebuie să-l aplice toţi comercianţii din Carmen Silva.

(Eforie)

1. ÎN INTERESUL LOR: pentru că oamenii văzând că la Carmen Silva ei nu sunt spoliaţi, că marfa e tot aşa de eftină ca la ei acasă, în loc să vină 10.000, vor veni 20.000 şi negustorul va câştiga mai mult dacă vinde eftin la 20.000, decât dacă vinde scump la 10.000 de oameni.

2. ÎN INTERESUL STAŢIUNII: Pentru că staţiunea în faţa marelui număr va înflori, nu va fi pustie, ca atunci când vine lume puţină.

3. ÎN INTERESUL VIZITATORILOR: căci ei nu trebuie să se apropie de CARMEN SILVA cu groază, ca de o CETATE de SPECULANŢI care voiesc să-i jupoaie.

Gândiţi-vă că oamenii aceştia cari vin aici au cheltuieli mari: cu trenul, cu chiria casei, cu taxele, cu plata băilor, iar noi, văzându-i că vin împinşi de boli le ridicăm preţurile la toate alimentele cu mult peste preţul localităţii în care trăiesc ei. Ce-ar fi, dacă CĂILE FERATE văzând lumea că se îndreaptă spre Carmen Silva ar dubla preţurile biletelor?

4. ÎN INTERESUL NEAMULUI: El are interesul ca un număr cât mai mare de Români să vină la Mare, pentru

a se recreia, pentru a se vindeca, pentru a-și reface sănătatea. Nu trebuie să se zică: **„să vină numai cei bogați"**.

NEAMUL zice: „Să vină toți". Să vină cei ce-au nevoie, bolnavi; bogați sau săraci. Căci neamul se sprijină pe toți deopotrivă și pe cei bogați ca și pe cei săraci. Și poate mai mult pe cei săraci. În orice caz neamul are interesul ca toți fii săi, **săraci** sau **bogați, să fie sănătoși.**

DECI REPET:

Comercianți din Carmen Silva, spre câștigul și spre binele vostru:

SPRE Binele Stațiunii:

SPRE Binele familiilor sărace împinse de boală spre lac sau spre mare;

SPRE Binele Neamului nostru, urmați sfatul și exemplul pe care vi-l dăm:

Vindeți cu prețuri normale

Iunie 1937 **C. Z. C."**

După anul 2000 s-au întrebat mereu românii de ce turismul la Marea Neagră din Bulgaria înflorește, iar la noi paragină! Explicația este că bulgarii au aplicat *Lămurirea* lui Codreanu cu *strășnicie* în turismul lor. La noi, comercianții noștri nu vor să înțeleagă nici acum actualitatea circularei de mai sus referitor la comerț și turism. Le vor înțelege până la urmă, fiindcă nu au încotro! Legile economice sunt dure și pe cine nu le aplică, îl paște falimentul!

22 Definiția legionarului

„Îi trebuie neamului acestuia o generație care să se jertfească, o generație de viteji și de patrioți până la nebunie. În toate timpurile au fost căutați oamenii de treabă, dar niciodată n-am avut mai mare nevoie ca acum de luptători hotărâți, de oameni vrednici și de caracter pe care să nu-i abată nimic din drumul lor, să nu-i ademenească nici strălucirile deșarte ale puterii, nici pofta de un trai mai îndestulat, nici slava cea ieftină și trecătoare, pe care o vântură de colo-colo huietul mulțimii...“

Aceste rânduri au fost scrise de Alexandru Vlahuță. El a murit în toamna anului 1919, deci cu opt ani înainte de apariția Mișcării Legionare. Și totuși, cu ce putere vizionară a descris el pe viitorul legionar! Dar Mișcarea apare și în prorocirile monahului din insula Rodos, pe nume Agatanghel, prorociri păstrate într-un manuscris din anul 1272. Acest monah a făcut previziuni uimitor de precise, precum anul căderii Constantinopolelui, 1453, adăugând și informația surprinzătoare: „Constantin[1] a început, Constantin va pierde Împărăția Bizanțului“. Iată că și pe Agatanghel l-a preocupat Șarpele Uroboros! Dar rândurile care ne interesează pe noi cel mai mult sunt următoarele:

„În vremea aceasta în țara așezată pe Carpați până la Dunăre, țara de la Gurile Dunării, numită și țara Lupului, va apărea fiul omului încins cu sabie de Arhanghel, care va face o organizație numită Legheon. Membrii acestei organizații vor fi prigoniți de capul statului, vor fi închiși și uciși la răspântii de drumuri, și mulți vor fugi peste hotare, prigoniți de poporul dușman lui Dumnezeu. În timpul acesta țara Vulturului va face război cu țara Ursului și în prima parte a războiului Vulturul va fi biruitor. Dar când va fi aproape de inima Ursului, acesta va primi ajutor de la fiara de peste ape

---

[1] Constantin cel Mare a luat, în anul 324, hotărârea de a face din vechiul oraș Byzantion, noua sa capitală, numită, în cinstea lui, Constantinopol. Constantin al XI-lea va pierde orașul în anul 1453, când va fi cucerit de turci.

şi Vulturul va fi înfrânt. Şi inima lui va fi împărţită în patru. Şi în timp ce ursul va înainta spre inima Vulturului, toate cetăţile lui vor striga : „Pace! Pace! Pace!". Şi tot poporul acesta din ţara de pe Carpaţi va cădea în grea robie şi mulţi vor pieri. Dar Maica Domnului şi Sfântul Ioan vor aduna în potire sângele lor şi se vor înfăţişa cu el înaintea Tronului Fiului. Şi nu pentru vrednicia lor, ci pentru rugăciunile Ei, cei care vor mai fi rămas vii vor fi scoşi afară din temniţe. Şi după o vreme rana Vulturului se va vindeca. Dar ultima bătălie împotriva „lupilor îmbrăcaţi în piei de oaie" se va da în ţara Sciţilor. Şi atunci aceştia vor fi înfrânţi şi va fi vai de tine, Om Roşu! Şi după aceea va porni de pe crestele acestei ţări de pe Carpaţi o acţiune de reîncreştinare a tuturor neamurilor."

23 Misiunea poporului român

Orice popor în această lume are o misiune de îndeplinit. Altfel ar face umbră pământului degeaba. Unele se pare că şi-au îndeplinit-o deja. Altele încă nu şi-au spus ultimul cuvânt.

Despre poporul român se ştie că a fost urgisit. Ţara i-au luat-o pe copita cailor multe neamuri. Goţii, Hunii, Gepizii, Slavii, Avarii, Bulgarii, Ungurii, Pecenegii, Cumanii, Tătarii, şi poate şi altele. De cele mai multe dintre ele s-a ales praful şi pulberea. De români nu. Ei întotdeauna după *tăvălirile barbare* s-au ridicat şi s-a scuturat de praf. Toţi străinii care ne-au studiat istoria nu şi-au putut explica de unde această forţă uluitoare de regenerare. *Toţi se uită cu mirare şi nu ştiu de unde vine.*

Dar aceste năvăliri au avut urmări. Aşa cum o urgie continuă strâmbă trunchiul unui copac, s-a strâmbat şi caracterul iniţial al românului. Despre românul ca un brad au rămas doar legendele. Sociologul român Dumitru Drăghicescu descrie în *Psihologia poporului român* defectele cu care ne-am pricopsit de pe urma cuceritorilor. Din brad, românul a devenit un fel de jnepenel pipernicit, bătut de crivățul de pe crestele munților. Românul a devenit ca buruiana pe care dacă o stârpești, din vechea rădăcină apar alte zeci de plante mici, ca la urzici.

Unii oameni plini de har au vorbit mereu de o misiune cerească a poporului român. Părintele Arsenie Papacioc a spus: „Acest popor va avea un rol important în istoria omenirii". Alții spun că nu peste mult timp, Bucureștiul va deveni Noul Ierusalim. Așa stă scris în ceruri. Pentru că Dumnezeu ține în mâna lui soarta pământului acestuia nenorocit și al fiecărui neam în parte. El și numai el a ținut România pe harta lumii. Au fost îndeajuns douăzeci de ani de depravare și dezmăț ca să ne ia România Mare. A considerat că n-o mai meritām. A avut, ca întotdeauna, dreptate! Ni l-a trimis pe dracul roșu pe cap. Poate ne-om potoli. Poate om înțelege să ne reîntoarcem la el.

Știm și ce misiune ne-a rezervat Dumnezeu în viitor. Ne-a spus-o Vangelia Gușterova (31.01.1911-11.08.1996), cunoscută sub numele de Baba Vanga. Vangelia vine de la evanghelie și înseamnă mesagerul de vești bune. Gușterova n-are traducere, dar nouă, românilor, nici nu ne trebuie. Femeia asta a rămas oarbă la 12 ani, în timpul unei furtuni. Unele dintre previziunile ei au fost uluitor de exacte. Babei Vanga i-au trecut pragul mai mult de un milion de oameni. Și perechea Ceaușescu a vizitat-o, în speranța unei preziceri favorabile. N-aveau însă de ce să-și facă mari nădejdi. Dar nu de grija lor murim noi acum. Baba Vanga, cu câteva zile înainte de moarte, a primit un mesaj divin. Acesta a fost înregistrat iar mesajul era adresat românilor:

„Românii sunt oameni speciali și cu toate că Dumnezeu i-a ales pentru o nobilă misiune, din nefericire, mulți dintre ei nu mai cred în valorile lor naționale. De aceea, dacă acest mesaj – pe care am îndatorirea să-l transmit – le este adus de un străin, va fi mai bine primit de ei decât dacă l-ar primi de la unul de-ai lor. Eu sunt prea mică pentru ca el să vină la mine, așa că eu transmit această veste care mi-a venit de Sus și care va trebui dezvăluită în luna ianuarie, ziua 24, anul 2005. În cel mult o lună de zile, această profeție să fie dusă aceluia la care voi face referire aici. Dacă nu se va putea ajunge la el, atunci să fie dată oamenilor din jurul lui. Să vă ajute Dumnezeu! În bucuria acestei lumi, în România va fi ACELA care a fost promis lumii. Întreaga lume se va bucura de nașterea lui. Dumnezeu îl va ocroti într-un loc, îndepărtat de locul unde se odihnesc străbunii săi, până când va veni ceasul său. Putere de Sus el va avea! Pământul, Apa și Focul îl vor ajuta. O dată cu începerea lucrărilor lui în această lume, minciuna va dispărea. Acest lucru se va întâmpla în 2005. El va fi piatra de temelie pentru omenire. Primul care îl va recunoaște, va fi poporul său. Drept răsplată, va aduce acest popor pe înalte culmi ale desăvârșirii din această lume. Acest popor va fi un exemplu real pentru toate popoarele lumii. El nu va călări un cal real, ci unul de fier pe care singur îl va mânui.“

Ce ne spune Baba Vanga cu limbă de moarte? Că românul nu mai crede în valorile lui naționale. Din nefericire! Care sunt aceste valori? Toate fac parte din doctrina legionară! Apoi, că cel așteptat de omenire va apare în România și că poporul nostru va fi primul care îl va recunoaște! Iar el va duce poporul român pe culmile desăvârșirii din această lume. Acest Om Ales va fi ocrotit de Dumnezeu, ca Mâna Lungă să nu ajungă până la el, până în clipa când va sosi vremea lui.

Atunci lumina lui va face ca minciuna să dispară, deci toată puterea Mâinii Lungi și a altor organizații satanice va pieri.

În consens cu Baba Vanga, dar cu vreo 80 de ani înaintea ei, un alt prezicător, om înălțat spiritual și considerat sfânt în țara sa cu toate că s-a convertit la creștinism, Sundar Singh (1889-1929) a vrut neapărat să viziteze România. Cu această ocazie, el a făcut mai multe dezvăluiri referitoare la viitorul României și rolul pe care ea îl are de jucat în lumea viitoare:

„Eu știu că România are o Misiune Dumnezeiască de redresare spirituală ce o va face să se înfățișeze întregii umanități ca un veritabil model demn de urmat. Este necesar să fac această mărturisire-profeție în fața popoarelor întregii lumi, creștine sau de alte religii, fiindcă toate semnele marchează schimbările spirituale uluitoare ce vor avea loc în curând. Spusele mele nu trebuie sa vă determine să mă considerați un fanatic simpatizant al românilor ce își imaginează himerice plăsmuiri, căci cea care mi-a inspirat, fără putință de tăgadă aceste profeții este Prea Sfânta Născătoare a lui Iisus și reamintesc din nou că, din câte simt, locul de cinste în ocrotirea României îl ocupă Maica Domnului și apoi marile puteri cerești, la toate acestea mai adăugându-se și majoritatea sfinților din cer. România va trece în viitor prin mari frământări lăuntrice și prin anumite schimbări externe ce o vor impune exemplar ca prestigiu in conjunctura internațională și prin mila providenței va ieși aproape neafectată din situația conflictelor războinice mondiale, declarându-se, datorită spiritualizării extraordinare, țară neutră, ce își va asuma rolul de nucleu ireproșabil al înțelepciunii și iubirii divine.“

Mărturisirile acestea uimitoare pentru unii, sunt pentru mine o fericită confirmare a crezului meu de-o viață. Și eu cred că Dumnezeu are milă de România şi o va înălţa, omul mult aşteptat care va iniţia reîncreştinarea lumii va porni din rândurile poporului român. Există o singură condiţie: să devenim şi mai credincioşi şi să ne desăvârşim comportamentul în spiritul doctrinei ortodoxe şi legionare. Aceste mesaje, dacă le ştie toată lumea, nu le ştie şi dracul? Şi nu le ia el în serios? Păi cum să nu le ia, când o astfel de revoluţie morală ar face din el, din stăpânul temut a milioane de suflete, un biet drăcuşor zgribulit pe care, de milă, nici câinii nu l-ar lătra? La aşa o decădere, cine ar vrea să ajungă?

De asta stă Mâna Lungă cu ochii pe România, de asta cum creşte un fir de iarbă mai zbârlit, este tuns pe loc, ca să nu se înmulţească, poporului i se ia încet-încet vlaga şi mijloacele de ridicare spirituală, de asta se atacă biserica, de asta se mizează pe destrăbălare, pe libertate sexuală, pe exacerbarea tuturor relelor omenirii, doar-doar Dumnezeu se va scârbi de România şi se va duce să facă revoluţii morale pe alte planete, că or mai fi destule în Univers. Tot pentru asta au fost, sunt şi vor fi persecutaţi legionarii, purtătorii unui virus care se poate răspândi în lume, distrugând imperiul cel cu atâta trudă clădit de Satan.

Eu am tras din cele trei profeţii concluziile ce se impun, după capul şi conştiinţa mea şi voi face tot ce pot ca să fiu unul din aceia care, când voi fi chemat la Judecată, să nu stau cu capul plecat în faţa celui ce va veni cu sabia lui de foc să ierte sau să pedepsească. El va întreba pe fiecare: „Dar tu unde-ai fost până acum, pe ce cărări ai umblat, cum te-ai pregătit pentru clipa asta?" Atunci nu vreau să stau ca un mormoloc, aşteptând mila divină, ci vreau să ridic capul cu mândrie şi să strig:

„Ţi-am pregătit sosirea, Căpitane!"

24 Nostradamus

Când focul din sobă şi-a domolit văpaia, am scos două cărigi de pe plită şi am pus ceaunul pentru mămăligă. Învăţătorul stătea la masă şi ciugulea din bucata de urdă pe care i-o pusesem dinainte. Îl rugasem să se pună să mănânce, fiindcă lui îi plăcea urda cu pâine neagră şi cu ceapă verde din grădină, aşa că n-avea de ce să aştepte mămăliga. Asta era doar pentru mine, ca să-mi fac un bulz cu brânză de oaie. Dar nici n-a vrut să audă, voia să mâncăm împreună. Cât timp am învârtit la făcăleţ, mi-a făcut o destăinuire pe care n-am uitat-o:

– Ilarie, mi-au plăcut mult capitolele în care-ai amintit de profeţiile Babei Vanga, ale lui Agathanghel şi Sundar Singh. Am fost plăcut surprins de dimensiunea cerească pe care ai dat-o României şi Legiunii. Se pare că poporul român va juca un rol deosebit în timpurile care vor veni, dacă atâţi profeţi s-au împiedecat de numele de român. Totuşi, niciunul din ei nu este universal recunoscut, toţi având bătaie mai mult locală. Pe când citeam profeţiile Guşterovei m-am întrebat dacă Nostradamus nu a amintit în catrenele lui de români şi de marea lor misiune pe care se pare că o vor avea de îndeplinit în curând. Cum ajung acasă o să încerc să mă documentez despre acest subiect.

Bietul meu prieten n-a mai apucat să se documenteze nici despre Nostradamus şi nici despre altele. Eu însă n-am uitat ceea ce mi-a spus şi nouă ani mai târziu aveam să primesc de ziua mea o carte intitulată *Mesajul lui Nostradamus către români*, de Vlaicu Ionescu. A fost o carte binevenită, pe care am citit-o de vreo trei ori. Mai întâi m-am întrebat dacă Nostradamus e chiar aşa de mare precum se spune. Poate a scris şi el la plezneală câteva catrene care s-au adeverit şi gata, a apărut marele profet al lumii. Necredincios, deşi nu mă cheamă Toma, m-am apucat să caut dovezi. Am găsit până la urmă catrenul care m-a convins că omul nostru își merită pe deplin renumele.

Profețiile lui Nostradamus au apărut în anul 1555, pe vremea când pe tronul Franței domnea regele Henric al II-lea, a cărui soție era Caterina de Medici. Nostradamus câștigase deja mai dinainte prin unele previziuni împlinite un renume de oracol, de asta a fost invitat la curtea regelui la Paris, în anul 1556. Aici Nostradamus avea să prevestească reginei Caterina că toți cei patru fii ai ei aveau să ajungă regi, dar a omis cu grijă să-i spună că tronul ocupat va fi unul și același, cel al Franței, iar următorul fiu va deveni rege abia după moartea prematură a precedentului fiu. A fost primit și de rege, pe care astrologul curții l-a făcut atent asupra catrenului 35 din *Profeții*, recomandându-i să se ferească de duelurile cavalerești, din care poate să i se tragă moartea.

Le lyon jeune le vieux surmontera
En champ bellique par singulier duelle:
Dans cage d'or les yeux luy crevera,
Deux Classes une, puis mourir, mort cruelle.

Leul cel tânăr îl va învinge pe cel bătrân
Pe câmpul de bătaie, în singular duel:
Într-o cușcă de aur o să-i crape ochii
Din cauza unei așchii frânte.
Apoi va muri de moarte crudă.

În ziua de 29 iunie a anului 1559, regele uită de recomandarea astrologului și-l provoacă la duel, într-un turnir organizat cu prilejul căsătoriei surorii lui Margueritte cu ducele de Savoia, pe tânărul conte de Montgomery, care refuză mai întâi lupta. Dar regele nu-l slăbește și-i poruncește să încalece și să accepte duelul cu el. Coiful și viziera armurii regelui erau din aur. La ultimul asalt, când lăncile li s-au izbit cu forță, lancea lui Montgomery s-a frânt și o așchie a trecut prin viziera regelui, înfigându-i-se în orbita unui ochi. Regele avea să moară în chinuri groaznice în urma acestei răni.

Pentru mine prorocirea asta a fost convingătoare. Nu poți face o astfel de previziune la nimereală. Nostradamus era convins că istoria este o piesă de teatru regizată de Tatăl Ceresc, care se desfășoară după un scenariu dinainte pregătit și care putea fi cunoscut înainte de ridicarea cortinei, cu condiția sa ai legături cu cerul. Tare bucuros am fost când am descoperit că intuiția nu l-a înșelat nici de data aceasta pe Învățător. Vlaicu Ionescu a demonstrat în lucrarea lui că Nostradamus s-a ocupat constant de spațiul românesc. Unul dintre catrenele identificate de el că ar face referire la românii din timpurile noastre spune:

> *Le changement sera fort dificle:*
> *Cite, province au change gain fera:*
> *Coeur hau, rudent mis, chasse lui habile,*
> *Mer, terre, peuple son etat changera.*

> *Schimbarea va fi foarte dificilă:*
> *Cu prilejul schimbării se vor câștiga orașe și provincii:*
> *Cel cu inimă înaltă, înțeleaptă, va fi alesul iar cel viclean va fi gonit,*
> *Pământul apele și oamenii țării se vor schimba în bine.*

Ce ne spune Nostradamus prin acest catren? Mai întâi, că trecerea noastră la un nivel spiritual înalt va fi deosebit de dificilă, ceea ce înseamnă că va fi și îndelungată. Asta nu este o surpriză. Cărarea ştim de la Hristos că este îngustă şi plină cu bolovani. Ne mai spune că cu ocazia schimbării va avea loc şi o întregire a ţării. Am văzut cum prin decădere morală ni s-a luat România Mare. Ca s-o redobândim, e nevoie de redresare morală pe toate liniile. Ţara nu este numai un spaţiu geografic ci e cu mult mai mult. Ea reprezintă conştiinţa colectivă a neamului. Cum e turcul şi pistolul. Cum e neamul, aşa şi patria. Un neam pipernicit nu poate avea o ţară ca soarele de pe cer. Şi din ce se piperniceşte, tocmai de aia mai pierde câte o bucată din ea.

Probabil că Nostradamus face referire la unirea cu Republica Moldova. Unirea nu va fi posibilă decât atunci când ne vom schimba sufleteşte. În ce fel? Simplu. Să ne deschidem inima şi să-i ajutăm pe cei de lângă noi aflaţi în necaz, să fim disciplinaţi, să muncim cu drag, să nu fim mişei şi nici lacomi, să iubim adevărul. Adică tot ce scrie la *Cărticică*. Iar pentru cei care aşteaptă cu mâinile încrucişate clipa în care cel viclean va fi alungat, le putem spune că vor aştepta mult şi bine, fiindcă pentru ca acest lucru să se înfăptuiască, este nevoie de contribuţia fiecăruia atât la înălţarea neamului cât şi prin înălţarea spirituală a propriei fiinţe.

25 Reînvierea Mişcării

Există Oameni Aleşi de Dumnezeu care primesc misiuni cereşti uriaşe. Atât este ea de mare, încât Omul Ales n-o poate îndeplini decât prin jertfire. Dar cine-şi pierde viaţa pământească în acest fel, o va câştiga pe cea cerească.

Primul şi cel mai cunoscut exemplu este al lui Hristos. Evoluţia lui s-a produs după schema logică: aruncarea seminţei învăţăturii, prigoana, jertfa, înălţarea la cer, dar şi primirea doctrinei Omului Ales de cei mai curați sufletește dintre cei cărora le-a fost adresată. La unele popoare sămânța creștinismului a încolțit după o mie de ani, la altele perioada de germinație nu s-a încheiat nici acum.

Românii au avut și ei mari vizionari. Mihai Viteazul a avut misiunea de a sădi în sufletul românilor năzuința unirii. Și la el destinul a lucrat după aceeași schemă: misiune, prigoană, jertfă și înfrățirea cu cerul. De asta nici el, ca și Hristos, n-are mormânt. Iar sămânța aruncată de el avea să încolțească peste 300 de ani. Iată ce puteri vizionare primesc Oamenii Aleși.

Misiunea Viteazului a avut ca scop unirea geografică. Crucea unirii românilor în spirit creștin avea însă s-o poarte altul: Corneliu Zelea Codreanu, cel ce prin toată lucrarea vieții lui a pus temelia doctrinei legionare. Și el și-a îndeplinit misiunea, a trecut apoi prin prigoană și jertfă. Și el este un om fără mormânt, așa cum nici Viteazul, Moța și nici Marin nu au. Căpitanul, Moța și Marin sunt martirii Mișcării, cei care au sădit în sufletele românești dorul de desăvârșire la scară națională. Până la ei înălțarea a fost doar un concept individual.

Nu se poate ca acest dor de înălțare să nu se manifeste în viitor, pentru că schema logică a fost cu prisosință îndeplinită. În Cartea Neamului numele Căpitanului a fost scris de la începuturile lumii, de vreme ce profeția lui Agatanghel îl menționează cu 600 de ani mai înainte. Deci nu e logic ca lucrarea lui să nu fie continuată de cei ce vor veni după el.

Dar de ce să fi vrut Creatorul să-i unească pe români? Desigur nu de florile mărului. Puteau românii să ducă o viață ticăloasă și în trei țărișoare diferite. Această unire are sens doar dacă admitem că Domnul a rezervat poporului român o misiune de excepție, despre care au vorbit profeții mai vechi și mai noi. Ne-a unit mai întâi geografic, ca apoi să urmeze unirea sufletească și desăvârșirea spirituală.

Și cum ar trebui pornit la drum? Pentru că drumurile par a fi nenumărate. Dar tocmai fiindcă sunt nenumărate, poate fiecare să înceapă cum îl îndeamnă conștiința. Simțind că au lucruri în comun, doi prieteni decid să facă un cuib al lor, la care să adere ulterior și alții care simt la fel. De ce să se constituie numai escrocii și deputații, hoții și senatorii, pungașii și miniștrii în grupuri de influență și oamenii cinstiți nu? Aceste *cuibușoare* pot lua orice inițiativă doresc. Se vor ține ședințe o dată pe săptămână, unde vor dezbate problemele cuibului, ale membrilor, ale comunității din care fac parte. Se pot face propuneri precum de a ajuta un nevoiaș, de a tăia lemnele unor bătrâni neputincioși, de a repara gardul cimitirului din sat sau de a planta pomi fructiferi pe marginea drumului.

Există doar o singură condiție pentru recunoașterea ulterioara a acestor cercușoare drept cuiburi sau cetățui legionare active: să respecte cu mare strictețe doctrina expusă în Cărticica șefului de cuib, și aici mă refer la cele șase legi și la felul în care trebuie să se comporte un viitor legionar: datoria de a nu fi mișel, de a nu se certa, de a avea inima bună. Se vor respecta cu strictețe nu numai legile țării ci și buna cuviință și religia creștină. Niciuna din învățăturile Cărticelei nu sunt contrare învățăturilor creștine. Asta și explică de ce un număr imens de preoți de toate confesiunile au aderat la Mișcarea Legionară.

Cuibul, pentru a dovedi că a avut o activitate permanentă și susținută, va ține un jurnal, în care se vor menționa cât se poate de amănunțit activitatea cuibului, data, ora, locul, cine a participat, alte persoane care au avut cunoștință de acțiune. Toate acestea vor fi neapărat menționate. Acest jurnal va fi oglinda cuibului și va fi dat nou-veniților spre citire ca să știe în ce vor să intre. Jurnalul este și pentru membrii vechi de folos, pentru că la o acțiune vor fi și unii absenți. Din jurnal vor putea afla ce-au pierdut.

Am fi putut da denumiri neutre acestor asociații, precum cercuri, cercușoare, echipe sportive, dar n-o facem pentru că nu avem de ce să ne ascundem. Le spunem pe nume, adică cuiburi. Nu suntem nici fasciști, nici antisemiți, noi suntem niște români care doresc binele țării lor și vor să se desăvârșească spiritual luând ca bază Cărticica șefului de Cuib. Mai dorim, așa cum a lăsat Moța scris cu limbă de moarte Căpitanului, să facem din România o țară precum soarele sfânt de pe cer.

26 Moș Ion Roată

Dar o țară ca soarele sfânt de pe cer nu se face numai cu dorința. Este necesară contribuția celor mai conștienți, e nevoie de sacrificiu, de jertfă. Fie că participi la activități de ajutorare, sau te străduiești să-ți înfrângi pornirile rele și cauți să te integrezi în cuib și să te desăvârșești prin autoeducație, tot un fel de jertfă este și asta. Totuși formarea unor cuiburi cu activitate săptămânală, cu jurnal ținut la zi, deși este o mare realizare, nu este decât o primă etapă. Ele vor putea influența mentalitatea camarazilor la nivel local, dar vor fi ca niște celule separate, care trebuiesc unite ca să formeze un organism puternic.

La rândunele, fiecare cuib își crește puii individual. Dar când e vorba să treacă marea, se adună și formează un stol din sute sau din mii de păsări. Berzele și cocorii la fel. De ce oare? Din povestea lui Moș Ion Roată știm că unirea face puterea. Ar fi trebuit s-o știm mai de mult, fiindcă românii n-au înfăptuit niciodată ceva remarcabil, decât atunci când au fost uniți: fie sub sceptrul unui voievod sau al unui rege destoinic, fie aflați sub ascultarea unui crăișor sau căpitan de plai. Astfel că unirea cuiburilor este un lucru inevitabil, dacă vrem să trecem marea sau să facem o țară ca soarele de pe cer. Individual pornim, dar împreună învingem obstacolele care ne vor apare în cale!

27 Mărgele de sticlă

Multe state care au ajuns la un înalt grad de „civilizație", au standarde de viață ridicate, cu mulți dolari pe cap de locuitor. Pentru statele mai sărace, acestea au devenit ca să spun așa, un model invidiat, demn de urmat.

Există însă și voci care exprimă orice alte sentimente, numai admirație nu. Ele pretind că acest nivel de trai și această civilizație a fost realizată prin spolierea resurselor naturale chiar a acelor state care au rămas sărace. S-au făcut schimburi tot așa de echitabile ca între indienii Americii de Sud care dădeau obiectele lor din aur conchistadorilor spanioli și portughezi, pe mărgele de sticlă colorată. Așa au ajuns țări sărace, dar bogate în petrol și care nu aveau cum să-și valorifice zăcămintele, ca să le concesioneze celor care puteau s-o facă. În acest fel statele sărace au devenit mai sărace iar cele bogate, și mai și.

De ce totuși o țară cu resurse pe care nu le-a putut exploata singură, nu și le-a păstrat pentru mai târziu? Din lăcomia și egoismul păturilor conducătoare! Dar nici omul simplu nu este mai breaz, își dorește ceea ce nu are, privind cu jind la ceea ce au din abundență statele avansate: un automobil, un video-recorder, un telefon mobil, un televizor color. Și acest mecanism se repetă mereu, la nesfârșit, săracii rămânând tot săraci, chiar dacă între timp au reușit să intre în posesia un automobil sau un telefon mobil. Toți vor constata că nu sunt cu nimic mai fericiți după ce le-au dobândit.

Dacă-i luăm la puricat și pe cetățenii statelor avansate, vom vedea că nici ei nu stau cu mult mai bine. Dacă dai poleiala la o parte, vei descoperi simptome îngrijorătoare și la ei, care le dau dureri de cap și conducătorilor lor, dar mai ales oamenilor simpli. Societățile țărilor dezvoltate se confruntă cu probleme tot mai acute. Alimentele pe care le consumă sunt tot mai sărace în substanțe nutritive și tot mai pline cu produse chimice, mediul este tot mai poluat, starea lor de sănătate devine tot mai gravă, copii nu mai fac și nu mai cresc pentru că nu-și mai pot permite. În Germania au fost făcute calcule care arată că un copil până la 18 ani înghite din bugetul familial 100.000 de euro. De asta le îmbătrânește populația, obezitatea ia amploare, stresul strânge oamenii de gât, bolile îi caută tot mai des, apar boli necunoscute precum gripa aviară, boala vacilor nebune, etc. În 1995 casele de asigurări medicale germane rețineau din retribuția celor asigurați 11 - 12%. La nivelul anului 2014, procentul a crescut la 14 - 15%. Costurile cu asigurările sociale cresc vertiginos iar pensionarii vor întrece în curând la număr persoanele active. Una din cele mai autorizate voci care a tras un semnal de alarmă de acum aproape un secol a fost vocea lui Viktor Schauberger, un geniu nu numai tehnic, care a scris două lucrări *Wir bewegen uns falsch* (Ne mișcăm în direcție greșită) și *Unsere sinlose Arbeit* (Munca noastră cea inutilă). Schauberger prevestea prin 1950 că societatea omenească, dacă nu se va întoarce din drum la timp, va ajunge la dezastru. El punea accentul mai ales pe problemele de mediu pe care eu nici nu le-am menționat. Doar nu scriu istoria capitalismului, ca să storc subiectul până la sâmburi.

Deci, statele avansate vor da de belea cât de curând. Noi românii nu suntem așa de avansați, dar și la noi au început să se vadă „beneficiile" progresului. Totuși am mai avea timp ca să ne întoarcem pe drumul cel bun, ca să nu ajungem și noi în impas. Căi alternative care ni se potrivesc și ne-ar conduce la o societate cu mai puține contradicții decât cea de acum există și ne așteaptă să venim cu curaj spre ele.

28 Agricultura de „subzistență"

Ca să ne întoarcem din drum nu trebuie să inventăm din nou roata. E destul ca să privim în urmă cu 100 de ani și vom descoperi o organizare pe care noi o vom numi gospodăria țărănească. Dorim să introducem acest sistem doar acolo unde se potrivește, în satele părăginite, unde doi trei bătrâni uitați de lume și de Dumnezeu își duc povara bătrâneților, sau pe culmile dealurilor, pe care altă dată pășteau nenumărate turme, sau pe terenurile abandonate, pe care nu le mai lucrează nimeni.

Această gospodărie țărănească producea aproape tot ce-i trebuia familiei gospodarului. Doar sare, chibrituri și gaz pentru lampă mai trebuia să cumpere. Bărbatul și cu nevasta, prin munca lor, ajunseseră la prosperitate, liniște și fericire. (Atunci când erau lăsați în pace!) Țăranul muncea țarina lui, pe care o lucra cu boii sau cu caii. Cultiva grâu, orz, cartofi, porumb. Coseau lunca și făceau fân. Creștea neapărat și animale, altfel sistemul nu funcționa. Animalele erau cele care consumau produsele agricole, producând *plusvaloare*, împreună cu ogorul. Ați auzit de țărani care se plâng după recoltare că prețul porumbului de pe piață e prea mic? Ei, puteți fi siguri că acei țărani nu creșteau animale.

Tot ce producea țarina, era valorificat prin animalele din bătătură. Omul avea boi sau cai, vacă cu lapte pentru copii, oi sau capre, porci în coteț, găini, iepuri, gâște sau rațe. Aceste animale erau crescute și îngrășate cu produsele câmpului. Toată vara o parte din animale își agoniseau hrana de pe pășune, de la gârlă, de pe marginea șanțului. Creșteau prin grija lui Dumnezeu. Doar iarna erau hrănite de om. Totul era folosit, nimic nu era aruncat, nu existau deșeuri. Paiele și cocenii de porumb erau folosiți ca așternut pentru vite, apoi împreună cu gunoiul de grajd se întorcea pe câmp, ca îngrășământ.

Femeia ținea gospodăria, hrănea copii, animalele, mulgea vaca, oile, în timp ce omul era la câmp. Când era vremea, mergea și ea la semănat, prășit, cules, recoltat. Tot nevasta se îngrijea de grădina de legume din spatele casei, unde punea fasole, morcovi, cartofi de vară, porumb de copt sau fiert. Prin curte și grădină mai aveau pruni, nuci sau meri, caiși sau cireși. Tot ea mai dărăcea și torcea lână, țesea covoare și scoarțe, împletea pulovere, mănuși și șosete pentru toată familia. Desigur că gătea, mai făcea brânză din laptele oilor, caș și urdă, marmeladă de casă, compoturi, fructe uscate, punea murături pentru iarnă. Pe măsură ce îmbătrâneau, veneau copii din spate care puneau umărul și preluau de la părinți o parte din grijile gospodăriei.

Astfel se hrăneau cu alimente proaspete, pline de vitamine, lipsite de chimicale și tratamente inutile, la care industria alimentară se pare că nu poate renunța. Era o hrană ecologică, pentru care orice om din statele „dezvoltate“ ar plăti bani grei, dacă ar avea de unde o procura. Pentru că asemenea alimente au dispărut de pe piață. Au dispărut producătorii, a dispărut și gospodăria țărănească, s-a distrus o întreagă civilizație arhaică, dar eficientă. Niciun fel de agricultură, oricât de avansată, nu reușește să producă alimente atât de valoroase, cu cheltuieli atât de reduse. Și totul stă la îndemâna gospodarului, nu-i trebuie nimic dinafară, după deviza „Totul prin noi, prin munca noastră". E sistemul perfect, care poate fi reînviat în România. Care poate reînvia România!

Dar de ce l-am reînvia? Pentru a da de lucru la mii de oameni, care și-ar agonisi astfel hrana singuri, n-ar mai fi dependenți de un ajutor social insuficient și înjositor sau la mâna unui angajator, n-ar mai depinde de alții, decât de hărnicia lui și de Dumnezeu. Ar putea trăi demni, fericiți, feriți de bolile civilizației, crescând mai mulți copii, care încep și la noi să fie o raritate. Ar aproviziona țara cu alimente ecologice, pentru că nimeni nu ne va opri să certificăm biologic aceste gospodării. Și vom mai realiza ceva extraordinar! Vom întoarce algoritmul care ne-a sărăcit, pe dos. În loc să privim noi cu jind la țările avansate pentru un telefon mobil, vor privi ei la noi cu invidie, pentru că vom avea ce ei au pierdut de mult: alimente curate pline de vitamine, un mediu nepoluat, oameni sănătoși și frumoși, curțile pline de copii, natura intactă.

Ar fi un sistem pentru care cei care fac strategia de apărare a țării ar trebui să-l ia în calcul, dacă nu le-ar sta gândul la alte prostii. Ce ne facem dacă o ploaie de rachete ne distrug centralele electrice din sistemul energetic național și cele câteva rafinării? Fără curent electric și combustibil, în 10 zile foamea s-ar instala în toate marile orașe ale țării. Dar, dacă am avea 10% din familii organizate în ancestralele gospodării țărănești, situația ar fi salvată, pentru că acolo alimentele sunt păstrate în pivniță, carnea și cârnațul prăjit în bidonul cu untură, brânza în burduf iar telemeaua în putinică. Porumbul și grâul e pus bine în hambar, astfel că aceste gospodării ar deveni adevărate depozite de alimente care, în caz de necesitate, ar completa baza de aprovizionare a orașelor.

Muți vor zice că ce vrem noi este utopie. Nu este. Nu poate fi utopie un sistem care a existat și a funcționat! Iată și dovada, luată din memoriile lui Dan Ion intitulate *Amintiri din alte vremi*. El a fost fruntaș în satul lui, om harnic și muncitor, plin de idei și de inițiativă. A fost întemnițat pentru convingerile lui legionare. Iată ce-a avut și ce găsește când vine acasă din închisorile comuniste:

„Așa, după opt ani am ajuns acasă unde mă așteptau alte surprize. Lăsasem o gospodărie cu un grajd plin cu bivolițe, altul cu cai, oi, porci, stupi, mașină de coasă, mașină de scos cartofi, mașină de semănat, separator de unt, cazan de fiert cartofi, patru care, poduri pline cu cereale. Nimic nu mai era. Ai mei erau flămânzi. Soția spunea că cumpărau o pâine neagră și mâncau trei inși o singură dată. Soția era bolnavă, fiica mea Mărioara, dată afară din Școala Tehnică, ginerele, Mon, care era ofițer, dat afară din armată. Peste tot necazuri, din cauza mea, pentru că luptasem ca poporul român să fie un popor mândru și de caracter. În curte nu mai era niciun animal, doar un câine, care curând, a murit și el.“

29 Activități economice

Pe lângă agricultură poate înflori și un buchet de activități economice, care-și pot orienta activitatea spre prelucrarea produselor agricole și zootehnice în regim manufacturier. Aceste activități au fost neglijate, dar pe nedrept. Se pare că omul modern s-a săturat de produsele fabricate în serie mare și începe să-și dorească iar lucruri simple, făcute de un meseriaș adevărat, care transpiră și pune suflet în obiectele-unicat care-i ies din mână.

Pentru România ar fi foarte potrivite împletiturile din nuiele de răchită, măturile, pieile tăbăcite prin metode nechimice, pulovere împletite de mână din lână toarsă în casă, fructe de pădure uscate, miez de alune și nuci, semințe de pin, mici obiecte de lemn, precum sucitoare pentru făcut aluatul, linguri de lemn, dulăpioare. Perii din păr animal, covoare, ștergătoare din fața ușii. Apoi alimente conservate, precum compoturi, zacuscă la borcan, castraveți și varză murată. Butoaie de lemn pentru murături sau vin, jucării din lemn netratat, sape, coase, ciocane, clești forjați manual, obiecte mici turnate din fontă, precum fier de călcat cu cocoș pentru a fi umplut cu cărbuni, ceaune de fonta pentru mămăligă, ceaune de făcut săpun de rufe. Apoi, săpunuri cu mirosuri naturale, produse de-ale stupului, precum miere cu polen, miere cu propolis, miere cu lăptișor de matcă. Miere cu bucăți de fagure în ea, sirop de mugur de brad contra tusei, plante medicinale uscate și puse în pungi de hârtie. Și lista este fără sfârșit. Vor trebui reanimate vechile meserii de olar, blănar, tăbăcar, curelar, producătorul de hamuri, șei, căruțe și care, potcovar, tinichigiu în cupru, suflător sticlar. Mici fabrici de uleiuri presate la rece, de țuică de prune curată, vinurile de casă, vin de măcieșe sau de porumbele, afumătoare de slănină și cârnați. Făbricuțe de oțet de mere, bragă, borș. Străinii vor veni și ei negreșit, (după miros!) nu trebuie să-i căutăm noi. Vor umbla toți cu limba scoasă după produsele noastre, așa acum umblă acum arabii după oi pe la ciobani. Le cumpără în orice cantitate, direct de la proprietar. Dar nu acesta este scopul nostru, ci de a prelucra mai întâi materiile prime și apoi de a vinde produsele finite. Ce folos să vindem samsarilor arabi oile vii și să nu le transformăm noi în virștli (un fel de cârnăciori din carne de oaie și porc ce se produc în zona Munților Apuseni și care au un gust, de dai cu căciula după câini), sau să tăbăcim pieile, din care să facem căciuli de momârlan cu vârful îndoit într-o parte, purtate mândru p-o ureche? Apoi, fabricarea buciumelor, tulnicelor, a fluierelor de lemn. Nu există cadou mai potrivit decât fluierele, pentru copiii vecinului cu care ești certat!

Existau înainte de era industrială tehnici textile patriarhale, precum țesutul covoarelor, prelucrarea cânepii și a inului. Un potențial uriaș are borangicul sau țesătura din mătase naturală. Numai dacă se vor planta pe marginea drumurilor duzi – pe lângă nuci, pruni și meri – s-ar putea în România fabrica ii de borangic ca să îmbrăcăm toate cântărețele, artistele, madmoazelele și madamele lumii. Scopul acestei activități nu este acela de a-l face pe micul meseriaș legionar, ci de a-l ajuta să trăiască pe picioarele lui. Independența economică aduce cu ea o gândire realistă și acea demnitate a omului care-și câștigă cu sudoarea frunții pâinea. E un început de Om Nou, care va deveni de la sine un susținător al doctrinei legionare. Pentru că legionarismul sprijină orice activitatea pozitivă, ce se desfășoară legal pe teritoriul țării. Vom sprijini școlarizarea tuturor celor ce vor să învețe o meserie arhaică, de la cei care încă o mai știu.

30 Organizare națională

Gospodăria „de subzistență" are o eficiență ridicată pe plan local. Dar țăranul este obligat să-și vândă produsele și să mai și cumpere câte ceva, nu numai sare. Ori a merge cu produsele la piață îl deturnează de la activitatea lui principală, pe care o duce cu mare competență. La piață însă, poate că nu este prea priceput și chiar dacă ar fi, pierde prea mult timp. Pentru asta este nevoie de organizare la scară națională, prin introducerea unui sistem informatizat de bursă-online, prin care ofertanţii şi cumpărătorii încheie afaceri. Aceste afaceri nu se pot realiza în general de persoane fizice, pentru că ele lucrează cu cantităţi reduse. Ofertele vor fi centralizate de cooperativele organizate de cuiburi. Cuiburile vor înfiinţa aceste cooperative sub a căror supraveghere îşi vor desfăşura cu cea mai mare corectitudine activitatea. Şeful de cuib răspunde „cu capul" pentru aceasta.

Prin acest sistem se va întâlni cererea cu oferta la scară naţională. Cooperativele vor lua un comision pentru intermediere, care va fi modest. Aceşti bani vor fi folosiţi pentru a cumpăra mijloace de transport proprii, pentru a transporta produsele de la un colţ la altul al ţării, pentru consultanţă agricolă, pentru teste de laborator a produselor alimentare sau certificări ecologice, ori pentru şcolarizări. În acest fel rândunelele se vor aduna împreună ca să treacă marea. Sistemul extins la scară naţională va elimina pierderile şi pagubele. De multe ori s-a întâmplat ca mulţi producători de pepeni din Oltenia să vină la Cluj, unde mormanele de „lubeniţe" stăteau în soare şi se borşeau, iar la Turda sa nu fie nici unul, fiindcă producătorii veneau la întâmplare, adică „cum dă Dumnezeu". Organizarea la scară naţională va împiedica astfel de situaţii, în beneficiul cumpărătorilor, dar şi al producătorilor. Nici Dumnezeu nu se va supăra, când va vedea că suntem în stare să ne organizăm singuri, lăsându-l pe el să-şi vadă de treburile cereşti. Se elimină de asemenea samsarii şi intermediarii. Cooperativele legionare vor scurta drumul spre consumator, evitând pieţele. O cooperativă sătească va putea aduce un camion de pepeni direct de la Dăbuleni, cu desfacerea asigurată prin precomenzi. Nu cumva să-şi închipuie cineva că o asemenea întreprindere va fi uşor de realizat. Pentru a înţelege de ce greutăţi ne vom izbi, iau un fragment din amintirile gospodarului din Mândra Făgărașului, despre care am pomenit deja, fost primar și legionar până la moarte, Dan Ion, care a pus pe roți o cooperativă în satul lui:

„La noi în sat nu era nicio mașină de treierat, cum era în alte sate, unde erau proprietari particulari cu mașini vechi. La noi, de regulă, se termina de secerat și treieratul începea mai devreme. Veneau din satele vecine mașini, care de cele mai multe ori erau niște hodoroage, și acelea treierau la cei mai înstăriți, iar cei săraci și cu cereale mai puține rămâneau cu ele netreierate. Eu mă frământam cum să înlăturăm acest neajuns. În ultimul timp veneau în satul nostru doi sași, frați, din Cristian, de lângă Brașov, care erau mecanici și aveau trei mașini de treierat, cu aburi. Am încercat, împreună cu vărul Nicodin, să cumpărăm amândoi una din mașini de la acești sași, dar nu am putut ajunge cu ei la un înțeles. Cu această ocazie le-am spus sașilor că noi vom face o asociație, unde vom băga câți mai mulți consăteni, și că mașina tot o vom aduce. Sașii au râs și au spus că asta nu se va face niciodată fiindcă oamenii nu se vor putea înțelege. Acest lucru m-a ambiționat mai mult și am început propaganda mai hotărât. A fost destul de greu fiindcă era după criza economică din 1930-1934. Totuși, în anul 1935 reușisem să grupăm în jurul acestei idei vreo 40 de săteni. Am încercat să-l asociem și pe preot și pe directorul școlar, care erau cei mai înstăriți din sat, dar nu au voit să vină cu noi. La această lucrare am fost ajutat foarte mult de învățătorul Șipos Ioan, care funcționa la noi în acest timp. Am făcut mai multe adunări generale unde am dezbătut problema pe toate laturile. În primul rând era vorba de procentul cu care să contribuie fiecare. Ne-am înțeles ca fiecare să contribuie cu cât poate, și după ce vom achita mașina, celor care vor da peste două mii să li se restituie diferența până la două mii, iar celor care vor da mai puțin să li se rețină din dividende până se vor completa două mii lei, astfel ca toți să avem aceeași contribuție. Cel mai mult a dat Gheorghe Taflan (Sociu) care era la București – zece mii lei, se vede treaba că era bine retribuit. Eu și încă vreo patru inși am dat câte cinci mii lei și câțiva, trei mii. Mașina a costat două sute nouăzeci mii lei, din care am dat avans nouăzeci mii lei, iar restul în două rate anuale.

La conducere a fost ales un comitet, ca președinte a fost ales notarul comunal, Nicolae Ștefan, care intrase și el în asociație, secretar, învățătorul Ion Șipoș și casier, subsemnatul. Ca mecanic a fost pus Leonte Bera (al lui Chiriță). În acest timp s-au găsit unii care căutau să *semene zâzanie și neîncredere.* Pentru suma de două sute de mii trebuia să semnăm un contract și agentul a stăruit ca primii semnatari să fie cei mai înstăriți. I-am pus primii pe un unchi al soției mele, Iacob Zară (al lui Nic al Aldii) și pe socrul meu, Ion Bera (al lui Alexe). S-au găsit unii care să-i sperie că dacă dăm greș li se va vinde averea. Cei care au fost mai speriați erau nenea Iacob și socrul, care au venit într-o zi și mi-au cerut să rupem contractul fiindcă s-ar putea să nu putem plăti și li se vinde lor tot ce au. Socrul, care avea încredere în mine nu era prea alarmat, dar nenea Iacob stăruia să rupem contractul, dar până la urmă am reușit să-l liniștesc, spunându-i că o treime era deja achitată din banii adunați de la membrii asociației și că vom reuși să facem suma mai ales că în sat nu va mai putea veni altă mașină. Cei care băgau dihonia motivau că eu i-am băgat pe ei în această afacere riscantă, iar eu nu riscam nimic întrucât nu aveam pe nume niciun fel de avere. Eu într-adevăr nu aveam, fiind unicul fiu nu i-am cerut tatii să-mi treacă pe nume, întrucât la moartea părinților tot mie îmi rămâneau toate. Dacă s-ar fi întâmplat ceva, după cum i-am spus lui nenea Iacob, mașina era o valoare care putea ușor acoperi cele 200 000 lei.

Când am construit asociația, secretarul și casierul ne-am angajat să servim fără nicio plată până achităm mașina. Toate au mers foarte bine, am plătit în fiecare an rata la timp și în anul 1939 eu m-am retras din postul de casier întrucât începuseră concentrările și mă gândeam că s-ar putea să fiu chemat și eu. Am fost chemat în toamna anului 1939. Mașina adusă de noi era un tractor Hanang și batoză MAR. După aceea s-a mai făcut o asociație de către cei care ne puneau la început piedeci. După ce s-a mai adus o mașină am făcut o singură asociație (cooperativă) și mașinile începeau treieratul, una dintr-un cap de sat și alta din celălalt. Cei care am luat prima mașină cumpărasem batoză, camion pentru transportat cerealele și am adus o piesă care, atașată la batoză, treiera trifoi de sămânță. Mai făcusem încă o curea mare de transmisie ca să fie de rezervă, am cumpărat o sută de saci, pe lângă faptul că mai dădeam fiecare câte un sac, saci care au fost marcați. Când a venit actualul regim le-a luat pe toate și se spune că a dat 200 000 lei la cooperativa de consum care nu le-a mai dat nicio dividendă."

31 Pădurea

Un aliat de nădejde al românului în vreme de răstriște a fost pădurea. Fără pădure, românimea ar fi pierit de mult. Iar românul a purtat pădurii dragoste de frate, recunoscându-i cu pioșenie rolul ei salvator. Pădurea în concepția legionară și prin extensie, relieful cu toată geografia lui, este un bun inalienabil al țării, care, cu concursul politicienilor actuali, ni se fură bucată cu bucată. Iar lemnul se taie fără nicio socoteală, pentru ca unii să se îmbogățească prin jaf. De pădure, legionarul trebuie să aibă grijă ca de ochii din cap. Unii istorici afirmă că decăderea imperiului roman s-a produs tocmai în urma defrișărilor masive, nechibzuite.

De curând un ministru al economiei se lăuda că aduce o nouă investiție austriacă, o fabrică de industrializare a lemnului. Asta ne mai lipsea, nu e destul că austriecii ne taie pădurile în județul Alba, acum vor să se întindă mai departe. Ar trebui să-i trimitem să-și taie pădurile lor, nu pe ale noastre. Legionarul va fi un apărător al pădurii, privită ca o condiție esențială a supraviețuirii noastre ca neam. Pădurea ne poate da mult mai mult decât ne dă astăzi, dacă am ști s-o exploatăm rațional, nu numai pentru lemn. Împăduririle și nu defrișările vor fi deviza noastră.

Când mergi cu mașina de la Oradea la Cluj, vezi bieți oameni cu munți de ciuperci pe marginea drumului. Iar de la Brașov la Onești ești îmbiat de țigăncușe cu căldări de afine sau zmeură. Aceste bogății ar trebui exploatate prin cooperative, care să cumpere aceste produse, să le conserve și să le vândă apoi ca produse biologice. Câștigul ar fi vizibil pentru toată lumea. Comerțul și cooperativele legionare vor rezolva și această problemă.

Cei care sunt cei mai mari dușmani ai pădurii s-au dovedit a fi pădurarii. Chiar dacă au fost cinstiți inițial, prin sistemul corupt, cei mai mulți s-au lăsat corupți la rândul lor, ajungând la mâna escrocilor. Pentru a curma această situație, pădurarii vor fi militarizați, rolul lor fiind acela de a opri tăierile ilegale de arbori. Retribuția acestora va fi și în funcție de modul cum apără zona ce le-a fost încredințată. Iar dacă în zona unui pădurar se constată că s-au produs tăieri ilegale pe care el nu le-a raportat, i se vor imputa lui, fără nicio reticență. Ori își face datoria, ori pleacă. Uneori poate chiar la puşcărie. Ce ne-ar putea împiedica ca să introducem o lege prin care nu se va tăia niciun copac până cel ce primeşte autorizaţia de tăiere nu va planta pentru un singur copac, 10 puieţi?

Legionarii au fost conştienţi de rolul pădurii, chiar dacă erau doar copii de liceu, organizaţi din iniţiativă proprie în Frăţii de Cruce. Un fragment din mărturiile lui Gavrilă Ogoranu ne arată modul cum gândeau şi acţionau fraţii de cruce, elevi de liceu de 16 sau 17 ani:

„Era în primăvara anului 1938. Se sărbătorea ziua sădirii pomilor şi conducerea liceului şi autorităţile locale hotărâră să o serbeze deosebit. Trebuiau plantate cu puieţi nişte râpi pe malul Oltului, la vreo 5 kilometri de oraş. Noi elevii, am mers în marş în frunte cu "moş Irod", comandantul străjeriei, sâcâiţi întruna de acesta să cântăm să ne audă lumea şi cum noi nu aveam chef, cântam fals, unii un cântec, alţii altul ca să-l silim să ne dea pace. A venit un sobor de preoţi, prefectul, şeful ocolului silvic, colonelul de jandarmi şi încă mulţi alţii în uniformele pompoase ale Frontului Renaşterii Naţionale. Venir\u{103} greu în trăsuri că nu era drum de maşină încât se făcuse târziu. S-a ţinut slujba religioasă. Doi preoţi au ţinut predici lungi începând de la pomii slobozi şi cel oprit din grădina Raiului, despre cedrii Libanului, despre smochinul neroditor. A urmat apoi prefectul, ridicând în slăvi pe majestatea sa, care de grija ţării nu dormea decât şapte ore pe noapte. A vorbit apoi moş Irod, comandantul cohorţii îmbrăcat străjer, cu nădragi scurţi, şi care, în cuvinte patetice ne-a amintit că „marele străjer" nu face altă treabă decât sădeşte pomi. A vorbit inginerul silvic despre codrul frate cu românul, care codru şi păduri ne ascundeau de duşmani pe noi românii şi care „în lupte ca la Mărăşeşti au ieşit dezbrăcaţi din apă, de credeau nemţii că românii e nebuni". Câteva fetiţe au jucat jocul silvic Alunelul, altele au recitat câteva poezii cu frunză verde şi serbarea ar mai fi continuat dacă vremea nu s-ar fi învolburat, curând începând să curgă de sus zăpada mieilor, care ne-a silit să ne retragem acasă fără să sădim un singur puiet.

Atunci am luat hotărârea să sădim noi pădurea. L-am anunţat pe profesorul Roşală, care a fost încântat. Am anunţat şi pe inginerul silvic. Sâmbăta următoare, imediat după prânz ne-am deplasat cu unelte la plantaţie. Lângă noi au venit o mulţime de alţi elevi şi până seara râpile erau plantate cum scrie la carte. Venise şi profesorul Roşală, după spusa lui, să nu facem vreo „minune". Atunci mi-am dat seama că ştia cine suntem şi se temea să nu cântăm ceva interzis şi să păţim ceva. Peste 13 ani, în timpul rezistenţei armate făgărăşene, de multe ori vom poposi în această pădure plantată de noi, amintindu-ne de cei ce nu mai erau, între care şi profesorul Roşală."

32 Justiţia

Se bate prea multă monedă pe independenţa justiţiei, dar nu independenţa ei este cea mai importantă. Mult mai importantă este corectitudinea ei. Pentru că pe un judecător independent nu-l poate opri nimeni de a da un verdict strâmb. Ori punând accentul prea mult pe independenţa lui, îl lăsăm să-şi facă de cap. Dar el are răspundere faţă de actul de justiţie, faţă de care trebuie să fie absolut corect. Are şi el de respectat nişte reguli, nişte legi sau norme impuse prin codul deontologic al meseriei. Fiind un om retribuit de stat, se pot stabili reguli care să-l ferească pe judecător de ispite.

Sistemul care-l va stimula să fie corect va fi cel prin atribuirea de puncte. De exemplu, pentru un proces judecat și rămas cu sentință definitivă, un punct. Dacă se ajunge la recurs și instanța superioară îi confirmă verdictul, încă un punct. Dacă însă îl infirmă, i se scad 20 de puncte din total. Dacă un judecător, militând pentru împăcare, reușește să convingă părțile să se împace și să renunțe la proces, punctajul primit de judecător va fi de 5 puncte. Dacă un judecător va fi dovedit că va încerca să obțină punctaje mari prin metode neloiale, va fi exclus definitiv din breasla judecătorilor și a procurorilor prin pierderea încrederii. Statul român nu angajează și nu ține în rândurile angajaților săi decât oameni de mare încredere, pe care se poate baza. La sfârșitul fiecărui an se va da publicității pe adresa de web a ministerului justiției, lista cu punctajele tuturor judecătorilor din subordine, pe judecătorii, pe județe și pe țară. Astfel dacă se va pune problema alegerii unui judecător într-o funcție, precum președinte de judecătorie, sau judecător la Curtea Constituțională, va exista un criteriu de selecție obiectiv, care nu va putea fi contestat de nimeni. Acest sistem va stimula concurența între judecători și înclinarea lor de a fi corecți. La judecătorii, atribuirea proceselor se va face fie prin înțelegere, sau dacă există obiecții, prin tragere la sorți sau prin alt sistem obiectiv. De exemplu, dacă doi judecători trebuie să-și împartă procesele, pot lua unul procesele cu numere pare iar celălalt pe cele impare, după numerele date de registratura judecătoriei.

Se va exclude astfel implicarea politicului în actul de justiție, pentru că judecătorul nu-și va periclita situația lui pentru care a muncit o viață, pentru mofturile unui politician nenorocit, care-i cere lucruri ilegale și care și așa va ajunge curând în pușcărie, sau peste patru ani nu va mai auzi nimeni de el. Se va asana tot o dată și mediul social, pentru că nu se va mai îmbulzi nimeni să meargă la un judecător să-i ofere bani. Pentru o încercare de corupere a unui judecător, dacă acesta o reclamă, se va solda cu condamnarea corupătorului iar judecătorul va primi un bonus de 20 de puncte.

Iar meseria de judecător va primi recunoașterea socială pe care o merită, prin respectul de care se va bucura printre cetățeni și prin respectul de sine pe care trebuie să-l aibă orice om care are conștiința că-și face corect datoria. Sistemul acesta se poate extinde și la alți angajați ai statului, cu intenția de a introduce criterii obiective de salarizare și de promovare a cadrelor unor instituții, precum primării, școli, poliție, etc.

Pentru a construi o societate morala bazată pe egalitate și transparență, pe performanță și competitivitate reală nu este suficient doar un act de justitie corect: trebuie spartă încrengătura dintre politic și găștile mafiote ce devalizează țara. Pentru asta vor fi necesare un set de legi care să pulverizeze sistemul mafiot din temelie. Vom propune poporului legi care să desființeze imunitatea politicianului, care va fi obligat să se angajeze în scris că nu va minți, nu va profita de funcția lui, va fi cinstit și corect. Va răspunde pentru asta cu toată averea lui! Iar în caz că și-a încălcat angajamentul, va fi automat demis, i se va confisca averea și, dupa caz, va fi pedepsit de justiție. Apoi, pentru toți cei care au posibilități materiale suficiente, ajunși la închisoare, vor trebui să-și plătească întreținerea în pușcărie, nu să stea pe spinarea noastră, fiindcă nu contribuabilul l-a pus să fie incorect, ci el însuși, prin lipsa lui de caracter si verticalitate. Va fi necesară și o lege a „pierderii încrederii" prin care cei care atentează moral sau material la valorile noastre ca țară sau națiune, nu va mai avea dreptul niciodată să ocupe o funcție plătită de statul român, nici chiar una de portar sau măturător de stradă.

33 Justiția civilă

Cărticica șefului de cuib prevede că educația legionarului se va face mai ales în cadrul cuibului. Șeful de cuib va urmări cu inima bună faptele fiecărui membru și-l va ajuta să se desăvârșească ca om în spirit creștin și legionar. Iar atunci când apar fapte nedemne de un legionar, intervine judecarea făptașului în cadrul cuibului. Această observare și judecare este nu numai necesară ci și binevenită pentru că are urmări benefice în mai multe direcții. În orice altă organizație intri, ești primit așa cum ești. Doar în cuibul legionar primirea e asemănătoare cu înscrierea la facultate. Abia de aici încolo trebuie să-ți aplici ție și celor din cuib principiile educaționale care te vor desăvârși pe plan moral. Astfel, se vor forma oameni de caracter prin educație și cultivarea demnității. Apoi se formează spiritul de echipă, deprinderea de a lucra în grup și de a-ți armoniza acțiunile cu el. Alt câștig va fi acela că va exista o instanță civilă care va încerca să stingă conflictele dintre și cu legionari și să împace părțile, înainte de a ajunge la tribunale. Se va căuta analizarea nepărtinitoare a faptelor și împăcarea prin consens a celor aflați în conflict. Asta nu înseamnă în niciun caz că legionarul trebuie să se transforme într-o cârpă. El are demnitate și caracter și poate discerne singur dacă și unde a greșit. De asemenea în cadrul cuiburilor, mai ales ale copiilor din Frățiile de Cruce, se vor da așa zisele pedepse cu scop educativ, pentru a fortifica caracterul membrilor. Scopul justiției ar trebui să fie împăcarea și nu dezbinarea oamenilor. Justiția în cadrul cuibului are tocmai acest scop. Iată cum descrie Moșu (Gavrilă Ogoranu) în *La pas prin Frățiile de Cruce* modul în care funcționa atribuirea de pedepse și legea educației în cuib:

„Am spus mai înainte că în curte mai locuia o unguroaică rea, spurcată la gură, cu părul roşcat pe care o poreclisem „dracul roşu". Nu ne întâlnea o dată să nu ne arunce o batjocură că suntem români. La ea veneau din când în când la chef alţi unguri tot atât de şovini, că nici nu ne răspundeau la salut. Dar nici noi nu ne lăsam datori cu răspunsul: „Unde v-aţi lăsat opincile, mă ciobanilor?" „Le-am atârnat la Parlamentul din Budapesta în 1919", îi răspundeam noi râzând. Altă dată când îi veniseră nişte oaspeţi: „Unde vi-s oile, mă opincarilor?" „Le-am dus la iernat, iar pe măgari i-am trimis la dumneata în vizită." La toate serbările maghiare dădea drumul la radio pe postul din Budapesta (avea un aparat puternic) cât putea de tare, de răsunau trei străzi cu urletele din difuzoare: „Erdel viso, erdel viso!". „Auzit-aţi, mă, să vă luaţi valea că Ardealul nu-i al vostru!" N-am mai răbdat şi ne-am urcat în podul casei şi am făcut un scurtcircuit, de au sărit toate siguranţele şi cele de la stâlp, încât două zile nici noi nu am avut electricitate şi am mai plănuit o răzbunare. Din când în când, soţul ei, Dolfi, de altfel tot aşa de şovin ca şi ea, rămânea până noaptea târziu cine ştie pe unde, venea beat şi făcea scandal şi voia să o bată. Scăparea îi era la Burtzi-neni, unde bătăuşul nu îndrăznea să intre. Pentru asta, când „dracul roşu" se aştepta la rău, venea la Burtzi-neni şi o ruga să nu încuie uşa la culcare seara. Noi, după ce a adormit bătrâna, ne-am furişat şi am încuiat uşa. Dolfi a venit beat ca de obicei, a pornit scandalul, ea a fugit cu agresorul după ea şi a fost ajunsă la uşa încuiată. Până să sară Burtzi-neni, Dolfi o bătuse bine, încât ni se făcuse şi nouă milă de ea.

La prima consfătuire a mănunchiului de prieteni, când a raportat fiecare ce a făcut în timpul săptămânii, eu am început să mă laud cu isprava, dar am băgat de seamă că niciunul nu a râs şi nu m-a aprobat.

– Şi zici că „dracul roşu" e femeie?

– Da!

– Şi ai lăsat tu, ba mai mult ai aranjat tu să fie bătută o femeie?

– Da! De ce-şi bate joc de noi?

– Şi pentru asta tu te-ai răzbunat?

– Nu pe mine m-am răzbunat, ci pentru numele de român, pe care l-a insultat.

Eu o ţineam pe a mea, dar nimeni nu era de partea mea.

– Unde-i creştinismul şi cavalerismul tău?

– Să recunoşti că ai greşit şi să-ţi iei pedeapsă! a fost concluzia tuturor.

N-am mai zis nimic, dar a doua zi la şcoală m-am dus drept la părintele Octavian Popa.

– Părinte, eu am făcut aşa... şi i-am povestit cum a fost. Prietenii mei spun că am greşit. Sfinţia ta ce spuneţi?

– Mă bucur că ai prieteni care judecă bine. Nu numai că ai greşit, ci ai păcătuit.

– Păi, n-am bătut-o eu, părinte!

– În faţa lui Dumnezeu e ca şi cum ai fi bătut-o tu. Ai păcătuit cu voia şi la prima mărturisire să-ţi spui păcatul şi să-ţi ceri iertare de la ea.

La prima consfătuire m-am dus cu propunerea unei pedepse, nu mai ţin minte câţi kilometri de marş, pe care mi-am luat-o. Ei mi-au mai redus-o socotind-o prea mare. Aşa era obiceiul în „mănunchi" şi apoi în Frăţie: pentru orice păcat, greşeală sau nerealizare ţi se da, sau mai degrabă îţi luai tu, pedeapsă. Ca pedepse erau: kilometri de marş pe vreme urâtă, renunţarea la un film, post negru suplimentar, ore de tăcere, învăţarea unei poezii pe de rost, de făcut un lucru bun, care nu ţi se cerea, citirea unei cărţi, etc. De multe ori te pedepseai fără să mai anunţi şi pe ceilalţi. Nu te controla nimeni, ai fi putut minți, dar ce rost ar fi fost să stai cu o minciună într-o organizație, în care nu te ținea nimeni cu forța, puteai pleca când vroiai."

34 ȘCOALA

O studentă la medicina umană din Cluj, abia a intrat la facultate de câteva luni și deja știe toți profesorii la care, dacă dai 3000 de euro, iei nota 10 fără să te prezinți la examen. Un astfel de troc este posibil doar în înțelegere cu studenții, care tac și nu spun nimic, de frica repercusiunilor. Este însă extrem de frustrant pentru cei care învață și iau nota pe merit. Ministerul Învățământului nu se bagă, fiindcă el respectă „autonomia universitară". Iar medicii care vor ieși din acești studenți, dacă nu vom avea norocul să emigreze, ne vor omorî tot pe noi. Sau vom scăpa, pentru că noi săraci fiind, aceștia vor dori să-și recupereze „investiția" din timpul studenției și, alegându-și pacienții după cât de groasă le este punga, nici nu se vor uita la noi. Și nu știu cum se face, dar presimt că dintre aceștia se vor alege miniștri, directorii de spitale, directorii direcțiilor de sănătate județene. Și așa se va forma o clasă de incompetenți, dar cu funcții mari, care se vor susține unii pe alții, vor face legile și-i vor ține pe cei capabili departe de scaunele decizionale. Pentru ca aceasta să nu se mai întâmple, vom ruga studenții corecți să ne dea numele acelor profesori necinstiți, ca să le punem poza la panoul de onoare.

De asemenea, este o rușine pentru țară ca un plagiator să ocupe funcții importante în conducerea țării. Locul lui este în pușcărie, alături de deținuții de drept comun. Când va fi posibil, se vor cerceta toate titlurile de doctor emise în ultimii 30 de ani și toate cele în care se va constata plagiatul, vor fi anulate iar beneficiarii lor vor fi deferiți justiției. S-ar putea ca în acest fel să ajungem la un sistem bicameral inedit: unul afară și unul în spatele gratiilor. De asemenea vor fi pedepsiți toți conducătorii de proiecte care au dat titlurile de doctor pe nemerit și li se va interzice practicarea meseriei din lipsă de caracter. Educator fără caracter este un nonsens. Școala e antecamera vieții, unde se pregătesc copii noștri pentru viitor. Pentru a face din ei oameni de nădejde, mai important este ca să le formăm caracterul, decât să-i umflăm cu cunoștințe. Unele din cele mai eficiente activități cu copii sunt cele extrașcolare, unde nu există frica de note, ci numai pasiune. În școli vom forma cercuri care pot fi conduse de cei care au anumite cunoștințe și doresc în mod voluntar ca să le treacă mai departe, cu dragoste și înțelegere, copiilor.

Cercuri de șah, de pictură, muzică, coruri, informatică, gimnastică, alte sporturi, activități manuale, creșterea albinelor, creșterea viermilor de mătase, țesături țărănești, olărit și câte și mai câte activități frumoase și utile nu pot lua naștere la inițiativa unor oameni inimoși.

35 Bugetul țării

În orice familie chibzuită se caută ca în mod constant cheltuielile să fie mai mici decât câștigurile. Adică balanța de plăți să fie pozitivă. Tot așa, sau poate chiar mai mult, bugetul țării va fi obligatoriu pozitiv. Nu te poți întinde mai mult decât îți este plapuma. Va trebui în mod corespunzător modificată constituția. Independența țării este stipulată în constituție. Totuși azi nu cu pușca se pierde independența unei țări, ci prin îndatorare. Ești dator, ești legat și cu belciug în nas. Nu mai ai nici independență și nici libertate. Joci ca ursul, cum îți cântă țiganul, de vrei ori de nu vrei. De asta legionarul va milita ca datoria țării să fie plătită cât mai repede încât să lăsăm viitorimii o țară fără datorii. Un fragment din memoriile aceluiași Dan Ion ne poate lămuri ce fel de independență are un datornic:

„Atunci când Duca a fost însărcinat cu formarea guvernului, țara era datoare bancherilor din Paris și nu putea plăti cuponul extern. Înaintea lui Duca fusese prim ministru Vaida, care îl trimisese pe Lugojanu la Paris ca să-i convingă pe bancheri să amâne cuponul. Aceștia au condiționat amânarea de desființarea Gărzii de Fier și primirea din Germania a 35.000 de evrei pe care Hitler îi expulza. Vaida a preferat să-și dea demisia și așa a venit Duca împreună cu liberalii. Duca a plecat la Paris și a primit condițiile. A declarat ziariștilor că va îneca Garda în foc și sânge. Aceste angajamente ale lui Duca ne-au fost aduse la cunoștința de ziare și de Căpitanul nostru, Corneliu Zelea Codreanu, printr-o circulară prin care ne anunța că ne așteaptă mari persecuții.“

Este posibil să avem buget excedentar? Guvernul național-legionar a arătat că da. Trebuie să fie posibil și acum. Condiția este ca să se trezească energiile adormite ale națiunii. Acesta va fi scopul Mișcării noastre. Și nu cum a făcut Ceaușescu, cel care a plătit datoriile înfometând un popor întreg.

36 Băncile

Băncile sunt o variantă modernă a cămătarilor de altădată. Cine le-a înființat, nu se mai știe, dar pentru că filozofia băncilor se bazează pe axioma: „Să nu-ți împrumuți clienții niciodată fără dobândă", filozofia lor vine în contradicție cu legea ajutorului. Așa stând lucrurile, e bine ca omul să-și investească singur banii în activități lucrative: câțiva stupi, teren pentru o grădină sau livadă, câteva capre sau oi, etc. O activitate lucrativă este cea care aduce venit, returnând investiția inițială într-un număr mic de ani. Condusă cu cap, ea va începe să aducă venit, returnând capitalul investit mult mai repede decât prin dobânda acordată de bănci.

Noi vom încerca să mobilizăm energiile membrilor ca să pornim activități economice lucrative care să aducă câștiguri. Cu acești bani se vor finanța alte activități productive și vom ajuta pe cei aflați în necaz. De asemenea, cuiburile legionare vor avea Casa lor de ajutor reciproc, un mijloc suplimentar de întrajutorare.

37 PEDEAPSA CU MOARTEA

Este necesară introducerea pedepsei cu moartea pentru anumite categorii de infracțiuni care atentează la integritatea țării (trădarea, de exemplu), sau care prin acțiunile lor periclitează siguranța socială: cei ce comit atentate, ucigașii de anumite categorii, violatorii de minori în anumite condiții sau cei care introduc în țară sau comercializează droguri. După ce vor fi executați câțiva, sunt sigur că scaunele electrice vor rămâne nefolosite fiindcă după cum se știe, frica păzește via. Oricum, pedeapsa cu moartea nu va fi introdusă arbitrar, ci prin consultarea populației. Națiunea va hotărî, așa cum va fi întrebată de fiecare dată când sunt de luat decizii importante.

38 COMERȚUL LEGIUNII

La capitolul „Pădurea" am descris tragedia unor categorii defavorizate de români care vor să muncească și nu au unde. Bieții de ei culeg vara ciuperci sau fructe de pădure și încearcă, stând pe ploaie și pe vânt la marginea șoselelor, ca să facă și ei un ban. Dar iarna? Avem bogății inepuizabile, pe care nu le valorificăm din lene, prostie, lipsă de inițiativă. Una din sarcinile viitorilor legionari va fi aceea de a înlesni schimbul de mărfuri și produse între cuiburi. Un cuib are cartofi în surplus, altul are ciuperci uscate. Am descris deja sistemul cooperativelor legionare, care va juca un rol important în schimbul de produse. Orice se va putea schimba, cu condiția ca schimbul să se facă corect și prin bună înțelegere. Orice ofertă incorectă va atrage după sine excluderea celui vinovat de la sistemul de comerț legionar.

Comerțul legionar va porni, așa cum a pornit Codreanu, cu unități proprii de alimentație publică, care vor fi modele pentru celelalte unități de profil. Pe internet se vor deschide pagini speciale, unde clienții, mai ales cei nemulțumiți, vor putea să-și spună părerea sau necazurile. Cel care face o reclamație trebuie să-și dea numele și numărul de telefon. Echipele de control legionar vor lua legătura telefonică cu reclamantul și în cazul în care situația o va cere, se va face un control la unitatea respectivă. Dacă plângerea se confirmă, se poate ajunge până acolo ca unitatea să fie scoasă de pe listele Comerțului Legionar.

În Comerțul Legionar vor putea fi integrate anumite restaurante sau pensiuni care se obligă să respecte un statut impus de Legiune precum: curățenie exemplară, cinste ireproșabilă, servire fără repros, adaos comercial rezonabil. Aceste unități vor fi și ele recomandate legionarilor pentru a le căuta și a le trece pragul. La aprovizionarea lor va contribui și comerțul legionar.

39 Despre legionari

Nu cred că mai există la nivelul anului 2014 un singur român conștient care să mai aibă încredere în politicieni. Ei nu sunt nici în stare, dar nici nu vor să se gândească la oamenii simpli ca noi. De asta trebuie neapărat să ne asociem. Dar și comportarea individuală a unui om are mare valoare. Legionarul va trebui, dacă vrea să merite acest nume, să urmeze normele de comportare stabilite de Corneliu Zelea Codreanu.

Legionarul este un om modest, nu este adeptul luxului și nu se fălește cu asta: nu poartă ceas de aur, nu posedă mașini luxoase, nu-și face casă mai mare și mai înaltă decât a vecinului. Și nu-l cuprinde ciuda dacă acesta, prin muncă cinstită, are mai mult decât el. Fiecare face ce poate. Pentru el, altele sunt lucrurile importante în viață. Are cu totul alte priorități. Apoi, cam toate obiectele de lux vin din exterior, acolo unde merg și banii noștri. Cu ei am putea face, acasă la noi, lucruri mult mai folositoare. El face concedii mai ales în țara lui, la munte sau la mare. Preferă să stea în gazdă la un român simplu, sau la o pensiune țărănească. Nu-l va atrage niciodată stelele multe ale unui hotel iar de mers, merge doar cu clasa a II-a cu trenul. Produsele pe care le cumpără sunt doar cele românești (deci și cele din Republica Moldova!) și târguiește mai mult din piață, unde produsele sunt proaspete și produse cu drag de micii producători. Legionarul nu se înghesuie la marile magazine, la mall-uri, cele care pot distruge pe micul producător, orientând producția agricolă spre produse de masă, dar de proastă calitate. Apoi, ele devin cu timpul monopoliste, dictând prețurile pe piață și jucându-se cu producătorii ca pisica cu șoarecele. Legionarul se opune oricărui monopol, al oricui. Monopolul este un mijloc de a obține avantaje care sunt totdeauna în favoarea monopolistului și dă naştere unor centre de putere economică neloiale. În plus, distribuite de ei, produsele devin mai scumpe. Noi credem că putem ocoli aceste reţele.

Doctrina legionară presupune un om cu multe calităţi. Din păcate nu toţi oamenii vor putea îndeplini condiţiile aspre cerute pentru a fi legionar. De asta grija unul şef de cuib va fi nu aceea de a aduna în jurul lui cât mai mulţi membri, ci doar atâţia câţi au dovedit şi dovedesc mereu caracter, ţinută morală impecabilă şi ataşament neprecupeţit faţă de valorile legionare. Trei oameni de calitate fac mai mult decât 100 de nedecişi sau şovăitori. Legionarul este tolerant cu toţi cei care-l respectă măcar pe jumătate cum îi respectă el. Nu se admit discriminări, nici persecuţii, nici batjocoriri. În primul rând nu eşti creştin dacă te înjoseşti astfel. Legionarul trebuie să meargă pe drum drept şi cu hotărâre. Şi va fi întotdeauna un om de acţiune. El nu admite nedreptatea, chiar dacă nu el este obiectul nedreptăţii. Va lua apărarea chiar şi a duşmanului lui, dacă acesta este nedreptăţit. Nu există nicio ocazie mai bună de a-ţi transforma un duşman în cel mai bun prieten, decât dovedindu-i că tu nu-i eşti duşman. Legionarul trebuie să aibă în faţa ochilor lui jertfa. Va fi hulit, batjocorit, vor fi introduşi spioni în cuib, va fi ţinta unor lovituri date pe la spate, va fi prezentat oricum, numai cum este el nu. Dar, oamenii vor începe să aibă încredere când vor vedea diferenţa dintre faptele legionare şi vorbele defăimătoare. Există în sufletul majorităţii oamenilor o aspiraţie spre dreptate, justiţie, moralitate, care abia aşteaptă să se manifeste.

Legionarul nu joacă jocuri de noroc, nu se uită la televizor aproape de loc şi nici nu joacă ca un nebun, zi şi noapte, jocuri pe computer. Aceste jocuri sunt mai perfide decât televizorul. Dacă televizorul, pe lângă faptul că te dezinformează, te face leneș și pasiv, jocurile te îndepărtează de lumea reală atât de mult încât devii cu timpul asocial. Și mai devii și dependent. Mai bine folosești timpul acesta ca să faci ceva util pentru tine sau pentru comunitatea de care aparții. El se va implica activ în viața politică a colectivității din care face parte. Astfel unii dintre ei vor ajunge consilieri, primari, deputați și senatori. Acestora li se va aplica măsura lui Codreanu, ca orice câștig obținut din funcțiile la care au ajuns prin Legiune să nu le aparțină lor, ci organizației. Lor li se va da o parte din aceste venituri, cam cât a realizat din meseria lui anterioară. Cel ales trebuie să renunțe la orice activitate economică desfășurată anterior, astfel ca jertfa și nu avantajele să fie motivația celui ce vrea să servească națiunea. În acest fel se vor elimina din start traseiștii, profitorii, șmecherii, escrocii care au nevoie de o trambulină politică ca să obțină profituri nemeritate.

Ajunși la putere, vom legifera legi drepte și corecte, având în vedere doar interesul general. De exemplu, acum se împart banii destinați primăriilor după culoarea politică a primarului. Primăriile partidului aflat la guvernare primesc fonduri generoase, cele ale opoziției, ce mai rămâne. Și de obicei, după ce s-au împărțit două paie la trei măgari, nu mai rămâne nimic. Noi vom distribui fondurile după numărul celor ce locuiesc pe teritoriul primăriilor. În acest fel vom asigura echitatea împărțirii fondurilor fără discriminări sau nedreptăți.

Și mai ales, nu vom admite sub nici un motiv în Legiune persoane care au făcut sau fac parte din masonerie. Masoneria este cel mai mare dușman al lui Hristos, al națiunii române și al Pământului Românesc.

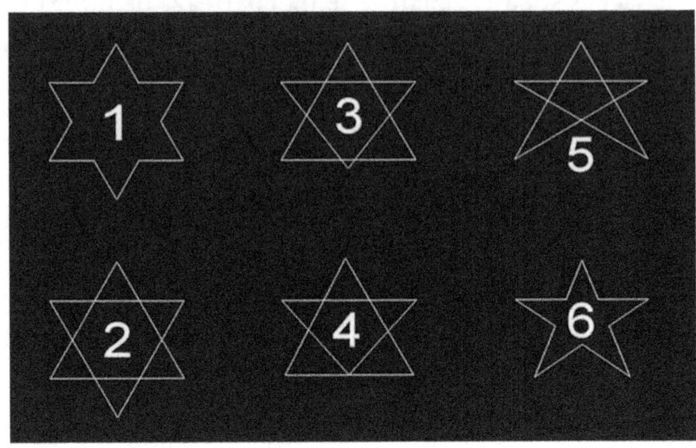

Hexagramm

40 STEAUA ȘI CU CRUCEA

Când l-am întrebat pe Învățător de ce Legiunea a fost dintotdeauna pornită împotriva masonilor, mi-a răspuns ridicând din sprâncene, ca și cum aș fi dovedit o infinită naivitate:

– Pentru că propovăduiesc o doctrină tipic nazistă! Naziștii, continuă el, teoretizau superioritatea unor rase asupra altora. Sau mă înșel eu?

Învățătorul nu se înșela și de asta era, tot el, cel mai convins. A venit cu un citat de-al lui J. Bidegain, care în lucrarea *Le Grand Orient de France*, apărută la Paris în 1905, la pagina 186, spunea: „Francmasoneria, care este incontestabil de origine ovreiască, este pentru izraeliți un instrument de acțiune și de luptă, de care se servesc în mod secret. Jidovii - atât de remarcabili prin instinctul lor de dominație și prin știința lor de a guverna - au creat Francmasoneria ca să înroleze într-însa oameni care, neaparținând de neamul lor, se angajează totuşi să-i ajute în faptele lor, să colaboreze cu ei la stabilirea domniei lui Israel printre oameni". Dar, zicea Învăţătorul, noi nu facem greşeala de a identifica toată evreimea ca fiind adepta acestei teorii. Nu! De asta şi folosim denumirea de „Mâna Lungă". Şi dacă francmasoneria este de origine „ovreiască", noi nu învinuim pe toţi evreii că sunt masoni! Cei mai mulţi dintre ei sunt victime ca şi noi, săracii!

Francmasoneria este periculoasă pentru că ea este adepta minciunii. Iată cum este prezentată francmasoneria, după Paulescu, novicilor care cad în plasa ei: „Francmasoneria, instituţie esenţialmente filantropică, filozofică şi progresivă, are drept obiect căutarea adevărului, studiul moralei şi practica solidarităţii. Ea lucrează la ameliorarea materială şi morală precum şi la perfecţionarea intelectuală şi socială a omenirii. Şi când te gândeşti că nimeni nu se întreabă de ce se ascunde această societate, când are un scop atât de sublim ca acela de a căuta adevărul?"

O vreme am stat la Aiud în aceeaşi celulă cu un pictor legionar, care a primit zece ani de puşcărie pentru că a pictat, luând ca model „Cina cea de taină" a lui Da Vinci, pe membrii evrei ai Comitetului Central al Partidului Muncitoresc Român. Lângă Isus, în locul ucenicului pe care unii îl cred femeie, a pictat-o pe Ana Pauker! Pictorul acela pretindea că steaua comunistă, cea cu cinci colţuri, este o variantă uşor modificată a stelei lui David, cunoscută şi sub numele de hexagramă. Nu prea mi-a venit atunci să cred tărăşenia asta! Mai tuturor pictorilor le lipseşte câte-o doagă! Dar în lucrarea „Alchemie" de Gotlieb Latz, un cărţoi gros de peste 1000 de pagini, a cărei primă ediţie a apărut în anul 1869, la pagina 602 se află o figură interesantă: Steaua lui David şi lângă ea, steaua comunistă. În textul explicativ Latz susţine că steaua cu cinci colțuri, steaua comunistă de mai târziu, nu este altceva decât „ein restringirtes Hexagram".

Fiindcă atunci când am descoperit acest text dădusem deja în patima geometriei, am reușit să definesc acea modificare, ce transformă „steaua anarhiei cu 6 colțuri" a Părintelui Arsenie în steaua comunistă, numită și pentagramă. Figura de mai sus prezintă tocmai această transformare. Dar, deoarece unghiul vârfului superior din figura 5 este mult prea lăbărțat, dă impresia unei stele cam prea „crăcită și răscrăcărată", ceea ce nu sugerează deloc ideea comunismului biruitor, gropar al capitalismului. Așa că designerii stelei roșii au fost nevoiți să mai facă o modificare. Au micșorat unghiul vârfului superior, dându-i o formă mai apropiată de o anumită sculă a cojocarilor, numită sulă, ceea ce în limbaj metaforic sugerează că „Avem noi ac de cojocul vostru, mă, burjuilor!"

Originea evreiască a francmasoneriei este dovedită și de siglele adoptate de diferitele loji care, mai toate, au adoptat grafii ce amintesc steaua lui David. Iar steaua comunistă, cum am văzut deja, tot din steaua lui David se trage. Asta și explică entuziasmul multor evrei față de ideologia bolșevică, ce ne-a pustiit țara 50 de ani. Nu există, cred, revoluție comunistă, la care ei să nu fi fost în primele rânduri. În România, 92% din fondatorii Partidului Comunist în anul 1921 erau evrei. Iar în comitetul central al partidului din anul 1948, 44% dintre membri erau tot evrei, deși numărul lor din totalul populației era cam de 4%. Cum ar fi putut Corneliu Zelea Codreanu să lovească în comunism, fără să nu-i atingă și pe ei oleacă?

Așa cum axioma paralelelor poate fi exprimată prin afirmații diferite precum „Suma unghiurilor unui triunghi are 180 de grade" sau „Printr-un punct exterior unei drepte se poate duce doar o singură linie paralelă", tot așa teoria nazistă a

„rasei superioare" este echivalentă cu teoria masonică a „poporului ales care trebuie să conducă lumea" și cu teoria comunistă a „superiorității societății comuniste, ce va învinge capitalismul intrat în putrefacție și va ajunge să instaureze dreptatea în lume". Nu-s cele trei ideologii de fapt una și aceeași? Adăugând doar constatarea că pentagramul este adoptat și de sectele sataniste (fie exact ca steaua de pe Kremlin, fie pusă cu capu-n jos, ca să semene cu două coarne de drac), ne putem explica ușor de ce Legiunea, mișcare profund creștină, este antinazistă, antimasonă și anticomunistă. Steaua și cu crucea sunt simbolul a două ideologii contrare, care se exclud reciproc. A existat totuși un personaj care a reușit să le împace pentru o vreme pe amândouă: ministrul cultelor din guvernul comunist al lui Petru Groza, Constantin Burducea. Poporul român, isteț din fire, a surprins cu ușurință contradicția, caracterizându-i din două versuri oportunismul:

Preotul Burducea,
Cel cu steaua și cu crucea!

Rămân și eu cu nelămurirea unora referitor la interzicerea în România a simbolurilor legionare, pe când de cele masonice, simboluri naziste de fapt, nu se atinge nimeni! (Nu m-aș mira să vedem cât de curând sigla masonică cocoțată pe frontispiciul Casei Poporului!) Nu dovedește oare acest fapt că deja influența „Mâinii Lungi" la noi în țară și aiurea a devenit atât de mare, încât acțiunile cel mai ilogice, dar favorabile ei, se produc totuși? În concluzie, cu indiferent câte colțuri, steaua este pentru legionari un simbol prea colțuros, căreia îi opunem un simbol mult mai scump inimii noastre și tot odată infinit mai puternic: Crucea!

41 Pământul Românesc

Pământul românesc este roditor de la Dumnezeu. Arunci în el o sămânţă şi el ţi-o dă cu dobândă înapoi. Avem dealuri pe care, dac-ar fi plantate cu pomi fructiferi, am avea posibilitatea să vindem marmeladă în toată Europa. Nu mă refer la livezi intensive, ci ici un măr, colo un prun, câţiva peri, doi trei nuci. Astfel nu schimbăm destinaţia terenului, care poate că este pentru păşunat, dar pe sub pomii fructiferi rari, creşte şi iarbă destulă pentru animale.

Legionarul iubeşte şi creşte animale pentru el şi pentru alţii. Nu va spune niciodată că nu e rentabil. Orice muncă va fi rentabilă, dacă preţurile vor fi corecte şi dacă se va împiedica specula şi intermediarii. Legionarul iubeşte pământul şi-l cultivă. Nu-l înstrăinează, nu-l vinde, ci-l lucrează. Dacă nu-l ajută forţele, dă de ştire cuibului şi ceilalţi îl vor ajuta, ca să-l lucreze sau îl vor lua în parte. Sunt atâţia oameni care n-au de lucru, care ar dori să muncească, dar n-au unde. Şi atunci muncesc şi ei pe ici pe colo, fără căpătâi şi fără carte de muncă, trăind de azi pe mâine. Activitatea agricolă complexă, cu prelucrarea, chiar minimă a produselor agricole pe care le dă pământul, nu poate să nu fie rentabilă. Condiţia este ca să se muncească cu drag. Toamna se vor vedea roadele.

42 Suveranitatea Ţării

Toate avuţiile ţării, precum pădurile, bogăţiile subsolului, lacurile, terenurile, trebuie declarate avuţie naţională şi nu se mai pot înstrăina, chiar dacă unele sunt în proprietatea privată. Cele care vor fi de vânzare, vor fi cumpărate de comune, oraşe, guvern. De asemenea se interzice arendarea şi vânzarea bogățiilor țării unor străini. Orice propunere de colaborare pe aceste teme se vor face publice imediat iar un accept nu se va putea face fără ca mai întâi să se verifice de către organele statului dacă aceste propuneri sunt corecte sau nu. Din capul locului se vor respinge propuneri care distrug relieful, poluează mediul, sau nu produc o dezvoltare durabilă a zonei. Astfel nu va mai exista o altă Roșie Montană. De asemenea se vor interzice orice acorduri secrete între guvernul sau instituțiile statului de orice fel și investitori, indiferent de cetățenia lor. Cum poate poporul român fi suveran dacă se vor încheia acorduri secrete, peste capul lui? Dar asta nu este suficient. Controlul națiunii trebuie să fie extrem de puternic la toate nivelurile. Nu cred că mulți știu cum a ajuns Insula Șerpilor la ruși. Ana Pauker le-a făcut-o cadou rușilor. De ce? Așa a vrut ea! Ce-a primit Romania în schimb? Uite cum era sa scap o vorbă mare, dar mă abțin. A primit sula cojocarului!

43 Republica Moldova

Față de Republica Moldova, legionarul va avea dragoste ca și față de România, pentru că ea este parte din țara lui. De asta va milita cu toate forțele pentru unire. „Va milita" nu înseamnă că va forța nota, ci că va face tot ce poate ca frații să fie uniți sub același tricolor.

44 Poziția legionarului față de trecut și de prezent

Legionarul va privi cu adâncă recunoștință la înaintașii săi care, mai toți au avut multe în comun cu doctrina legionară:

Decebal, Mircea cel Bătrân, Ştefan cel Mare, Vlad Ţepeş, Mihai Viteazul, Horia Cloşca şi Crişan, Avram Iancu. De asemenea, va avea toată dragostea şi respectul pentru Corneliu şi Ion Zelea Codreanu, Moţa şi Marin, Cantacuzino-Grănicerul şi faţă de zecile de mii de legionari ucişi, schingiuiţi în puşcării, sau pur şi simplu privaţi de libertate. Numai să nu vezi soarele 20 de ani şi este deja un sacrificiu şi o jertfă care-l înalţă pe legionar atât de sus încât, cei de azi care nu ştiu ce este puşcăria, nu au dreptul să le judece nici faptele, dar nici eventualele slăbiciuni. Au fost eroi, dar au fost şi oameni. Şi ei merită din plin toată dragostea şi respectul nostru necondiţionat.

Cel ce se gâlceveşte pe trecut, cel ce ia partea unui Papanace în dauna unui Sima sau invers, nu e legionar. E strigoi, e mumie, e ce vrea el, numai legionar nu. Legionarul se cunoaşte după cum respectă normele şi doctrina expuse foarte clar de Căpitan mai ales în Cărticică. Toţi foştii legionari când aud numele de Codreanu, se pleacă cu respect până la pământ, dar nu toţi îi urmează învăţătura în spirit. De asta Mişcarea legionară câtă a mai rămas, este slabă şi nevolnică. Cu oameni nevolnici nu poţi avea decât o organizaţie nevolnică. De asta nu rămâne decât o cale! Urmarea în cuvânt dar mai ales în spirit a învăţăturilor rămase de la Căpitan. Cei ce nu au asta în suflet, să stea deoparte. Iar pentru legionar nu există îndatorire mai mare decât aceea de a merge pe drumul pe care ni l-a arătat Căpitanul. Acesta este singurul drum ce duce spre Ţara ca soarele sfânt de pe cer.

Pe acest drum lung, plin de sacrificii şi jertfe nu vor şi nici nu pot să meargă prea mulţi. Ei vor partide, funcţii de deputaţi, de senatori, de primari. Este calea pierzaniei. Pe calea asta merge oricine, numai legionarul adevărat nu. El începe cu organizarea cuibului, apoi cu educaţia. Altfel nu va reuşi să convingă. Românul este atât de pățit, încât nu mai crede în vorbe. Vrea fapte. Și când le va vedea, va deveni și el legionar.

Iată cum făceau partidele antebelice propagandă electorală. Cu butoaiele de vin, cu promisiuni, cu jandarmi, cu bătăi, cu frica băgată-n oase. Iar legionarii, care erau peste tot urmăriți și arestați dacă intrau în sate, prindeau și ei amărâții câte un țăran pe câmp care-și încărca fânul în car. Doi legionari treceau la încărcatul fânului și unul îi explica ce vor legionarii. Era cea mai convingătoare propagandă ce se putea face. În 1937 legionarii au obținut atâtea voturi încât ar fi trebuit să intre la guvernare, dacă România nu ar fi fost o dictatură.

45 O ȚARĂ CA SOARELE SFÂNT DE PE CER

Visul legionarilor a fost acela de a construi o țară precum soarele sfânt de pe cer. Patru luni de zile, atunci când au fost la guvernare, au arătat cum trebuie condusă România și ce potențial uriaș au masele de oameni bine organizate și cu dorința arzătoare de a fi de folos neamului. Pentru viitorul țării noi nu ne dorim altceva decât înaintașii. O țară bogată prin munca noastră, apărată de tâlharii din afară și dinăuntru prin brațul și voința de a nu ne lăsa conduși de alții, dorim ca bogățiile țării să fie ale noastre și să existe o redistribuire judicioasă și corectă a lor. Dorim dreptate și egalitate, pedepsirea exemplară a tuturor infractorilor, adică a celor care nu respectă legile țării.

Ce fel de activitate ar trebui să desfășurăm ca să începem să realizăm ce ne-am propus? În primul rând trebuie ca activitatea satelor să crească substanțial. Nu se poate ca satele să aștepte doar bugete de la guvern. Orice sat ar putea prin activități economice specifice să devină producător de resurse, nu consumator. Satul a fost o dată o astfel de celulă economică producătoare de bunăstare. Acum aceste mecanisme s-au frânt prin comunizarea făcută de comuniști. E nevoie de eforturi ca să refacem aceste unități productive care a fost satul românesc. Or să râdă statele avansate de noi? Tot ce se poate. Dar, când vor ajunge să iasă pe străzile orașelor cu măști de oxigen pe față, când bătrânilor li se vor interzice în anumite zile de vară să iasă din casă din cauza concentrațiilor mari de gaze toxice de la automobile, când pentru orașele mari se vor construi autostrăzi pentru... biciclete, vor fi pentru noi fapte care ne vor arăta că dreptatea e de partea noastră. Cine râde la urmă, va râde mai bine. Și Noe a fost luat în râs, când construia barca lui pe uscat. Cred totuși că nu faptul că râd alții de noi trebuie să ne preocupe. Mai important este ca să nu ajungem să plângem noi singuri de starea în care am ajuns.

46 Românii din diaspora

Există mulți români care și-au părăsit țara. Din diferite motive. Unii ar dori să se întoarcă, dar situația din țară nu-i îmbie s-o facă. N-au la ce să vină. O dată cu schimbarea climatului moral, vor apare și noi locuri de muncă, un avânt și o efervescență care se va resimți în toate domeniile de activitate. Acest suflu nou va trezi nu numai pe românii de acasă din letargie, ci-i va convinge și pe unii din străinătate să se întoarcă. Ne vom bucura de oricine vine acasă cu inima bună, dornic de a-și pune și el mintea și forța de muncă în slujba neamului.

47 Legionarul în familie şi în lume

Legionarul face parte dintr-o elită, cu trăsături de caracter şi un comportament determinat de normele creştine şi ale doctrinei legionare. El nu trăieşte de capul lui, nu face ce vrea ci se supune unei discipline aspre, dar de bună voie. El mai trebuie să fie un model pentru toţi oamenii din jurul lui. Acest statut înalt pe care se străduieşte zi de zi să-l respecte este pentru mulţi oameni imposibil de atins. Acesta a şi fost motivul pentru care Căpitanul a limitat numărul legionarilor recrutaţi dintr-un sat sau o localitate la jumătate. El şi-a dat seama că legionarismul nu este pentru orişicine. Fiind conştient de acest lucru, legionarul nu umblă să caute noi membri decât printre oamenii cu calităţi şi convingeri compatibile cu Mişcarea. Nou-venitul se va forma în cadrul cuibului, dar e nevoie şi de nişte calităţi iniţiale, cu care aceştia trebuie să vină în Mişcare. Nu se vor accepta beţivii, lăudăroşii, gurile sparte, mincinoşii, puşlamalele, neserioşii, înşelătorii, afemeiaţii. Ei fac parte din jumătatea locuitorilor care nu ne interesează, cel puţin în prima fază, când Mişcarea nu a prins încă puteri suficiente. De asemenea, se poate întâmpla ca persoane considerate apte de a deveni buni legionari să se dovedească cu timpul incompatibili cu Mişcarea. Aceia trebuie să plece.

Cei care se vor simţi atraşi de această doctrină, vor veni singuri să se înregimenteze în rândurile ei. De asemenea, s-ar putea în cadrul familiei ca soţia legionarului să nu vrea să-şi urmeze soţul pe drumul pe care el şi l-a ales. Sau poate copii lui. Sau alte rude. El trebuie să privească lucrurile astea ca fireşti şi să-l lase pe fiecare să-şi urmeze destinul şi vocaţia lui. „Nu oricine poate fi legionar!" Va trebui el să-şi spună, mergând mai departe pe drumul lui cu şi mai multă convingere. O altă categorie o formează cetăţeni înregimentaţi în rândul altor partide. Aceia să facă bine să rămână unde sunt. Totuși, nu putem exclude situații în care oamenii, neavând de unde alege, sau poate duși de vânticelul unor promisiuni, s-au făcut membri unui partid pentru anumite avantaje. Aceia vor avea de ucenicit în rândurile prietenilor legiunii cel puțin trei ani iar cei cu funcții în alte partide cel puțin cinci ani perioade de probă, ca să dovedească atașamentul lor la doctrina noastră. În Legiune trebuie să înțeleagă fiecare că nu sunt plăcinte de oferit.

48 Minoritățile etnice

România a suferit în epoca modernă două epurări etnice. Făcute nu de oameni, ci de Dumnezeu. Una a început cu evreii prin 1934 și a durat până prin 1990, când minoritatea evreiască a părăsit România din motive personale. O altă epurare etnică liber-consimțită a fost a minorității de etnie germană din Transilvania, care a avut loc din 1944 și a luat sfârșit prin 1993, când ultimii emigranți din România au fost primiți de Germania reunită.

Minoritățile cele mai numeroase au rămas maghiarii și țiganii.

Există însă forțe care introduc zâzanie și cultivă dorințe nesăbuite în rândul tinerilor maghiari cu scopul de a introduce ura și dezbinarea în sânul națiunii noastre. Acești tineri, care nu-și dau seama că sunt manipulați și fac niște jocuri care nu le aduc lor și minorității lor naționale niciun beneficiu, își irosesc energiile tinerești în scopuri neproductive. În loc ca cei din județele Covasna și Harghita să se obosească ca să fluture un steag pe care vântul l-ar putea flutura de la sine mult mai bine decât ei, ar fi mai bine dacă ar avea ochi să vadă cum le sunt tăiate pădurile și cum munții lor, dar și ai noștri, devin tot mai pustii și mai golași. În conceptul de „Țară ca un soare" au loc și maghiarii, și țiganii, și orice cetățean al României care privește lucrurile cu bun simț, este plin de omenie și respectă legile țării, bune sau rele, așa cum sunt ele. În doctrina noastră, naționalismul românesc nu este îndreptat împotriva ungurului și nici nu vrem să-l exterminăm pe țigan. Dorim de asemenea ca naționalismul nostru să nu fie exhibiționist și nici jignitor pentru alții. Spre exemplu, decât să mergem la Sfântu Gheorghe ca să defilăm cu steagurile românești fluturând în vânt, mai bine am organiza o tabără mixtă formată din tineri români și maghiari, ca să planteze puieți pe un pinten de munte defrișat „la ras" de mafia maghiaro-română a pădurilor.

De asemenea, nu vom exclude de la comerțul legionar nicio organizație, cuib, cooperativă, restaurant, motel, care va dori să aibă relații economice cu organizația comercială a Legiunii, pe motiv că este o organizație formată din maghiari. Condiția va fi, ca pentru orice altă organizație, să respecte valorile și regulile noastre. Vom putea astfel cumpăra de la astfel de organizații cartofi, obiecte din lemn, instrumente muzicale, vase din ceramică și multe alte produse ieșite din mâini iscusite de meșteri maghiari.

Într-o țară ca un soare, țiganii cu pielea lor tuciurie sunt cei mai bine înzestrați de natură ca să supraviețuiască razelor lui tot mai agresive. Așa cum stau acum lucrurile cu natalitatea româncelor, viitorul va fi oricum al lor! Iar dacă vrem ca viitorul lor să fie și al nostru, va trebui să ne ocupăm și de ei. Vrând-nevrând! Dar noi nu vrem să o facem din obligație, ci liber consimțit. Nu poate fi o țară ca soarele sfânt de pe cer atât timp cât în Clujul lui Moța, într-un loc numit „Pata Rât" o grupă de țigani trăiesc pe o groapă de gunoi! Există încercări de a le îndulci măcar copiilor lor viața aceea amară, oferindu-le, din când în când „O masă caldă", un pachețel de Crăciun cu un fular și două ciocolate, sau proiecte mai îndrăznețe, prin care acești copii nefericiți să fie cuprinși într-un cadru educațional organizat. Eu dacă spun aici că aceste acțiuni sunt insuficiente, asta nu înseamnă că nu mă bucur de orice gest, cât de mic, care să arate o deschidere a societății spre această minoritate urgisită.

Dar soluția durabilă este nu de a le da acestor oameni ceva de pomană, ci aceea de a le oferi posibilitatea părinților acestor copii de a-și câștiga singuri existența. Sigur că marea majoritate a lor nu au nicio meserie, de exemplu programator sau manager. Dar ei au cultura lor ancestrală, sunt meseriași extraordinari, fac din tablă de cupru bijuterii (cea mai apreciată de cumpărătoare este ibricul de cupru pentru făcut cafea la nisip iar de cumpărători, cazanele de distilare a borhotului de prune). Apoi sunt crescători de animale redutabili, sunt meșteri la fabricatul căruțelor iar ca potcovari și fierari nu-i întrece nimeni. Apoi sunt culegători de fructe de pădure și ciuperci, iar femeile prăjitoare de semințe, fierbătoare de porumb și florărese înnăscute. În conceptul de „Gospodărie țărănească" și la „Activități economice" am prezentat destule domenii în care țiganii ar putea juca un rol activ. Numai că nu există preocupare susținută pentru a rezolva problemele sociale ale țiganilor. Au și ei dreptul la educație și la o viață mai bună și fiindcă de la politicieni, până ce-i vom înlocui pe cei actuali, nu ne putem aștepta la nimic favorabil, nici pentru țigani și nici pentru noi, vom încerca să rezolvăm prin forțe proprii și problema aceasta.

49 Democrație și oligarhie

Legionarii au datoria de a respecta legile, chiar dacă ele sunt rele. O dată, pentru că așa este corect. Apoi, pentru că ceea ce ne dorim noi este respectarea strictă a legilor și pedepsirea tuturor celor care le încalcă. În România, de când se știe ea pe lume, n-a existat democrație. Exercițiul democratic este la noi cu desăvârșire necunoscut. România a fost condusă mereu de o oligarhie, care și-a făcut totdeauna o constituție democratică. Ca să ne arunce praf în ochi? Și de asta. Dar oligarhia numai într-o democrație poate să-și facă de cap, poate infiltra instituțiile statului corupându-le, poate deci să-și țeasă pânza de păianjen nestânjenită. Ei vor democrație, dar doar dacă nu există societate civilă organizată, conștiință și voință, ca să impună respectarea legalității.

Ca să înțelegem sistemul prin care oligarhia jupoaie națiunea noastră cât și cum vrea ea, ne vom folosi de un exemplu pe care mulți români îl văd altfel. Nicolae Malaxa! Mare inginer, inventator, cel care a arătat lumii capacitatea românilor de a produce locomotive! Etc... etc. Este la români un obicei prost ca tu sa le spui una, iar ei să-ți spună zece, dar pe lângă subiect. Pentru că, înainte de toate, Malaxa a fost un escroc. Prin soția lui, care era evreică, a pătruns în rândurile camarilei lui „Cărluță", devenind o apropiată a acestuia.

Malaxa a făcut afaceri oneroase pe spatele statului român, pe care l-a jefuit cu nerușinare. Toate comenzile pe care le-a primit erau supraevaluate, ceea ce i-au permis câștiguri imense, din care dădea spăgi grase camarilei și regelui. Au venit comuniștii și au naționalizat uzinele lui Malaxa iar el a fugit în Statele Unite, unde n-a mai reușit nimic! Geniul lui ingineresc, inventivitatea lui grozavă, organizatorul perfect, n-a mai făcut, acolo unde libera concurență era la ea acasă, nicio brânză!

De curând urmașii lui Malaxa au primit de la statul român circa un sfert de miliard de dolari despăgubire pentru uzinele confiscate de comuniști. Deci, regimul oligarhic l-a propulsat pe Malaxa printre industriașii mari ai țării fiindcă a avut marea calitate ca sa știe cum să jefuiască bugetul acestei țări. Dacă ar fi fost democrație adevărată, Malaxa n-ar fi ajuns ce-a ajuns, n-ar fi acumulat atâtea bogății în mod ilicit. Apoi, fiindcă statul român n-a fost capabil să stopeze la timp frauda, a trebuit, după zeci de ani, să mai despăgubim o dată pe hoț. Cine nu deschide ochii, deschide punga. De asta am rămas și rămânem săraci. Nu e destul să produci valori, este necesar să le știi păstra și apăra.

Deci, vedem ce păguboasă este situația de neaplicare a legilor țării. Dacă s-ar fi aplicat la sânge chiar legile din timpul lui Carol, Malaxa ar fi fost trimis la pușcărie la vreme. Sau, nici măcar n-ar fi ajuns să calce legea, ar fi fost tras de urechi chiar înainte de a o călca. De asta democrația singură, nesusținută de o societate civilă vigilentă și bine organizată, nu face nici cât o ceapă degerată. Cuibul făcându-și educația membrilor, va veghea totodată și la respectarea legalității iar membrii unui cuib vor fi suficienți să influențeze pozitiv viața unei comune. Va fi destul să meargă la primar 10 inși și să-i spună că ei nu sunt de acord ca primăria să vândă islazul satului la niște investitori, ca acestuia să-i intre frica-n oase și s-o lase mai moale cu vânzarea. Dar dacă toți se gudură pe lângă primar ca niște căței, sigur că ăluia o să-i crească coarne. Și va avea și timp și curaj să-și facă și el camarila lui. Pentru că în jurul unuia puternic, se va forma repede o camarilă de lipitori.

50 Cel mai iubit dintre pământeni

Mişcarea Legionară a fost una dintre cele mai curate şi mai pure mişcări cunoscute în istorie, concepută ca o scară spre desăvârşire. În viitor, orice încercare de evoluţie spirituală românească nu va putea fi gândită în afara doctrinei legionare. Iată ce spunea Ion Antonescu la Adunarea foştilor luptători din 8 decembrie 1940:

„Nu mai cerem nimic, ci dăm totul: nu mai vrem vorbe, pretindem jertfă; nu ne mai împroşcăm cu ură, ci ne înfrăţim cu iubire; nimic pentru noi, totul pentru Patrie.“

Nu ştiu dacă Antonescu atunci când a spus aceste vorbe, a fost conştient că ideile lui erau luate din doctrina legionară. Interesant este că mai toate „vorbele mari“ ale lui Antonescu adunate în cartea lui Gheorghe Buzatu *Istoria interzisă*, la capitolul „Gânduri pentru Ţară“ au fost spuse în perioada septembrie 1940 şi ianuarie 1941, adică tocmai în timpul guvernului naţional-legionar, când influenţa Legiunii asupra lui a fost puternică. Vorbele lui din acea perioadă semănau cu vorbele Căpitanului atât de mult, încât Antonescu ar fi putut fi considerat legionar adevărat, dacă nu ar fi încercat de mai multe ori, ca şi Carol, să ajungă conducătorul Mişcării prin efracţie.

Iată şi un gând al lui Marin Preda din 1975: „Politica nu înseamnă joc pentru putere, ci sacrificiu în slujba colectivităţii naţionale.“ Marin Preda a ajuns un scriitor mare abia după ce a descoperit Mişcarea Legionară şi doctrina ei. Fiindcă este imposibil ca el să se fi documentat despre Ion Antonescu şi să nu fi descoperit în cercetările lui Legiunea. Atunci a înţeles măreţia idealurilor Mişcării Legionare şi tragismul existenţei lui Corneliu Zelea Codreanu. Aşa l-a descoperit Preda pe *Cel mai iubit dintre pământeni*, pe *Intrusul* care a răscolit conştiinţele româneşti, pe *Marele singuratic* care a fost Căpitanul. Şi fiindcă o asemenea descoperire nu poate să nu influenţeze destine, Marin Preda avea să aibă parte de jertfă, murind ca un martir. Ajunsese prea departe cu documentarea despre Legiune!

Adevărurile despre legionari au fost dintotdeauna explozive, de asta au fost cu grijă ascunse sub un covor de minciuni. Calomnierea şi persecuţiile au ţintit mai întâi persoana Căpitanului, iar după ce acesta a înfiinţat Legiunea, atacurile au trecut şi asupra ei. Aceste atacuri continuă şi astăzi pentru că ideea naţională şi ideea de a face o ţară „ca soarele sfânt de pe cer" încurcă socotelile Mâinii Lungi. Din tot ceea ce am citit am tras concluzia tristă că, referitor la Legiune, românilor li s-a făcut o spălare a creierului încununată de succes. Acesta este motivul pentru care istoricii noştri neterminaţi nu cercetează documentele istorice cu discernământ, luând ca adevărate multele afirmaţii tendenţioase despre Mişcarea Legionară şi a conducătorilor ei.

Ce pericol rezultă pentru noi dacă vom continua să ne simţim bine cu creierul spălat şi intrat la apă? Ne-o spune tot Antonescu, pe vremea când mai purta cămaşa verde: „Un popor care nu respectă trecutul şi datina creştină, un popor care îşi pierde credinţa, un popor care nu cultivă iubire pentru moşii şi strămoşii săi, este un popor condamnat." Dar a-l lua pe Antonescu ca instanţă morală poate că nu este cea mai fericită idee, după ce i-am criticat unele din acţiuni care mi s-au părut greşite. De asta voi alege un citat luat din lucrarea unui autor contemporan, John Perkins, care are titlul *Asasinii economici*:

„Din cauza semenilor mei de la MAIN şi a mea, Ecuadorul este azi într-o stare mult mai rea decât era înainte de a cunoaşte miracolele economiei, finanţelor şi tehnologiei moderne, începând din anul 1970, în timpul perioadei denumite eufemistic Boom-ul petrolier. Nivelul oficial de sărăcie a crescut de la 50 la 70%, iar datoria publică a ajuns de la 240 de milioane de dolari, la 16 miliarde. Între timp, partea din resursele naționale alocată celor mai sărace segmente ale populației s-a redus de la 20 la 6%. Din nefericire, Ecuadorul nu este o excepție. Aproape fiecare țară pe care noi, ca asasini economici, am adus-o sub umbrela imperialismului global, a suferit o soartă similară. Datoria lumii a treia a crescut la peste 2,5 trilioane de dolari, iar costul administrării sale - peste 375 miliarde pe an în 2004- este mai mult decât plătește toată lumea a treia pe educație și sănătate și de douăzeci de ori mai mare decât suma plătită anual ca ajutor internațional către țările în curs de dezvoltare. Peste jumătate din populația lumii supraviețuiește din mai puțin de doi dolari pe zi, ceea ce înseamnă, în mare, aceeași sumă pe care o primeau la începutul anilor ,70. Între timp, procentul de la vârf, de 1% din familiile lumii a treia, deține între 70 și 90% din toate resursele financiare private și proprietățile din țările lor...

Ecuadorul este una din țările tipice, aduse de asasinii economici în dependență economică și politică totală. Pentru fiecare 100 de dolari de petrol brut extras din pădurea tropicală ecuadoriană, companiile primesc 75 de dolari. Din suma rămasă de 25 de dolari, trei sferturi trebuie să meargă în contul datoriei externe. Marea parte din ceea ce rămâne acoperă cheltuielile militare și guvernamentale - ceea ce înseamnă că rămân în jur de 2,5 dolari pentru sănătate, educație și programe menite a-i ajuta pe săraci. Astfel, la fiecare sută de dolari luată pentru petrolul extras din Amazon, mai puțin de 3 dolari ajung la oamenii cu cea mai mare nevoie de bani, aceia ale căror vieți au fost atât de crunt afectate de baraje, foraje și de conducte și care mor din lipsa mâncării comestibile și a apei potabile."

Iată ce perspectivă ne așteaptă în viitor. Cine s-a documentat chiar și superficial asupra proiectului de la Roșia Montana nu poate să nu recunoască scenariul care, asemenea Ecuadorului, așteaptă să fie pus în scenă și la noi. Avem încă posibilitatea să alegem. Sau să acceptăm cu resemnare ce ni se pregătește, sau să ne apărăm. Iar apărarea nu poate fi concepută altfel decât așa cum ea a fost descrisă mai sus. Este dreptul nostru natural să o facem. Condiția este ca mișcarea noastră să ajungă să convingă majoritatea românilor că aceasta este singura cale spre construirea unei societăți mai drepte, mai cinstite și mai echitabile. Adică să dovedim ca noi suntem poporul. Și dacă se poate, încă în secolul acesta!

51 PROFETUL NONVIOLENȚEI

Una din cărțile primite în dar de la Învățător a fost și *Gandhi, profetul nonviolenței* de Louis Fischer. Citind-o, mi-am dat seama că nu puteam încheia, fără a-l pomeni și pe el. Pentru că viața și activitatea lui Mahatma Gandhi dovedește ce putere primește Omul Ales de la Dumnezeu. Viața acestuia, așa cum o descrie Fischer, are o semnificație profundă pentru noi. Pentru că Gandhi a pus mereu jertfa pe primul plan. A lui și a concetățenilor lui, care au înțeles o vreme că fără jertfă nu se poate realiza un lucru trainic. *Unde jertfă nu e, nimic nu e!*

Mahatma Gandhi

Anul 1928 a fost pentru India un an de răscruce. Două tendințe opuse au început să se înfrunte. Una era calea violenței, împărtășită de mulți, de vreme ce anarhistul Bagath Singh, cel care ucigându-l pe comandantul englez al poliției din Lahore, ajunsese să fie privit ca un erou național. Gandhi și-a exprimat dezaprobarea față de acest act, el fiind un adept convins al nonviolenței. Cum poți învinge *nefăcând nimic*, un regim de ocupație criminal care, așa acum a dovedit-o cu multe prilejuri, nu s-a sfiit să recurgă la arme? Nu era oare o încercare absurdă? Gandhi considera că nu! Nonviolența nu înseamnă să stai cu brațele încrucișate! În locul declanșării unui război de independență, el era pentru nesupunerea civică. Indienii să nu mai lucreze pentru englezi, să părăsească posturile din administrație, cetățenii să nu-și mai plătească impozitele și să nu mai respecte legile nedrepte impuse de regimul de ocupație englez.

India era gata să dea în clocot, mulți susținând să se treacă la fapte, începând cu o declarație de independență. *În aer plutește prea multă violență!* avea să-i spună Gandhi lui Rabindranath Tagore, la una din vizitele pe care acesta i-a făcut-o. În acest cadru, exista pericolul ca o acțiune nonviolentă să degenereze în contrariul ei, ceea ce Gandhi dorea să evite cu orice preț. În concepția lui era nevoie de o acțiune nonviolentă dusă până la ultimele ei consecințe! Numai așa ar fi putut avea succes! Cum să procedeze ca să poată realiza o astfel de acțiune? Ca să găsească o cale, s-a retras 40 de zile să mediteze, *în post negru, tăcere și mare umilință*. După ce-au trecut cele 6 săptămâni de meditație, Gandhi a aflat ce drum trebuia să urmeze! Și ca să nu fie mișel, avea să scrie o scrisoare guvernatorului englez, în care îi dezvăluia acestuia nu numai tot planul lui, ci și gândurile pe care le avea despre *protectoratul* englez.

„Deși vă consider un blestem și o pacoste pe capul nostru, nu stă în intenția mea de a produce nici măcar unui singur englez vreo pagubă sau neplăcere!" avea să scrie Gandhi în scrisoare. Ca să dovedească cât de ticălos era regimul lor, Gandhi avea să-i amintească guvernatorului că administrația engleză a pus impozite până și... pe sare! Sarea a devenit atât de scumpă, încât un țăran indian trebuia să muncească trei zile, ca să-și acopere cheltuielile cu sarea de care avea nevoie timp de un an!

Convingerea lui Gandhi era că numai o nonviolență bine organizată putea învinge violența organizată a englezilor iar intenția lui era de a dovedi printr-o acțiune pașnică poporului englez cât de nedrept era pentru India regimul lor de peste mări! Gandhi a dat și un *ultimatum* guvernatorului. Dacă până pe 11 martie 1930 nu va vedea nicio reacție din partea autorităților, se va lăsa arestat, încălcând cu bună știință prevederile legii sării, care interzicea obținerea ei din altă parte, în afară de magazinele mandatate de regimul englez, unde sarea era foarte scumpă! Pe măsură ce *ultimatumul* se apropia de expirare, tensiunea în India creștea tot mai mult. Saci de scrisori și telegrame din lumea întreagă soseau neîncetat pe adresa lui Gandhi, prin care oamenii simpli își manifestau solidaritatea și susținerea pentru poziția lui. Pe data de 12 martie, după ruga de dimineață, Gandhi împreună cu 78 de susținători, au pornit într-un marș de 24 de zile spre țărmul oceanului. Mii de țărani le-au ieșit în întâmpinare, cărora Gandhi le dădea sfatul să ducă o viață plăcută lui Dumnezeu, să se abțină de la consumul de alcool si opium și... să poarte numai haine făcute din pânzeturi produse în țară!

Efectele acestui „marș al păcii" au fost enorme. Din satele pe unde a trecut Gandhi, 300 de primari și-au dat demisia, refuzând să-i mai slugărească pe englezi. Iar „armata" lui Gandhi, urmând principiul bulgărelui de zăpadă, s-a tot mărit, ajungând de la o sută de persoane, la câteva mii. Ajunși pe 5 aprilie la malul mării, Gandhi, împotriva prevederilor legii, pune într-un vas apă de mare care evaporându-se, a lăsat pe fund o dâră de sare! Prin acest gest, Gandhi a semnalat indienilor începutul rezistenței lor contra colonialismului englez! Mii de țărani aveau să-i urmeze exemplul, ieșind cu cratițe la malul mării ca să-și producă sarea singuri, făcându-i pe englezi să uite de calmul lor și să înceapă sa-și roadă unghiile.

52 Prigoană englezească

Poliția intră în acțiune, arestând mii de țărani care au încălcat legea sării. În orașe a început să se vândă sare *la liber*, adică neimpozitată. Poliția ia cu asalt sala congresului din Bombay, unde congresmenii indieni puseseră oale cu apă de mare... la evaporat. Au fost condamnați la 6 luni închisoare

Jawaharlal Nerhu pentru încălcarea legii sării și primarul din Kalkutta pentru că a cerut indienilor să nu mai cumpere haine din import. Multe orașe indiene au intrat în grevă contra abuzurilor poliției. În Peshawar indignarea a fost atât de mare, încât polițiștii au fost alungați de populația din localitate.

Atunci grupe de șoc ale armatei ocupă orașul, omorând 17 oameni și rănind peste 100. Se introduce cenzura presei iar în închisori ajung peste 60.000 de opozanți ai regimului. La 4 mai Gandhi va fi arestat. Cu puțin înainte, el i-a scris viceregelui că împreună cu niște camarazi are de gând să ocupe fabrica de sare Dharsana, la vreo 230 de kilometri nord de Bombay. Fiindcă datorită arestării, Gandhi n-a mai putut conduce acțiunea, rolul lui a fost preluat de poeta Sarojini Naidu, care s-a pus în fruntea celor aproximativ 2500 de voluntari. Bănuind că vor fi atacați, poeta le-a cerut categoric participanților ca în această situație să nu facă nici cel mai mic gest de apărare. Nici măcar mâna ca să-și protejeze capul de lovituri nu trebuia să o ridice! Web Miller, foarte cunoscutul reporter din acea vreme al agenției United Press, martor ocular al evenimentelor, avea să descrie faptele așa cum s-au petrecut:

Manilal Gandhi, al doilea fiu al lui Mahatma, se afla și el în fruntea protestatarilor, când s-au apropiat de instalațiile fabricii de sare, apărată de șanțuri și garduri de sârmă ghimpată, în spatele cărora pândeau 400 de polițiști și 6 ofițeri englezi. Într-o tăcere mormântală, grupul se apropie de zona păzită, oprindu-se la circa 30 de metri în fața soldaților. Din grup se desprinde o coloană și pornește drept spre aceștia. La toate somațiile, grupul nu se oprește. Atunci, un comando format din polițiști indieni se aruncă asupra demonstranților, lovindu-i bestial cu bastoane armate cu miez de fier. Nici un om nu face nici cel mai mic gest de apărare. Dar loviturile primite îi fac să cadă ca spicele. Ploaia de bastoane căzute peste cranii se aude înfundat, provocând un zgomot greu de suportat. Ceilalți camarazi, rămași pe loc, priveau cu inima zdrobită, dar încrâncenați, cum frații lor indieni cădeau sub loviturile altor indieni. Când toți au fost culcați la pământ, căzuți în nesimțire sau făcuți covrig de durere, cu umerii zdrobiți sau craniile sparte, mulțimea rămasă în așteptare se pune în mișcare, apropiindu-se de soldații care-i așteptau. Când primele rânduri au prins iar a cădea, cei din spate continuau să avanseze, deși știau că în decurs de câteva clipe vor ajunge și ei să se prăvălească, cu oasele zdrobite sau chiar morți. Ultima grupă de 25 de participanți avansează până lângă soldați și se așează pe sol, în timp ce soldații dezlănțuiți se reped asupra lor, lovindu-i cu o ură de parcă ar fi fost posedați de diavol. N-am putut vedea la protestatari nici cea mai mică ezitare sau urmă de îndoială, va scrie adânc impresionat de cele văzute Web Miller. Ore întregi după acest măcel, brancardierii au cărat pe targă corpurile nemișcate ale răniților, cu capetele sângerânde, spre spitale. Așa ceva nu mai văzuse încă istoria.

Această acțiune avea să fie pentru India „The point of no return." Când vestea se va întinde cu viteza fulgerului printre cele 300 de milioane de indieni, zăgazurile sufletești aveau să se rupă iar ei vor trăi neasemuitul sentiment că au devenit liberi. În acel moment India își câștigase, psihologic vorbind, independența. Forța morală a indienilor zdrobiți cu paturile puștilor și cu bastoanele cu miez de fier a fost atât de puternică, încât a avut câștig de cauză în fața violenței fizice. Rezultatul a fost discreditarea totală a Angliei, în timp ce India a arătat lumii că merita să fie liberă.

53 Lecția Indiei

În urma acțiunii nonviolente organizate de Gandhi, politica englezilor a devenit inoperantă iar ei, politicienii, s-au văzut nu numai ajunși într-o fundătură, dar și acoperiți de penibil. Nesupunerea civilă a produs găuri imense în finanțele *coloniei* iar poliția și armata abia mai făceau față presiunii psihologice care-i apăsa pe toți cei din aparatul represiv.

Anglia nu găsește altă soluție de a ieși din criză decât de a organiza la Londra o „masă rotundă" . La masa tratativelor va sta nici mai mult nici mai puțin Mahatma Gandhi, eliberat din pușcărie și care umbla prin palatul viceregelui pe jumătate dezbrăcat și cu sandale, *ca un fachir*, cum avea să spună despre el Winston Churchill, cel care a simțit mai acut ca alții cum „fachirul" a dominat discuțiile. De fapt, Churchill nu avea dreptate, fiindcă Gandhi n-a dominat discuțiile chiar deloc. Lui Churchill nu i-a plăcut că fâțâiala lui Gandhi prin Londra era cam jignitoare pentru orgoliul Albionului, nărăvit ca să privească cam de sus la indieni. Gandhi n-a pus de loc accentul pe discuții, dimpotrivă, a fost excesiv de tolerant și concesiv. Culcându-se de regulă la ora 2 noaptea, se scula la 3 și 45 ca să se roage, să scrie scrisori și să citească ziarele. Apoi de la 5 la 6 se culca din nou, ca apoi s-o țină tot într-o activitate, până la ora 2 a nopții următoare. De asta la discuțiile foarte serioase de la „Round Table" din toamna anului 1930 și-a permis destul de des să... adoarmă.

Pe el l-au interesat mult mai mult discuțiile... de pe stradă. Discuta mult cu... copiii din slum-urile Londrei, care-l iubeau și-i spuneau „Uncle Gandhi". Unul chiar l-a întrebat o dată unde și-a pierdut pantalonii, stârnindu-i lui Mahatma veselia. Trăgea după el și doi agenți de la Scotland Yard, care se îngrijeau de securitatea lui. Departe de a se simți deranjat de prezența lor, Mahatma s-a împrietenit cu ei, vizitându-i pe aceștia chiar la ei acasă. Când urma să plece spre India, a întrebat chiar dacă cei doi polițiști nu-l pot însoți până în Italia unde urma să se îmbarce fiindcă, zicea Gandhi, cei doi făceau deja parte din familia lui. Ajuns în India, avea să le trimită drept amintire câte un ceas gravat cu inscripția: "Cu dragoste, de la Gandhi".

A mai avut discuții interesante cu Bernard Shaw, l-a vizitat pe doctorul Maddock, cel care cu mulți ani în urmă îl operase de apendicită. Chiar și la șomerii din industria textilă a găsit Gandhi prietenie și înțelegere, deși aceștia rămăseseră fără lucru tocmai în urma acțiunilor inițiate de el în India. Gandhi, ca un adevărat fachir, a schimbat în perioada londoneză optica opiniei publice din Anglia referitor la India. Acesta a fost țelul lui adevărat și nu cine știe ce înscrieri în Tratatul comun, încheiat în urma discuțiilor de la masa rotundă. De asta englezii au rămas cu impresia că în urma tratativelor, Anglia a ieșit învingătoare.

Tratatul, denumit ulterior Tratatul de la Delhi, a fost semnat la 5 martie 1931 de Irvin și Gandhi, ca doi politicieni aflați pe picior de egalitate. Dar acest tratat își va pierde foarte repede din importanță, depășit de evenimentele istorice. În scurt timp a devenit ceea ce și era: un petec de hârtie fără prea mare importanță. Tratatul prevedea încetarea nesupunerii civice din partea indienilor iar englezii se obligau să elibereze toți deținuții, urmând ca legea sării să fie abrogată. Rezultate notabile, dar unii dintre politicienii indieni așteptau de la Gandhi nici mai mult nici mai puțin decât să le aducă independența țării. De asta au fost și voci critice. El însă nu s-a tulburat deloc, pentru că în sinea lui era foarte mulțumit de ce realizase. Îi învățase pe englezi ceea ce înseamnă respectul față de India și de indieni! Tot odată Gandhi nu voia ca India să devină independentă prea devreme! Ajuns în portul Bombay, la 28 decembrie 1930, când încă nu se semnase Tratatul, Omul Ales avea să spună imensei mase de oameni care-l așteptau că s-a întors din Anglia cu mâinile goale! Și totuși, văzând dragostea nemărginită și bucuria cu care a fost întâmpinat, prietenia și încrederea totală pe care i-o arăta mulțimea, ai fi putut crede că Gandhi le comunicase că are deja în traistă independența Indiei! Dar și el și poporul o știau deja. Independența era doar o chestiune de timp! Așa cum de fapt avea să și fie!

54 Indezirabilii

Autorul Louis Fischer reușește în cartea lui să descrie realist personalitatea celui care a fost creatorul Indiei moderne. Omul acesta plin de carismă, ale cărui vorbe le ascultau cu sufletul la gură 300 de milioane de indieni, a fost până la 24 de ani un tânăr fără personalitate, care nu l-a anunțat prin nimic pe pescarul de oameni de mai târziu. Tânărul Gandhi era timid, șters, uneori impulsiv. Venit acasă din Anglia de la studii, e apucat de crize de gelozie gratuite, încât își trimite nevasta la părinții ei. Devenit avocat, se înscrie în barou, unde primește un caz minor, în care trebuia să susțină o pledoarie în fața instanței. Este atât de copleșit de emoții, încât nu reușește să scoată nici un cuvânt și este nevoit să dea cazul unui alt coleg, mai dezghețat. După doi ani și jumătate de tăiat frunză la câini în India, Gandhi primește propunerea să reprezinte o firmă indiană în Africa de Sud ca avocat, funcție pe care o și acceptă. Aici Gandhi va rămâne 24 de ani, devenind un luptător activ pentru drepturile minorității indiene emigrate. Fischer caută înfrigurat cauza care a provocat această transformare uimitoare, fără s-o găsească. El crede că evenimentul s-a produs într-o noapte, când Gandhi călătorea cu trenul la clasa întâi. Atunci a fost dat jos din vagon din cauza unui alb, căruia nu-i plăcuse culoarea pielii lui, cam întunecată la nuanță. Refuzând să călătorească mai departe spre Pretoria cu vagonul de bagaje, a așteptat toată noaptea pe peronul gării sosirea trenului următor. Asta i-ar fi trezit lui Gandhi furia! I-auzi ia! Ce i-a trecut prin cap domnului Fischer! Ca un timid să devină furios! Și chiar dacă ar fi devenit, ce ne poate face să credem că din cauza furiei, s-a transformat peste noapte într-un bun orator, pe care-l ascultă milioane de oameni cu gura căscată?

Louis Fischer a fost un scriitor documentat, care nu face afirmații la baza cărora să nu stea un document sau o mărturie. El crede că procedând astfel, descrie realitatea. E convingerea lui. Convingerea mea este alta. Peste noapte, Gandhi a devenit Om Ales de Dumnezeu. De ce tocmai el și nu altul, nu e treaba noastră să aflăm, dar cu el s-a petrecut același lucru ca la Maglavit cu Petrache Lupu, pe Ceahlău cu Codreanu sau la Muntele Athos cu Părintele Arsenie. Și Petrache Lupu a devenit peste noapte dintr-un bâlbâit, un orator, ascultat cu evlavie de mulțimi imense de oameni. Tot ca Părintele Arsenie și Zelea Codreanu, a devenit și Gandhi pescar de oameni. Fischer simte că *documentația* lui este incompletă, miroase că ceva îi scapă, căutând o explicație. Oare ce cauze au putut produce o astfel de transformare miraculoasă? Se întreabă el uimit. „O fi fost soarta, norocul, calitățile native, religia sau poate ceva *nedefinit*?" Da, mister Fischer, a fost ceva nedefinit, mistic chiar.

Uimirea autorului provine din faptul că la puține zile după ce Gandhi a dârdâit o noapte întreagă pe peronul gării din Maritzenburg unde a fost debarcat cu forța, organizează o întrunire a indienilor din Pretoria, cărora le ține prima lui cuvântare, unde a fost elocvent şi convingător, discurs care a fost ascultat cu mare interes de auditoriu. Dar Fischer face o greşeală logică pentru că nu discursul a fost prima minune a lui Gandhi, ci a doua! Prima a fost că a reuşit să convingă oamenii aceia să se adune laolaltă, ca să aibă mai apoi cui vorbi! Deci el devenise deja pescar de oameni când a ţinut cuvântarea, aşa cum au fost toţi Oamenii Aleşi!

Discursul a fost şi el bine conceput şi rostit. Gandhi le-a promis conaţionalilor că va lupta pentru drepturile lor, care în Africa de Sud erau nule, având un statut apropiat de cel al sclavilor, ca şi majoritatea neagră. Le cerea în schimb să fie slujitorii adevărului, să fie mereu cu inima bună, să nu mai considere castele indiene ca provenind de la Dumnezeu şi să înveţe limba engleză! Patru idei misionare, de inspiraţie divină. Primele două sunt evidente, dar ce era cu castele şi cu limba engleză? Castele indiene, aşa cum prevedea religia hindusă, erau un sistem discriminatoriu extrem de dur. Cea mai de jos grupă socială era cea a indezirabililor, o grupă de oameni care nu aveau dreptul să meargă pe aceleaşi drumuri, să ia apă din aceleaşi izvoare sau să stea la masă cu membrii altor caste, fiind consideraţi că sunt spurcaţi. Gandhi a povestit că, copil fiind, s-a jucat cu alt copil provenit dintr-o familie de indezirabili. Mama lui l-a certat cu asprime şi apoi l-a băgat în putină şi l-a clătit în zece ape, ca să-l spele de... spurcăciune!

Deci, cum vrei să ai aceleaşi drepturi cu albii când tu, la tine-acasă, discriminezi pe alţii printr-un sistem mult mai inuman şi mai nedrept? Scoateţi-vă mai întâi bârna din ochiul vostru, ca să vedeţi apoi paiul din ochiul aproapelui, părea să le spună Gandhi la prima lui cuvântare ascultătorilor lui. Iar învăţatul englezei a fost tot o idee vizionară fiindcă India, cu miile ei de dialecte, avea nevoie acută de o limbă comună.

55 Lecţia Pakistanului

Unul din visurile lui Mahatma Gandhi a fost acela de a vedea India scăpată de sub „protecţia" Angliei, ca stat de sine stătător. Dar, pe măsură ce se apropia clipa cea mare, au apărut semne îngrijorătoare. Unul dintre ele a fost o urmare a teribilelor caste, faţă de care Gandhi a luat atitudine chiar la prima lui intervenţie de Om Ales. Indezirabilii, ca să scape de statutul lor inuman care le impunea atâtea condiţii umilitoare, au trecut pe capete la religia mahomedană. Astfel s-a ajuns ca de-a lungul secolelor, credinţa musulmană să se răspândească tot mai mult în India. Regiuni în care înainte tronau templele hinduse, au început să fie înlocuite cu moschei. Dar, într-o anumită împrejurare istorică, o parte din mahomedani au vrut să revină iar la hinduism, dar probabil nu tot ca indezirabili, lucru cu care hinduşii n-au fost de acord. Din aceste frecuşuri s-a născut cu timpul o ură reciprocă între cele două grupuri religioase.

Când Marea Britanie, după cel de-al doilea război mondial, a înţeles că venise vremea să se retragă din India, aceste conflicte interetnice, aţâţate cu dibăcie de fel de fel de indivizi reprezentând tot felul de interese ale unor grupuri şi etnii, au făcut ca să izbucnească un război civil în India. Crime contra hinduşilor comise de musulmani şi apoi pedepsirea altor musulmani din regiunile dominate de hinduşi au dus la o tragedie generalizată. Situaţia a degenerat atât de mult încât puterile Omului Ales Mahatma Gandhi nu au mai ajuns ca să compenseze izbucnirile de ură, egoism şi de instincte animalice ce-au apărut de pretutindeni.

Zvârcolirile unei naţiuni cuprinsă de demonul urii şi răzbunării au dovedit că independenţa i-a ajuns pe indieni prea devreme, înainte de a fi o naţiune unită printr-o limbă şi prin idealuri comune. Mahatma Gandhi, marele vizionar, ar fi putut împiedica acest dezastru dacă hindușii l-ar fi înțeles și l-ar fi urmat. El le-a dat sfatul de a nu răspunde cu ură la ură și cu crimă la crimă. Dacă ar fi stat cu toții uniți în spatele lui, ar fi fost jertfe, dar situația ar fi putut fi salvată. N-a fost însă să fie. Hindușii n-au ascultat de sfaturile Omului Ales iar acesta, încheindu-și misiunea pe pământ, avea să fie ucis de un hindus fanatic cu trei gloanțe de revolver.

Rezultatul a fost că în loc de o Indie mare, unită și puternică, Dumnezeu a rupt o bucată din ea, cam cât vreo patru Românii. Astfel s-a format un stat aparte, Pakistanul, care a oropsit la rândul lui populația hindusă rămasă între granițele sale. De asta Dumnezeu l-a rupt și pe el în două. Așa a apărut în anul 1971 un nou stat, Bangladesh. Bine spunea cine spunea că țara, ca s-o păstrezi, trebuie s-o mai și meriți.

56 LECȚIA DE ARITMETICĂ

A spune că Mișcarea Legionară n-a comis crime ar fi un neadevăr! Dar a pretinde că Legiunea este o organizație criminală este o blasfemie. Ca să constatăm obiectiv unde se situează Mișcarea din punctul acesta de vedere, e necesar să facem o comparație. Pe site-ul Businessday.ro a apărut la 25.08.2009 o statistică despre evoluția criminalității în România între 1997 și 2007. Iată un fragment din acest articol ce ne interesează pe noi în mod deosebit:

Numărul persoanelor condamnate pentru omor a fost de 756 în 2007, comparativ cu aproape 1500 în 1997.

În primul rând, vom considera numărul celor condamnați pentru omor egal cu cel al victimelor, deși nu este de la sine înțeles că numărul criminalilor trebuie să coincidă exact cu al victimelor. În lipsa unei alte statistici, luăm aproximarea asta ca acceptabilă. Vom considera de asemenea toate evoluțiile în timp a evenimentelor ca liniare. Astfel, între 1997 și 2007, adică în 10 ani, au fost ucise în medie, în România:

$(1500 + 756)/2 = 1128$ de persoane pe an

Dacă vom considera pentru simplificare că România a avut 20 de milioane de locuitori în această perioadă, rezultă că într-un an la suta de mii de locuitori s-au produs:

$1128 / 200 = 5,6$ crime.

Legiunea a avut din anul 1927 de la înființare până la rebeliune, în 1941, un milion de adepți. În această perioadă au fost comise de legionari (nu de Legiune!) următoarele crime: asupra lui Duca, Stelescu, Călinescu, Iorga, Madgearu și asupra celor 64 de arestați de la Jilava.

$(69/5) / (1940-1927) = (69/5)/13 = 1,06$, socotite pe an și la suta de mii de legionari

Deci Legiunea a avut în toată perioada ei o rată a criminalității de 5 ori mai mică decât criminalitatea medie din România actuală. Să vedem însă care a fost situația până la moartea lui Corneliu Zelea Codreanu, când în Legiune nu intra oricine și când ochiul vigilent al Căpitanului veghea la aplicarea doctrinei fără nici cea mai mică abatere! Între 1927 și 1938 s-au produs doar două crime: victimele au fost Duca și Stelescu. Dacă considerăm statistic că în această perioadă de 11 ani în Legiune au fost înscriși în medie doar două sute de mii de legionari, rata criminalității este de:

$(2/2) /11 = 0,09$ crime pe an la suta de mii de legionari.

Acest mic exercițiu aritmetic ne dovedește fără putință de tăgadă mai multe lucruri:

1) Că legionarii au fost departe de a putea fi considerați criminali.

2) Că Doctrina Legionară este una creștină și umană.

3) Că Legiunea a fost sub mâna lui Codreanu o organizație în care crima nu și-a avut loc. Când ea a apărut totuși, a fost doar un fenomen simptomatic și izolat, aflat la o rată a criminalității atât de redusă, încât ar fi pentru societatea românească actuală, dacă și-ar propune, un obiectiv imposibil de atins.

4) Murdăriile care se debitează pe seama Legiunii că ar fi fost o mișcare paramilitară criminală sunt doar manipulări josnice, nesusținute de fapte.

5) Că poporul român, supus unei agresiuni pe toate planurile, economic, cultural, patrimonial, social, politic, educațional, moral, și-a pierdut din vitalitate și conștiință, ceea ce impune grabnice măsuri de reabilitare.

6) Răspândirea disciplinei și educației legionare în mijlocul națiunii ar conduce și la scăderea ratei criminalității, pe lângă ridicarea nivelului de conștiință al cetățenilor. Rezultă că este de datoria oricărui român conștient ca să cunoască și să răspândească Doctrina Legionară, spre binele neamului. Este o datorie a fiecăruia dintre noi ca să devină un factor activ la propagarea legionarismului printre cei din jurul nostru.

7) Apogeul Mișcării Legionare a fost atins în anul 1938, anul morții Căpitanului. După el, Mișcarea a început să decadă, disciplina s-a redus, criteriile de admitere în Legiune s-au relaxat, ea a fost penetrată de spioni de toate felurile și de agenți comuniști, iar cei mai buni conducători ai ei (aproape 300 la număr) au fost executați fără judecată de călăii lui Carol. Nici nu avea cum să nu decadă! Și totuși, așa decăzută cum a ajuns a reușit să arate lumii că, aflată la guvernare doar patru luni, în condiții deosebit de grele, s-au putut realiza lucruri care azi, cu un stat așezat, democratic, cu o constituție liberală, cu ajutoare de la Uniunea Europeană, nici nu ni le putem imagina: un buget excedentar, politicieni cinstiți și

devotați neamului, distribuirea corectă a resurselor, apărarea drepturilor cetățeanului, programe de dezvoltare într-adevăr durabile, armonie socială, un sistem de promovare al valorilor eficient, dizolvarea găștilor profitoare, care erau și atunci niște lipitori hulpave pe trupul țării, ca și acum...

8) Disciplina Legionară trebuie să fie una de fier.

Iată ce multe adevăruri pot ieși la iveală dintr-o mică socoteală de aritmetică de clasa a doua.

57 MARTIRUL NEAMULUI

Corneliu Zelea Codreanu a fost un vizionar. Câteva fragmente din gândurile lui ajunse până la noi ne stau mărturie:

„Am fost în Maramureș, în Maramureșul care este leagănul descălecătorilor noștri, al moldovenilor – maramureșenii sunt străbunii lui Ștefan cel Mare și Sfânt, domnul Moldovei. Și acolo, cu ocazia unui proces pe care l-am avut la Satu-Mare și la care a asistat dl. prof. Cătuneanu, a venit un om bătrân cu plete albe și a făcut mărturie în fața instanțelor judecătorești, de cele ce vă spun eu acum: „Noi, maramureșenii, suntem de viță boierească și am avut moșiile noastre și munții noștri. Până în 1847 eram stăpâni. La 1848, când eram copil, au venit cei dintâi jidani la noi în comună.“

Și aici fac o paranteză. Eu nu întrebuințez cuvântul de jidan pentru ca să insult pe cineva. Eu le spun jidani, pentru că așa cred eu că se numesc ei și de altfel – mi se pare curios – este singura nație care fuge de numele ei propriu, de numele pe care îl are.

Pentru mine, această populație, pe pământul țării mele – și rog să mă creadă toată lumea – atunci când eu am conștiința fermă că o atacă și că își caută loc pe propriul nostru teritoriu, pentru mine, vă rog să mă credeți, s-a deschis o luptă pe viață și pe moarte și nu-mi arde să fac glume sau să insult pe cineva. Pentru mine este clar si precis: inteligentă sau neinteligentă, parazitară sau neparazitară, morală sau imorală, această populație este o populație dușmană aici pe pământul țării. Și eu înțeleg să lupt împotriva ei cu toate mijloacele pe care mi le va pune la dispoziție mintea, legea și dreptul meu românesc.

Ei bine, d-lor. Și-mi spunea bătrânul acela: „La noi, la 1848, au venit cei dintâi jidani, pe care părinții noștri, văzându-i rupți și flămânzi, de milă i-au lăsat să stea la marginea moșiilor noastre. Astăzi, la 1930, noi am pierdut 60 din cei 62 munți. Noi, românii, mai avem numai 2 munți, iar restul de 60 de munți sunt în stăpânirea jidanilor. Astăzi, noi ne-am retras și stăm sărmani și fără pâine la marginea moșiilor lor."

Ei bine această situație din Maramureș se întinde și în Bucovina; această situație se întinde și în Moldova noastră unde bisericile se închid, unde altarele se dărâmă. Și eu vă întreb pe dvs., pe toți: ce se alege de o nație căreia i se dărâmă altarele?

Comerțul nostru a îngenuncheat. La noi, în Bârladul străvechi, în Bârladul care exporta mărfuri în Polonia sub Ștefan cel Mare, și exporta din Cetatea Albă până la Constantinopol și Alexandria, la noi a mai rămas un singur comerciant român de manufactură.

Ei bine d-lor., nu se poate neglija această problemă și nu se poate spune de nimeni că ea nu este problema dominantă a politicii României moderne. Cu noi se săvârșește exact același lucru care s-a săvârșit cu Pieile Roșii din America de Nord. Ne găsim în fața unei invazii străine și avem tot dreptul și avem și datoria să ne apărăm Patria. Pe mine nu mă interesează cine vine și este – mi se pare lucru curios, ca atunci când veneau dușmanii cu arma să ne fure pământul nostru, noi încremeneam cu toții în tranșee, cu arma în mână, iar astăzi când arma s-a schimbat în bani și când aceștia sunt în stare cu banii lor să ne cumpere țara, atunci nu mai este nimeni la noi care să protesteze?...

D-lor, voi trece de la această problemă și voi reveni la o altă problemă de mare importantă: problema mizeriei. Am adus în această cutie câteva bucățele de pâine cari sunt din Maramureș și din munții județului Neamț, pentru ca să vedeți ce pâine mănâncă românul maramureșean și munteanul nostru. Astăzi, când lumea se plânge de supraproducție de grâu, toți atribuie criza faptului că grâul se vinde cu un leu kg., iată ce pâine mănâncă oamenii aceștia!

(D. deputat Corneliu Zelea-Codreanu prezintă Adunării o bucată de pâine neagră.)

Trebuie să ni se strângă inima de durere și cred că orice popor din Europa văzând această imagine a mizeriei în care trăiește neamul românesc ar plânge de mila noastră. Am adus aceste bucăți de pâine, învelite și puse în această cutie, înadins, ca să vedeți în câtă artificialitate și în câtă poleială de civilizație se îmbracă această mizerie românească. Eu o depun cu părere de rău pe banca ministerială și aș ruga și pe onoratul guvern să o aibă la dispoziție pentru ca oricui îi arde să facă glume pe spatele neamului românesc, mai întâi de toate să vadă ce mănâncă el.

D-lor, în fata acestei mizerii, care cuprinde întreaga țară, am să întreb: care este sistemul de apărare a guvernului contra acestui marș al mizeriei mereu crescânde?

D-lor deputați, pentru mine este clar, Guvernul vine cu două teorii:

1. Teoria sentimentală a sacrificiului, și

2. Teoria economică a conversiunii.

În ce privește teoria sacrificiului și eu sunt unul dintre cei care o admit, însă voi afirma aici un principiu imutabil: nici dvs. și nici nimeni altul nu are dreptul să facă apel la banul sărac al omului cinstit până când nu va fi adus înapoi în vistieria statului cel din urmă ban furat de tâlharii care au jecmănit această tară.“

„De aceea, noi așteptăm un alt regim, un alt sistem, care va veni, după ce, pe acesta îl vor prăbuși greutatea și mulțimea păcatelor lui.

El trebuie să corespundă următoarelor cerințe în ordinea urgentei:

1) Să desființeze aceste discuții sterile și scump plătite ale parlamentarismului democratic din care n-a ieșit niciodată lumină și din care mai ales, nu poate ieși hotărârea eroică de a face față primejdiei în ceasurile grele de acum.

2) Să se înlocuiască prin comandă, care să adune într-un singur mănunchiu toate energiile disparate ale neamului, încleștate astăzi în luptă fratricidă, să le disciplineze, să le refacă moralul pierdut, să le insufle credința în destinului neamului nostru românesc și să le conducă pe căile acestui destin.

3) Să declare război mizeriei și sărăciei generale îndemnând la muncă și cumpătare pe cei buni, trimițând cu forța la muncă toate elementele parazitare, care joacă în stat rolul trântorilor din stup, pe toți leneșii, care păzesc mesele cafenelelor de dimineața până seara, pe toți plictisiții care se plimbă pe străzi, pe toți agenții electorali de la primării, prefecturi, ministere, în fine ideologii democrați doritori de a ține discursuri ieftine.

4) Să desființeze tot ce este parazitism pe trupul istovit al tării, să răscolească, să organizeze și să stimuleze toate energiile creatoare ale neamului.

5) Să stârpească necinstea și confiscând averile celor vinovați, să aducă înapoi până la ultima centimă, în vistieria statului, banii furați.

6) Să treacă în fruntea marii gloate sărace și la bine și la rău, să mănânce aceeași pâine neagră și aceeași masă săracă pe care o mănâncă muncitorul sărac. Căci în aceste timpuri grele, mizeria morală, inegalitatea de tratament rănește mai mult decât mizeria materială. Unii trăiesc în lux, cu șampanie și icre negre și alții n-au nici măcar mămăligă, sub regimul democrației celei iubitoare de popor.

7) Să facă dreptate românului în propria sa țară. Să-i vindece rănile adânci. Să îndrepte nedreptățile seculare pe care el le-a suferit în timpul lungilor stăpâniri străine.

8) Să apere România de pericolul pe care îl prezintă invazia mereu crescândă a jidanilor.

9) Să pună punct existentei falimentare a statului democratic întemeiat pe ideologia perimată a revoluției franceze.

Să producă acel act epocal de curaj reformator, care să arunce complect și definitiv sistemul de false abstracțiuni al filozofiei politice a acestei revoluții.

O mare epocă istorică apune și în locul ei e ceasul să punem temeliile unei epoci noi. O epocă de întoarcere la realitățile naționale dând națiunii înțelesul ei real de societate naturală, a unor indivizi de aceeași rasă, iar nu în sensul naționalității juridice a cetățeanului, care permite transformarea automată în români a maselor de străini năvăliți la noi pentru a ne cuceri și oprima.

10) Să înalțe din temelii statul nou etnic național întemeiat pe primatul culturii naționale, pe primatul familiei și pe primatul corporațiilor muncitoare.“

„Mișcarea noastră legionară are mai mult caracterul unei mari scoli spirituale. Ea tinde să aprindă credinți nebănuite, ea tinde să transforme, să revoluționeze sufletul românesc. Strigați în toate părțile că răul, mizeria, ruina, ne vin de la suflet. Sufletul este punctul cardinal asupra căruia trebuie să se lucreze în momentul de față. Sufletul individului și sufletul mulțimii. O minciună sunt toate programele noi și sistemele sociale fastuos etalate poporului dacă în umbra lor rânjește același suflet de tâlhari, aceeași lipsă de conștiință întru îndeplinirea datoriei, același duh de trădare fată de tot ce-i românesc, același desfrâu, aceeași faptă de risipă și de lux.

Chemați sufletul neamului la o viață nouă. Nu căutați succesele electorale dacă ele nu înseamnă în același timp biruința forțelor organizate ale sufletului înnoit. Programele, cum adică? Credeți că noi nu putem seca mlaștini? Nu putem capta energiile din munți și electrifica tara? Nu putem înălța orașe românești? Nu putem face ca lanurile noastre să producă împătrit? Nu putem pe pământul nostru bogat asigura pâinea fiecărui român? Nu putem face legi care să asigure o bună funcționare a unui mecanism de stat apropiat timpului și specificului nostru național? Nu putem face planuri quinquenale? Noi nu vom putea ridica aici în creștetul Carpaților o patrie care să strălucească ca un far în mijlocul Europei? și care să fie expresia geniului nostru românesc? Putem. Dar mare greșeală a multor oameni politici a fost aceea de a-și fi etalat programele în amănunte mai înainte de a fi puși în situația de a le realiza. Avem și noi programe în buzunar. Ele se studiază necontenit, dar se păstrează pentru timpul lor. Vă întreabă lumea ce veți face? Spuneți-i că oamenii năzdrăvani pot să facă multe.“

„Nu este om care să aibă ochi şi care să nu vadă că tara aceasta bogată a ajuns o ruină. Ruină gospodăria ţăranului, ruină satul (o mână de oameni necăjiţi care se vaită), ruină comuna, ruină judeţul, ruină munţii văduviţi, ruină câmpurile părăginite care nu mai aduc nimic bietului plugar, ruină bugetul statului, ruină tara. Şi pe deasupra acestor ruine întinse cât tine pământul românesc, o ceată de mişei, o ceată de imbecili, o ceată de tâlhari fără ruşine şi-au ridicat palate în sfidarea ţării, care geme de durere şi spre pălmuirea suferinţei tale, ţăran român. Niciodată în lume nu s-a văzut un tablou mai revoltător, mai dureros şi mai obraznic. Pe deasupra milioanelor de gospodării cari se distrug, deasupra milioanelor de suflete sărace cari plâng, se înaltă batjocoritor palatul tâlhăresc al jefuitorului de ţară. Cine este acesta?

Căutaţi-l prin oraşele înstrăinate şi-l veţi găsi. Este fostul ambuscat de la 1916. Este eroul de la 100 de km din dosul frontului sau trădătorul de fraţi şi de tară; este îmbogăţitul de război, omul de afaceri, este profitorul de pe urma sângelui care tu l-ai vărsat, picătură cu picătură din rănile tale adânci. Când te-ai întors la 1918, te-ai închinat lui văzându-l gras, frumos îmbrăcat, iar tu în nişte zdrenţe; de atunci el te-a luat în arendă, iar tu ai căzut în stăpânirea lui cu ţara pe care tu ai creat-o pe câmpurile de bătălie. Cum veţi fi voit să ajungă biata ţară când un Stere, condamnat la moarte pentru înaltă trădare şi apoi iertat, este şef de partid în România, când un Socor, condamnat şi degradat pentru trădare, este parlamentar şi director de ziar şi conduc politica românească?“

Corneliu Zelea Codreanu a fost unul dintre cei mai mari patrioţi naţionalişti ai acestei ţări, din familia martirilor lui Horia şi Avram Iancu. A fost pentru aceasta închis pe nedrept în închisori şi a sfârşit sugrumat de duşmanii lui, care au fost totodată și ai poporului român: Carol și cu camarila lui, partidele politice, politicienii corupți, jefuitorii de țară, profitorii de toate națiile. De același tratament au avut parte și legionarii, haituiți de cei mai mari dușmani ai Legiunii, dar și ai poporului român: comuniștii. De asta putem să-i socotim pe legionari ca avangarda cea mai conștientă a poporului român, cei care întotdeauna au fost de partea țării și al neamului.

Legiunea n-a putut fi înfrântă pentru că ea are patron pe însuși Arhanghelul Mihail. Acum, Legiunii din ceruri i s-au adăugat nenumărați martiri și sfinți ieșiți din rândurile Legiunii lui Codreanu, care veghează asupra destinelor României. Pe de altă parte ajută și Părintele Arsenie din ceruri poporului român, așa cum a promis încă de pe vremea când era în viață. Cu așa susținere, cum să poată cineva să te oprească din drum?

Acest ajutor de sus îl va primi fiecare, atunci când se va hotărî să pornească pe drumul Legiunii. E un drum dificil, plin de greutăți și de sacrificii. Dar, e un drum pe care merită să mergem cu toții, dacă nu vrem să dispărem ca neam. Drumul acesta ne va salva nu numai de la dispariție, dar ne va ajuta să ne ridicăm la acel nivel la care vom deveni un exemplu demn de urmat pentru toate neamurile lumii. Doamne-ajută!

58 ȘARPELE UROBOROS

De câteva zile, nici nu mai știu de câte, nu mi-e prea bine. Stau în pat cu zece cojoace pe mine și tot mi-e frig. Mie, care nu mi-a fost frig niciodată! Nu mă întreb ce am, fiindcă nu e greu de ghicit. Curând, șarpele Uroboros sortit mie va forma din trupul lui un cerc. Poate că nu azi, nu mâine, dar multă răbdare cu mine nu va mai avea. Lia a vrut să cheme un doctor, dar eu n-am lăsat-o. I-am spus că nu e nevoie! Focul arde în soba din bucătărie, aud lemnele cum trosnesc, iar Lia se învârte pe lângă oala aburindă. Fierbe o supă de găină, cu tăieței, cu cartofi și morcov mult, dulce și cu insulițe de grăsime, așa cum făcea odată Natalița. Când făcea? De mult de tot, nu mai țin minte cât mai e de-atunci...

Apoi, mă văd împingând la ceva. Nu știu la ce, dar împing. Cred că e motocicleta neamțului cu care am fugit la 24 august 1944 de ruși. Împing tare, cu nădejde, dar și cu disperare... dar nu e motocicleta, ci o căruță cu patru cai și cu o roată de rezervă în spate... m-am prins de spițele ei și împing cu toate puterile, ca să ajungem în vârful dealului... iată că am ajuns... neamțul vine spre mine: Kammerad, bitte! și-mi întinde o cască nemțească s-o probez. Eu mi-o pun pe cap și, după ce strâng cureaua sub bărbie, o simt că nici nu se mai clintește de pe cap. Atunci, de bucurie, iau casca olandeză care mi-a mâncat sufletul și-o arunc la vale, chiuind ca pe izlaz, pe vremea când pășteam oile și toată lumea era a mea! Mai apuc să-l văd pe neamț cum râde. E și el vesel că mi-a făcut, la rândul lui, o bucurie... apoi, simt că cineva mă strânge de braț:

– Tată, hai să mănânci ceva!

Lia îmi pune un ștergar drept bavețică la gât. O bavețică? Ca a lui Vasilică, puiul acela de om? Privesc supa, cu insulițele ei de grăsime și cu tăiețeii plutind și încep a-mi curge lacrimile, de nu le mai pot opri. Așa i-am dat și eu lui Ștefan supa, în noaptea nunții, a mea și-a Naталiței... Doamne, ce mult e de atunci, a curs multă apă pe valea Oltului...

Lia stă lângă mine așezată pe marginea patului și și-a pregătit lingura, ca să mă hrănească. Am refuzat-o, ridicând din sprâncene:

– Dar nu suntem deja în Postul Crăciunului? întreb eu, nesigur.

– Post să țină cei sănătoși, tată, nu oamenii slăbiți, ca dumneata.

Supa mi-a făcut bine, m-a încălzit. Bag mâna pe sub pături și mă caut: nu, nu sunt ud, n-am făcut pe mine, ca socrul vecinului... Nu încă! Apoi cad într-un somn adânc și fără vise.

Dimineața următoare, spre uimirea mea și spre bucuria Liei, mă simt întremat. Mă dau frumușel pe marginea patului și, după ce mă descotorosesc de pantalonii de pijama, reușesc să trag o pereche de izmene pe mine. Puteam cu această ocazie să nu-mi amintesc de căpitanul acela care mi-a eliberat livretul militar? Cum aș fi putut să uit că m-a pus să plătesc o pereche de izmene ce n-am văzut-o niciodată? M-am ridicat în picioare și trag cămașa pe mine, apoi încep s-o închei. Ajuns la ultimul nasture, cel de jos, nu-l mai găsesc. Când l-oi fi pierdut, că parcă la cămașa asta verde nu lipsea niciunul?

– Tată, tu nu vezi că te-ai încheiat strâmb? Ești mai rău ca un copil de grădiniță!

Dezbumb cămașa și, după ce o închei cum trebuie, trag și nădragii pe mine, apoi închei cureaua. Iar în picioare, trag niște șosete de lână, apoi iau papucii de casă făcuți dintr-o pereche de pantofi, călcați pe ștaif la spate. Aveam și papuci de casă, dar cu ăia călcați pe ștaif și fără șireturi mergeam cel mai bine, fără să mă împiedic. Mergeam aproape la fel de bine ca și cu bocancii ăia primiți la Trencin, când le-am arătat rușilor cum se sparge o casă de bani. Era oare chiar la Trencin? Sau la Brno? Nu, la Brno au fost ăia doi, de voiau s-o violeze pe femeia aceea. Dar n-au mai apucat... Ce-ar fi fost să mi se fi blocat pistolul-mitralieră, cum am pățit cu pistolul, când l-am îndreptat spre nenorocitul acela de pădurar? Ăla, care trebuia să scape, ca să tragă după el în moarte pe încă alți doi, turiștii cu automatele ascunse pe sub rubașcă. Chiar și acum, după atâta amar de ani, mă minunez de marea milă a Domnului, care nu a îngăduit să-mi mai fac un nou păcat, pedepsind el, și cât de cumplit, neomenia!

Un destin asemănător cu al pădurarului a avut cel ce le știa pe toate, dar nu glumețul Totu, legionarul, ci celălalt, sfătosul Argetoianu Costică, cel cu lampa mică. Degeaba i-a purtat Max Goldstein sâmbetele, fiindcă de sus n-a venit atunci dezlegarea! Avea să vină însă mai târziu... Costică Argetoianu era dușmanul comuniștilor, ca și legionarii. Logic ar fi fost ca Costică și legionarii să facă front comun, dar el parcă i-a dușmănit pe legionari chiar mai rău decât pe comuniști! A vrut, cu alte cuvinte, să fie mai cu moț decât alt Costică, preotul Burducea, cel cu steaua și cu crucea. Adică să fie și cu bunul Dumnezeu, și cu dracul. Când îi închidea pe comuniști, era cu Dumnezeu și când îi omora pe legionari, era cu dracul. Pentru aceste faptele a fost trecut și el pe lista legionară a marilor criminali care trebuiau, în toamna anului 1940, arestați și pedepsiți, de să-i pomenească istoria! Argetoianu a fost arestat, dar printr-o minune dumnezeiască a fost eliberat din închisoare, scăpând astfel de mânia legionară ca prin urechile acului. Dumnezeu n-a vrut să-l primească în împărăția lui până ce nu și-a completat studiile! Lui îi lipseau cunoștințe elementare, pe care orice copil le primea când ajungea în grupa mică de la grădiniță.

Lia a fost cea mai bună educatoare din Făgăraș, toți părinții se băteau ca odraslele lor să ajungă pe mâna ei. După primul an, deja copii cunoșteau o mulțime de lucruri, știau să deosebească culorile, dar și figurile geometrice, triunghi, pătrat, dreptunghi, cerc. Argetoianu însă confunda tot timpul culorile roșu cu verde și nu-i era foarte clară diferența dintre cruce și stea. De asta Dumnezeu i-a oferit mai întâi posibilitatea să-și desăvârșească educația, înainte de-a încurca lumea prin ceruri.

L-a lăsat ca să mai încurce o vreme lumea pe aici, pe pământ. În 1944 pleacă în Elveţia, unde, dacă rămânea, bine făcea. Dar n-a putut, fiindcă el era exact aşa cum l-a caracterizat Grigore Gafencu: „Setea de putere e mai mare la Argetoianu decât la oricare alt politician. E un dispreţuitor al oricărui scrupul şi nu cunoaşte nicio îngrădire de conştiinţă.“

Setea de putere îl face ca să se întoarcă în ţară, cu gândul că comuniştii, simţindu-i lipsa, îi vor da o funcţie importantă în guvern. Dar pasărea pe limba ei piere! În loc de funcţie importantă, comuniştii îl vor aresta în mai 1950, trimiţându-l în închisoarea din Sighet, unde, fără a fi vreodată judecat, a avut cinci ani de zile posibilitatea nemijlocită de a-i cunoaşte pe legionari, colegii lui de suferinţă şi, totodată, şi de a descoperi adevărata faţă a comunismului. Lecuit de idealisme, avea să părăsească lumea asta în 1955, cu lecţia bine învăţată.

Mă duc la geam şi privesc munţii. E vreme frumoasă, dar rece, iar soarele cu dinţi nu încălzeşte. De ramurile nucului din grădină mai atârnă câteva frunze moarte, care n-au căzut lângă celelalte, aşternute covor în jurul trunchiului. Simt că vreau să iau o gură de aer proaspăt şi deschid fereastra. Aerul tare îmi năvăleşte în plămâni, stârnind în mine un crâmpei din bucuria de altă dată. În geamul deschis îmi văd faţa trasă, cu o şăpcălie decolorată şi tuflită-n vârful capului de Lia, pe a cărui cozoroc scria odată cu litere frumos colorate, Bingo. Mi-am scos încet şăpcălia, salutând o entitate nevăzută. Încep să murmur, doar pentru mine:

Trec anii, trec lunile-n goană
şi-n zbor săptămânile trec.
Rămâi sănătoasă, cucoană,
Că-mi iau geamantanul şi plec!

Închid apoi fereastra, ca să nu mă certe Lia şi mă trezesc întrebând:

– Lia, dragă, ce zi este azi?

– Joi, 28 noiembrie 2013.

Tresar şi mai întreb odată, ca să fiu sigur că am auzit bine. Apoi îi spun Liei:

– Draga mea, adu-mi, te rog, hainele alea bune din dulap... ştii tu care!

Lia mă priveşte lung, oftează, apoi se duce şi le aduce. Mă rad mai întâi, ca să scap de barba ţepoasă ce mi-a crescut pe faţa trasă. Îmi fac şi câteva crestături, pe care le lipesc cu bucăţele de hârtie, ca să opresc sângerarea. Apoi mă îmbrac cu hainele bune, alea de înmormântare, dar ele nu mai stau aşa de bine pe mine ca acum trei ani. Sunt mai largi, dar când voi sta culcat, n-o să se vadă. Şi prea miros a naftalină! Dar e bine aşa, n-or să mă pişte ţânţarii, ca la Bucureşti în vara lui 1990... Lia se uită la mine şi nu înţelege de ce zâmbesc.

Mă duc apoi în camera bună, unde nu intru decât rar şi unde totul este neschimbat, aşa cum era şi pe vremea Nataliţei. Totul pare împietrit, neatins de scurgerea timpului. Doar lumina neliniştită a candelei luminează chipul Maicii Domnului cu Isus-copilul în braţe, dându-mi impresia uneori că sunt vii. Mă pun apoi în genunchi, trosnind din oasele bătrâne ce tânjesc după odihnă şi încep să murmur:

„Doamne, Isuse Hristoase, fiul lui Dumnezeu, miluieşte-mă pe mine, păcătosul!"

După ce m-am rugat Domnului, am aprins patru lumânări. Pentru morţi, pentru vii, una pentru Părintele Arsenie cel Sfânt şi alta pentru Corneliu Zelea Codreanu.

CUPRINS

II. Însemnări despre Oamenii Aleși / 127

De la inimă spre cer, Călin Kasper
Editura Virtuală, Ediție 2014
Format: 13 x 20 cm, 1 volum
Număr de pagini: 494
www.editura-virtuala.ro
Tel.: (+40) 755335237, Fax: (40) 318 178309
Email: office@editura-virtuala.ro

www.ingramcontent.com/pod-product-compliance
Lightning Source LLC
LaVergne TN
LVHW011000200726

843509LV00011B/926